U0907033

中央企业发展系列报告

Development Reports on Central State-Owned Enterprises

探究中央企业发展模式

助推中国经济成功转型与持续增长

中央企业发展系列报告
Development Reports on Central State-Owned Enterprises

中央企业
企业文化建设报告

——2011——

黎　群　李卫东 主编

Report on Corporate Culture Construction of Central State-owned Enterprises

中国经济出版社
CHINA ECONOMIC PUBLISHING HOUSE
北 京

图书在版编目（CIP）数据

中央企业企业文化建设报告.2011/黎群，李卫东主编.
—北京：中国经济出版社，2011.6
ISBN 978-7-5136-0313-3

Ⅰ.①中… Ⅱ.①黎…②李… Ⅲ.①国有企业—企业文化—研究报告—中国—2011
Ⅳ.①F279.241

中国版本图书馆 CIP 数据核字（2010）第 206727 号

丛书策划　乔卫兵　李祥柱　崔清北
责任编辑　乔卫兵　于　宇
责任印制　石星岳
封面设计　巢新强

出版发行　中国经济出版社
印 刷 者　三河市佳星印装有限公司
经 销 者　各地新华书店
开　　本　787mm×1092mm　1/16
印　　张　23
字　　数　350 千字
版　　次　2011 年 6 月第 1 版
印　　次　2011 年 6 月第 1 次
书　　号　ISBN 978-7-5136-0313-3/F·8607
定　　价　150.00 元

中国经济出版社 **网址** www.economyph.com **社址** 北京市西城区百万庄北街 3 号 **邮编** 100037
本版图书如存在印装质量问题，请与本社发行中心联系调换（联系电话：010-68319116）

中央企业企业文化建设报告（2011）
编委会

参编人员：（排名不分先后）

徐　进（中国铁路工程总公司党委宣传部部长）

刘　翔（中国航天科工集团061基地党委副书记、纪委书记）

刘福广（中国铁路工程总公司党委宣传部副部长）

张青虎（中国冶金科工集团有限公司企业文化处处长）

于　希（中国航天科工集团公司企业文化部宣传处处长）

乔增亮（国家电网公司思想政治工作部企业文化处）

刘　立（中国移动通信集团公司党群工作部企业文化处项目经理）

杨艳玲（中国兵器内蒙古北方重工业集团有限公司党委宣传部企业文化科科长）

王　昊（中国冶金科工集团有限公司企业文化处）

孙　越（中国航天科工集团公司企业文化部）

总 序

国有企业历来是国民经济的重要支柱，是全面建设小康社会的重要力量，是我党执政兴国的重要经济基础。改革开放30多年来，国有企业改革始终是整个经济体制改革的中心内容和关键环节。其改革过程大体经历了三个阶段。第一阶段，从改革开放初期到党的十四届三中全会，为国有企业扩大经营自主权阶段。国有企业先后开展扩大经营自主权、利润递增包干和承包经营责任制的试点，与国家的责权利关系得到调整，企业的利益主体地位进一步明确。第二阶段，从党的十四届三中全会到党的十六大之前，为制度创新和结构调整阶段。国有企业实施了抓大放小、鼓励兼并、规范破产、下岗分流、减员增效和再就业工程。国有大中型企业推进建立现代企业制度试点，国有中小企业采取改组、联合、兼并、租赁、承包经营和股份合作制、出售等形式搞活。特别是国有企业通过国家实施的改革脱困三年攻坚，债转股、技改贴息、政策性关闭破产等一系列政策措施，负担得到减轻，技术进步和产业升级得以推进。第三阶段，以党的十六大为标志，国有企业改革发展进入以国有资产管理体制改革推动阶段。中央、地方国有资产监管机构相继组建，相关法规规章相继出台，国企改革与国资监管概括起来就是“三分开、三统一、三结合”。即：政企分开，政资分开，所有权与经营权分开；权利、义务和责任相统一；管资产和管人、管事相结合。国有企业逐步实施企业负责人经营业绩考核，国有资产得以保值增值，国有企业改革迈上新台阶。

按照政府的管理权限划分，我国的国有企业分为中央企业和地方企业。通常而言，中央企业是指由国务院国资委监督管理的重点骨干企业。2003 年国务院国资委成立之初，中央企业数量达到 196 家，经过兼并重组，至 2011 年 5 月底，减少至 120 家。

2010 年，中央企业灵活应对复杂多变的国内外经济形势，抓住宏观经济回升的有利时机，进一步巩固和扩大应对国际金融危机的成果，开拓市场，调整结构，强化管理，改革创新，生产经营快速增长，经济效益大幅提升，一些经济指标创历史新高。2010年全年，中央企业累计实现营业收入166968.9亿元，同比增长三成多；累计实现净利润8489.8亿元，同比增长超过四成。2010年中央企业改革发展取得的成绩，为“十一五”画上了圆满的句号。

不仅如此，在取得优异经营业绩的同时，中央企业在完善公司治理结构、董事会试点、绩效考核、市场化聘用高管、整体上市、联合重组、做强主业、自主创新、企业文化建设等方面也取得重大进展。并且，加快实施“走出去”战略，一些企业加大海外资源开发力度，发挥技术和成本优势，争得了一批大型海外工程项目。在切实履行经济责任的同时，中央企业积极履行政治责任和社会责任，在抗击自然灾害、保障国家重大活动、维护市场稳定、吸纳社会就业、落实节能减排责任等方面发挥了重要作用。

在中央企业效益大为好转、实力迅速壮大的同时，来自于社会各界针对中央企业的质疑和非议也多了起来，诸如“千万吊灯”、“团购住房”、“高管高薪”、“央企地王”、“与民争利”、“行业垄断”、“国进民退”等现象，屡屡受到公众的热议，成为社会关注的焦点。

那么，如何正确评判中央企业在经济社会发展中的地位和作用？中央企业在发展过程中还需要解决哪些问题？中央企业在“十二五”时期的发展将要朝哪个方向迈进？国务院国资委主任王勇在中央企业负责人会议上指出：尽管中央企业面对国际国内复杂多变的形势，成功应对国际金融危机等重大挑战，资源配置能力明显提高，经济效益和整体实力大幅提升，但中央企业改革发展中还存在一些不可忽视的问题，经济运行中的困难还很多，发展质量不高、后劲不足的问题还比较突出。一是缺乏真正具有国际竞争力的大公司大企业集团。二是布局结构调整任务仍然十分艰巨。三是技术创新能力不强。四是管理水平和资源配置效率不高。五是现代企业制度需要进一步完善。六是企业历史包袱仍很沉重。为此，国务院国资委“十二五”时期推进中央企业改革发展的指导思想是：高举中国特色社会主义伟大旗帜，以邓小平理论和“三个代表”重要思想为指导，深入贯彻落实科学发展观，坚持基本经济制度，以科学发展为主题，以加快转变发展方式为主线，深化企业改革，完善监管体制，优化资源配置，围绕做强做优中央企业、培育具有国际竞争力的世界一流企业，深入实施转型升级、科技创新、国际化经营、人才强企、和谐发展战略，加强和改进企业党的建设，全面提升中央企业整体素质和发展质量，增强活力，壮大实力，为经济社会发展作出新的更大贡献。不难看出，王勇主任从战略的高度为中央企业明确了定位和今后发展路向。另一方面，站在历史的角度看，从我国的国情和经济社会发展的要求出发，不管是过去、现在和将来，国有企业特别是中央企业，在我国不仅要承担经济职能，而且要更多地承担社会职能和政治职能，更多地体现国家的战略目标和意图，不可推卸地成为推动中国经济发展方式转变和社会文明与进步的主动力，这既是现实需要，更是历史必然。但同时，中央企业的改革和发展历程又始终是一个不断积极探索、不断大胆实践、不断深化改革、不断自我完善的过程。

有鉴于此，中国经济出版社利用多年积累的资源和优势，会同中国人民大学、北京交通大学、北京工商大学、中央财经大学、吉林大学、中国政法大学等高等院校的研究机构，从2010年开始按年度共同编纂出版中央企业发展系列报告。该系列报告针对每年中央企业改革、发展与创新的重大问题，进行系统总结、深度挖掘和专题阐述，力求全面、客观地分析中央企业年度经济运行状况，深入研究中央企业在改革与发展中出现的新情况、新问题以及解决的新途径、新方法，为中央企业与社会各界搭建一个增进了解、加强沟通的平台。

2011年，中央企业发展系列报告在2010年成功推出第一批5本的基础上，继续推出第二批成果:《中央企业并购重组报告（2011)》《中央企业企业文化建设报告（2011)》《中央企业技术创新报告（2011)》《中央企业法律风险管理报告（2011)》《中央企业直接对外投资报告（2011)》《中央企业履行社会责任报告（2011）》《中央企业产业发展报告（2011）》《中央企业公司治理报告(2011)》和《中央企业品牌建设报告（2011)》。

该系列报告突出客观性、学术性、实用性、前瞻性。报告秉持客观、公正的原则，在总体情况概述的基础上，按照国资委对中央企业所在行业划分标准，突出以板块为单元，选定若干指标进行同类行业企业之间的比较以及与国际上同类企业的比较。同时，积极探索利用符合学术规范的数学模型，据此科学地编制企业所在行业业绩指标排行。报告不仅注重对中央企业不同行业、不同领域、不同问题的探索与研究，而且还对中央企业未来发展趋势给予预测与分析，是目前学术界、出版界唯一一套成系列成规模专门研究中央企业的学术专著，期望其无论是对促进有关中央企业的学术研究，还是对推动中央企业的科学发展，都具有借鉴意义和参考价值。

该系列报告是开放式、可扩展的，欢迎社会各界和中央企业把认为合适题材的研究成果纳入报告体系，使报告能够连续、按时出版。

由于时间关系和水平所限，报告中所涉及的观点、资料、数据难免会有不够完善或不妥之处，敬请广大读者给予批评指正！

编　者
2011 年 6 月

前言

当今时代，文化软实力已经成为企业核心竞争力的重要组成部分。近年来中央企业十分重视企业文化建设，积极贯彻落实国资委《关于加强中央企业企业文化建设的指导意见》，为提升中央企业的管理水平、实现中央企业的发展战略目标提供了思想保障。中央企业作为国有经济的排头兵，在企业文化建设方面整体上已走在国有企业的前列。正如国务院国资委黄丹华副主任在《中央企业企业文化建设报告（2010）》的序言中所指出，中央企业的企业文化建设已经进入到有统一的组织领导、有明确的目标导向、与企业改革发展相适应相促进的整体深化阶段。为及时反映中央企业企业文化建设的现状、动态与未来发展趋势，促进中央企业、地方国有企业以及其他所有制企业企业文化建设的发展，北京交通大学经济管理学院企业文化管理研究所组织了中央企业企业文化建设报告的编撰工作。在编写过程中，我们组建了由高等院校、部分中央企业企业文化职能部门、中国企业联合会、中国企业文化研究会等机构的相关专家组成的编委会，期望通过企业文化管理理论和中央企业企业文化建设实践的紧密结合，形成较为开阔的研究视角。

本年度中央企业企业文化建设报告共分六篇。第一篇简要概述了 2010 年以及近年来中央企业企业文化建设的整体情况；第二篇对近年来中央企业重组并购中的文化融合工作进行了总结；第三篇对 2010 年国资委宣传工作局组织开展的中央企业企业文化建设评价工作进行了概述与相应的数据统计分析；第四篇重点进行若干行业典型企业的文化建设总结与分析。本年度我们选取了电力、通讯、水上运输和军工等 4 个行业，其中每一个代表行业选择了一家典型企业作为案例展开描述和分析；第五篇在对部分中央企业实施价值观测评的基础上，对中央企业员工的价值观进行分析，并总结出本年度中央企业最流行的 12 个价值观、最期待的 12 个价值观和最认同的 8 个价值观；第六篇对中央企业企业文化建设的现状进行总体分析，并展望中央企业企业文化建设的未来发展趋势。

由于中央企业涉及行业、企业较多，受资料采集和编撰时间所限，本年度报告实难反映中央企业企业文化建设的全貌。在价值观测评方面，实施中央企业价值观测评的企业数量有待进一步增加。我们期待中央企业企业文化建设报告编撰工作今后能得到广大中央企业更多的参与、支持和帮助。

本年度中央企业企业文化建设报告得到了国资委宣传工作局企业文化处阳礼泉处长和闵玉清调研员的悉心指导和帮助。在赴企业调研和价值观问卷调查的过程中，得到了中国兵器工业集团公司党群工作部企业文化处张爱华经理等许多中央企业相关部门同志的大力协助，在此表示衷心的感谢！北京交通大学经济管理学院研究生李倩、赵琼、孙健韬、任吉卫、熊伟、陈婷等同学参与了资料收集和整理工作，也一并向他们表达诚挚的谢意。

北京交通大学经济管理学院企业文化管理研究所
2011 年 4 月

目　录

第三篇　中央企业企业文化建设评价

第四篇 各行业中央企业企业文化建设典型案例分析

第五篇　中央企业企业价值观测评

第六篇　中央企业企业文化建设总体分析与展望

第一篇

总　论

一、中央企业企业文化建设基本情况

2010年是“十一五”的收官之年，也是完成“十一五”时期各项目标任务的关键一年。中央企业认真贯彻落实党中央、国务院各项决策部署，着力“做强主业增实力，科学发展上台阶”，经济继续保持了平稳较快发展，运行质量和效益明显提升。近年来，中央企业坚持以国务院国资委《关于加强中央企业企业文化建设的指导意见》为指导，围绕中心、服务大局，不断深化认识，切实加强领导，团结动员干部职工立足岗位、奋力拼搏，使企业文化建设工作取得了显著进步，为促进中央企业改革发展稳定作出了积极贡献。

1. 围绕科学发展开展创先争优活动，中央企业思想文化建设水平不断提升

2010年，按照中央的统一部署，在央企创先争优活动领导小组的领导下，各中央企业紧密结合央企实际，突出央企特色，把创先争优活动作为学习实践活动的继续和延伸，围绕企业科学发展中心任务和当前中心工作扎实推进，由此有效推进了中央企业思想文化建设，使职工与企业和谐发展、科学发展的共同思想基础不断得到了巩固，国有企业爱国奉献的优良传统得到了弘扬，广大干部职工的思想观念和精神面貌得到改观，初步呈现出组织创先进、党员争优秀、企业上水平、职工提素质的良好局面。各中央企业紧紧围绕科学发展中心任务和当前中心工作，根据企业实际情况和党员的岗位特点，精心设计特色鲜明、务实管用的载体和主题，突出实践特色，使创先争优活动成为推动实际工作、促进科学发展的有力抓手。例如，航天科工围绕完成国防武器装备建设的重大战略任务，提出了以实施军民融合、创新驱动、人才强企、质量制胜“四大战略”，打造一流的体制、一流的研发、一流的队伍、一流的管理“四个一流”的活动主题。中国海油结合2010年上产5000万吨和“十二五”期间转变发展方式的战略部署，确定了“弘扬铁人精神，建设海上大庆”的活动主题，号召广大党员立足本职岗位，争创一流业绩。中铝公司针对在金融危机中暴露出的短板和不足，转观念、抓改革、调结构、促发展，把创先争优活动融入打赢控亏增盈攻坚战、实施全方位深度结构调整过程中。中国商飞以“让中国的大飞机早日翱翔蓝天”为使命，突出科学发展靠班子、凝心聚气靠支部、攻坚克难靠党员三个重点，把型号研制的计划节点层层分解落实，以创先争优保障C919大型客机、ARJ21—700飞机等重大项目顺利推进。中国兵器工业集团以创先争优活动助推“十一五”重点项目，“360工程”项目党支部以党建工程强堡垒、先锋工程筑根基、文化工程聚力量，确保项目在“极端制造”领域取得重大突破。东航集团通过设立党员责任区、党员世博先锋岗等形式，引导党员亮身份、塑形象、作表率，把党的政治优势、组织优势转化为保障世博的管理优势、服务优势。中国铁建确定了“创先争优强素质，恪尽职守树形象”和“带头学标准，带头用标准，促进管理上水平”等载体，丰富了创先争优活动的内容和形式。鞍钢作出了《关于认真贯彻落实胡锦涛总书记重要指示精神，进一步深化向郭明义同志学习活动的决定》，强调“四个结合、七个到位”，把活动引向深入。中国石油围绕建设综合性国际能源公司的奋斗目标和“发展、转变、和谐”三件大事，扎实推进创先争优活动各项工作，开展了“石油魂——大庆精神铁人精神百场宣讲”活动，组织宣讲团赴基层单位、生产一线和重点工程进行巡回报告，先后宣讲100场，听众达5万多人。总之，在创先争优活动中，中央企业以思想文化建设为主线，坚持用身边事教育身边人，使各级党组织、党员和群众学有榜样、赶有方向，掀起了“学、比、赶、超”的热潮。

2. 充分发挥企业战略的统领作用，中央企业经营文化建设水平不断提升

2010年，中央企业认真研究市场结构和消费需求变化，坚持以企业战略为统领，转变经营策略，创新商业模式，加强协同合作，发挥技术、品牌、网络等优势，切实加强企业经营文化建设，市场开拓力度进一步加大。例如，一汽集团、东风公司、兵器装备集团长安公司等企业抓住国家鼓励汽车消费的机遇，优化产品结构，市场份额进一步扩大。中粮集团全力打造从田间到餐桌的全产业链，品牌影响力不断扩大。华润集团积极开发内需市场，完善区域布局和业态布局。神华集团完善销售网络，把煤炭产运销产业链延伸到终端用户。中国电科推进军用技术民用化，承建国内最大的重庆视频管理系统和物联网工程。南航集团细分市场，率先推出高端经济舱，实现差异化服务。东航集团在与上航重组基础上，着力调整机队结构和航线结构，提高了运行效率。中央企业加快“走出去”步伐，国际化经营取得初步成效。中国三峡集团与中国水电集团、南方电网组成中方联营体，合作开发境外大型水电项目。中央航运企业与实施“走出去”战略的中央企业联动发展，提供海外工程物资供应和物流服务。中国建筑、中国中铁新签合同额超过100亿美元。中船集团抓住国际船舶市场局部回暖时机，积极抢订单，国际市场份额逆势提升。中航集团积极发挥航线枢纽网络优势，国际业务量大幅增长。部分中央企业积极实施海外并购，延伸产业链条，全球配置资源能力得到提升。中远集团以获得35年特许经营权的方式全面接管希腊PCT码头。中国石油、中国石化、中国海油、中化集团、宝钢、武钢等企业积极开发海外资源，增强了资源保障能力。与此同时，许多中央企业进一步明确集团总部职能定位，调整组织架构，增强了总部的战略规划和管控能力。中航工业进一步理顺母子公司管理体制，下放相关管理权限，增强总部战略投资和集中管控能力。中国兵器工业集团启动340项流程建设，逐步建立总部企业化服务型、成员单位市场化开放型的集团化管理机制。许多中央企业通过推行全面预算管理，加强资金集中管控，积极拓展融资渠道，有效降低财务费用。中国石油开展大司库系统建设，推进全球资金集中管理。中国联通推行资源使用效率评价对标体系，有效盘活了各类资产。中央企业全面推行经济增加值考核，资本成本管控，使价值创造意识显著提高。中国海油、葛洲坝集团等一批企业在子企业推行经济增加值考核，增强主营业务持续盈利能力。许多中央企业完善全成本控制体系，大力推进精细化管理，有效降低了成本。华侨城集团加快推进重点项目建设，灵活安排销售进度，提升了资源变现能力和资产周转速度。中国有色集团全面开展管理缺陷诊断活动，进一步提升了基础管理水平。一批中央企业注重对新并购企业的业务整合、管理整合和文化融合，集团凝聚力和管控能力进一步增强。国投加快划转企业的业务结构调整，促进业务协同，增强了企业综合竞争优势。此外，中央企业建立健全总法律顾问制度和法律风险防范机制，抵御风险能力进一步增强。例如，招商局集团全面梳理风险控制制度、职责分布、流程与工具，建立健全全面风险控制体系。中材集团以建立健全法律风险防范机制为重点，有效组织集团总部及所有三级企业开展了风险管理体系建设工作。

3. 努力践行社会主义核心价值体系，中央企业服务文化建设水平不断提升

2010年，为认真贯彻党的十七大、十七届五中全会精神，努力践行社会主义核心价值体系，深入推进中央企业精神文明建设，国资委党委在航空运输、石油、电信、电网、旅游等窗口行业的中央企业中广泛开展了以“规范服务、优质服务、诚信服务、满意服务”为主要内容的“迎世博迎亚运讲文明树新风·文明服务央企先行”活动，显著提升了中央企业服务文化建设水平。活动中，国资委倡导并组织中央企业窗口单位开展了文明服务互检互查活动，对上海、广州、深圳等30多个窗口单位开展活动的情况进行实地查看和交流学习。各窗口中央企业结合行业特点积极主动地开展了各种形式的“文明服务央企先行”活动。国家电网实施了“塑文化、强队伍、铸品质”供电服务提升工程，在营业厅、95598、抢修、抄表、装表等服务窗口和服务环节开展“满意百分百”创建活动。南方电网编制亚运会重要场馆和用户的《供电保障手册》，完善供电保障方案和应急预案，成立亚运场馆供电保障团队。国家电网上海电力公司、南方电网广州、佛山电力公司圆满完成了世博保电、亚运保电任务，确保了世博会、亚运会供电的万无一失。中国联通实施“感恩诚信”的服务文化，推出“四个主动、一个优先”服务，全面提升服务人员的业务素质和服务效能；同时开展了“真诚服务、满意在沃”的活动，设立多语种热线、世博信息、爱心无障碍等服务项目。中国电信上海公司向社会推出6+6项世博服务承诺及四个百分百的世博服务标准，积极倡导“金奖银奖不如百姓的夸奖”的理念。中国移动建立起“透明消费”的服务体系，真正让客户明白放心消费。港中旅中国旅行社总社、国旅集团等旅游企业根据世博会、亚运会的新要求，统一服务标准、细化服务内涵，重新修订和完善了《门市服务管理规范》、《业务手册》等标准、流程和规范，大大提高了员工的业务操作水平和服务技能。华侨城集团所属华大酒店结合“体验华侨城”品牌主题活动，强化酒店私人管家服务、一站式会务服务流程和个性化等特色服务标准，树立了优质服务的典范。中国石油上海销售分公司在世博园区内建设撬装式加油装置，解决了园内500余辆行政、物流车辆的加油问题。为实现“低碳环保世博、亚运”理念，中国石油、中国石化、中国海油对加油站进行油气三次回收技术改造，使加油达到无油气、无异味，为提高城市空气质量作出了贡献。国航集团、东航集团、南航集团圆满完成了世博会、亚运会和亚残会重要专包机、要客的保障任务，实现了“零差错、零投诉、零延误、零案发率”，获得了社会各界广泛好评。这一活动的开展，为成功举办上海世博会和广州亚运会、亚残会营造了良好的社会环境，展现了中央企业文明礼貌、诚实守信、技术精湛、服务人民、奉献社会的精神风貌，树立了中央企业良好的社会形象。

4. 将社会责任理念融入经营管理，中央企业责任文化建设水平不断提升

2010年，中央企业认真贯彻落实党中央、国务院的一系列要求，切实落实《关于中央企业履行社会责任工作指导意见》和国资委的工作要求，统一思想，积极行动，探索以社会责任的理念、要求和方式推动各项工作，企业社会责任文化建设取得了新的进展和成效。大部分中央企业都明确了社会责任工作的归口管理部门，建立完善了企业社会责任的组织管理体系，许多企业建立了社会责任委员会或社会责任领导小组，统筹推进社会责任工作。中央企业普遍对企业的使命、价值观和愿景进行了梳理，初步形成了具有本企业特点的社会责任理念，积极将社会责任融入治理结构和经营管理，发挥了表率作用。煤电油运和商贸、储备等行业的企业，认真落实国家宏观调控政策，切实采取有效措施，全力保障市场供应。电力、电信和涉农企业加强“三农”服务，为农业稳定高产作出积极贡献。中央企业在上市过程中将部分国有股转由社保基金持有，为充实社保基金、健全社会保障制度作出了积极贡献。中央企业积极落实国家节能减排政策措施，强化节能减排管理，发挥了示范作用。南方电网深入开展节能发电调度工作，推动了发电企业的节能减排。中国节能投资建设世界最大单体建筑光伏一体化项目。通用技术集团成功承办绿博会，发起设立国内首支环境产业基金。初步测算，“十一五”期间中央企业万元产值（可比价）综合能耗下降超过20%；二氧化硫排放量减少38%左右；化学需氧量减少33%左右，全面完成“十一五”节能减排目标。中央企业在保障国家重大活动、抗击严重自然灾害中发挥了关键作用。12家中央企业承建的上海世博会6个企业馆以安全有序的运营、细致周到的服务和极具特色的展项，赢得了各方面的高度评价和广泛赞誉。中国建筑、中国中铁、中国铁建、中国水电集团等企业克服高寒缺氧、交通不便等困难，在青海玉树恢复重建中发挥了重要作用。中央企业积极参与社会公益事业，参与援疆援藏、扶贫和西部大开发，为促进区域经济协调发展作出了贡献。中国黄金在建设西藏甲玛项目中，投入大量资金修路、引水、助学、帮扶困难群众，维护了民族团结。许多中央企业积极推进社会责任工作体系和制度建设，国家电网积极开展全面社会责任管理试点，中远集团、中国移动探索建立社会责任指标体系，47家中央企业编制发布了社会责任报告或可持续发展报告，中国石油、中钢集团发布了国别报告。中国五矿作为中国企业代表，出席联合国全球契约组织领导人峰会，展示了中央企业良好的国际形象。

5. 扎实推进惩治预防腐败体系建设，中央企业廉洁文化建设水平不断提升

2010年，国资委党委将党风廉政建设责任制作为重要抓手，扎实推进惩治和预防腐败体系建设，中央企业廉洁文化建设水平得到了不断提升。一是工作机制不断健全。通过责任分解，落实中央“关于完善国有企业权力运行制衡机制”等牵头任务，促进和带动中央企业加强党风建设和反腐倡廉工作。中央企业狠抓责任落实，对10万多名各级领导人员进行考核，750人因落实责任制不力被减扣薪酬，167人被取消评优资格，337人受到党纪处理，有力促进了责任制全方位、各层级的落实。大部分中央企业领导人员能够认真履行党风廉政建设第一责任人的政治责任，做到重要工作亲自部署、重大问题亲自过问、重点环节亲自协调、重要案件亲自督办，深入推进了反腐倡廉建设。航天科技集团把责任制作为反腐倡廉建设的战略工程和系统工程，南方电网建立了较为完善的责任制制度体系，南航集团制定了反腐倡廉建设第一责任人述责暂行办法，中国国电、一汽集团、中国二重、中航集团、中广核集团等细化考核内容，采用多种考评方式，进行责任考核。二是学习教育不断深化。中央企业采取多种形式，学习贯彻《中国共产党党员领导干部廉洁从政若干准则》、《国有企业领导人员廉洁从业若干规定》和“三重一大”决策制度，开展廉洁从业教育4.6万场次，219万多人参加。中国三峡集团每季度组织一次党风廉政宣传教育活动。电信科研院开设网上廉政之窗，中国五矿利用公司内网《反腐之窗》开展廉洁从业教育，上海贝尔开展廉洁从业知识在线测试活动。东方电气集团举办党风廉政建设专题巡回讲座。同时，为加强各级企业领导人员党性修养，国资委党委先后对2008年以来150名新任职的企业领导人员进行集体廉洁谈话。三是融入企业经营管理更加全面。中央企业严格执行国有产权进场交易制度，通过“阳光交易”，防止暗箱操作。中远集团、中化集团、中国铁建等把惩治和预防腐败体系建设植入风险管理。中国华能、哈电集团等积极探索与内控制度相适应的惩治和预防腐败体系。东风公司将促进惩治和预防腐败体系建设与企业标准化管理相衔接。宝钢把惩治和预防腐败体系建设的理念，运用到电子采购平台和网上招标平台建设中。中国石化推动惩治和预防腐败体系建设信息化。四是积极探索构建基本框架。国家电网构建“企业化、责任化、业务化和预防有方、监督有效、惩治有力”的惩治和预防腐败体系框架。中国华电以“大纪检”的理念创新惩治和预防腐败体系建设。航天科工、武钢等坚持整体设计，推动惩治和预防腐败体系建设进入管理系统。中航工业、中国中铁等从教育、约束、监督、评价、惩治、保障等方面构建惩治和预防腐败体系框架。五是组织协调机制更加健全。中国石油协调内部建立联合监督和区域性管控模式。中国海油“五位一体”大监督体制向所属单位全面推进。鞍钢等推进垂直监督模式。中国化工、中国南车等形成了内部综合监督、外部企检共建机制。中国电信健全预算委员会等决策支撑机构，合理分权，科学决策。中国黄金建立了纪检监察和审计机构在经营管理过程中的联动监督机制。

6. 深入开展学习型党组织建设活动，中央企业素质文化建设水平不断提升

2010年，中央企业积极开展学习型党组织建设，并以学习型党组织建设带动学习型企业建设，深入开展职工岗位练兵、技能培训和技能大赛，领导班子素质和职工队伍整体素质明显提升。根据党中央、国务院关于国有企业改革发展的重大战略部署和建设一批具有自主知识产权、能够参与国际竞争的大企业集团的目标，面对世界经济格局大变化大调整的新形势新情况，国资委党委要求中央企业始终把理论武装放在首位，建立完善党委（党组）中心组学习制度，充分发挥中心组的学习与研讨功能，统一思想，理清思路，创新发展理念，破解发展难题，取得了显著成效，有力推动了中央企业的改革与发展。特别是，在广泛调研、深入论证的基础上，国资委党委出台了《关于中央企业建设“四个一流”职工队伍的实施意见》（以下简称《意见》），明确了职工队伍建设的指导思想、目标任务和保障措施。中央企业认真贯彻落实《意见》精神，以理论武装、班组建设、技能大赛等为载体，大力加强职工队伍建设，促进了职工素质的提升。中国石化开展了以“强化基层建设、基础工作、基本功训练”和“铲除安全环保事故、不稳定事件、质量事故、腐败案件”为主要内容的“比、学、赶、帮、超”活动。中国北车开展了以“精神境界佳、职业素养佳、工作业绩佳、职工口碑佳”为主要内容的争当“四佳”工会干部活动。中国商飞以“我与祖国大飞机事业共奋进”为主题，实施创优提速承诺计划，把重点任务层层分解落实到团组织和团员的创先争优承诺中。国药集团开展了以“比学习、比成才、比贡献、争创青年先锋岗”为主要内容的“三比一争”活动。东方电气集团组织女职工开展了“双学双比”、“巾帼文明岗”等活动，在完成全年生产经营任务中发挥了积极作用。一年来，国资委与人力资源和社会保障部联合举办了三个工种决赛，发挥了引领示范作用。举办了国际焊接技能大赛，中央企业技能人才与国际技能人才同台竞技，学习交流，对标找差。强化国际化高技能人才培训，启动了国际化人才执业资格认证培训工作。中央企业结合本行业特点和企业实际需要，开展了多工种、多层次的技能培训和技能竞赛活动。国资委成立以来，中央企业职工已有1682.7万人次参加了各类技能竞赛和岗位练兵活动，315.1万人次参加了职业资格等级培训，127.7万人晋升职业资格，其中5.7万人通过技能竞赛晋升职业资格。中央企业高级以上技能人才占技能人才比例40.1%；技师、高级技师占技能人才比例由2003年的3.07%提升到7.94%，高出全国平均水平2.94个百分点。神华集团举办了采煤技能国际邀请赛，来自9个国家12家企业的114名选手同台“比武”。中国海运针对船员流动和分散特点，开发船员远程教育平台，并通过网络平台开展远程竞赛。中航集团、中交集团在基层班组广泛开展技能竞赛活动，呈现出“多岗位、全方位、广覆盖”的特点。宝钢开展“最佳实践者”活动，提出了建设自主型职工队伍的新目标。中国铝业开展了“千名岗位能手创十佳”、争当“金牌工人”活动。

南方电网开展了“星带新”活动，激发职工学技术、钻业务、比技能的积极性。中煤科工采取多种激励措施，鼓励员工通过函授、成人自考等方式提高自身综合素质。中国国电开展了具有行业特点和女性特点的女职工培训。中远集团、国机集团、有研总院、中国通号、华侨城集团等45户企业举办了集团级职工技能竞赛，涵盖工种724个，参赛人数达26万多人次。

二、中央企业企业文化建设主要经验

近年来的丰富实践，不仅有力推动了中央企业企业文化建设工作，而且使我们不断加深了对企业文化的理解和认识。实践使我们认识到，企业文化是企业核心竞争力的重要组成部分和形成要素。加强企业文化建设，实质上就是要用科学的思想和先进的理念武装职工队伍，指导企业生产经营，有利于引导职工树立正确的思想观念和价值追求，养成良好的职业道德和行为习惯，打造高素质职工队伍；有利于培育企业社会责任意识和高尚的企业道德，塑造企业品牌。这既是增强企业凝聚力、树立企业良好形象的需要，也是提高企业管理水平、培育核心竞争力的有效途径。在企业文化建设的实践中，中央企业积累了一系列宝贵的经验。

1. 加强中央企业企业文化建设，必须始终坚持“科学发展观”这个指导方针

科学发展观是对党的三代中央领导集体关于发展的重要思想的继承和发展，是同马克思列宁主义、毛泽东思想、邓小平理论和“三个代表”重要思想既一脉相承又与时俱进的科学理论，是我国经济社会发展的重要指导方针和发展中国特色社会主义必须坚持与贯彻的重大战略思想，也是我们推进企业改革发展、建设先进的中央企业企业文化必须坚持的指导方针。科学发展观，第一要义是发展，核心是以人为本，基本要求是全面协调可持续，根本方法是统筹兼顾。这就要求我们在今后的工作中，更为自觉地牢牢把握发展这个第一要务，紧紧围绕促进企业发展这个主题，着力把握发展规律、创新发展理念、转变发展方式，积极开展企业和谐文化建设，促进企业又好又快发展。要更为自觉地坚持以人为本，牢固树立职工群众主体地位的意识，把实现好、维护好、发展好职工群众的根本利益作为企业一切工作的出发点和落脚点，做到为了广大职工去发展，依靠广大职工去发展，发展成果由广大职工共享，凝聚职工群众的智慧和力量，为企业发展获得源源不竭的动力。要更为自觉地坚持生产发展、生活富裕、生态良好的文明发展道路，正确处理好企业发展与节约能源资源、保护生态环境的关系，加快技术创新，增强可持续发展能力，努力实现企业发展与社会、环境的和谐一致。

2. 加强中央企业企业文化建设，必须始终坚持“社会主义核心价值体系”这个根本

社会主义核心价值体系是社会主义意识形态的本质体现，是社会主义制度的内在精神和生命之魂，是中央企业企业文化建设的根本。核心价值体系是企业文化的核心，是企业生产经营活动的灵魂。建设企业文化，关键是要培育形成企业核心价值体系并使之转化为企业和员工的思想和行为，贯穿到企业生产经营活动的全过程和各方面、各环节。由此，我们要始终坚持以社会主义核心价值体系引领中央企业企业文化建设，把社会主义核心价值体系融入中央企业企业文化建设全过程，坚持用马克思主义中国化的最新成果武装干部职工，用中国特色社会主义共同理想教育、凝聚干部职工，用以爱国主义为核心的民族精神和以改革创新为核心的时代精神激励、鼓舞干部职工，用社会主义荣辱观塑造良好的道德风尚，确保企业和谐文化建设沿着先进文化的前进方向健康发展。特别是，要进一步贯彻落实《公民道德建设实施纲要》，引导广大职工自觉养成良好的思想道德、职业操守和行为规范。要把社会主义荣辱观的学习贯彻活动与加强职工的社会公德、职业道德、家庭美德教育结合起来，使“热爱祖国、服务人民、崇尚科学、辛勤劳动、团结互助、诚实守信、遵纪守法、艰苦奋斗”成为职工思想和行为的主流，自觉遵循“爱国守法，明礼诚信，团结友善，勤俭自强，敬业奉献”的基本道德规范。要积极学习借鉴国内外企业文化建设的优秀成果，努力建设和扶持健康有益的职工群众文化，抵制腐朽落后的思想文化，使中央企业企业文化建设始终代表中国先进文化的前进方向。

3. 加强中央企业企业文化建设，必须始终坚持“增强企业核心竞争力”这个主题

“十一五”时期是国有企业改革发展进程重要的五年，也是中央企业改革发展取得重大进展的五年。这五年，中央企业面对国际国内复杂多变的形势，成功应对国际金融危机等重大挑战，资源配置能力明显提高，经济效益和整体实力大幅提升，资产总额、营业收入、上交税金和税后净利润等主要经营指标实现了五年翻一番，年均国有资产保值增值率达到115%，进入“世界500强”的企业由10家增加到30家。同时我们还要看到，中央企业改革发展中还存在一些不可忽视的问题，经济运行中的困难还很多，发展质量不高、后劲不足的问题还比较突出，特别是缺乏真正具有国际竞争力的大公司大企业集团。整体上看，中央企业的核心竞争力和国际竞争力还不强，缺乏具有较强影响力的国际知名品牌，国际化人才严重不足，组织框架和经营模式不能适应国际化经营的需要。而培育具有国际竞争力的大公司、大集团，这是党中央国务院给中央企业提出的战略要求。事实上，中央企业要适应市场竞争，实现良性发展，需要有好的公司治理结构、核心技术和产品市场，更需要有优秀的企业文化作支撑。纵观

“全球500强”企业，其成功的奥秘、最重要的原因之一是这些企业有健全而且持续传承、不断发展的企业文化，这些企业文化保证了企业的决策行为、经营行为和员工行为与企业发展是相适应的，他们“走出去”的形式是产品，实质是企业文化，是企业的形象。因此，中央企业建设企业文化，一定要把增强企业核心竞争力、促进企业发展作为出发点和落脚点，通过企业文化建设，形成凝聚企业员工、打造坚强团队的共同思想基础，促进企业技术创新、体制创新和管理创新，为企业参与市场竞争、做强做久提供有力支撑。

4. 加强中央企业企业文化建设，必须始终坚持“有机结合、相融共进”这个方法

实践证明，坚持“有机结合、相融共进”是中央企业加强企业文化建设、发挥企业文化作用的一种有效方法。具体说来，就是要切实做到“四个紧密结合”：一是同企业经营管理紧密结合。建设先进的企业文化，必须把先进的思想观念贯穿于企业改革发展稳定工作的全过程，特别是要渗透到企业生产经营管理的各个环节、各个方面，与企业管理相融共进。要紧密结合企业经营管理实践，积极开展廉洁文化、安全文化、服务文化、质量文化、营销文化、品牌文化建设，把价值理念融入企业规章制度、工作流程和行为规范之中，既可丰富和发展企业文化，又可极大地促进价值理念与经营管理的深度融合，由此提升企业管理水平，改善企业形象，提高企业市场竞争力。二是同企业党建思想政治工作紧密结合。企业党建思想政治工作和企业文化建设虽然有所区别，但目标、对象是一致的，内容、方法是相通的，所以需要有机结合、协调推进。与此同时，企业文化建设强调以人为本，以文化管理为纽带，融思想教育、制度约束和激励机制于一体，又可成为企业党建思想政治工作服务于生产经营中心工作的切入点和重要载体，对创新国有企业党建思想政治工作、发挥传统政治优势具有重要意义。三是同企业新闻公关工作紧密结合。企业新闻公关工作是企业文化的重要体现，也是企业文化的重要传播渠道，而企业文化又是企业新闻公关工作的核心和灵魂，因此两者必须紧密结合、相互贯通。四是同企业职工队伍建设紧密结合。要始终把握职工队伍建设这个根本，坚持以人为本、文化育人，通过内化于心、固化于制、外化于行，把先进的价值理念转化为职工的思想认识和自觉行为，努力造就企业“四有”职工队伍。

三、中央企业企业文化建设工作建议

中央企业改革发展的新形势对中央企业企业文化建设提出了新任务。经过30多年的改革，中央企业已经逐步成为市场竞争主体，中央企业及其下属子公司的改制面达到了70%，一大批中央企业改制后在境内外上市。许多企业已经成为完全竞争型企业。近年来，中央企业调整重组步伐明显加快，已从2003年的196家调整到122家，下一步调整重组力度将继续加大。与此同时，中央企业加快了现代企业制度建设步伐，特别是在24家中央企业开展建立规范董事会试点工作以来，公司治理结构得到进一步完善。随着经济全球化趋势的发展和我国对外开放程度的扩大，中央企业参与国际竞争更加广泛、深入。

面对这些新情况，如何准确定位中央企业企业文化建设，如何有效发挥中央企业企业文化建设优势，如何实现并购重组中央企业的文化融合，如何做好中央企业企业文化对外传播，这些都是摆在我们面前的重大课题。在当今，文化越来越成为企业凝聚力的重要源泉，成为企业核心竞争力的重要因素，在企业竞争中的作用日益突出。特别是，企业文化建设涉及企业的方方面面，是一项综合性、全局性、长期性的系统工程。因此，必须切实加强领导和协调，调动各方面的积极性、形成强大的工作合力，才能不断增强中央企业企业文化建设的有效性。

1. 坚持正确的指导思想，确保中央企业企业文化建设的正确方向

中国特色社会主义理论体系是马克思主义中国化的最新成果，是我们党最宝贵的政治和精神财富，是全国人民团结奋斗的共同思想基础，也是当代中国先进的、科学的思想文化的集中体现。社会主义核心价值体系是社会主义意识形态的本质体现。企业是实现经济社会发展的重要经济组织，也是实现人们精神追求和体现价值的重要社会组织。搞好企业文化建设，不仅是企业全面提升员工素质、提高管理水平、增强凝聚力和核心竞争力的一项重要工作，也是建设社会主义先进文化、推动社会主义文化大发展大繁荣的一个重要方面。我们要深刻理解和把握企业文化的本质属性，坚定不移地坚持以邓小平理论和“三个代表”重要思想为指导，深入贯彻落实科学发展观，切实把社会主义核心价值体系融入企业文化建设全过程，确保企业文化建设沿着社会主义先进文化前进方向健康发展。

2. 切实加强组织领导，形成有效的中央企业企业文化建设工作机制

企业文化建设的理论性、实践性、探索性都很强，不可能一蹴而就，必须加强领导，系统推进。为此，要根据企业深化改革的新形势，适应建立现代企业制度、完善公司治理结构的要求，建立健全中央企业企业文化建设的领导体制，充分发挥企业党组织、董事会和主要经营者在企业文化建设中的决策作用。既要明确主管部门加强组织协调，又要明确各相关部门的工作职责和任务，形成企业文化主管部门与各职能部门分工协作、责任落实、密切配合、齐抓共管的工作格局。要建立工作指导和载体支撑机制，从企业战略发展的高度，制订并不断完善企业文化建设规划。同时，要结合企业改革发展的重点工作，制定推进企业文化建设的年度工作计划，抓好工作落实。特别是，要随着中央企业经济效益的不断提高，中央企业要有比例地逐年增加对企业文化建设的物质投入。在条件具备时，中央企业可适时设立企业文化建设基金，由此确保企业文化建设活动有正常、合理的资金开支渠道，不断加大企业文化建设的资金支持力度，有效改善企业文化建设的工作环境和手段，逐渐提升企业文化建设的科技含量。

3. 完善中央企业企业文化体系，发挥中央企业企业文化建设整体功能

企业文化是一种先进的管理方式，企业文化建设是一项系统工程。要遵循企业管理和文化建设的内在规律，全面推进企业精神文化、制度文化和物质文化的建设，通过建立健全企业价值理念体系和行为规范体系，优化企业形象识别体系，努力构建企业文化体系，形成企业文化的有机整体，从而保证企业文化整体功能更好的发挥，实现企业文化统一思想、凝聚人心、改进管理、树立形象、塑造品牌、增强竞争力的作用。在推进企业文化建设中，要紧紧抓住价值理念的培育与转化这个关键，紧密结合企业发展战略和改革发展的要求，正确确立企业使命和企业愿景，培育形成符合时代要求、体现企业特色、具有丰富管理内涵的企业精神、核心价值观和经营管理理念。同时，努力把企业价值理念融入各项规章制度之中，贯彻到生产经营管理的各个环节、各个方面，使价值理念在企业管理中真正落地生根、发挥作用。

4. 不断深化企业文化理论研究，有效推进中央企业企业文化建设实践

要进一步加强中央企业企业文化建设调研，深化社会主义核心价值体系建设研究，进一步推进企业核心价值理念的转化，认真探索中央企业企业文化建设的理论体系、操作方法和客观规律。首先，要针对国有经济布局结构战略性调整和企业并购重组力度加大的实际，注意吸取国内外企业并购重组因文化冲突而失败的教训，认真总结企业文化融合工作经验，积极开展企业跨文化融合问题研讨，努力探索文化融合的规律，切实做好并购重组企业的文化融合创新工作，为顺利推进企业并购重组提供有力的文化支撑。其次，要牢牢把握职工队伍建设这个根本，积极探索职工队伍素质建设的有效途径。要坚持以人为本、文化育人，始终把握职工队伍建设这个根本，通过内化于心、固化于制、外化于行等工作，促进广大职工对价值理念的自觉认同，使先进的价值理念转化为职工的思想认识，引导职工养成良好的职业道德和行为习惯。最后，通过实施人才强企战略，创建学习型企业，建设创新型团队，推进职工素质工程，引导职工不断提高学习创新能力和业务技能，从而形成职工与企业共同发展、相互促进的和谐局面。

5. 开展中央企业企业文化培训交流，不断提升中央企业企业文化建设水平

培育一支懂理论、善实践的专业队伍是不断提高中央企业企业文化建设水平的前提。企业文化建设具有的很强的理论性和专业性，要求我们必须组织开展多种形式的专业培训，帮助、引导企业文化建设工作者和企业经管管理骨干学习掌握企业文化建设的基本理论和实务操作技能，开阔视野，拓宽思路，提高工作水平。企业文化建设工作者和广大企业经营管理人员要加强学习，不断丰富企业文化专业知识，善于从生动的实践中吸取营养，提高实际工作能力。由此，自上而下建设一支面向21世纪的品位高、观念新、素质全、能力强的专兼结合的中央企业企业文化建设工作者队伍，以适应新形势下中央企业企业文化建设的需要。与此同时，企业文化是一个开放的系统，只有及时地吸收和接纳其他优秀文化，才能保持其先进性。因此，必须坚持借鉴、吸引和继承、创新的方针，跻身于国内国际企业文化建设实践的最前沿，大力开展交流考察活动，才能更好地推动中央企业企业文化建设实践。

第二篇

中央企业重组并购中的文化融合

重组并购作为资本运营的一种方式，在现代经济中起着越来越重要的作用，特别是20世纪90年代以来，重组并购更是在世界经济发展中掀起一股新的浪潮。人们越来越意识到，在经济全球化的背景下，通过扩大企业规模，或重置资产，可以达到有效增强企业竞争实力的目的。但当人们把重组并购作为提高整个企业效率手段的同时，不得不正视这样一个问题：重组并购有时候反而降低了效率。事实上，接管一家企业并不意味着重组并购的最后成功，甚至有可能是失败的开始。为什么企业规模上的扩大却带不来利润的增加？为什么资产的重置却带不来效益的提高呢？究其原因，重组并购能否实现其最终目标，不能单一取决于有形资产规模的简单增加，更重要的是在有形资源的优势互补过程中，如何克服重组并购企业与目标企业之间的文化冲突，达成文化认同，实现从有形资源到以企业文化为核心的无形资源的融合。

近年来，国务院国资委根据中央关于“培育和发展一批具有国际竞争力的大公司大集团”的目标要求，引导中央企业做强做优，立足国内、面向全球，积极推进企业并购重组。同时，高度重视企业文化的融合创新，以文化融合创新促进和保证重组并购的顺利推进。2010年10月，国资委宣传工作局专门组织召开了中央企业文化融合工作交流会，国资委黄丹华副主任到会并讲话，18家中央企业提交了大会交流材料，部分企业进行了大会发言。此次会议进一步推动了中央企业重组并购中的文化融合创新工作。

一、对重组并购中企业文化融合的认识

国内外许多企业重组并购的案例说明，由于企业文化和价值观的互不认同，导致重组并购后的企业效率低下，甚至走向失败。科尔尼管理顾问有限公司调查了欧美和亚洲的115个并购案例，结果显示，在导致并购失败的因素中，文化的差异高居首位。麦肯锡咨询公司也对公司重组做过一次大规模调查，得出了同样发人深省的结论，重组10年后只有近1/4的公司获得成功。究其原因，各重组方企业文化不能很好融合是其中一个很关键的因素。20世纪80年代埃克森公司并购高科技企业后因未考虑公司文化差异，导致“埃克森办公系统”项目失败；美国时代华纳和美国在线两家企业重组并购后，因企业文化难以融合而

难题不断。为什么这么多大型企业收购成功了，但却“集而不团”、“貌合神离”，甚至“格格不入”呢？一个重要的原因就是重组过程中不能很好地实现企业文化的融合。因此要避免“集而不团”的现象，使企业的重组并购真正产生“1+1>2”的效应，必须高度重视企业文化的融合问题。

（一）企业重组并购与文化融合的关系

企业重组并购是企业取得外部经营资源，谋求更大发展的公司战略之一。通过重组并购，受让公司使目标公司（出让公司）经营资源的支配权发生转移，从而获得目标方企业资产的支配权。重组并购包括企业兼并、企业收购、企业划转三种类型的产权重组行为。不论何种形式的重组并购，除了法律上、财务上的产权重组，仍需要在战略、组织、市场、人力资源，特别是深层次的企业文化等方面进行全方位的整合，才能达到叠加协同效应，最终实现通过重组并购以提高综合竞争能力的目的。

企业文化是指现阶段企业员工所普遍认同并自觉遵循的一系列理念和行为方式的总和，通常表现为企业的使命、愿景、价值观、行为准则、道德规范和沿袭的传统与习惯等。不同的企业存在不一样的企业文化。

企业重组并购涉及不同企业间的结合，在重组并购过程中由于不同企业间的文化差异造成误解甚至冲突的情况时有发生。研究表明，由于企业文化的不同，重组并购企业常常面临这样几种情况和问题：一是价值观不同，使企业在一些重大问题上会出现不同甚至相反的认识、取向和行为选择；二是经营理念不同，使企业在市场定位、经营方式、产品开发等方面决策困难；三是思考和解决问题方式不同，造成来自不同企业的员工在日常工作中常常出现矛盾和隔阂。因此企业重组并购与文化融合存在紧密的关系。如何进行有效的企业文化融合来提高企业重组并购的成功率就成为企业重组并购中亟需解决的关键问题。

（二）企业重组并购中文化融合面临的挑战

1. 重组并购企业原有企业文化间的差异性

尽管重组并购企业间的文化可能存在一定的共性，如某些经营思想或管理哲学等，这些文化的共性为企业文化融合提供了有利条件。但是，企业文化是在企业外部环境和内部环境的交互作用下形成的。企业文化既存在于民族社会文化之中，又因各企业的类型、所处行业性质、规模、人员结构、发展阶段等方面的差异而各不相同。不同的社会、不同的民族、不同地区的不同企业，其文化风格各有不同，即使两个企业在环境、设施设备、管理组织、制度手段上可能十分相近甚至一致，但在文化上也会呈现出不同的特点。这是由企业生存的社会、地理、经济等外部环境，以及企业所处行业的特殊性、自身经营管理特点、企业家素养风范和员工的整体素质等内在因素决定的。企业文化是企业基本特点的体现，是一个企业独特的理念和风格的具体反映，并以其鲜明的个性区别于其他企业，形成自己的具体特点，这就是企业文化的独特性，这种文化上的差异性成为企业文化融合的难点所在。若处理不得当，会导致企业重组并购的失败。Buono，Lewis 和 Vancevich 等人认为，如果文化差异很大，就可能成为企业重组并购不能实现预期目标的主要原因。

2. 重组并购企业原有企业文化的历史延续性和重组并购后文化变迁的迟缓性

任何一个企业的企业文化，总是与企业发展相联系的。企业文化的形成是一个渐进的过程。它一经形成，并为企业员工所掌握，就具有一定的稳定性，不因企业产品、组织制度和经营策略的改变而立即改变。即使赖以形成企业文化的企业不复存在，原有企业文化也不会立即消失，还会继续对原企业员工产生顺延性的影响。因此，当企业重组并购后，原有企业文化并不会随着组织的变更而立即发生变化，而是还会继续对原企业组织成员发生作用，直到被新企业文化完全取代为止。因此重组并购企业原有企业文化具有较强的历史延续性，这种历史延续性必然导致重组并购后企业文化变迁的迟缓性，从而给重组并购企业的文化融合带来困难。

（三）企业重组并购中文化融合的扬弃原则

重组并购企业的文化融合，不是双方原有文化的简单叠加，也不是全部推倒重来，而是对原有文化去劣存优的扬弃。因此，在文化融合的过程中应该把握好扬弃原则。每一个企业都有自己不同的创业和发展的轨迹，并形成了具有本企业特点的企业文化。重组并购企业的文化融合，要配合重组后企业新的发展战略的需要，为促进企业发展服务。要对重组并购企业既有文化进行梳理，特别是对企业实践中产生的观念和意识，进行系统深入的回顾、调查、分析和研究。对于已经被员工普遍认同的文化要素，要以企业新的发展战略为基准，将符合企业发展战略要求的文化要素保留下来，并发扬光大；将不再符合企业发展战略要求的文化要素通过文化变革扬弃。

(四) 企业重组并购中文化融合的重点

1. 重构价值观

重组企业的文化重构首要任务是重构价值观。如果一个重组企业没有属于自己的、可以共同表达的企业价值观，那么它将不可能在有多种异质企业文化存在的环境中创造出人人将为之奋斗的目标，也不可能使它的员工对它怀有强烈的归属感，因而也就不可能齐心协力地工作。通过重构新的价值观，培育重组企业内不同群体的共同价值观，从而明确共同目标，进而产生文化认同感。

在重组企业的内部，从领导人到一般的员工，都必须对重组企业具有一种新的文化认同感，把自己的精神和理想寄托于重组企业的发展和未来。这种价值观和认同感是重组企业文化的中心，也是重组企业文化重构的两个重要层次。在一个重组企业的文化体系中，价值观无疑是最重要的核心，价值观代表了一个重组企业全体员工为之努力的目标，也为他们的日常行为准则提供了精神依据，价值观使重组企业员工在心理和精神上产生共享的目标和归属感，从而把他们团结在一起，推动重组企业不断地向前发展。

价值观在不同的企业中，有不同的定义和表现方式。对有的重组企业，它可能是广义的，而在另一些企业里，价值观则可以是特定的。新的价值观需要在重组企业的文化重组和经营活动中逐渐培育而成，新的价值观将使来自不同企业的员工团结起来，为实现共同的目标而工作。当一个企业被重组之后，它所要做的最重要的事情之一，应是通过深思熟虑总结和提炼出属于重组企业的经营策略和文化精髓的核心价值观，从根本上为重构企业文化注入活力。

2. 重构行为规范

作为文化重构的一个组成部分，重组企业员工在企业内部与外部接触时的行为方式，往往同员工所在的重构企业的文化特点相关。特定的文化为一个特定的社会、政治、宗教和文化集团提供了习惯性的行为模式。从微观来说，当这个集团中的个体在与其他集团的人员相接触的时候，这个个体的行为往往就成了他所属于的集团的象征。一个中国人在美国，不管他的行为是好是坏，美国人通常会把他的行为特点与中国人和中国文化联系起来。同样，一个重组企业的成员在与社会和其他企业交往时，他的行为就和他所属的重组企业不可避免地联系在一起。可以肯定地说，文化重构包括了对重组企业人员的行为方式的规范，重组企业的形象与重组企业人员对行为准则的执行有着至关重要的联系。

在文化重组中，重组企业的行为模式必然与它的核心价值观、经营策略和文化紧密相关。如果一个重组企业将自己的核心价值观和经营策略定义为热心参与和热情服务，那么，在具体实施这种行为模式时，该企业就必须严格地要求它的全体员工一丝不苟地遵循这个模式。就重组企业中的个体而言，不管是面对重组企业外的人，还是面对重组企业内的同事，他的言行都应该体现这种热情和帮助的精神。

3. 重构文化仪式

一种文化的传播力和感染力，是可以依靠各种不同的仪式来加强的。在一个文化体系内部，仪式的反复举行可以在文化成员身上起到潜移默化的作用，使他们从意识和潜意识中产生对这种文化的强烈的认同。在不同的文化中，各种各样的宗教崇拜仪式和节日庆典几乎成了这些文化用以教育本地文化成员，以保持文化的持久性的最重要的手段之一。

在中国文化里，不管我们是否意识到，每年的春节已经成了我们文化的象征。对于每一个普通的中国人来说，没有春节，没有与春节相关的守岁、送红包、给小孩压岁钱、团圆年饭、放鞭炮，没有正月十五的闹元宵等，就等于没有了中国文化的一大部分。中国文化的形象已经具体化在了这些年年重复的仪式里。即使中国人到了外域，也会通过或许变了形的春节庆典，来不断地强化自己的这种文化，来教育自己的后代以试图延伸这种文化认同。从古代就失去了家园而开始流浪的犹太民族，也正是靠自己独特的宗教和文化仪式，将散布在全世界的成员在精神上团结在一起。

对于一个重组企业而言，建立新的文化仪式的意义是显而易见的。在研制计算机芯片领域称雄世界的美国英特尔（Intel）公司，当某个员工工作出色时，他或她就会被叫到企业领导人的办公桌前，得到领导人亲手给予的一把糖果的奖励。这个仪式开始于多年以前，目前已经成为这家公司的一个文化传统。在这样的仪式里，糖果的接受者和给予者都从这个具体得不能再具体的动作上，体会到愉悦，体会到大家共享的归属感。

当一个重组企业实施文化重构战略以后，重组企业文化仪式的设置和举行，就应该与文化重构中所表达的重组企业理念相联系，甚至成为这个重组企业文化重构的一个有机的组成部分。在一个重组企业里，文化仪式主要包括了以下几个方面：

（1）人际交往的社会性仪式。在企业内部，不管是上下级之间，还是同级之间，都有着形式不同的交往仪式。如果没有这些仪式的存在，这些交往就将失去一定的准则。在IBM，所有的人都必须以先生、夫人或小姐相称，这就是一种由企业推行的文化仪式，它使公司内部的每一个成员都感到自己是受到尊重的公司一员，在文化的层面上造就了一种平等。从某种意义上说，它起到强化IBM作为一家国际性的、代表未来的高科技企业的企业理念的作用。

（2）日常工作仪式。企业的工作形态，往往是它的文化理念的表达和文化形象的外在表现。在特定的工作范围穿特定的制服，在特定的工作时间保持特定的工作程序，这些都可以起到贯彻重构企业文化的作用。

（3）表彰仪式。企业塑造了自己的英雄或者模范之后，一般会选用表彰仪式来发布和强调这些英雄和模范的作用，使其成为一种文化的传统。

（4）庆典仪式。这包括了两个方面：第一种庆典是企业所在的集团的庆典，重组企业对这样的庆典应该抱有积极的态度。第二种庆典是重组企业自己的庆典——重组企业的周年纪念，新产品的试制成功，某个生产或利润指标的完成等。

（五）企业重组并购中文化融合的风险

1. 企业重组并购中文化融合风险的表现形式

（1）管理风险。指重组并购后企业所采取的管理模式和管理行为等能否被双方员工所接受的风险。由于企业文化的差异，使重组并购后双方企业的员工往往有不同的管理理念，所认可和接受的管理方式也不同。重组并购企业如不能了解双方在企业文化上的差异，对目标公司采取以受让公司为中心的管理方式，往往会给重组并购后的企业文化融合带来风险。

（2）沟通风险。指在重组并购过程中，由于文化差异的原因，使得双方的信息或思想在传递与交换中受阻，产生曲解和误会而带来风险。重组并购企业的文化融合以文化的有效沟通为基础，企业内部的信息交换、思想交流、领导方式、激励手段等活动，是在具有不同文化背景的管理人员和员工之间进行的。因此，员工们在价值观念、思维模式和行为规范等方面存在的矛盾和冲突，导致了沟通困难、交流失误和误解，使文化融合难以实现。

（3）组织风险。指重组并购企业在内部管理上，由于不同企业文化背景的管理人员和员工之间不能建立起协调联系，从而影响组织的稳定性，引起组织决策的制定和执行的风险。正是由于企业文化的差异，重组并购后的企业难以协调员工的行为，难以做出能体现所有员工希望和要求的决策。主要原因是不同企业文化背景的员工，其工作动机和期望往往不同，还不能及时形成协调一致、为众人所接受的共同的价值观。共同价值观缺乏造成员工对企业的目标和决策存在不同的理解和态度，从而表现出不一致的工作行为，导致组织风险的发生。

（4）人员风险。指由于文化的差异和冲突，可能造成重组并购企业尤其是目标企业的员工难以适应和容忍这种冲突，致使一些关键的管理和技术人才离开。即使不离开，这种不良气氛也会让员工情绪低落、工作不积极、效率下降，从而导致预期目标难以实现的风险。

由于企业重组并购中文化融合风险的多样性特征，除了以上几种主要的表现形式外，在不同的场合，不同的对象和不同的时机，重组并购企业的文化融合风险还可能表现为其他诸多形式，如在跨国并购中的商业惯例风险和禁忌风险等。

2. 对企业重组并购中文化融合风险的识别

（1）企业重组并购中文化融合风险识别分析的内容

为有效进行文化融合，需要对重组并购中双方的企业文化差异进行系统和深入的分析。通过分析，决定应采取哪些措施来防范和控制文化融合风险对项目产生的不利影响，以保证重组并购项目预期目标的实现。企业重组并购中文化融合风险识别分析的主要内容包括：在企业重组并购过程中，主要应考虑哪些文化融合的风险因素？引起这些风险因素的主要原因有哪些？这些风险因素导致的后果及其严重程度如何？

（2）企业重组并购中文化融合风险识别的程序

第一，明确各自企业文化的基本类型。受让企业必须对双方的企业文化特点有一个明确的认识，这是文化融合风险识别的基础。

第二，受让企业要分析双方企业文化的差异、冲突及表现形式。在明确双方企业文化基本类型的基础上，进一步分析不同企业在价值观念、管理风格、行为准则和规章制度等方面存在何种差异、冲突及其表现形式。

第三，受让企业要分析差异和冲突的显著性以及对重组并购后绩效的影响。企业文化差异对重组并购后绩效的影响是非常复杂的，它们不是一种线性的关系，两者之间的作用受许多权变因素的影响，主要权变因素有以下3个：①融合的程度。如果融合程度高，双方的企业文化差异引发的冲突就会很明显，对重组并购后绩效的不良影响显著。②相对规模大小。双方的规模越接近，两种文化力量势均力敌，则融合的难度就越大。当然，在目标企业的规模远小于受让企业时，其成员的要求和利益可能会被忽视，也会对重组并购后的绩效产生不利影响。③对不同企业文化的宽容度。如受让企业对异质文化比较宽容，或者目标企业对外来文化也比较宽容时，都会减轻企业文化差异对重组并购后绩效的负面影响。

第四，受让企业要考察两种企业文化兼容的可能性。在明确企业文化的类型及分析文化差异的显著性后，需要进一步考察两种企业文化兼容的可能性。

二、中央企业重组并购文化融合的成效

中央企业大多是关系到国家安全和国民经济命脉，在重要行业和关键领域占支配地位的国有重要骨干企业，在发展壮大国有经济，发挥国有经济的控制力、影响力和带动力方面具有举足轻重的地位。近年来，国务院国资委根据中央关于“培育和发展一批具有国际竞争力的大公司大集团”的目标要求，积极推进中央企业的重组并购，并强调要从战略高度，认真谋划重组并购过程中的文化融合工作，从实际出发，探索文化融合的有效方式；不断探索，努力创新促进文化融合的方法与途径；注重与企业管理整合等其他工作有机结合，夯实文化融合的基础；切实加强组织领导，健全文化融合工作长效机制，为中央企业做强做优、实现科学发展提供有力的文化支撑。中央企业在重组并购过程中高度重视企业文化的融合创新，以文化融合创新促进和保证重组并购的顺利推进，业已取得显著的成效。

（一）深化认识，精心谋划，重组并购后的企业文化融合工作得到前所未有的重视

当今时代，文化越来越成为民族凝聚力和创造力的重要源泉，越来越成为综合国力竞争的重要因素。中央企业进一步深化认识，将企业文化融合放到企业发展的战略地位来对待，并进行精心谋划。绝大多数重组并购后的中央企业把企业文化融合工作纳入了企业发展的整体规划之中，成为总体发展战略的重要组成部分和重点工作之一。它们制定了企业文化融合的总体规划，下发了相关文件，明确了指导思想、总体目标、基本内容和实施步骤，并且广泛宣传，深入教育，狠抓落实。

中国航空工业集团公司在重组并购之初，及时确立以集团宗旨和理念为核心的集团文化理念体系，增强了集团的凝聚力、向心力。

中国通用技术集团在重组并购联合过程中，对文化融合工作给予高度重视，工作抓得紧、抓得实，抓出了成效，营造出“通用一家人，通用一家亲”、“一家人、一条心、一个目标向前奔”的良好文化氛围。

中国建筑材料集团公司在实践中勇于探索，走出了一条以联合重组并购为主的发展路子。他们把文化融合纳入企业管理整合，大力推行“文化一体化”建设，企业文化逐步融入企业的各个管理层面，打造出统一的企业品牌形象，

增强了集团核心竞争力。

作为“强强联合、新设合并”的中国交通建设集团有限公司，从实际出发，坚持继承与创新相结合，构建新的企业文化体系。同时以企业改革发展重大活动为平台，以丰富的宣贯活动为载体，促进文化融合，为集团做强做优提供了有力的文化支撑。

中国南方电网在组建伊始，就把建立共同价值观摆在优先位置，围绕建设一个什么样的南方电网、怎样建设南方电网这一核心问题，构建了以南网方略为核心的价值体系，为公司重组、融合、发展注入了灵魂和动力。

（二）拓宽渠道，多措并举，重组并购后的企业文化融合形式多样

中央企业的情况千差万别，每一家企业又有各自不同的特点。中央企业大多能从本企业的实际出发，积极拓宽文化融合的渠道，不断创新和丰富文化融合的载体、方法和途径，使中央企业的企业文化融合呈现多样化的格局。

中国航空工业集团公司为全面推进集团文化落地，采取了六种形式：召开集团文化推进会；加强集团文化培训；开展吴大观同志先进事迹学习宣传活动；开展“弘扬宗旨理念、践行集团战略”主题教育活动；开展学唱司歌活动；开展集团文化建设示范单位认证活动。

中国南方电网通过组织考试、专题培训、座谈研究、案例分析、讲述故事、典型示范、新闻宣传、文体活动、面对面沟通、家属恳谈、文艺巡演等多种方式，灵活多样地、生动地诠释了公司文化理念。

中国大唐集团公司为了巩固和强化“负责任、有实力、可信赖”的企业形象，策划组织了品牌宣传活动，凡有大唐集团所属企业的地方，都能看到“中国大唐”的标识牌。从2007年9月开始，大唐集团公司每年举办一届企业开放日。截至2010年，系统内开放企业总数达65家，34000多名社会各界人士“零距离”感受了现代电力企业集团的风采。历经多年建设，如今大唐集团公司企业文化日趋规范化和系统化，其成效和辐射力也日渐凸显。

中国交通建设集团积极倡导鼓励各子企业、各项目部之间相互学习、相互交流。不少子公司领导带领班子成员走出机关到其他子公司走访，参观学习、全方位多角度沟通交流。据不完全统计，自重组并购以来集团子企业之间相互学习交流20余次，极大促进了各子公司相互间的了解、融合与协作，为集团的发展增加了凝聚力。集团日常工作中，还充分利用报纸、网站等媒体进行交流。

（三）制定制度，健全机制，重组并购后的文化融合体系不断完善

中央企业为保障重组并购后的企业文化融合不停留在理论上、口号上，切实落在实处，注重从本企业的实际出发，成立企业文化建设的领导机构和工作机构，建立和制定一整套工作制度，明确分工领导、主管部门、责任人、工作人员，逐级划定职责范围和相应职责。同时，党政主要领导带头做好指导、规划和协调工作，企业党委（党组）、董事会和主要经营者充分发挥决策作用。从上到下建立党政工团组织和有关部门密切配合，齐抓共管的管理模式和分工负责、关系协调的责任体系。

中国移动通信集团公司在制定企业文化建设指导意见的基础上，制定了实施细则，建立了示范点管理办法、成果奖励办法等一系列标准化文件，进一步完善了“一把手”挂帅、领导班子分工负责的领导机制，以及组织、规划、激励、推广、考核等全面配套保障机制。

中国交通建设集团在重组并购中，同步构建了企业新的文化体系。通过制定下发《企业文化建设发展规划》、《视觉识别规范手册》和《企业文化手册》三个文件，把企业重组后文化建设全面制度化、规范化。

中国南方电网为促进企业文化建设，制定了《公司企业文化建设评价暂行办法》，将企业文化建设评价细化为 11 项一级指标、49 项二级指标，年年开展企业文化建设评价，全面掌握企业文化建设的工作状况、效果，使企业文化建设工作有框架、衡量有标准、考核有依据。

中国石化集团充分认识到制度文化融合是企业文化融合的重要内容，是践行核心价值理念、提升企业管理水平的内在保障。首先，遵循集团公司核心价值理念，对规章制度，特别是岗位责任制、HSE、内部控制、绩效考核等制度进行全面梳理、修订和完善，将价值理念融入管理制度中，转化为员工的自觉行动。其次，完善企业文化融合的运行机制，建立分工明确、运转协调的责任体系，保证企业文化建设有序开展；完善企业文化融合的考核评价机制，促进企业文化融合有效开展；完善企业文化融合的交流机制，互相学习借鉴企业文化融合的优秀成果，推动企业文化融合深入进行。

中国电信集团公司坚持把企业文化融合与制度建设相结合。将企业文化融入制度管理，努力实现企业文化柔性约束与公司制度刚性管理的有机结合，确保企业文化内涵固化于制，确保企业文化融合推行常态化。

（四）突出重点，深化教育，重组并购后的企业文化融合思想基础逐步巩固

价值理念体系是一个企业科学有序发展的基本精神依托，是企业文化融合的核心。中央企业坚持以价值理念体系建设为重点，深化教育，不断推进文化融合工作，使企业文化建设的思想基础不断巩固。

中国第一汽车集团以“做强做大自主事业、促进人、车、社会和谐发展”为最高追求，以“争第一、创新业、担责任”为核心价值，以“学习创新、抗争、自强”为精神旗帜，以“坚持用户第一，尊重员工价值、保障股东利益”为经营理念，建立实现个人价值追求与企业价值追求有机统一的价值平台，深化教育，引领凝聚10万员工干好自主事业。

新兴铸管集团经过十多年的实践，提炼并初步培育了诸如“互利共赢、同创共享”价值观、“管通四海、装点五洲”使命在内的8项价值理念，奠定了企业文化的思想基础，为企业发展提供了动力支持、能力支撑和精神支柱。

中国通用技术集团把“创新进取、和谐共赢”作为集团核心价值观，围绕这个核心，进行系统的企业文化建设，达到了提振信心、鼓舞士气、弘扬企业精神的目的。

鞍山钢铁集团在重组并购时坚持继续秉承“互为依托、互相支持、互为一体、统筹发展”的理念，进一步拓宽合作领域，不断巩固和发展合作成果，实现地企共同发展、共同繁荣。

（五）明晰愿景，明确目标，重组并购后的企业文化融合动力不断增强

企业的发展战略目标、发展愿景，最能赢得人心，激发广大职工的积极性、主动性和创造性。中央企业在重组并购的文化融合过程中注重进行企业发展愿景和目标教育，使广大员工明晰企业战略与发展愿景，在宏伟目标的感召下积极进取，发奋图强。

中航工业提出“两融、三新、五化、万亿”发展战略目标，引导职工统一思想认识，形成了以发展战略促进文化建设的良好氛围。

中国铁建以重组并购为契机，进一步明确企业发展战略与共同愿景，凝聚了企业发展的合力。

中国第一汽车集团以打造“自主一汽、实力一汽、和谐一汽”为目标，围绕

实施自主战略，推进集团文化建设，激发了广大员工的创业激情。

新兴铸管集团在“十二五”规划中，形成了“立足站稳国家队，跻身‘央企50强’，冲刺‘世界500强’”的“三步走”战略，描绘了“推进五化建设，做强六大基地，实现三个翻番，跻身‘五五’之强”的发展蓝图，让员工看到未来的美好前景，认清自身在全局中的定位，构筑了“同心致远”的共同理想，增强了发展信心和发展动力。

（六）抓住根本，拓展素质，重组并购后的企业文化融合基础越来越紧实

人是企业文化的根本，一个企业的企业文化，在很大程度上是要通过全体员工的行为来体现的。人们认识一个企业不仅要看该企业在媒体上和各种场合怎样说，怎样宣传，更重要的是要看它怎样做，这就需要企业全体员工用自己的优秀行为在实际工作中体现出企业的文化素质和文化内涵，让社会公众感受到本企业的优秀文化。因此说，人是根本。中央企业坚持抓住这个根本，不断提升员工素质，使企业文化融合的基础越来越紧实。

中国南方电网公司始终坚持以人为本，努力建设讲原则、重感情、团结和谐、有战斗力的各级领导班子，高标准、严要求，严爱结合带好队伍，倡导人人快乐工作。公司注重制定多种帮助员工消除单调厌烦情绪的建议和方法，并付诸实施。如以企业文化建设创新思想政治工作，使员工正确认识工作的必要性和意义，以减轻工作的单调感；通过各种形式，促使员工在单调乏味的工作中发现有价值的内容；创造减轻乏味感的作业环境，特别是在工作场所启用音乐背景，得到了员工的热烈响应。另外，在南网的文化融合过程中，培训制度也发挥着重要的引导作用。南方电网公司将员工分为领导、管理、专业、技能和辅助五类人才，对员工进行分类分层管理、差异化培养，大规模地进行培训。五类人才在各自的工作岗位上“干什么学什么、学什么专什么，干什么会什么、缺什么补什么”，年均全员培训率达到88%，由此告诉员工必须坚持什么，反对什么，什么能做，什么不能做。在浓浓关爱的和谐氛围中，越来越多的员工将企业视为共同的家园，积极为企业发展献计献策。

中国中化集团公司积极倡导开放包容的文化，吸引方方面面的人才共同在中化的舞台上建功立业。“尺有所短、寸有所长”。只要认同公司理念、愿意而且能够为公司发展作出贡献，不管他来自何方，即使有一些缺点和不足，也要以海纳百川的胸怀和开放包容的气度，给大家创造和谐共处、合作共赢的良好

氛围，这极大地激发了员工的工作积极性。

（七）服务融合，促进协调，重组并购后的企业文化融合效果日益显现

中央企业为实现企业文化和企业发展的良性互动，把发展这个第一要务，作为企业文化的基本着眼点，将企业文化工作融入企业中心工作，融合服务，协调促进，在发展中发挥作用，使企业文化建设的效果日益显现。

中粮集团在积极探索"新国企"发展之路的过程中，以从"头"做起，即充分发挥原核心管理团队的"龙头"作用和党工团组织的"带头"作用；从"心"做起，即以情动人开心锁和用心做事暖人心，解决并购重组中的缺失"信任"的问题；从"新"做起，即用"新颜"换"旧貌"，导入中粮的企业形象识别系统，用"旧瓶"酿"新酒"，对一系列传统群体活动进行大胆的改造和创新。最终，使文化融合在并购重组中起到"润滑剂"、"黏合剂"和"催化剂"的作用。集团逐步形成的"忠良文化"融入战略转型和业务发展中心，互相促进，相得益彰。

三、中央企业重组并购文化融合的若干措施与方法

中央企业在重组并购中积极促进文化融合，其措施与方法主要有：

（一）成立企业文化融合小组，共同探讨文化融合的最佳路径

任何一家企业所形成的文化都是根深蒂固的，这就决定了企业文化的融合、重塑绝非一件简单的事。企业的重组并购往往将带来思维模式的变化和不同企业文化之间的撞击。如果文化融合处理过于草率，缺乏有效的管理沟通，其结果必然造成并购后企业内部的摩擦与消耗。因此，重组并购企业需要组建一个文化融合工作小组。小组成员可由重组并购双方选派具有一定企业文化管理经验和影响力的人员组成，也可从社会上聘请有关专家参加。该机构直接向企业的最高管理层负责，参与组织、策划和领导企业文化融合管理的全部运作过程。

中国华能集团公司在重组并购时，成立了相应的工作机构，全面负责企业文化融合的组织、策划与实施。

（二）摸清双方企业文化基础，制定好文化融合策略

在文化融合中，根据企业重组并购的战略，首先要判断跨文化的属性，属于何种文化交遇的类型，以便选择适宜的融合策略。一般而言，实施横向并购战略的企业主要面对的是跨行业文化问题。由于各行业的生产方式不同、交易方式不同、出产产品属性不同，形成各自特殊的文化背景，因此，在保持基本价值观一致的情况下，一般可采取文化分离策略，保持双方原有的文化脉络，尤其是处于强强文化交遇时，更需要如此。实施纵向并购战略则主要面对的是垮地域、跨民族、跨国籍文化冲突，根据文化交遇的情况，一般可采取文化输出式、互渗式、吸纳式、重组式策略，对企业文化进行有效的融合。并购战略不同、所处文化交遇情况不同，就应选择不同的文化融合策略。因此，在重组并购之前应组织专门人员对双方的企业文化进行调查研究和评估，了解双方企业文化的特性，注意企业文化的差异和共同点，挖掘和清理重组双方各自的文化资源。在此基础上，制订文化融合的方案。文化融合方案要坚持高起点，围绕重组并购后的企业发展战略和目标，确定企业文化融合在不同阶段的工作目标任务及其方法措施，并列入重组并购整体方案予以推进。

华电集团通过调研，摸清各成员单位企业文化的特性。根据不同企业之间

存在的文化差异，华电集团在构建企业文化体系时形成了“一主多元，各具特色”的格局，做到形散而神不散。“一主”就是指企业文化的统一性，即共性；“多元”是指企业文化的差异性，即个性。文化的一致是企业灵魂的统一，是企业的重要纽带。没有统一性的文化建设，就不能形成统一的企业文化氛围、统一的企业形象和统一的企业品牌。但并不是集团建立统一的文化理念体系就要一成不变地向下推广，华电集团提倡多彩文化。集团提炼出来总的价值理念用以指导基层，要肯定基层企业成熟的文化理念，允许它们有不同的特色。例如中国华电旗下最大的发电企业——邹县发电厂打造了“敢为人先，永争第一”、“人人求新，事事竞优”的邹电精神；扬州发电有限公司提出了“标准求高、工作求细、考核求严、效果求实”的企业管理理念；蒲城发电有限责任公司倡导“追求卓越的管理、讲求效益最大化”的经营理念。这些理念与华电“秉承价值思维创建优秀文化推动科学发展”、“照耀世界温暖人间”、“国内先进、国际一流”的企业文化理念异曲同工。

东风公司在与日产自动车株式会社合资合作过程中，高度重视企业文化的融合创新。在摸清双方企业文化特性的基础上，努力寻求双方企业文化的融合点。一是尊重双方文化差异，实施多元文化战略。突出的是把有关党建工作的相关内容写进了双方合资合作的合同，创造了中外合资企业党建工作的范例；二是把促进企业的快速发展作为共同的价值追求，努力实现双赢；三是重视引进先进管理经验和科学技术，大力推行业绩管理，不断提升企业管理水平，从而在合作过程中初步实现了文化的融合，有效地提升了企业竞争力，东风汽车公司成为中外成功合资合作的典范。

（三）选择适当的企业文化融合方式，建立企业文化沟通机制

在确定了文化融合策略并制订了融合计划后，重组并购企业应建立文化沟通机制，加强与目标企业员工的沟通与交流。

首先，要根据重组并购企业双方的实际情况确定适当的文化融合方式。如果受让企业文化为强势文化，目标企业员工对受让企业的企业文化认同度很高，则目标企业接受受让企业文化；如果重组并购双方的企业文化强度相似且互相欣赏，愿意调整原有文化的一些弊端，那么重组并购双方在文化融合方式上可相互渗透，互为补充，在对原有文化进行不同程度调整的基础上，形成新的更高层次的文化，并使之尽快为双方企业员工共同接受；如果重组并购双方均具有较强的优质企业文化，企业员工不愿改变，同时，重组并购后双方业务相对

独立，不会因文化不一致而产生矛盾冲突，那么重组并购双方的原有文化可暂时保持不变，根据重组并购后的企业发展，兼容并蓄，再逐步整合出新的企业文化。

其次，要尽快建立企业文化沟通机制。为了避免员工抗拒并购，使目标企业员工能够接受和认同并购后的新文化，受让企业应安排一系列员工沟通会议，让员工清楚整个并购的大致情形，如股权的变化，未来的经营方向等，分析企业生产经营存在的优势与弱势，说明所建立的新文化的必要性。同时，受让企业的高层管理者还需要具备有韧性的和启发式的领导艺术，给员工一个相对宽松的环境，使他们在心理上有一个适应的过程，以逐渐接受新文化，促使重组并购双方的企业文化达到充分融合。

中国中化集团坚持以中化文化理念为核心，统一重组企业文化价值取向。他们注重把文化融合与管理整合有机结合起来，积极引导重组企业导入先进经营理念，促进文化认同与融合。

武汉钢铁集团在实施重组并购过程中，非常重视重组并购后的企业文化融合。在实施联合重组过程中，他们根据国家《钢铁产业发展政策》和《关于加强中央企业企业文化建设的指导意见》，将文化融合纳入重组企业发展战略同步实施。重组双方在尊重理解的基础上通过不断加强交流沟通，建立文化融合机制，明确了文化融合思路，奠定了文化融合基础，增进了相互文化交融，提升了集团和重组企业的协同管理能力，促进了武钢中西南发展战略的顺利实施。一是建立调研分析机制，明确文化融合思路。要求在实施文化融合过程中注重调查研究，深入重组企业了解实际情况，分析文化差异，明确文化融合思路，制定文化融合指导意见，积极稳妥推进重组企业文化融合。二是建立沟通协调机制，营造文化融合氛围。以建立重组并购企业文化沟通平台、积极开展文化文体活动和管理活动交流为突破口，扩大交流范围，加强信息沟通，在尊重文化差异中促进相互了解和信任，在平等交流中逐步达成双方共识，积极营造文化融合的氛围，奠定了文化融合的良好基础。三是建立工作参与机制，寻求文化融合突破。以逐步建立重要工作参与机制为切入口，积极推进与重组企业的工作部署融合，文化融合取得了明显成效。

（四）制定稳定的人力资源政策，奠定企业文化融合的扎实基础

重组并购后目标企业常常会出现人才流失现象，这主要是因为某些员工担心新环境下的适应问题，以向外流动来躲避因两种企业制度在整合时产生的摩

擦。人才的大量流失等于宣告重组并购的失败，企业文化融合也就无从谈起。因此，留住人才、稳定人才，从而减少因重组并购而引起的人员震荡，就成为企业重组并购中文化融合管理的一个不可或缺的内容。这就要求重组并购企业在文化融合管理的过程中制定一系列稳定人力资源的政策。一是明确对人才的态度。受让企业对人才的态度将会影响目标企业员工的去留。如果受让企业重视人力资源管理，目标企业人员将会感到未来发展机会的存在，自然愿意留任。二是受让企业还应采取实质性的激励措施。若有更好的任用条件，目标企业人才必然愿意留任。因此，详细的人才留任措施，常常成为重组并购协商中双方关注的焦点。

南方电网在企业重组并购文化融合过程中，坚持人高于一切的价值观，把团队建设作为激活组织活力和文化活力的重点，确定两个相辅相承的团队建设理念：“上下同欲，政令畅通，人人快乐工作”和“讲原则、重感情，严爱结合带队伍”，前者着重于创造一种和谐、快乐的文化氛围，着力点在全体员工；后者着重于带队伍，着力点在领导干部。同时，南方电网“想尽办法去完成每一项任务”的企业精神、“以绩效为导向，实现管理到位”的管理理念、“忠诚、敬业、责任、服从”的行为理念等内容，无不注重人的因素，强调人的发展，处处体现用事业凝聚人才，用实践造就人才，用机制激励人才，促进企业与人的和谐发展的人本思想。

中冶集团在集团人力资源战略中，明确提出了以人为本、牢固树立“人才资源是第一资源”的观念，并形成了可操作、可检验、起实效的相应机制。公司把增效留人、吸引人才和培训提高紧密结合起来，按照集团化、社会化、国际化和市场化的方针，发展人才队伍，改善人才结构，提高人才质量，优化了企业文化融合的环境。

（五）把握好继承与变革的关系，推动企业文化的创新发展

重组并购企业的文化融合，既不是双方原有文化的简单叠加，也不是全部推倒重来，而是在去劣存优的基础上，以发展为导向对企业新文化的一次催生再造。因此一方面要注重继承发扬双方传统文化的积极因素，挖掘整理双方企业长期形成的宝贵文化资源；另一方面要用科学发展观和系统创新的思维对原有的企业文化适时变革，在继承中创新，在弘扬中升华。

中国铁道建筑总公司以统一性、先进性、创新性为指导，抓好重组并购中的文化融合创新，有效推动了企业改革发展。一是坚持融合吸收文化资源与核

实接受有形资产并重，对重组并购企业进行“双重清产核资”，把优质文化资源纳入总公司集团文化大系统，实现丰富性和统一性的和谐一致；二是对所重组并购企业员工文化心理差异进行认真调研，尊重和引导不同文化心理，同时采取措施重点增强重组单位领导班子凝聚力，提高职工队伍素质，实现相容性和先进性相辅相成；三是坚持企业文化融合重在建设的方针，在实践中以融合和继承为基础，以提升和创新为主导，推动企业文化在重组并购中适时创新，如创造出举世瞩目、可歌可泣的“青藏铁路建设精神”，实现了融合创新的紧密结合。

第三篇

中央企业企业文化建设评价

一、中央企业企业文化建设评价体系简介

（一）中央企业企业文化建设评价体系建立的背景

胡锦涛总书记在党的十七大报告中深刻指出，当今时代，文化越来越成为民族凝聚力和创造力的重要源泉，越来越成为综合国力竞争的重要因素，丰富精神文化生活越来越成为我国人民的热切愿望。要坚持社会主义先进文化前进方向，兴起社会主义文化建设新高潮，推动社会主义文化大发展大繁荣。这是胡锦涛总书记从全面建设小康社会、实现中华民族伟大复兴的高度提出的重要论断，充分体现了我们党科学发展的战略思想。这一新思想、新要求为搞好企业文化建设指明了方向。

企业是实现经济社会发展的重要经济组织，也是实现人们精神追求和体现价值的重要社会组织。搞好企业文化建设，不仅是企业全面提升员工素质、提高管理水平、增强凝聚力和核心竞争力的一项重要工作，也是建设社会主义先进文化、推动社会主义文化大发展大繁荣的一个重要方面。2003 年以来，国资委采取一系列有效措施，大力推动中央企业加强企业文化建设，取得了很大的进展和成绩。2005 年 3 月，国务院国有资产监督管理委员会发布《关于加强中央企业企业文化建设的指导意见》（国资发宣传［2005］62 号）（以下简称《指导意见》），标志着中央企业的企业文化建设已进入有统一组织领导、明确目标导向和具体工作要求的发展阶段。为进一步加强对企业文化建设的管理，2007 年 4 月国资委立项《中央企业企业文化建设评价体系研究》课题。该课题研究旨在通过学习国内外有关研究成果，吸收借鉴中央企业进行企业文化建设评价的实践经验，在进一步明确中央企业企业文化建设的基本内容和工作要求的基础上，提出具有中央企业特色的企业文化建设评价指标体系，为在中央企业开展企业文化建设评价提供科学依据。该课题研究于 2007 年 10 月全面启动，由国资委宣传工作局具体组织实施，中国石油天然气集团公司、国家电网公司及所属山东电力集团公司、中国电信集团公司、中国海洋石油总公司、中国南方电网有限公司、中国铁路工程总公司、东方电气集团公司、中国航空工业第一集

团公司、中国远洋运输（集团）总公司、东风汽车公司、北京有色研究总院等企业参与了课题研究工作。经过半年多的深入调查研究，课题研究工作基本完成。2008 年 6 月，国务院国有资产监督管理委员会宣传工作局召开“中央企业企业文化建设评价体系研究”课题评审会，邀请 10 余名国内企业文化专家和有关领导组成专家评审组对课题报告进行了评审。专家评审组对这项课题研究给予充分肯定和高度评价，认为该课题研究站在深入贯彻落实科学发展观，增强中央企业文化软实力的战略高度，旨在落实国资委《关于加强中央企业企业文化建设的指导意见》，推动中央企业企业文化建设上，定位在企业文化建设工作评价，既具有一般性指导意义，又有具体工作要求，具有开创意义。课题研究报告“体系完备，逻辑严谨”；“评价方法科学”；“内容明确清晰，可操作性强”，“具有较高的理论水平和实践指导价值”。“该研究成果具有原创性，在企业文化研究和实践上具有填白意义，在国内处于领先水平”。

（二）中央企业企业文化建设评价体系建立的目的

建立中央企业企业文化建设评价体系的目的在于检查工作，规范工作，指导、推动工作。开展评价工作，就是要通过评价，进一步深刻把握企业文化建设的基本规律，正确理解和把握企业文化建设的基本内容和要求；就是要通过评价，检查贯彻落实《指导意见》的情况，看看各项工作要求是否得到落实，措施是否到位，企业文化体系是否完善，取得的效果如何；就是要通过评价，及时查找工作中存在的问题和不足，认真分析原因，有针对性地采取切实有效措施，进一步改进工作，以取得更好的效果。

（三）中央企业企业文化建设评价体系的构成与操作要求

1. 企业文化建设评价指标体系由企业文化建设工作评价、企业文化建设状况评价和企业文化建设效果评价三部分构成。每部分均包括评价指标、分值、计分方法和评价方法等内容。

2. 企业文化建设评价依据企业文化建设评价体系，实行定量评价与定性评价相结合，对指标进行评价打分。

（1）企业文化建设评价总分为 1000 分，其中：企业文化建设工作评价部分 300 分、企业文化建设状况评价部分 300 分、企业文化建设效果评价部分 400 分。

（2）对可以直接量化打分的指标，通过查阅资料和实地考察的方法，直接进行评判打分。

（3）对不能直接量化打分的指标，通过问卷调查的方法，进行定性评价，再将定性评价结果转化为量化分值。评价结果分为四个等级如“好、较好、一般、差”，与之对应的是四个等级分值。问卷调查中评价“好”占90%及以上的记一等级分值，80%～89%的记二等级分值，60%～79%的记三等级分值，60%以下的记四等级分值。

3. 问卷调查的要求。

（1）合理确定调查样本数量。员工问卷调查，1万人以下的企业调查样本不少于员工总数2%，其他企业按员工总数1%确定，调查样本的选取由企业根据员工构成比例合理确定。客户问卷调查样本数量由企业根据实际情况确定。调查采用无记名方式。

（2）问卷调查按照统一设计的调查问卷进行。各企业也可在确保获得相关指标评价信息的前提下，根据自身实际进行适当调整。

4. 企业文化建设评价最终得分为企业文化建设工作评价、企业文化建设状况评价、企业文化建设效果评价三部分实际得分之和。

《中央企业企业文化建设评价体系》有关具体内容请参见附件。

二、2010 年中央企业企业文化建设评价概况

为总结中央企业贯彻国资委《关于加强中央企业企业文化建设的指导意见》(以下简称《指导意见》)推进企业文化建设的情况，进一步推动中央企业企业文化建设，国资委宣传工作局发布《关于开展企业文化建设评价工作的通知》(宣传函［2010］9 号)，决定开展企业文化建设评价工作，对评价工作的目的、范围、依据及方式进行了说明，并提出了相关工作要求。

首先，此次评价目的在于总结企业文化建设的成绩与经验，查找差距与不足，为进一步研究部署企业文化建设工作，推动企业文化建设深入发展提供重要依据。此次评价不是评优，其结果也不作为今后评优的根据。其次，此次评价工作在中央企业集团公司（总公司）一级进行，评价的依据是《中央企业企业文化建设评价体系》，评价的方式是企业自查自评。各企业的企业文化主管部门负责自查自评工作的组织实施，根据《中央企业企业文化建设评价体系》及有关要求，开展评价工作、逐项对指标进行评价打分，撰写自查自评报告，报送有关资料。

通知要求，第一，各企业要高度重视，加强组织领导。此次评价工作是贯彻国资委《指导意见》，推进企业文化建设的重要举措，重在企业自我检查、自我评价。各企业要加强领导，精心组织，抓好落实。第二，严格要求，做好评价工作。要认真按照此次评价工作的要求，本着实事求是的原则，开展评价工作，做到信息资料真实可靠、评价客观公正。第三，以评促改，务求实效。要把评价与加强改进工作结合起来，在总结成绩和经验的同时，着力查找和分析存在的问题与不足，明确努力方向，提出改进措施，确保取得好的效果。

根据国资委对中央企业企业文化建设评价工作的通知要求，共有 70 家中央企业在规定的时间内提交了自评自查报告，并有 68 家中央企业提交了调查数据。本篇以下部分的分析就是以上述 68 家中央企业的问卷调查结果为基础进行的。根据通知要求，各企业于 2010 年 6 月底完成本次问卷调查，因此，本篇分析所依据的数据截止时间为 2010 年 6 月，数据反映的状况也只是这个时间之前的。

根据中央企业企业文化建设评价体系，按照各企业的评价得分情况，以下将 68 家企业分为两类：高得分企业和一般得分企业。分类标准是平均分，

高于平均分的企业为高得分企业，低于平均分的企业为一般得分企业。结合调查数据，按照总体情况、一级指标和二级指标分别对中央企业企业文化建设情况进行相应评价。需要说明的是，在以下各指标折线图中，纵轴代表各指标的评价得分情况，横轴代表68家提交调查数据中央企业的序号（如图3－1）。

（一）2010年中央企业企业文化建设评价总体情况

通过对68家中央企业的企业文化建设评价体系调查数据的统计分析（见表3－1）。

表3－1　2010年中央企业企业文化建设评价总体情况（总分值1000分）

企　业	最高得分	最低得分	平均分	方　差	标准差	高得分企业比例	一般得分企业比例
中央企业	985	577	871.25	7680.61	87.64	64.71%	35.29%

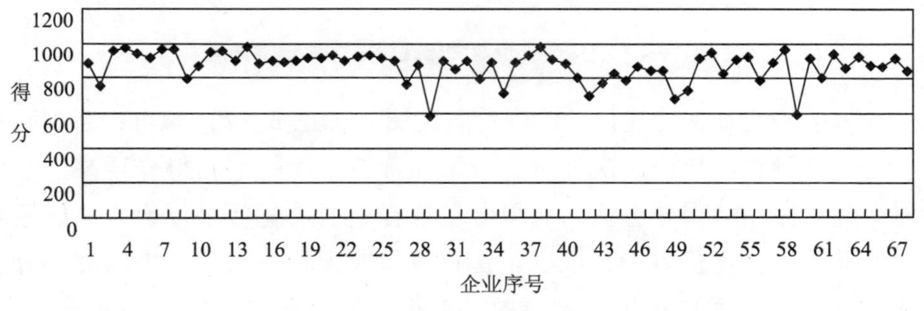

图3－1　中央企业企业文化建设评价总体情况折线图

由中央企业文化建设评价总体情况表格和折线图可以得出，中央企业企业文化建设评价体系最高得分为985分，最低得分为577分，平均分为871.25分。按照企业分类标准，高得分企业的比例为64.71%，一般得分企业的比例为35.29%，标准差为87.64。结果表明，中央企业企业文化建设情况总体不错，评价得分相对集中在均值附近，部分中央企业的企业文化建设情况还有提升的空间。

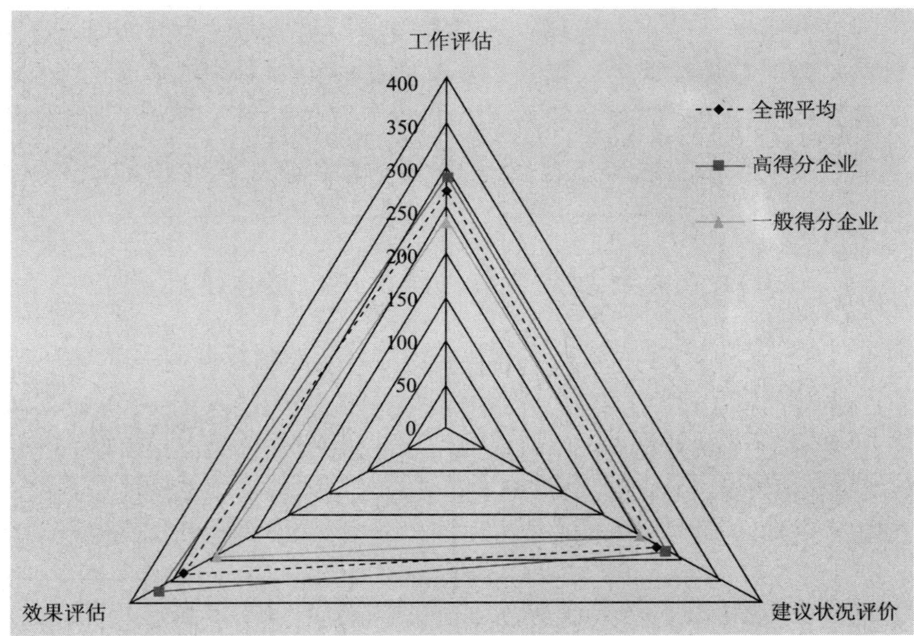

图 3－2　中央企业企业文化建设总体评价雷达图

由中央企业企业文化建设总体评价雷达图（如图 3－2）中可以看出，高得分企业在工作评价、建设状况评价、效果评价三方面的平均得分均高于一般得分企业，特别是一般得分企业与高得分企业在企业文化效果评价方面的差距最大，其次是在工作评价方面，最后是在建设状况评价方面。这表明高得分企业在企业文化建设方面取得了一定成效，对企业的发展起到了良好的推动作用，一般得分企业在企业文化建设方面还有较大的发展空间。

1. 中央企业企业文化建设工作评价情况

中央企业企业文化建设工作评价体系具体分为组织保障、工作指导与载体支撑和考核评价与激励措施三个一级指标。通过对 68 家中央企业的企业文化建设工作评价体系得分进行分析（见表 3－2）。

表 3－2　中央企业企业文化建设工作评价情况（总分值 300 分）

企　业	最高得分	最低得分	平均分	方　差	标准差	高得分企业比例	一般得分企业比例
中央企业	300	178	267.75	864.40	29.40	64.71%	35.29%

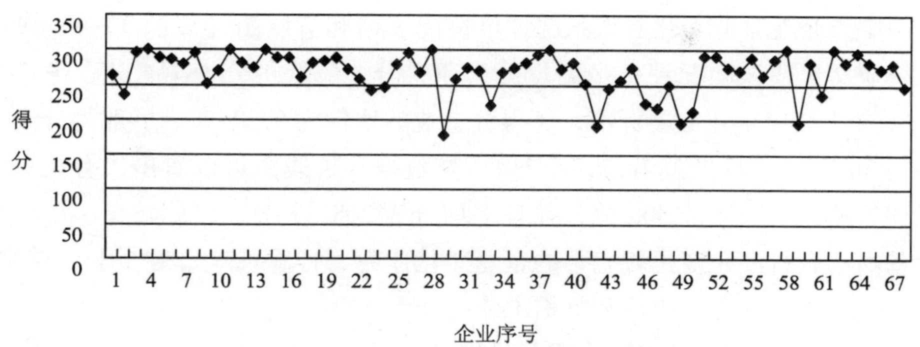

图 3-3　中央企业企业文化建设工作评价折线图

由中央企业企业文化建设工作评价情况表格和折线图（如图 3-3）可以得出，企业文化建设工作评价最高得分为 300 分，最低得分为 178 分，平均分为 267.75 分。按照企业分类标准，高得分企业的比例为 64.71%，一般得分企业的比例为 35.29%，标准差为 29.40。由数据和折线图可以看出，有些企业的工作评价体系得了满分 300 分，并且平均分为 267.75 分，是比较高的得分，说明总体上中央企业企业文化建设工作比较到位，各中央企业重视自身的企业文化建设工作的开展和实施。

2. 中央企业企业文化建设状况评价情况

企业文化建设状况评价主要是对企业精神文化、制度文化和物质文化进行评价，所以中央企业企业文化建设状况评价体系也分为精神文化、制度文化和物质文化评价三个一级指标。通过对 68 家中央企业的企业文化建设状况评价体系得分进行分析（见表 3-3）。

表 3-3　中央企业企业文化建设状况评价情况（总分值 300 分）

企　业	最高得分	最低得分	平均分	方　差	标准差	高得分企业比例	一般得分企业比例
中央企业	300	164	268.11	885.66	29.76	63.24%	36.76%

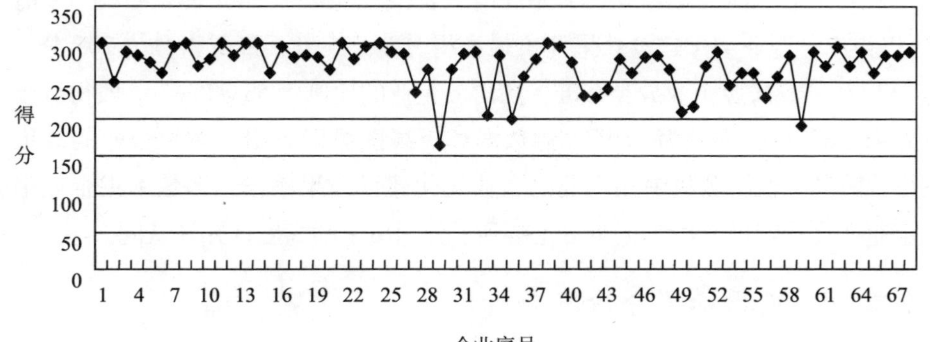

图 3-4　中央企业企业文化建设状况评价折线图

由中央企业企业文化建设状况评价情况表格和折线图（如图3－4）可以得出，企业文化建设状况评价最高得分为300分，最低得分为164分，平均分为268.11分。按照企业分类标准，高得分企业的比例为63.24%，一般得分企业的比例为36.76%，标准差为29.76。由调查数据和折线图可以看出，有些企业的状况评价体系得了满分300分，并且平均分为268.11分，得分较高，说明中央企业基本都有自己一套比较完整的企业文化体系，且重视对自身企业精神文化、制度文化和物质文化的提炼和宣贯工作的开展。

3. 中央企业企业文化建设效果评价情况

中央企业企业文化建设效果评价体系从企业凝聚力、企业执行力、企业形象和生产经营这四个方面对企业文化建设效果进行评价。

表3－4　中央企业企业文化建设效果评价情况（总分值400分）

企　业	最高得分	最低得分	平均分	方　差	标准差	高得分企业比例	一般得分企业比例
中央企业	395	205	333.99	1846.76	42.97	58.82%	41.18%

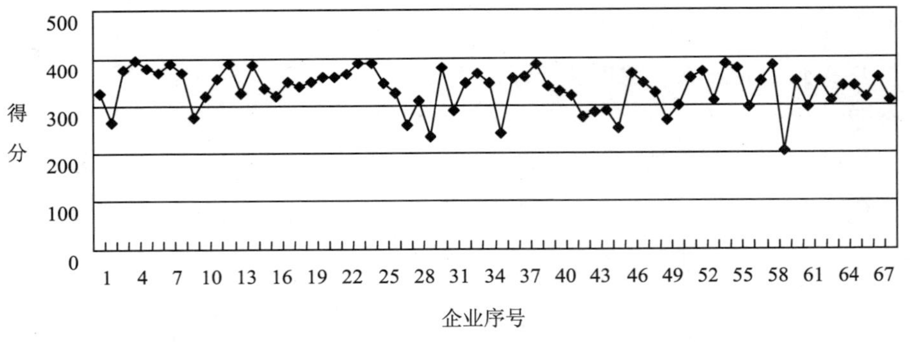

图3－5　中央企业企业文化建设效果评价折线图

由中央企业企业文化建设效果评价情况表格（见表3－4）和折线图（如图3－5）可以得出，企业文化建设效果评价最高得分为395分，最低得分为205分，平均分为333.99分。按照企业分类标准，高得分企业的比例为58.82%，一般得分企业的比例为41.18%，标准差为42.97。由数据和折线图可以看出，多数企业的效果评价体系得分较高，说明多数中央企业的企业文化建设效果不错，多数中央企业十分重视对企业文化的宣贯工作，企业文化得到了公司员工的高度认知和认同。

（二）一级指标得分情况分析

一级指标包括组织保障、工作指导与载体支撑、考核评价与激励措施、精神文化、制度文化、物质文化、企业凝聚力、企业执行力、企业形象和生产经营10个指标。下面分别用图表对这10个一级指标的调查数据得分情况进行统计分析。

1. 组织保障评价情况

表3-5 组织保障评价情况（总分值100分）

企 业	最高得分	最低得分	平均分	方 差	标准差	高得分企业比例	一般得分企业比例
中央企业	100	56	95.94	42.92	6.55	61.76%	38.24%

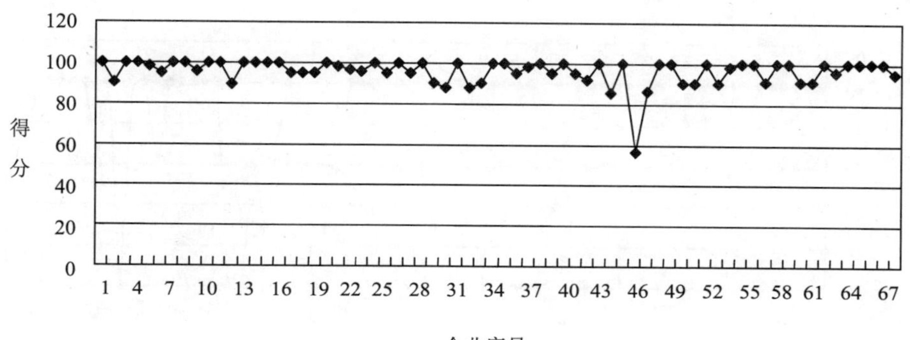

图3-6 组织保障折线图图

在组织保障方面，各中央企业做得很好，大部分企业的得分在90分以上，而且超过平均分的企业所占比例达到了61.76%，只有极少数中央企业的组织保障工作需要进一步改善。

2. 工作指导与载体支撑评价情况

表3-6 工作指导与载体支撑评价情况（总分值150分）

企 业	最高得分	最低得分	平均分	方 差	标准差	高得分企业比例	一般得分企业比例
中央企业	150	83	132.44	228.49	15.12	57.35%	42.65%

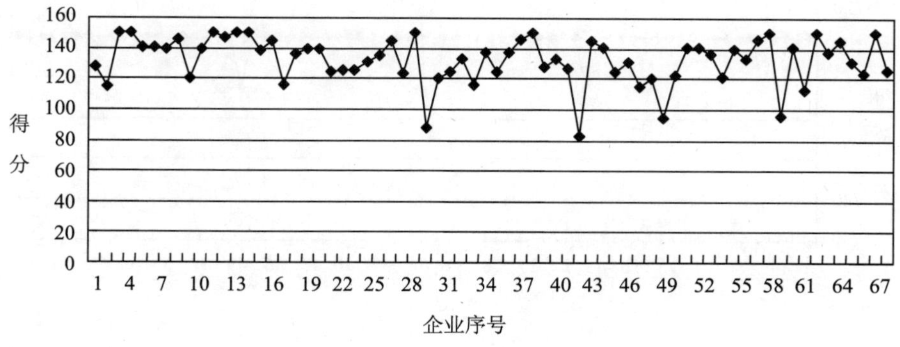

图3-7 工作指导与载体支撑折线图

在工作指导与载体支撑方面，大部分中央企业做得不错，但是还有少数中央企业需要进一步改善。

3. 考核评价与激励措施评价情况

表 3－7　考核评价与激励措施评价情况（总分值 50 分）

企　业	最高得分	最低得分	平均分	方　差	标准差	高得分企业比例	一般得分企业比例
中央企业	50	0	39.66	243.15	15.59	64.71%	35.29%

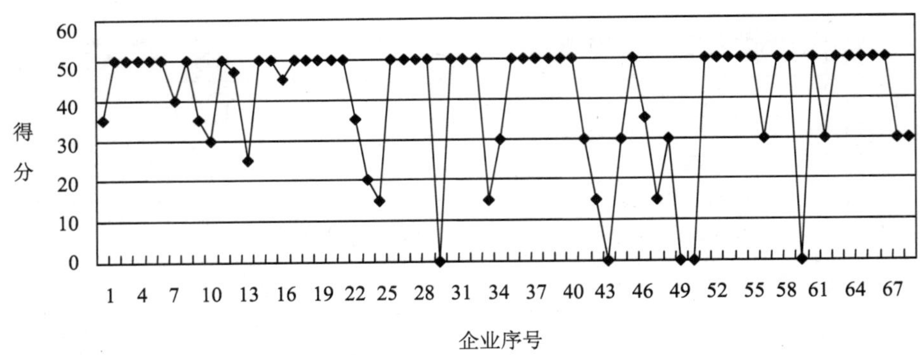

图 3－8　考核评价与激励措施折线图

在考核评价与激励措施方面，大部分中央企业能够对工作情况进行有效的考核，并且能很好地激励员工，少数中央企业在这方面需要进一步改善。

4. 精神文化评价情况

表 3－8　精神文化评价情况（总分值 100 分）

企　业	最高得分	最低得分	平均分	方　差	标准差	高得分企业比例	一般得分企业比例
中央企业	100	50	97.72	69.73	8.35	91.18%	8.82%

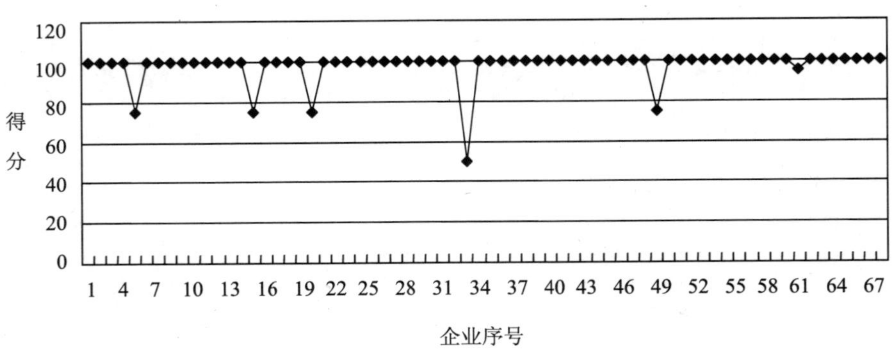

图 3－9　精神文化折线图

绝大多数中央企业确立了自己的精神文化，只有极少数中央企业在这方面还需加强，需要尽快提炼和确立自己的精神文化。

5. 制度文化评价情况

表 3－9 制度文化评价情况（总分值 100 分）

企 业	最高得分	最低得分	平均分	方 差	标准差	高得分企业比例	一般得分企业比例
中央企业	100	20	83.97	279.52	16.72	63.24%	36.76%

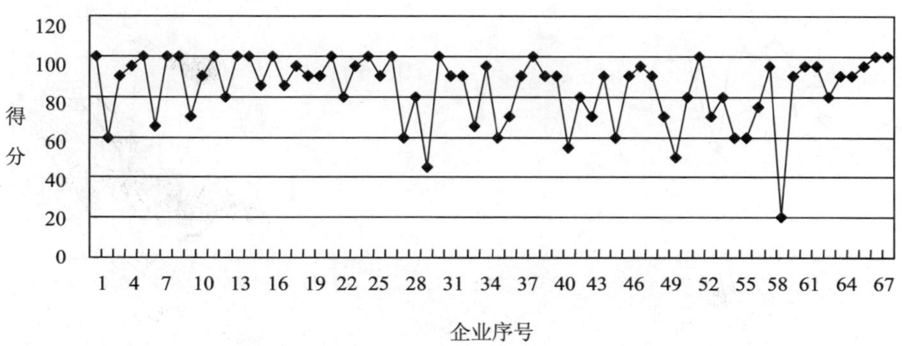

图 3－10 制度文化折线图

在制度文化方面，多数中央企业做得比较好，确立了自己的制度文化，但也有少数中央企业在这方面还有欠缺，制度文化建设尚有差距。

6. 物质文化评价情况

表 3－10 物质文化评价情况（总分值 100 分）

企 业	最高得分	最低得分	平均分	方 差	标准差	高得分企业比例	一般得分企业比例
中央企业	100	19	87.60	256.18	16.01	69.12%	30.88%

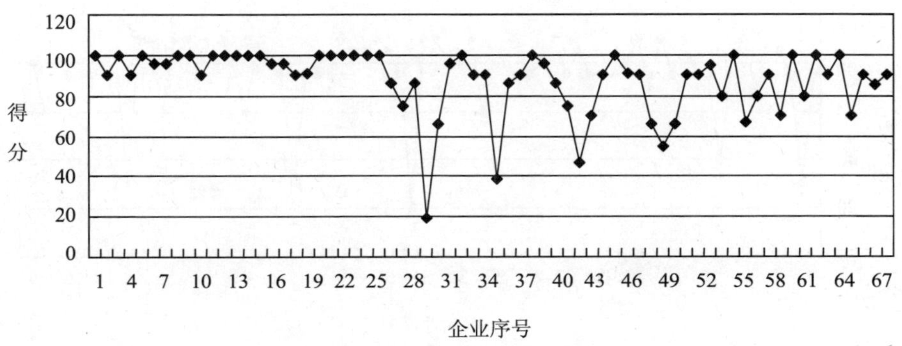

图 3－11 物质文化折线图

在物质文化方面，大部分中央企业物质文化建设状况良好，但是还有一部分中央企业在这方面还需进一步加强。

7. 企业凝聚力评价情况

表3－11 企业凝聚力评价情况（总分值110分）

企业	最高得分	最低得分	平均分	方差	标准差	高得分企业比例	一般得分企业比例
中央企业	110	25	88.10	381.77	19.54	60.29%	39.71%

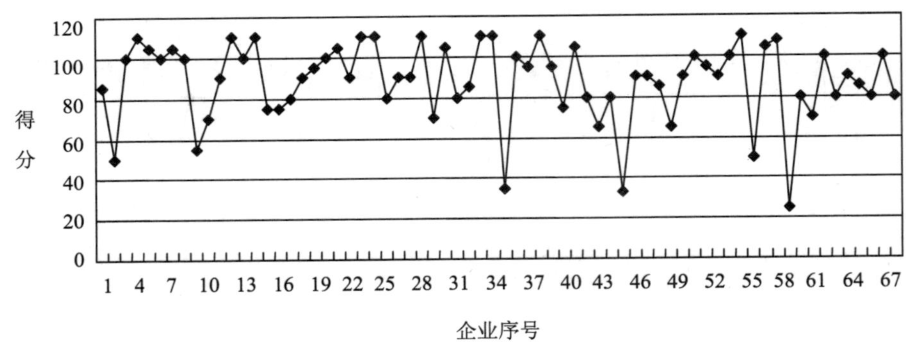

图3－12 企业凝聚力折线图

大多数中央企业的企业凝聚力强，能够很好地把员工凝聚在一起，为企业的发展努力，但是还有一部分中央企业的凝聚力不够，需要进一步提高。

8. 企业执行力评价情况

表3－12 企业执行力评价情况（总分值90分）

企业	最高得分	最低得分	平均分	方差	标准差	高得分企业比例	一般得分企业比例
中央企业	90	20	76.47	239.60	15.48	54.41%	45.59%

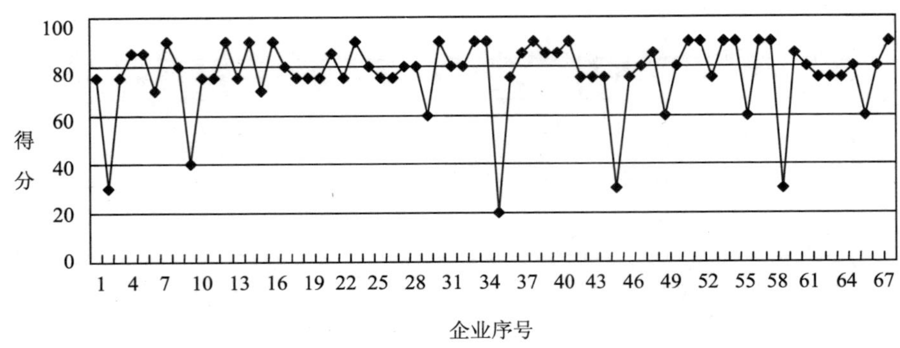

图3－13 企业执行力折线图

多数中央企业的企业执行力很好，制订的计划能够很好地得到实施和执行，但是还有少数中央企业的企业执行力不够强，需要进一步加强。

9. 企业形象评价情况

表 3－13　企业形象评价情况（总分值 95 分）

企　业	最高得分	最低得分	平均分	方　差	标准差	高得分企业比例	一般得分企业比例
中央企业	95	30	80.96	235.27	15.34	66.18%	33.82%

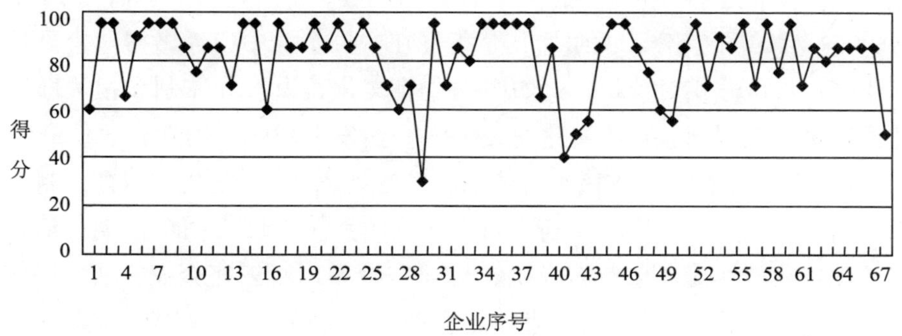

图 3－14　企业形象折线图

大部分中央企业在外界都树立了良好的企业形象，在树立企业形象方面做了很多工作和努力，但是还有少部分中央企业在此方面存在差距。

10. 生产经营评价情况

表 3－14　生产经营评价情况（总分值 105 分）

企　业	最高得分	最低得分	平均分	方　差	标准差	高得分企业比例	一般得分企业比例
中央企业	105	30	88.01	219.51	14.82	66.18%	33.82%

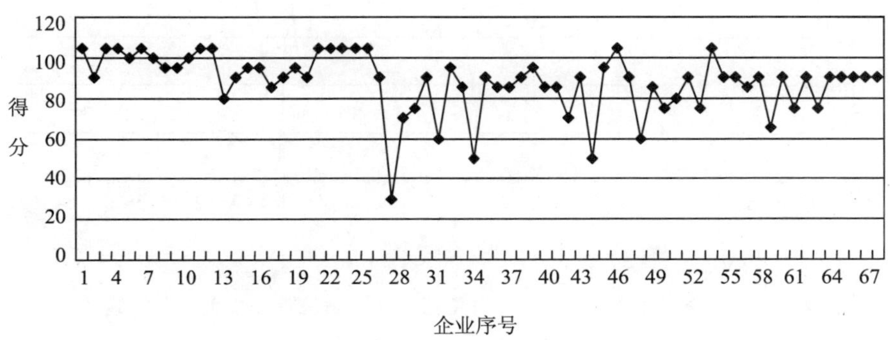

图 3－15　生产经营折线图

大部分中央企业的生产经营状况评价较高，在平均分以上，但少数中央企业的生产经营状况需要进一步改善。

（三）二级指标得分情况分析

在中央企业企业文化建设评价体系中，包括50个二级指标，在本次评价中有些指标评价得分高，比如明确企业文化主管部门与人员、广泛发动员工参与企业文化建设、确立企业愿景（企业战略目标）、建立员工岗位责任制等，这4个指标68家中央企业都得了满分，说明这几个指标在中央企业中已经做得非常到位。还有一些指标评价得分相对较高，比如明确企业文化建设领导体制、相关部门企业文化建设职责分工明确、企业文化建设纳入企业发展战略、确立企业使命（企业宗旨）、确立企业价值观（或核心价值观、经营理念）、确立企业精神、制定视觉识别系统的使用规定、制定员工行为规范、在本系统开展文明单位创建活动、近三年企业先进典型情况（包括集体和个人先进典型）、近三年企业守法、诚信经营情况这11个二级指标68家中央企业中绝大多数得了满分，只有极少数的中央企业在这些指标上得分不理想。下面对中央企业企业文化建设评价体系中的33个二级指标在本次评价中的调查数据得分情况进行统计分析（见表3－15）。

1. 企业领导定期听取工作汇报、研究解决有关重大问题

表3－15　企业领导定期听取工作汇报、研究解决有关重大问题情况（总分值20分）

企　业	最高得分	最低得分	平均分	方　差	标准差	高得分企业比例	一般得分企业比例
中央企业	20	0	18.96	12.34	3.51	91.18%	8.82%

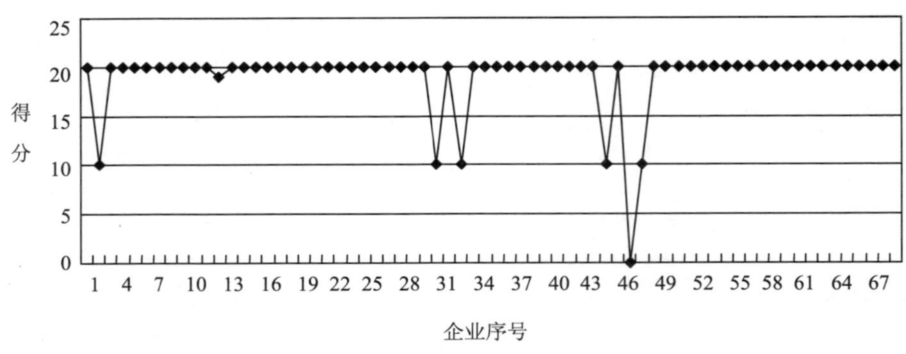

图3－16　企业领导定期听取工作汇报、研究解决有关重大问题折线图

绝大多数中央企业领导能够认真听取企业文化建设工作汇报，及时解决企业文化建设工作中遇到的有关重大问题，极个别的中央企业在这方面需要改进。

2. 对本系统企业文化工作人员进行业务培训

表 3－16 对本系统企业文化工作人员进行业务培训情况（总分值 10 分）

企 业	最高得分	最低得分	平均分	方 差	标准差	高得分企业比例	一般得分企业比例
中央企业	10	0	7.43	11.11	3.33	61.76%	38.24%

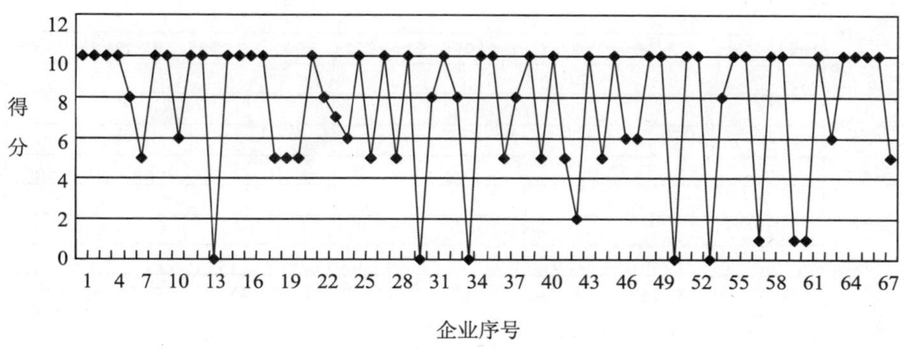

图 3－17 对本系统企业文化工作人员进行业务培训折线图

多数中央企业在对本系统企业文化工作人员进行业务培训方面做得不错，少数中央企业还需要加强此项工作，以促进公司企业文化建设工作的顺利进行。

3. 制定企业文化建设规划（纲要）

表 3－17 制定企业文化建设规划（纲要）情况（总分值 15 分）

企 业	最高得分	最低得分	平均分	方 差	标准差	高得分企业比例	一般得分企业比例
中央企业	15	0	13.60	19.12	4.37	89.71%	10.29%

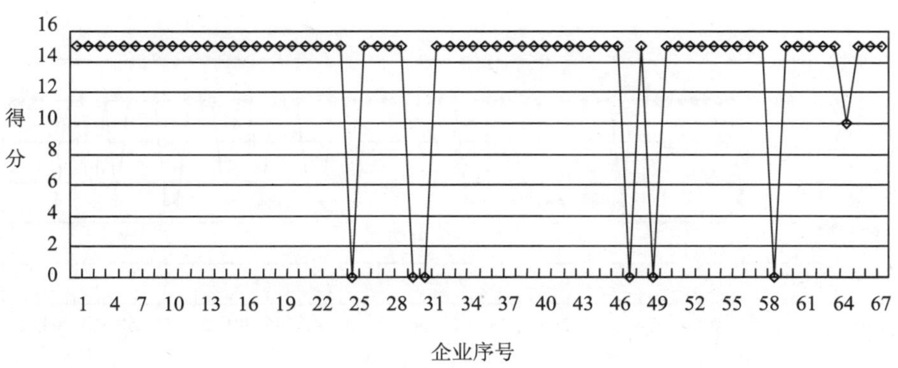

图 3－18 制定企业文化建设规划（纲要）折线图

大部分中央企业制定了企业文化建设规划，只有极个别中央企业在这方面需要改进。

4. 年度工作有计划、有落实、有检查

表 3－18　年度工作有计划、有落实、有检查情况（总分值 15 分）

企　业	最高得分	最低得分	平均分	方　差	标准差	高得分企业比例	一般得分企业比例
中央企业	15	10	14.40	2.63	1.62	86.76%	13.24%

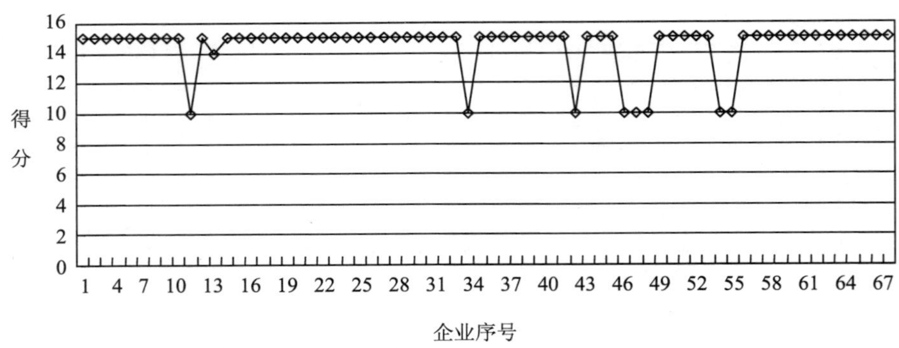

图 3－19　年度工作有计划、有落实、有检查折线图

大多数中央企业有年度工作计划，能够很好地落实并做好检查工作，极少数中央企业这方面工作还有待进一步加强。

5. 组织开展课题研究与专题研讨

表 3－19　组织开展课题研究与专题研讨情况（总分值 10 分）

企　业	最高得分	最低得分	平均分	方　差	标准差	高得分企业比例	一般得分企业比例
中央企业	10	5	8.63	4.95	2.23	72.06%	27.94%

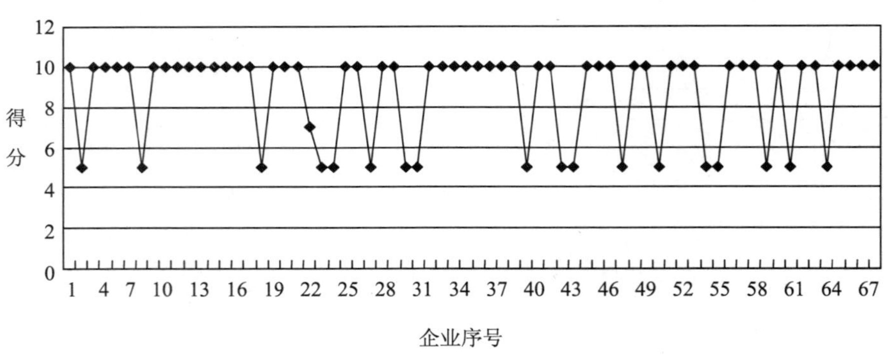

图 3－20　组织开展课题研究与专题研讨折线图

在组织开展课题研究和专题研讨方面，大部分中央企业对此给予了高度重视和相应安排，少数中央企业还需要进一步改进。

6. 开展企业文化主题活动

表3－20　开展企业文化主题活动情况（总分值15分）

企　业	最高得分	最低得分	平均分	方　差	标准差	高得分企业比例	一般得分企业比例
中央企业	15	5	14.19	4.93	2.22	86.76%	13.24%

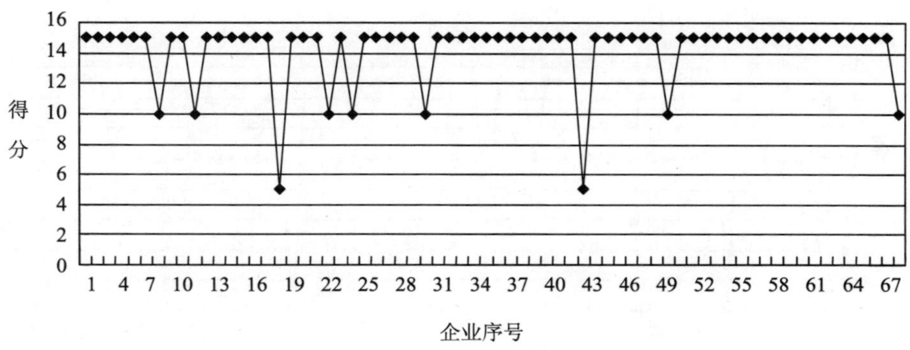

图3－21　开展企业文化主题活动折线图

大多数中央企业都能够通过开展企业文化主题活动来提高员工对本企业文化的认知度和认同度，部分中央企业这方面工作还须加强。

7. 开展员工企业文化培训、专题教育

表3－21　开展员工企业文化培训、专题教育情况（总分值20分）

企　业	最高得分	最低得分	平均分	方　差	标准差	高得分企业比例	一般得分企业比例
中央企业	20	0	16.69	22.46	4.74	60.29%	39.71%

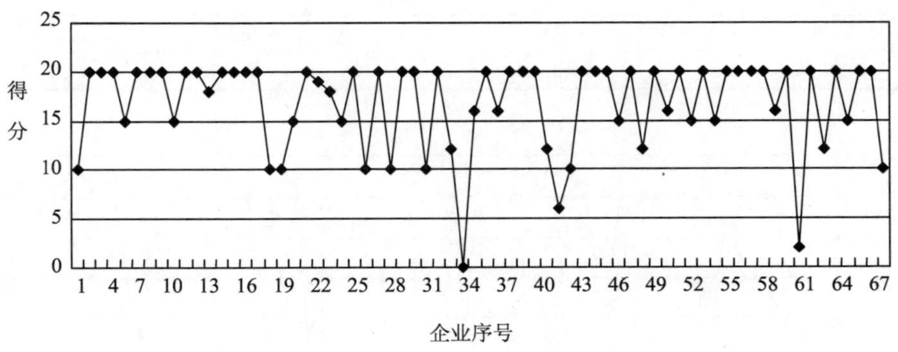

图3－22　开展员工企业文化培训、专题教育折线图

大多数中央企业注重开展企业文化培训和专题教育活动，促进员工对本企业企业文化的理解和认同。部分中央企业这方面工作还须加强。

8. 充分利用企业媒体（包括报刊、电视、网络）传播企业文化

表3-22 充分利用企业媒体传播企业文化情况（总分值15分）

企　业	最高得分	最低得分	平均分	方　差	标准差	高得分企业比例	一般得分企业比例
中央企业	15	0	11.42	25.65	5.06	54.41%	45.59%

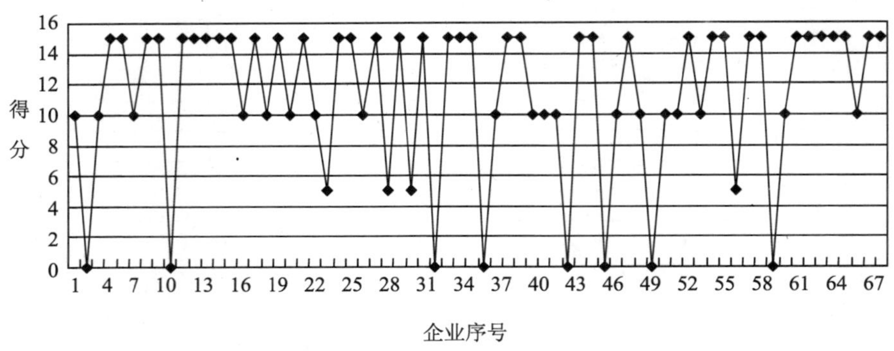

图3-23 充分利用企业媒体传播企业文化折线图

在传播企业文化方面，大多数中央企业能够很好地利用企业媒体的作用来传播企业文化，只有极少数企业还没有很好利用企业媒体做好宣传工作，需要进一步改善相关工作。

9. 完善企业文化设施（如传统教育基地、企业文化展室、职工文体活动场所等）

表3-23 完善企业文化设施情况（总分值10分）

企　业	最高得分	最低得分	平均分	方　差	标准差	高得分企业比例	一般得分企业比例
中央企业	10	0	6.43	10.58	3.25	36.76%	63.24%

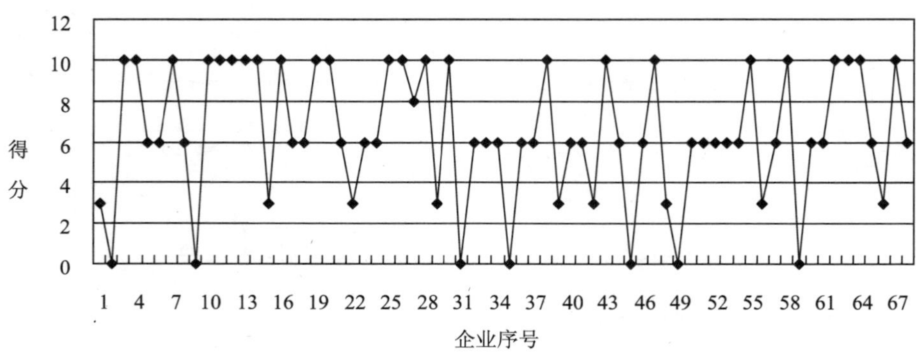

图3-24 完善企业文化设施折线图

在完善企业文化设施方面，部分中央企业做得很好，有完善的企业文化设施，多数中央企业今后应进一步加强企业文化设施建设，比如增加传统教育基地，增加企业文化展室和职工文体活动场所等。

10. 开展子文化建设（如质量文化、安全文化、廉洁文化等）

表 3-24　开展子文化建设情况（总分值 20 分）

企　业	最高得分	最低得分	平均分	方　差	标准差	高得分企业比例	一般得分企业比例
中央企业	20	10	18.21	10.23	3.20	73.53%	26.47%

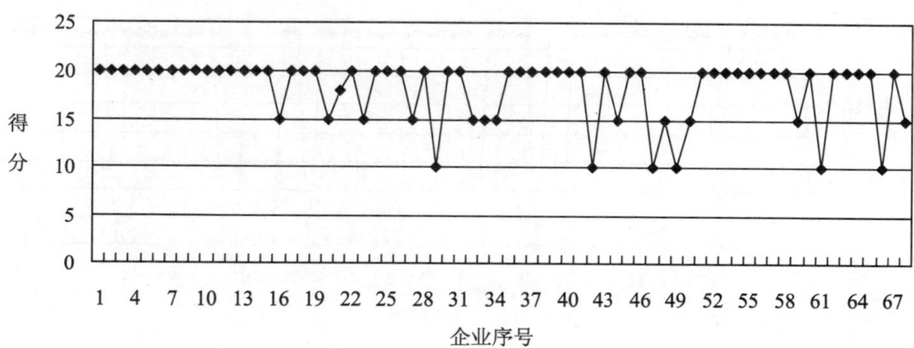

图 3-25　开展子文化建设折线图

大多数中央企业能够很好地开展相关子文化建设，促进企业文化建设纵深发展，部分中央企业这方面工作还须加强。

11. 经费有保障并纳入预算管理

表 3-25　经费有保障并纳入预算管理情况（总分值 10 分）

企　业	最高得分	最低得分	平均分	方　差	标准差	高得分企业比例	一般得分企业比例
中央企业	10	0	9.19	4.19	2.05	85.29%	14.71%

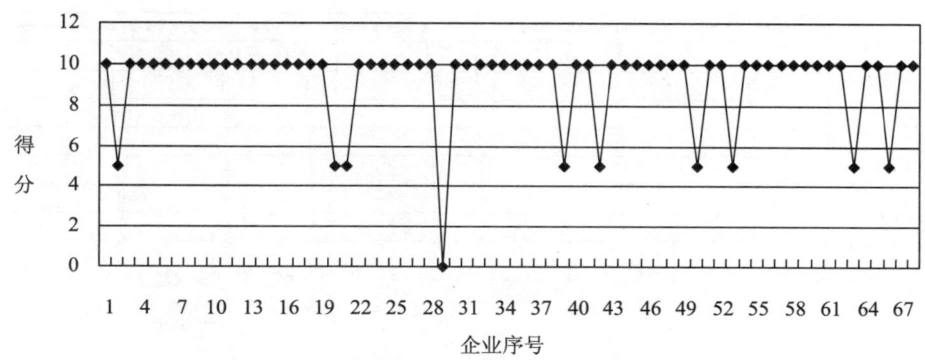

图 3-26　经费有保障并纳入预算管理折线图

绝大多数中央企业都能够对企业文化建设工作提供足够的经费支持，并且纳入预算管理之中，显示出中央企业对企业文化建设工作的重视。少部分中央企业这方面工作还须加强。

12. 对企业文化建设工作有考核

表 3-26　对企业文化建设工作有考核情况（总分值 15 分）

企　业	最高得分	最低得分	平均分	方　差	标准差	高得分企业比例	一般得分企业比例
中央企业	15	0	12.56	30.91	5.56	83.82%	16.18%

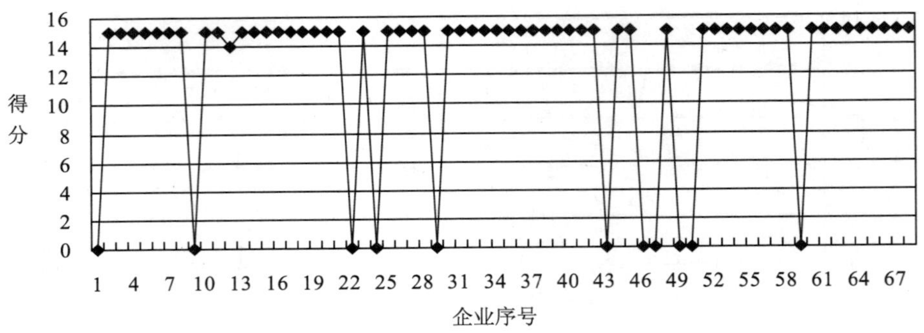

图 3-27　对企业文化建设工作有考核折线图

大多数中央企业都能够很好地对自身企业文化建设工作进展情况进行有效的考核，为下一步的工作推进提供依据，个别中央企业这方面的工作还有待加强。

13. 总结推广企业文化典型经验

表 3-27　总结推广企业文化典型经验情况（总分值 15 分）

企　业	最高得分	最低得分	平均分	方　差	标准差	高得分企业比例	一般得分企业比例
中央企业	15	0	13.01	24.73	4.97	85.29%	14.71%

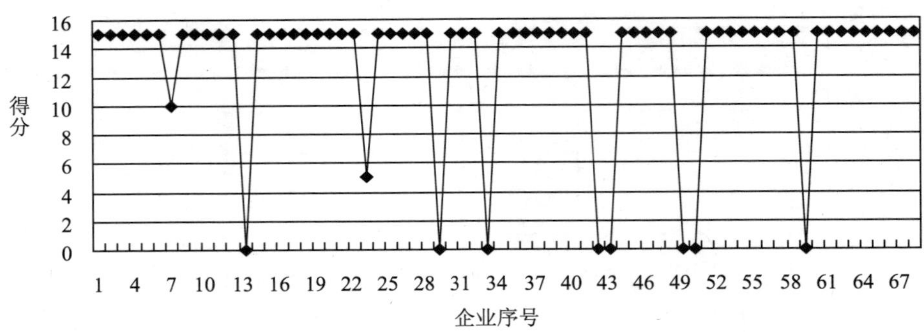

图 3-28　总结推广企业文化典型经验折线图

绝大多数中央企业能够及时总结企业文化建设过程中积累的典型经验，并且及时加以推广，从而有效促进企业文化建设工作。少部分中央企业这方面工作还须加强。

14. 开展企业文化建设评优表彰活动

表 3-28　开展企业文化建设评优表彰活动情况（总分值 20 分）

企　业	最高得分	最低得分	平均分	方　差	标准差	高得分企业比例	一般得分企业比例
中央企业	20	0	14.09	80.26	8.96	70.59%	29.41%

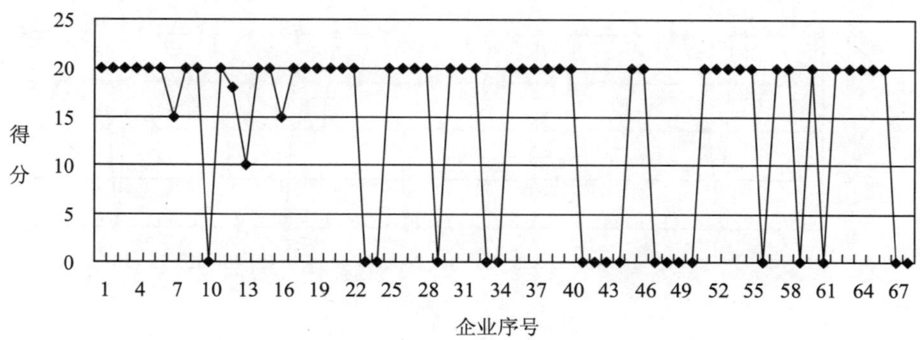

图 3-29　开展企业文化建设评优表彰活动折线图

大多数中央企业都能够对企业文化建设过程中做出优秀成绩的部门和员工给予表彰，少数中央企业这方面工作需要进一步加强。

15. 企业规章制度健全

表 3-29　企业规章制度健全情况（总分值 20 分）

企　业	最高得分	最低得分	平均分	方　差	标准差	高得分企业比例	一般得分企业比例
中央企业	20	0	16.54	26.31	5.13	54.41%	45.59%

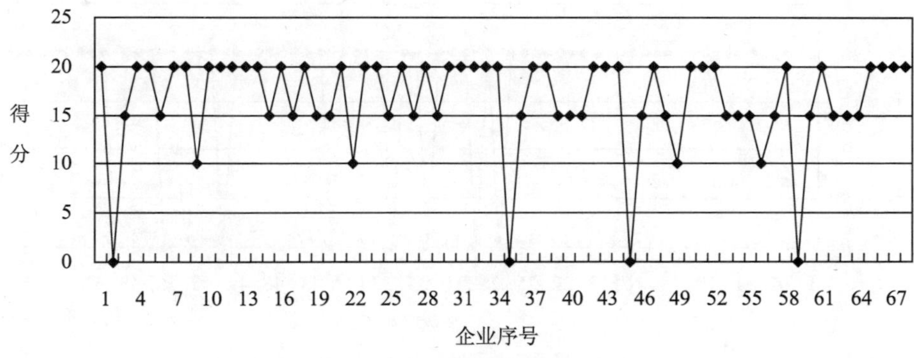

图 3-30　企业规章制度健全折线图

多数中央企业企业规章制度健全，少数中央企业需要进一步完善自身企业的规章制度。

16. 企业文化理念融入企业规章制度

表 3－30　企业文化理念融入企业规章制度情况（总分值 20 分）

企　业	最高得分	最低得分	平均分	方　差	标准差	高得分企业比例	一般得分企业比例
中央企业	20	0	14.56	34.13	5.84	72.06%	27.94%

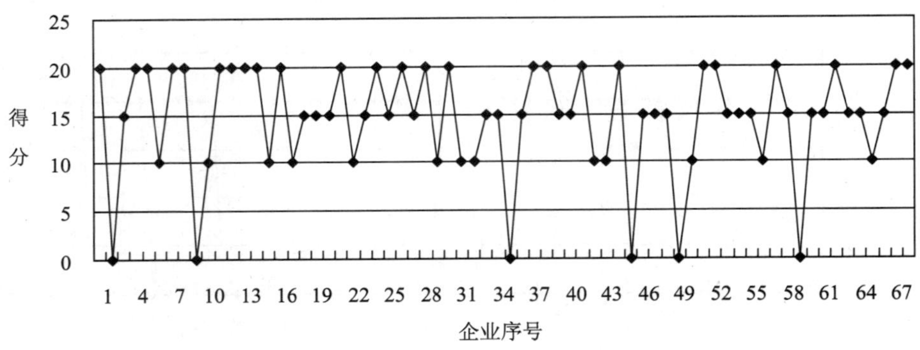

图 3－31　企业文化理念融入企业规章制度折线图

大多数中央企业能够将企业文化理念融入企业规章制度之中，但是还有少数中央企业这方面工作需要加强。

17. 印发员工手册（或企业文化手册）

表 3－31　印发员工手册情况（总分值 20 分）

企　业	最高得分	最低得分	平均分	方　差	标准差	高得分企业比例	一般得分企业比例
中央企业	20	0	17.21	47.30	6.88	85.29%	14.71%

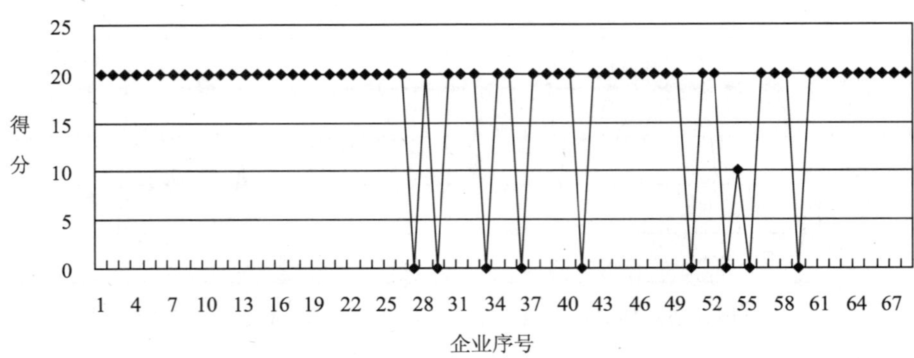

图 3－32　印发员工手册折线图

大多数中央企业编制了自身的企业文化手册，以增加员工对公司企业文化的认知。少部分中央企业这方面工作需要加强。

18. 制定新闻危机处理应急预案

表 3-32　制定新闻危机处理应急预案情况（总分值 10 分）

企　业	最高得分	最低得分	平均分	方　差	标准差	高得分企业比例	一般得分企业比例
中央企业	10	0	7.65	18.26	4.27	76.47%	23.53%

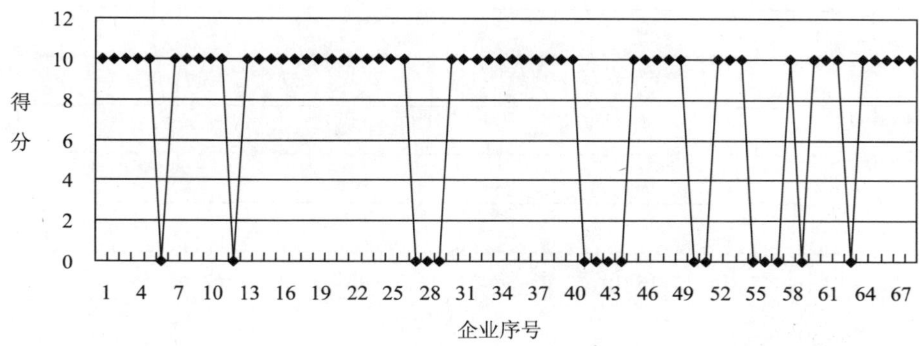

图 3-33　制定新闻危机处理应急预案折线图

当出现新闻危机的时候，大多数中央企业能制定并采用应急预案很好地处理，以减少新闻危机给自身企业带来的不利影响。少部分中央企业这方面工作需要加强。

19. 建立新闻发布制度

表 3-33　建立新闻发布制度情况（总分值 10 分）

企　业	最高得分	最低得分	平均分	方　差	标准差	高得分企业比例	一般得分企业比例
中央企业	10	0	8.01	15.78	3.97	79.41%	20.59%

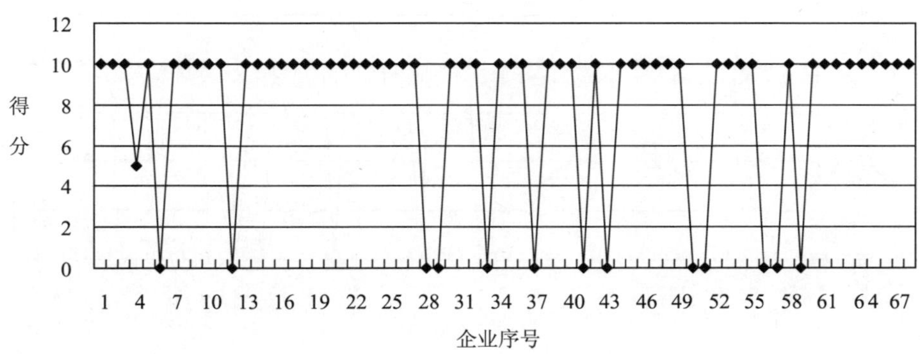

图 3-34　建立新闻发布制度折线图

大部分中央企业已经建立了新闻发布制度，少部分中央企业的新闻发布制度尚待建立。

20. 建立视觉识别系统

表3-34 建立视觉识别系统情况（总分值20分）

企业	最高得分	最低得分	平均分	方差	标准差	高得分企业比例	一般得分企业比例
中央企业	20	4	18.19	11.68	3.42	69.12%	30.88%

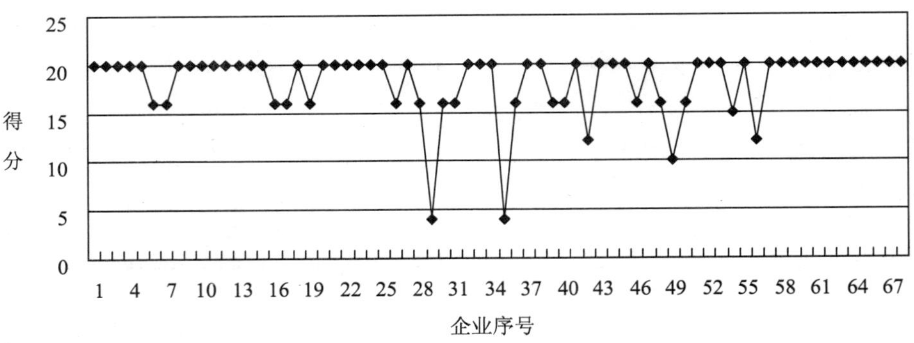

图3-35 建立视觉识别系统折线图

大部分中央企业已建立起视觉识别系统，少部分中央企业这方面工作需要加强。

21. 全系统企业标识使用规范

表3-35 全系统企业标识使用规范情况（总分值20分）

企业	最高得分	最低得分	平均分	方差	标准差	高得分企业比例	一般得分企业比例
中央企业	20	0	17.87	33.82	5.82	86.76%	13.24%

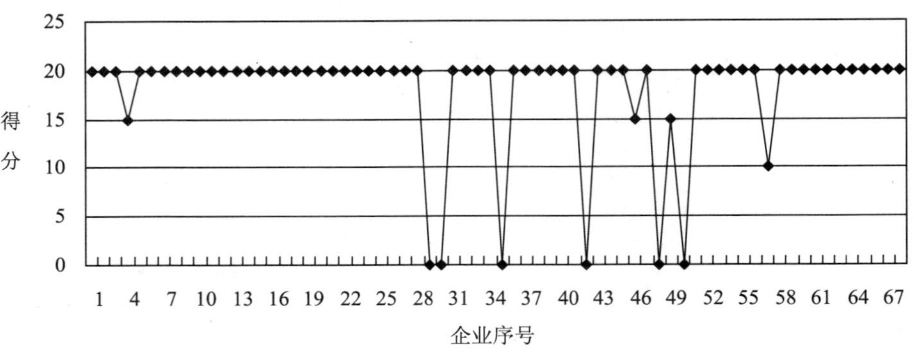

图3-36 全系统企业标识使用规范折线图

绝大多数中央企业全系统企业标识使用规范，少部分中央企业这方面工作需要加强。

22. 发布企业社会责任报告

表 3-36　发布企业社会责任报告情况（总分值 10 分）

企　业	最高得分	最低得分	平均分	方　差	标准差	高得分企业比例	一般得分企业比例
中央企业	10	0	5.37	27.72	5.26	52.94%	47.06%

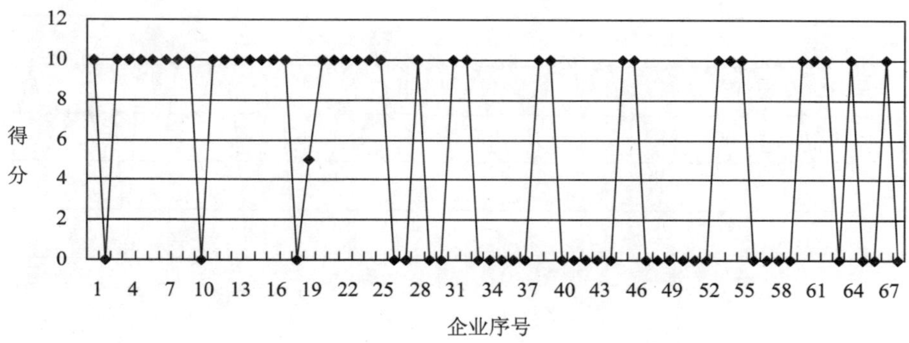

图 3-37　发布企业社会责任报告折线图

多数中央企业能够积极承担社会责任并定期发布企业社会责任报告，还有少数中央企业这方面工作需要加强。

23. 员工对企业价值理念的认同度

表 3-37　员工对企业价值理念的认同度情况（总分值 20 分）

企　业	最高得分	最低得分	平均分	方　差	标准差	高得分企业比例	一般得分企业比例
中央企业	20	0	17.28	14.50	3.81	57.35%	42.65%

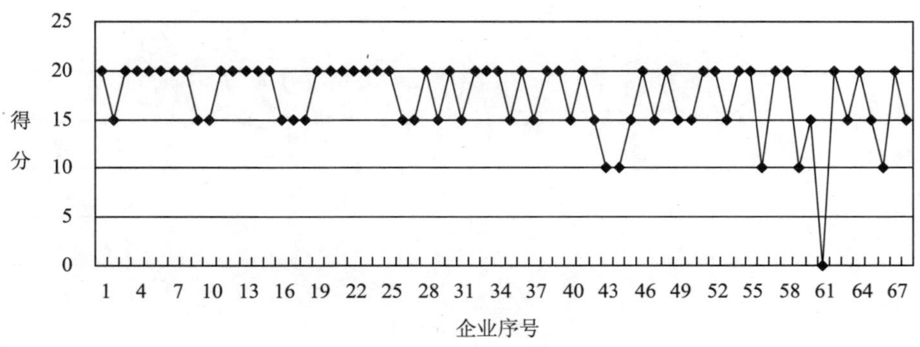

图 3-38　员工对企业价值理念的认同度折线图

在多数中央企业中，员工能够认同企业的价值理念。但在少数中央企业中员工对企业价值理念的认同度不高。

24. 员工对企业发展战略的认知度

表 3－38　员工对企业发展战略的认知度情况（总分值 20 分）

企　业	最高得分	最低得分	平均分	方　差	标准差	高得分企业比例	一般得分企业比例
中央企业	20	0	15.29%	31.26	5.59	42.65%	57.35%

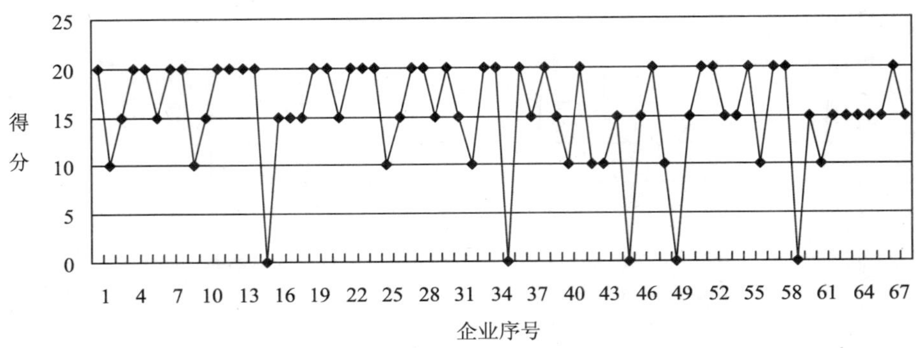

图 3－39　员工对企业发展战略的认知度折线图

部分中央企业的员工对企业发展战略的认知度较高，相当数量的中央企业的员工对企业发展战略的认知度不太高。

25. 员工对与本职工作相关的企业规章制度的认可度

表 3－39　员工对与本职工作相关的企业规章制度的认可度情况（总分值 20 分）

企　业	最高得分	最低得分	平均分	方　差	标准差	高得分企业比例	一般得分企业比例
中央企业	20	0	16.62	18.24	4.27	48.53%	51.47%

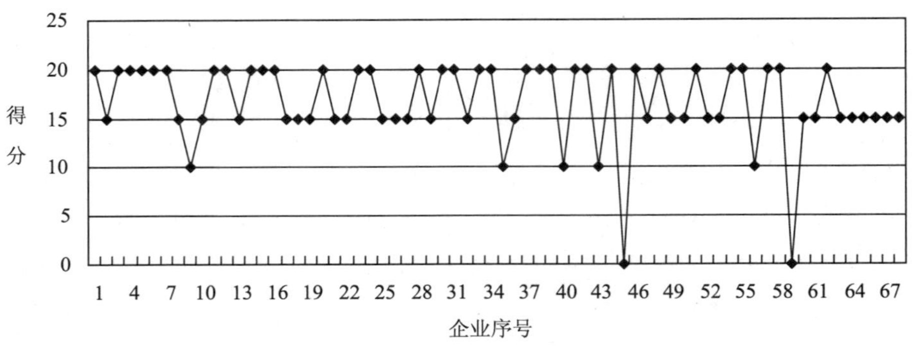

图 3－40　员工对与本职工作相关的企业规章制度的认可度折线图

多数中央企业员工对与本职工作相关的企业规章制度的认可度较高，部分中央企业员工对与本职工作相关的企业规章制度的认可度偏低。

26. 企业维护员工合法权益情况

表 3－40 企业维护员工合法权益情况（总分值 15 分）

企　业	最高得分	最低得分	平均分	方　差	标准差	高得分企业比例	一般得分企业比例
中央企业	15	0	11.54	21.83	4.67	50.00%	50.00%

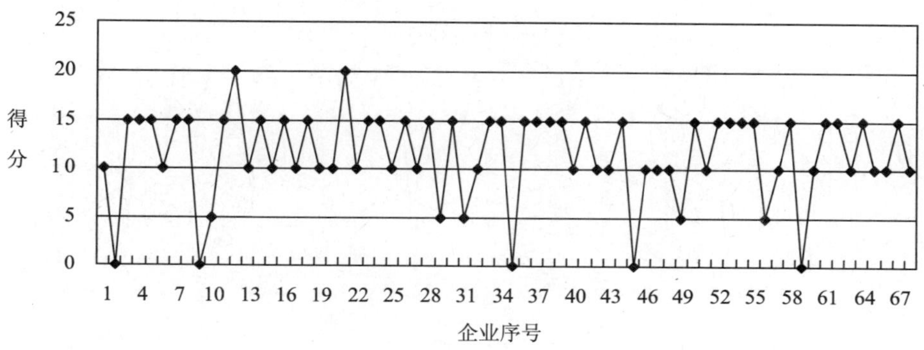

图 3－41 企业维护员工合法权益情况折线图

多数中央企业在工作中能够很好地维护员工们的合法权益，部分中央企业在维护员工合法权益情况的得分不理想。

27. 员工对在企业中实现自身价值的满意度

表 3－41 员工对在企业中实现自身价值的满意度情况（总分值 15 分）

企　业	最高得分	最低得分	平均分	方　差	标准差	高得分企业比例	一般得分企业比例
中央企业	15	0	10	20.52	4.53	79.41%	20.59%

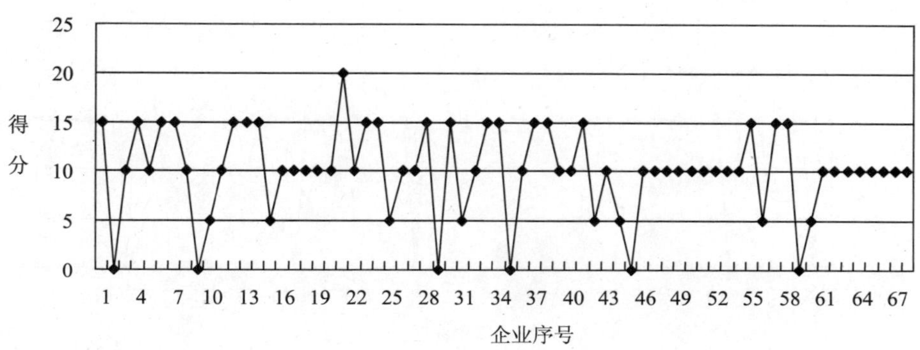

图 3－42 员工对在企业中实现自身价值的满意度折线图

大多数中央企业员工对在企业中实现自身价值的满意度较高，部分中央企业员工对在企业中实现自身价值的满意度较低。

28. 员工遵守企业规章制度情况

表 3-42　员工遵守企业规章制度情况（总分值 20 分）

企　业	最高得分	最低得分	平均分	方　差	标准差	高得分企业比例	一般得分企业比例
中央企业	20	0	15.88	29.06	5.39	47.06%	52.94%

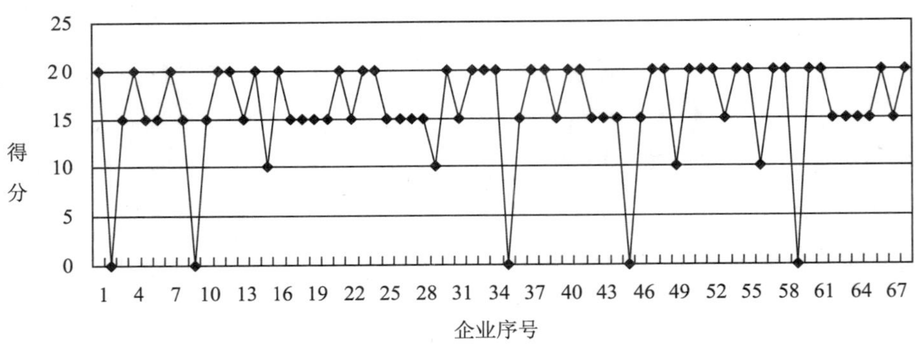

图 3-43　员工遵守企业规章制度情况折线图

大多数中央企业员工遵守企业规章制度情况得分较高，部分中央企业员工遵守企业规章制度情况得分较低。

29. 员工在工作中形成良好行为习惯

表 3-43　员工在工作中形成良好行为习惯情况（总分值 20 分）

企　业	最高得分	最低得分	平均分	方　差	标准差	高得分企业比例	一般得分企业比例
中央企业	20	0	15.29	26.78	5.17	33.82%	66.18%

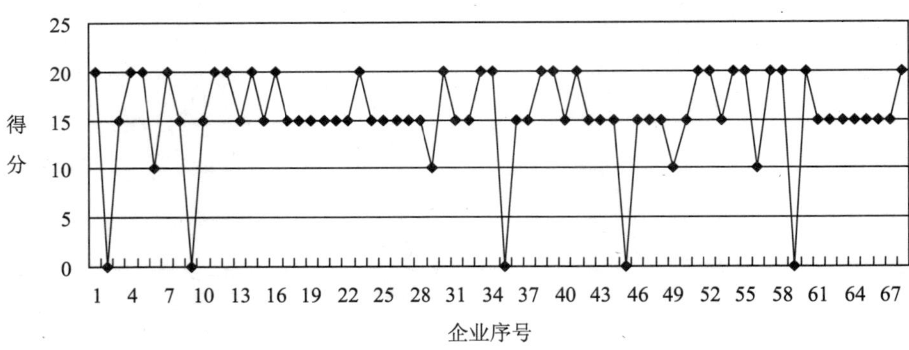

图 3-44　员工在工作中形成良好行为习惯折线图

大多数中央企业员工在工作中形成良好行为习惯得分较高，部分中央企业员工在工作中形成良好行为习惯得分较低。

30. 员工爱岗敬业的精神状态

表 3－44　员工爱岗敬业的精神状态情况（总分值 20 分）

企　业	最高得分	最低得分	平均分	方　差	标准差	高得分企业比例	一般得分企业比例
中央企业	20	0	16.47	22.43	4.74	50.00%	50.00%

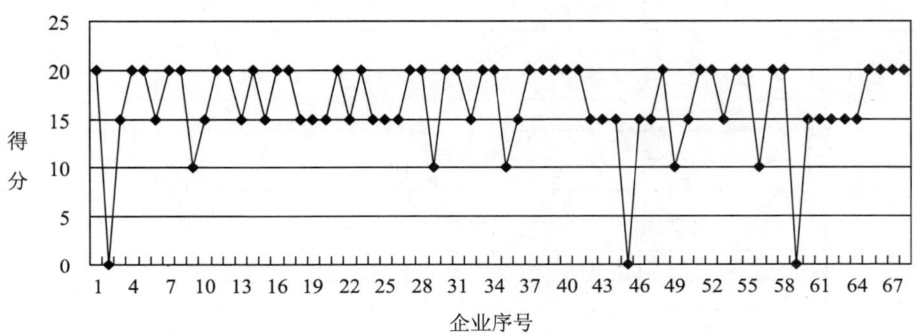

图 3－45　员工爱岗敬业的精神状态折线图

大多数中央企业员工爱岗敬业的精神状态得分较高，部分中央企业员工爱岗敬业的精神状态得分较低。

31. 客户对企业产品或服务的满意度

表 3－45　客户对企业产品或服务的满意度情况（总分值 30 分）

企　业	最高得分	最低得分	平均分	方　差	标准差	高得分企业比例	一般得分企业比例
中央企业	30	0	24.93%	57.83	7.60	63.24%	36.76%

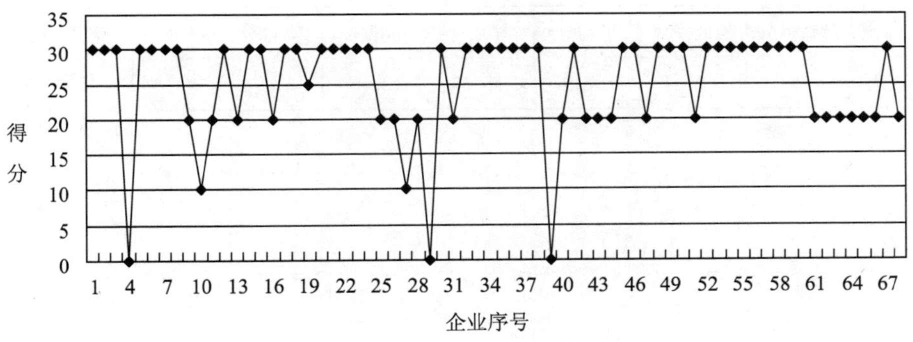

图 3－46　客户对企业产品或服务的满意度折线图

大多数中央企业客户对企业产品或服务的满意度较高，少部分中央企业客户对企业产品或服务的满意度较低。

32. 近三年企业在“四好班子”建设、党的建设、思想政治工作、企业文化和精神文明建设方面获得党政机关授予的全国或省部级荣誉称号

表 3-46 近三年企业获得党政机关授予的全国或省部级荣誉称号（总分值 35 分）

企 业	最高得分	最低得分	平均分	方 差	标准差	高得分企业比例	一般得分企业比例
中央企业	35	0	26.76	139.38	11.81	63.24%	36.76%

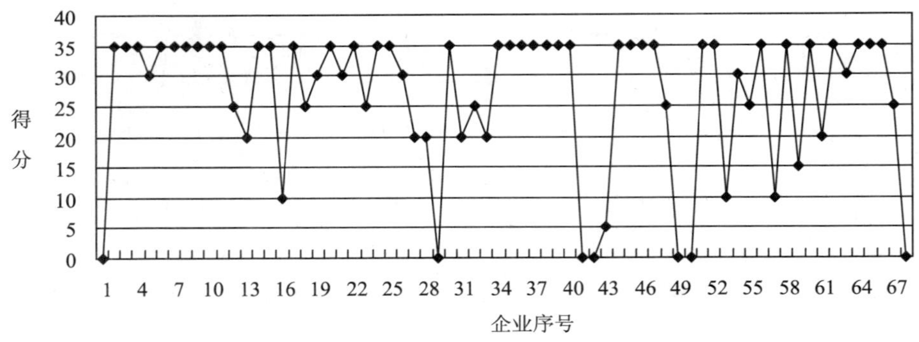

图 3-47 近三年企业获得党政机关授予的全国或省部级荣誉称号折线图

大多数中央企业近三年企业在“四好班子”建设、党的建设、思想政治工作、企业文化和精神文明建设方面获得党政机关授予的全国或省部级荣誉称号得分较高，少部分中央企业该指标得分较低。

33. 近三年企业经营业绩情况

表 3-47 近三年企业经营业绩情况（总分值 75 分）

企 业	最高得分	最低得分	平均分	方 差	标准差	高得分企业比例	一般得分企业比例
中央企业	75	20	59.19	155.68	12.48	67.65%	32.35%

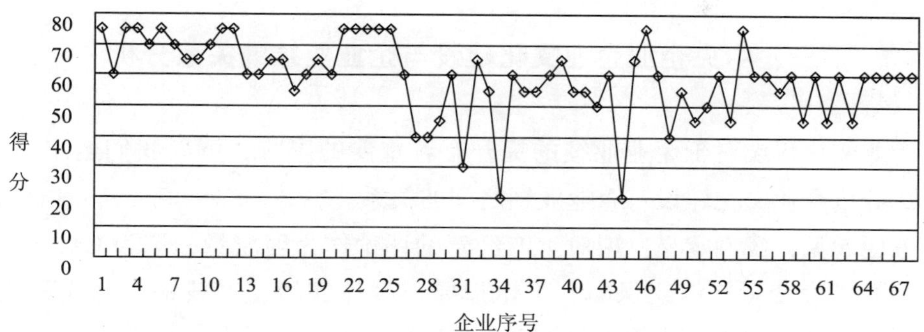

图 3-48　近三年企业经营业绩折线图

大多数中央企业近三年企业经营业绩情况得分较高，少部分中央企业近三年企业经营业绩情况得分较低。

三、中央企业企业文化建设与企业业绩的关系分析

企业文化建设对于企业业绩的提升有着重要的影响，下面我们运用回归分析方法分析企业文化建设与企业业绩之间的关系。

方便起见，我们定义：用对生产经营的评价作为因变量，记为 C4，作为企业业绩的代表变量；组织保障、工作指导与载体支撑、考核评价与激励措施、精神文化、制度文化、物质文化、企业凝聚力、企业执行力、企业形象 9 个变量为自变量，依次记为 A1、A2、A3、B1、B2、B3、C1、C2、C3。

在 SPSS 统计软件中运行得到以下结果：

表 3-48 企业文化建设与企业业绩 SPSS 处理结果

输入/移去的变量[a]

模 型	输入的变量	移去的变量	方 法
1	B3		向前（准则：F-to-enter 的概率 < =.050）

a. 因变量：C4。

模型汇总

模 型	R	R 方	调整 R 方	标准估计的误差
1	0.376[a]	0.142	0.128	13.797

a. 预测变量：(常量)，B3。

Anova[b]

模 型		平方和	df	均方	F	Sig.
1	回归	2041.708	1	2041.708	10.726	0.002[a]
	残整	12372.471	65	190.346		
	总计	14414.179	66			

a. 预测变量：(常量)，B3。
b. 因变量：C4。

系数[a]

模 型		非标准化系数		标准系数	t	Sig.
		B	标准误差	试用版		
1	(常量)	57.581	9.368		6.147	0.000
	B3	0.345	0.105	0.376	3.275	0.002

a. 因变量：C4。

已排除的变量[b]

模型		Befa ln	t	Sig.	偏相关	共线性统计量
						容差
1	A1	-0.007[a]	-0.057	0.955	-0.007	0.994
	A2	0.075[a]	0.505	0.615	0.063	0.613
	A3	0.053[a]	0.394	0.695	0.049	0.725
	B1	-0.024[a]	-0.209	0.835	-0.026	0.999
	B2	0.152[a]	1.149	0.255	0.142	0.751
	C1	-0.011[a]	-0.088	0.930	-0.011	0.857
	C2	-0.102[a]	-0.844	0.402	-0.105	0.914
	C3	0.180[a]	1.369	0.176	0.169	0.754

a. 模型中的预测变量：（常量），B3。

b. 因变量：C4。

从输出结果看，在9个自变量中只有B3进入模型，即只有物质文化这个自变量进入了回归模型，其他8个变量被模型排除在外。自变量B3和因变量C4的回归公式为C4 = 0.345 × B3 + 57.581。回归分析表明，物质文化变量与企业经营业绩有显著的正相关关系，说明中央企业的企业文化建设对企业经营业绩有着积极的促进作用。

物质文化这个变量中又包含建立视觉识别系统（企业标识、标准色、标准字、司旗和司歌）、制定视觉识别系统的使用规定、全系统企业标识使用规范、制定员工行为规范、在本系统开展文明单位创建活动、发布企业社会责任报告等6个指标，这表明中央企业这些方面的工作对于企业经营业绩的提升将产生积极影响。

按照企业文化的一般结构，企业文化由企业精神文化、企业制度文化和企业物质文化三个层面所构成。由于物质文化以物质为载体，是企业文化的外在表现和表层文化，易被人们所理解。而精神文化和制度文化则相对层次较高，通常不易被员工所深入理解，这可能是导致本次评价的调查数据中企业精神文化、企业制度文化与企业经营业绩没有显著相关性的原因。

综上所述，企业物质文化与企业经营业绩有着显著的正相关关系。统计结果表明，中央企业企业文化建设已经对企业经营业绩发挥了积极的影响作用。

下面，对高得分企业和一般得分企业两类情况分别进行回归分析。

（一）高得分企业的情况

高得分企业共有44家。对变量的定义同前。

在SPSS统计软件中运行得到以下结果：

表 3－49　高得分企业企业文化建设与企业业绩 SPSS 处理结果

输入/移去的变量[a]

模　型	输入的变量	移去的变量	方　法
1	B3		步进（准则：F－to－enter 的概率＜＝0.050，F－to－remove 的概率＞＝0.100）。

a. 因变量：C4。

模型汇总

模　型	R	R 方	调整 R 方	标准估计的误差
1	0.323[a]	0.104	0.083	10.312

a. 预测变量：(常量)，B3。

Anova[b]

模　型		平方和	df	均方	F	Sig.
1	回归	508.705	1	508.705	4.784	0.034[a]
	残整	4359.900	41	106.339		
	总计	4868.605	42			

a. 预测变量：(常量)，B3。
b. 因变量：C4。

系数[a]

模　型		非标准化系数		标准系数	t	Sig.
		B	标准误差	试用版		
1	(常量)	54.310	17.558		3.093	0.004
	B3	0.409	0.187	0.323	2.187	0.034

a. 因变量：C4。

已排除的变量[b]

模　型		Befa ln	t	Sig.	偏相关	共线性统计量
						容差
1	A1	－0.092[a]	－0.609	0.546	－0.096	0.975
	A2	－0.226[a]	－1.505	0.140	－0.231	0.936
	A3	0.127[a]	0.848	0.401	0.133	0.979
	B1	0.006[a]	0.037	0.970	0.006	0.955
	B2	0.034[a]	0.228	0.821	0.036	0.996
	C1	－0.102[a]	－0.884	0.498	－0.108	0.999
	C2	－0.124[a]	－0.819	0.418	－0.128	0.965
	C3	－0.043[a]	－0.290	0.773	－0.046	0.995

a. 模型中的预测变量：(常量)，B3。
b. 因变量：C4。

从输出结果看，在 9 个自变量中只有 B3 进入模型，也就是物质文化这个变量进入了回归模型，其他 8 个变量被模型排除在外。自变量 B3 和因变量 C4 的回归公式为 C4＝0.409×B3＋54.31。回归分析表明，高得分企业的企业文化建设状况中的物质文化变量与企业经营业绩存在显著的正相关关系，高得分企业的企业文化建设对企业业绩有着积极的促进作用。

（二）一般得分企业的情况

一般得分企业共有 24 家。变量定义同上。

在 SPSS 统计软件中运行得到以下结果：

表 3－50　一般得分企业企业文化建设与企业业绩 SPSS 处理结果

输入/移去的变量[b]

模　型	输入的变量	移去的变量	方　法
1	C3，B1，B2，A1，A2，A3，B3，C1，C2[a]		输入

a. 已输入所有请求的变量。

b. 因变量：C4。

模型汇总

模　型	R	R 方	调整 R 方	标准估计的误差
1	0.663[a]	0.401	0.016	17.033

a. 预测变量：（常量），C3，B1，B2，A1，A2，A3，B3，C1，C2。

Anova[b]

模　型		平方和	df	均方	F	Sig.
1	回归	2721.496	9	302.388	1.042	0.456[a]
	残整	4061.837	14	290.131		
	总计	6783.333	23			

a. 预测变量：（常量），C3，B1，B2，A1，A2，A3，B3，C1，C2。

b. 因变量：C4。

系数[a]

模　型		非标准化系数		标准系数	t	Sig.
		B	标准误差	试用版		
1	（常量）	148.743	102.204		1.455	0.168
	A1	－0.482	0.552	－0.262	－0.873	0.397
	A2	0.503	0.324	0.479	1.551	0.143
	A3	－0.413	0.310	－0.447	－1.332	0.204
	B1	－0.426	0.448	－0.277	－0.950	0.358
	B2	0.483	0.293	0.543	1.648	0.122
	B3	0.122	0.249	0.146	0.490	0.632
	C1	0.089	0.550	0.114	0.162	0.874
	C2	－0.897	0.612	－1.110	－1.466	0.165
	C3	－0.316	0.385	－0.341	－0.819	0.426

a. 因变量：C4。

回归分析表明，9个自变量均没有通过模型的检验，这说明一般得分企业的企业文化建设与企业经营业绩并没有显著的相关关系。要发挥企业文化建设对企业发展的作用，一般得分企业需要大力加强自身的企业文化建设。

四、总结

本篇对2010年中央企业企业文化建设评价的调查数据进行了较为系统的分析，包括总体情况的分析，一级指标的分析以及对33个二级指标的具体分析，并运用回归分析方法对企业文化建设情况与企业经营业绩的关系进行了分析。

从总体情况看，中央企业企业文化建设评价平均得分为871.25分，高得分企业的比例为64.71%，一般得分企业的比例为35.29%，表明中央企业企业文化建设总体状况良好，水平较高。

从中央企业企业文化建设工作评价情况看，企业文化建设工作评价平均得分为267.75分，高得分企业的比例为64.71%，说明总体上中央企业企业文化建设工作比较到位，大部分中央企业十分重视自身企业文化建设工作的开展和实施。

从中央企业企业文化建设状况评价情况看，企业文化建设状况评价平均得分为268.11分，高得分企业的比例为63.24%，一般得分企业的比例为36.76%，说明大多数中央企业已建立一套比较完整的企业文化体系，并十分重视对自身企业精神文化、制度文化和物质文化的提炼和宣贯工作。

从中央企业企业文化建设效果评价情况看，企业文化建设效果评价平均得分为333.99分，高得分企业的比例为58.82%，一般得分企业的比例为41.18%，说明多数中央企业的企业文化建设效果良好，通过企业文化建设，有效提升了这些中央企业的凝聚力、执行力和企业形象，并促进了企业经营业绩的提升。

总体而言，2010年度中央企业企业文化建设评价的调查数据统计结果表明，大部分中央企业企业文化建设总体状况良好，水平较高，但部分中央企业在一些评价指标上尚存在较为明显的差距，今后需要进一步加强企业文化建设工作。回归分析表明，中央企业企业文化建设与中央企业的经营业绩有着显著的相关关系，特别是企业文化建设较好的企业，其企业文化建设工作显著地促进了企业经营业绩的提升。

第四篇

各行业中央企业企业文化建设典型案例分析

中央企业涉及行业较多，本年度报告选取电力行业、通讯行业、水上运输行业和军工行业四个行业为代表进行中央企业企业文化建设典型案例分析。

一、电力行业

电力行业作为国民经济支柱产业之一，拥有优良的文化传统。我国的电力行业自重组以来，无论是电网公司还是发电公司，都在着力于生产经营方式的改革。企业文化作为一种现代组织的管理方式，受到了电力行业企业的普遍重视，近年来电力行业企业在企业文化建设方面都取得了较大的成绩，并且各具特色。如国家电网公司通过企业文化建设，大力培育“诚信、责任、创新、奉献”的核心价值观，弘扬“努力超越、追求卓越”的企业精神，推行公司基本价值理念体系，充分发挥文化的管理效能，推动电网发展方式和公司发展方式实现根本转变，使公司的集团化经营得以顺利实施，极大地促进了公司战略目标的实现，推动公司实现科学发展。下面以国家电网公司为例，对其企业文化建设情况进行描述和总结。

（一）国家电网公司企业文化建设的背景

国家电网公司成立于2002年12月29日。作为关系国家能源安全和国民经济命脉的国有重要骨干企业，公司以建设和运营电网为核心业务，承担着保障安全、经济、清洁、可持续的电力供应的基本使命，经营区域覆盖26个省（自治区、直辖市），覆盖国土面积的88%，供电客户3.1亿户，供电人口超过10亿人，公司拥有56个全资、控股公司及单位，管理员工总数为153.7万人。公司运营菲律宾国家输电网和巴西7家输电特许权公司。拥有110（66）千伏及以上输电线路61.88万千米、变电容量21.32亿千伏安，2010年，公司名列《财富》世界企业500强第8位，是全球最大的公用事业企业。

国家电网公司的经营范围主要包括：1. 依法经营国家电网公司及有关企业中由国家投资形成并由国家电网公司拥有的全部国有资产；2. 从事电力购销业务，负责所辖各区域电网之间的电力交易和调度；3. 参与投资、建设和经营相关的跨区域输变电和联网工程；4. 根据国家有关规定，经有关部门批准，从事国内外投融资业务；5. 经国家批准，自主开展外贸流通经营、国际合作、对外工程承包和对外劳务合作等业务；6. 从事与电力供应有关的科学研究、技术开发、电力生产调度信息通信、咨询服务等业务。

文化的产生向来不是一个独立的现象，要受到宏观和微观等层面因素的影响。企业文化作为文化的一个层面，离不开企业所处的政治、经济、文化环境的影响，尤其是受到民族文化、时代文化、行业文化与企业传统文化的重要影响。与此同时，企业文化作为一种管理方式，受到企业组织体制、经营模式和战略目标的影响，与企业管理的各个方面相互作用，密不可分。国家电网公司的企业文化同样受到上述因素的影响，这里主要分析其行业文化背景和企业经营的背景。

1. 行业文化背景

国家电网公司是在原国家电力公司部分企事业单位基础上组建的国有企业，公司企业文化除了受到民族文化和时代文化的影响之外，还表现出极强的电力行业的传统文化特征。

电力行业的文化特征主要表现为以下方面：

（1）具有艰苦奋斗、勇于奉献的精神。在中华人民共和国成立后的60多年里，电力行业的职工为我国的电力发展和经济建设做出了突出的贡献。许多发电厂地处偏远，许多线路建设跨越崇山峻岭，斗严寒、抗酷暑已然成为电力职工的典型形象，艰苦奋斗、勇于奉献的企业精神已深深植入电力职工的生命之中。

（2）具有令行禁止、雷厉风行的工作作风。电力行业一直是一个半军事化的行业，命令就代表着责任，代表着保障人民生活，甚至代表着生命。因此电力职工具有较强的执行力，电力企业表现出较强的层级文化的特征。

（3）注重学习，追求进步。电力行业是一个技术性较强的行业，只有具备较高的文化素质和业务素质才能保证工作的质量，才能获得较好的业绩。因此电力行业的职工一直以来注重学习和交流，不断钻研技术和业务，浓厚的学习氛围对电力行业的发展起着重要的作用。

（4）注重合作，具有较强的团队意识。无论是发电企业还是电网企业，都需要相互配合，共同协作。电力行业几乎没有一项工作是由单个人完成的，只有相互合作，才能圆满完成各项任务，因此电力行业表现出较强的团队合作精神。

对于电力行业的优良文化传统，国家电网公司在进行自身文化建设时予以了充分考虑，努力将其发扬光大。同时对于电力行业中存在的一些不良的文化因素，诸如固步自封、以“电老大”自居、缺乏服务意识和创新意识等，国家电网公司有针对性地进行了观念变革，扬利除弊，革故鼎新，从而塑造出有利于企业发展的文化体系。

2. 企业经营背景

企业文化的建设必须扎根于企业的经营管理实践，国家电网公司的企业文化建设是与公司改革发展同步进行的。

（1）公司成立之初的企业现状

2002 年 2 月，国务院颁发《电力体制改革方案》（国发〔2002〕5 号），将原国家电力公司拆分为两大电网公司、五大发电集团公司，并成立四大辅业集团公司。2002 年 12 月 29 日，组建后的国家电网公司实行政企分开的经营原则，成为自主经营、自负盈亏、自我发展、自我约束的企业法人实体和市场主体，不再承担政府职能。国家电网公司领导班子和领导人员由中央管理，资产管理及有关的财务关系由财政部负责，国务院向国家电网公司派出国有重点大型企业监事会，对其国有资产保值增值状况实施监督。公司实行总经理负责制，总经理是公司的法定代表人，公司按照精简、统一、效能和权责一致的原则，设置内部管理机构，并设置党的组织和纪检、监察机构。

国家电网公司在成立初期，虽然实现了政企分开，但现代企业制度尚未建立，主业清晰但业务混乱，资产庞大、历史沿革复杂，法人层级多、管理链条长，缺乏清晰的整体发展战略和强有力的管控模式，造成下属单位一定程度上以“自转”为主，企业大而不强，运营效率和经济效益不高，盈利和可持续发展能力不强，难以实现整体协调发展，影响着企业的生存与发展。

（2）企业经营模式的变革

为了解决经营管理中存在的问题，国家电网公司经过几年的实践，2004 年底，提出了“集团化经营”的管控模式，在管理模式上进行了大刀阔斧的改革。具体措施主要包括：

①制定了集团的总体战略规划

国家电网公司从“四个服务”（服务党和国家工作大局、服务电力客户、服务发电企业、服务社会发展）的企业宗旨出发，把统一制定战略规划作为推动科学发展的关键。一是构建统一的国家电网战略框架体系。确定了“一强三优”（电网坚强、资产优良、服务优质、业绩优秀）现代公司的战略目标、“三抓一创”（抓发展、抓管理、抓队伍，创一流）的工作思路、“两个转变”（公司发展方式转变和电网发展方式转变）的战略途径，以特高压电网建设推进电网发展方式转变，以“四化”（集团化运作、集约化发展、精益化管理、标准化建设）推进公司发展方式转变，形成了具有鲜明的时代特征和电网企业特色的战略框架，成为指引公司科学发展的重要纲领。二是以战略为指导，制定各系统发展规划。统一制定并实施了公司“十一五”发展规划和电网、科技、信息、通信、教育培训、金融、国际化、精神文明与企业文化等八个系统规划，明确了公司主营业务的方向和目标，实现了电网与相关产业的协同发展。三是全力推动规划实施。在公司战略规划的引领下，指导各单位制定相应的子规划和实施计划，对公司发展规划进行任务分解，确保战略规划层层落实。通过统一制定并实施公司战略规划，有效统一了公司上下的思想和行动，做到了上下目标一致、行动统一。

②重要资源统一配置

针对人力、财务、物资、科研、教育等资源分散，特别是人、财、物等重要资源管理粗放，利用效率不高，历史问题多等情况，国家电网公司加大资源整合力度，对重要资源进行统一配置和管理。

第一，统一配置人力资源。针对人员总量多、人才不足的结构性矛盾，以及高精尖人才短缺、激励和约束机制不健全等突出问题，统一制定人力资源和教育培训规划，统一下达年度用工计划。大力推行全员教育培训和全员绩效考核，把副省级城市和特大型供电企业的主要负责人纳入总部统一管理。加强干部交流和东西帮扶。面向国内外公开招聘高精尖人才，实现了人才优化配置。

第二，统一配置财务和金融资源。针对高额存款与高额贷款并存、资金利用效率不高，银行账户过多、难以有效监控等突出问题，开展“三清理一规范”(清理“小金库”、银行账户、各类公司、规范招投标管理)，推行“六统一”(统一会计政策、统一会计科目、统一信息标准、统一成本标准、统一业务流程和统一组织体系)，“五集中”（会计集中核算、资金集中管理、资本集中运作、预算集中调控和风险在线监控)，构建统一金融运作平台，资金归集度达到99%，为电网发展提供了有力保障。

第三，推行集中招标。针对物资管理粗放、设备材料参差不齐、规模效益难以发挥等问题，推行全面物资计划管理，大力推行物资集中招标采购，建立总部和网省公司两级物资招标体系，明确了招标采购的职责和权限。不断扩大集中招标范围，10千伏及以上主要设备、材料实现总部统一组织招标，公司内部资源配置能力和业务协同程度不断提高。

第四，统一整合科研资源。制定并实施“一流四大”（建设一流人才队伍、实施大科研、创造大成果、培育大产业、实现大推广）科技发展战略，整合了所属科研院所，进一步明确了职能定位；建立了“四基地两中心”（特高压交流、直流、杆塔、西藏高海拔试验基地，电网仿真中心、计量中心），形成了直属科研单位为骨干、网省公司为基础、外部科研力量为协同的科技创新体系。集中开展联合攻关，在特高压、大电网安全等领域取得了一大批居世界领先地位的科技成果，实验能力和指标创造了多项世界第一，建设了代表国际输电技术最高水平、具有我国自主知识产权的1000千伏特高压交流试验示范工程和±800千伏特高压直流示范工程。“十一五”期间，公司共获得国家科学技术奖22项、中国标准创新贡献奖11项、中国专利奖10项。在特高压领域申报专利711项，已获授权457项；编制国际标准4项，已发布国家标准16项、行业标准10项、企业标准130项。公司成为全国首批“创新型企业”。

③信息系统统一建设

针对各层面、各专业信息系统共享度差、数据集成度低，对企业管理的支撑能力不强等问题，公司按照统一规划、统一标准、统一推广的原则，加快建设统一的信息化工程，运用信息化手段，实现公司对所属各级子企业的实时监控和管理，增加透明度，提高管理效率，优化资源配置。一方面建成了涵盖财务（资金）、营销、人力资源、物资、项目等八大业务应用领域的“SG186”信息化工程，建成了总部和网省公司两级数据中心，建成世界上规模最大的一体化企业级信息系统，形成了覆盖总部、网省、地（市县）三级贯通和横向集成的一体化信息平台，实现了基础数据的全面覆盖和集成共享，为提高管理效率和经济效益提供了重要支撑。另一方面，公司在完成SG186工程的基础上，以支撑坚强智能电网建设、人财物集约化管理为重点，启动了涵盖公司所有业务应用，覆盖面更广、集成度更高、实用性更强、安全性更好、透明度更高、国际领先的国家电网资源计划系统（SG—ERP），实现对重要资源的集约化管理，进一步提升了集团管控能力、资源配置能力和风险防范能力。

④管理标准和规章制度统一规范

针对电网建设标准、管理标准和业务标准不统一，难以实施有效管控的情况，公司坚持把标准化建设作为集团化运作的重要基础，从电网建设入手，不断深化各项业务的标准化建设。一是建立了较为完善的电网建设标准体系。统一了变电站和线路建设标准、设备材料选型和技术规范，提高了电网建设管理水平，各电压等级变电站节约投资2%～4.8%，输电线路投资节省约5%。二是全面推进管理标准化建设。建立健全重大决策和基建、生产、经营、服务、队伍建设等一系列管理制度和标准。标准化建设的深入开展，最大限度地节约了管理成本和费用，促进了企业管理水平的提升。三是建立健全了制度体系。针对公司成立之初制度不适应和制度缺失并存、执行力层层衰减等具体情况，公司分专业按照废止、修订和新制定三个类别，开展了制度分析和清理工作，逐步形成覆盖安全生产、经营管理、内控机制等各方面的制度体系，明确了各层面管理权限，加强了对制度执行情况的监督检查，做到了凡事有章可循、凡事有据可查、凡事有人监督、凡事有人负责。

公司的集团化经营战略取得了良好的效果，初步解决了历史遗留的问题，提高了企业的核心竞争力，实现了国有资产的保值增值，提升了企业的市场竞争优势，也得到了社会各界的认可。

（二）国家电网公司企业文化建设的思路与目标

企业经营模式的变革要求国家电网公司必须建设起强有力的统一的优秀企业文化，集聚起企业内的各方力量，以推动企业战略目标的实现。公司总经理、党组书记刘振亚认为，企业文化是企业的灵魂，是基业长青的基础，集中反映了企业的核心竞争力，体现了企业和员工是基本素质。建设“一强三优”现代公司，建设坚强的国家电网，关键在人，根本在统一思想和行动，加强企业文化建设势在必行。国家电网公司要打造“百年老店”，建设真正意义上的一体化企业集团，必须建立与之相适应的统一企业文化。同时，企业文化建设工作是一项战略性、长期性的工作，是一项复杂的系统工程，要统一规划，整体设计，统筹安排，系统推进，分级负责，分步实施，才能在公司各层级、各单位、各领域全面落实，取得实效。

1. 国家电网公司企业文化建设的思路

国家电网公司企业文化建设的核心思路是大力建设以“四统一”（统一的核心价值观、统一的发展目标、统一的品牌战略、统一的管理标准）为基础的优秀企业文化，为加快实现“两个转变”，促进以集团化运作为核心的“四化”工作，推进公司科学发展提供坚强的思想保证、精神动力和文化支撑。

其具体思路为：

第一，实施价值观管理，建设统一的优秀企业文化。价值观管理是继指令管理和目标管理之后的一种新的管理模式，其实质是通过塑造和建立企业的基本价值理念体系，并贯彻到企业的日常工作中去，激励全体员工为企业长远发展共同努力。推行价值观管理的要旨是实现以物为本的管理模式向以人为本的管理模式转变。价值观管理的全过程，就是公司价值观的确立、传播（认知、认同、共享）和落地的过程。公司要在企业文化建设工作中全面推行价值观管理，切实抓好公司价值观的建设和落地工作，完善公司治理体系，巩固和发展整个国家电网公司“一盘棋”的工作格局，强化集团控制力。首先，完善公司统一的基本价值理念体系，形成公司统一价值观的基础；其次，开展价值观整合传播，把公司基本价值理念体系传达到各单位、各层级、各专业和全体干部员工，促进入脑入心；第三，建立和完善符合公司价值观要求的工作制度和机制，加强和改进企业管理，引导和规范员工行为，把公司基本价值理念体系落实到制度建设、经营管理和员工行为中；第四，开展效果评价，对价值观落地的情况进行评估，实现企业文化工作的持续改进，不断丰富和发展公司基本价值理念体系。公司价值观管理，坚持统一性与多样性相结合，即强调全公司价值观的统一性和支持下属单位贯彻落实方式的多样性。

第二，统筹协调、上下联动、左右互动，有序、有力、有效推进企业文化建设工作。按照统筹协调、上下联动、左右互动的要求，树立起自上而下分级负责、协调配合、层层推进的原则，加快建设以“四统一”为基础的优秀企业文化。公司总部重点抓好企业文化建设工作的规划设计和安排部署，加强对全公司企业文化建设工作的组织领导。区域电网公司根据公司总部的统一要求，重点抓好区域内省（自治区、直辖市）公司组织协调和管理工作。省公司负责落实公司统一要求，促进企业文化建设工作在单位本部和下属单位全面推进。地市级公司和县供电公司按照上级要求，重点抓好贯彻落实，切实把公司基本价值理念体系融入制度建设、经营管理和员工行为，促进公司企业文化全面落地。

第三，统一标准、分步实施、分类指导，扎实推进企业文化建设工作。公司统一组织编制企业文化建设管理标准和管理办法，推进公司企业文化管理的规范化、制度化和标准化。紧密联系公司不同层级、不同专业、不同类型单位的实际，从实践中总结经验，再用于指导实践，确保工作积极稳妥、有序有效推进。

2. 国家电网公司企业文化建设的目标

国家电网公司企业文化建设的目标是要通过企业文化建设树立起统一的核心价值观，构筑全体员工团结奋斗的共同思想基础；要通过企业文化建设，落实统一的发展目标，形成公司上下整体协调一致的行动指南；要通过企业文化建设，实施统一的品牌战略，打造具有鲜明时代特征和公司特色的“国家电网”品牌；要通过企业文化建设，促进形成统一的管理标准，强化公司集团化运作的内部管控能力；要通过企业文化建设，促进公司战略目标的实现。

（三）国家电网公司企业文化体系的构建

2010年，国家电网公司在原有企业文化体系的基础上，印发了《国家电网公司企业文化手册（2010版）》，对企业的文化体系进行了重新梳理、整合，进一步明确了企业的基本价值理念，将公司的发展战略作为企业文化的一部分加以阐释，并在此基础上提出了文化管理实践的具体内容，辅之以生动的故事和英雄人物对文化的内涵进行相应阐释。

国家电网公司企业文化体系包括以下几个部分的内容：

1. 基本价值理念

公司把企业愿景、企业使命、企业宗旨、核心价值观和企业精神作为基本价值理念，明确宣示公司的奋斗方向、存在意义、重要责任、价值追求和精神境界，表明公司对国家、对客户、对合作伙伴、对员工、对社会所遵循的基本行为准则和价值判断。

（1）企业愿景：建设世界一流电网　建设国际一流企业

企业愿景是公司的奋斗方向，国家电网人的远大理想，公司一切工作的目标追求。

- 建设世界一流电网

从我国国情、能源资源状况和电网发展规律的实际出发，坚持以科学发展观为指导，坚持自主创新，赶超世界先进水平，充分利用先进的技术和设备，按照统一规划、统一标准、统一建设的原则，建设以特高压电网为骨干网架、各级电网协调发展、具有信息化、自动化、互动化特征的坚强智能电网。

- 建设国际一流企业

坚持以国际先进水平为导向，以同业对标为手段，推进集团化运作、集约化发展、精益化管理、标准化建设，把公司建设成为具有科学发展理念、持续创新活力、优秀企业文化、强烈社会责任感和国际一流竞争力的现代企业。

（2）企业使命：奉献清洁能源　建设和谐社会

企业使命是公司生存发展的根本意义，公司事业的战略定位，公司工作的深刻内涵和价值体现。

电网不仅是连接电源和用户的电力输送载体，更是具有网络市场功能的能源资源优化配置载体。国家电网公司是国家能源战略布局的重要组成部分和能源产业链的重要环节，在中国能源的优化配置中扮演着重要角色。充分发挥电网功能，保障更安全、更经济、更清洁、可持续的电力供应，促使发展更加健康、社会更加和谐、生活更加美好是国家电网公司的神圣使命。

（3）企业宗旨：服务党和国家工作大局 服务电力客户 服务发电企业 服务经济社会发展

“四个服务”的企业宗旨是公司政治责任、经济责任和社会责任的统一，公司一切工作的出发点和落脚点。

- 服务党和国家工作大局

公司作为关系国家能源安全、国民经济命脉的国有重要骨干企业，承担着确保国有资产保值增值，增强国家经济实力和产业竞争力的重要责任。公司坚持局部利益服从全局利益，把维护党和国家的利益作为检验工作成效和企业业绩的根本标准。

- 服务电力客户

公司作为经营范围遍及全国26个省（自治区、直辖市），供电人口超过10亿的供电企业，承担着为电力客户提供安全可靠清洁的电力供应和优质服务的基本职责。公司坚持服务至上，以客户为中心，不断深化优质服务，持续为客户创造价值。

- 服务发电企业

公司作为电力行业中落实国家能源政策、联系发电企业和客户、发挥桥梁作用的经营性企业，承担着开放透明依法经营的责任。公司遵循电力工业发展规律，科学规划建设电网，推动建立完善三级电力市场，严格执行“公开、公平、公正”调度，与合作伙伴共同创造广阔发展空间。

- 服务经济社会发展

公司作为国家能源战略的实施主体之一，承担着优化能源资源配置，满足经济社会快速增长对电力需求的责任。公司坚持经济责任与社会责任相统一，保障电力安全可靠供应，服务清洁能源开发，推进节能降耗，保护生态环境，履行社会责任，服务社会主义和谐社会建设。

（4）核心价值观：诚信 责任 创新 奉献

核心价值观是公司的价值追求，公司和员工实现愿景和使命的信念支撑和根本方法。

- “诚信”，企业立业、员工立身的道德基石。

每一位员工、每一个部门、每一个单位，每时每刻都要重诚信、讲诚信，遵纪守法、言行一致，忠诚国家、忠诚企业。这是公司履行职责，实现企业与员工、公司与社会共同发展的基本前提。

• “责任”，是勇挑重担、尽职尽责的工作态度。

公司在经济社会发展中担负着重要的政治责任、经济责任和社会责任。每一位员工都要坚持局部服从整体、小局服从大局，主动把这种责任转化为贯彻公司党组决策部署的自觉行动，转化为推进“两个转变”的统一意志，转化为推动工作的强劲动力，做到对国家负责、对企业负责、对自己负责。

• “创新”，是企业发展、事业进步的根本动力。

公司发展的历程就是创新的过程，没有创新就不可能建成世界一流电网、国际一流企业。需要大力倡导勇于变革、敢为人先、敢于打破常规、敢于承担风险的创新精神，全面推进理论创新、技术创新、管理创新和实践创新。

• “奉献”，是爱国爱企、爱岗敬业的自觉行动。

企业对国家、员工对企业都要讲奉献。在抗冰抢险、抗震救灾、奥运保电、世博保电等急难险重任务面前，公司员工不计代价、不讲条件、不怕牺牲，全力拼搏保供电，这就是奉献；在应对国际金融危机、缓解煤电油运紧张矛盾、落实国家宏观调控措施等重大考验面前，公司上下坚决贯彻中央的决策部署，积极承担社会责任，这也是奉献；广大员工在平凡的岗位上恪尽职守、埋头苦干，脚踏实地做好本职工作，同样是奉献。坚持在奉献中体现价值，在奉献中赢得尊重，在奉献中提升形象。

（5）企业精神：努力超越　追求卓越

企业精神是公司和员工勇于超越过去、超越自我、超越他人，永不停步，追求企业价值实现的精神境界。

“努力超越、追求卓越”的本质是与时俱进、开拓创新、科学发展。公司立足于发展壮大国家电网事业，奋勇拼搏，永不停顿地向新的更高的目标攀登，实现创新、跨越和突破。公司及员工以党和国家利益为重，以强烈的事业心和责任感，不断向更高标准看齐，向更高目标迈进。

2. 科学发展战略

以“三个建设”为保证，全面推进“两个转变”，建设“一强三优”现代公司是公司发展的总战略。

加强“三个建设”、推进“两个转变”、建设“一强三优”现代公司是紧密联系、相互促进、有机统一的。推进“两个转变”是建设“一强三优”现代公司的战略途径；加强“三个建设”是推进“两个转变”的重要保证。

（1）战略目标

把国家电网公司建设成为电网坚强、资产优良、服务优质、业绩优秀的现代公司（简称“一强三优”）。

● 电网坚强

电网规划科学，结构合理，安全可靠，灵活高效，智能化水平高，技术装备和主要运行指标达到国际先进水平，公司经营区域实现全部联网。

● 资产优良

资产结构合理、质量好，盈利和偿债能力强，内部资源配置效率高，金融和海外资产健康快速增长。

● 服务优质

保障安全、经济、清洁、可持续的电力供应，服务规范、高效，品牌形象好，利益相关方综合满意度高，服务质量和效率在社会公共服务行业中处于领先地位。

● 业绩优秀

安全、质量、效益指标在国内外同业中领先，经济、社会和环境综合价值高，企业健康发展，社会贡献大。

● 现代公司

建立完善的现代企业制度和科学的集团管理体系，队伍素质好，自主创新能力和信息化水平高，企业软实力、社会影响力和国际竞争力强。

（2）战略途径

实现公司发展方式转变，实现电网发展方式转变（简称“两个转变”）。

按照集团化运作、集约化发展、精益化管理、标准化建设（简称“四化”）要求，实施人力资源、财务、物资集约化管理，构建大规划、大建设、大运行、大检修、大营销（简称“三集五大”）体系，实现公司发展方式转变。

建设以特高压电网为骨干网架，各级电网协调发展，具有信息化、自动化、互动化特征的坚强智能电网，实现电网发展方式转变。

（3）战略重点

坚持抓发展、抓管理、抓队伍、创一流（简称“三抓一创”）的工作思路，大力实施电网发展战略、经营管理战略、人才强企战略、科技发展战略、信息化战略、金融支撑战略、产业支撑战略、国际化战略、企业文化战略、品牌战略等，推动公司又好又快发展。

● 电网发展战略

遵循电网发展规律，加大电网投入，坚持“一特四大”（特高压，大煤电、大水电、大核电和大型可再生能源基地），推进坚强智能电网建设，增强电网优化配置能源资源和抵御严重事故风险的能力，促进大型能源基地集约化开发和清洁能源快速发展，以持续满足经济社会发展的用电需求。

- 经营管理战略

贯彻依法经营企业、严格管理企业、勤俭办企业的方针，积极开展体制机制和管理创新，深入推进集团化运作、集约化发展、精益化管理、标准化建设，充分挖掘内部资源潜力，持续提升公司经营管理水平和资产运营效率。

- 人才强企战略

把队伍建设作为提升公司可持续发展能力的关键，建立适应“两个转变”需要的人力资源管控体系和工作机制，实施全员教育培训，全面推进各级领导班子、干部队伍和各类人才队伍建设，抓好紧缺人才的培养和引进，不断优化队伍结构，增强队伍素质，激发员工创造活力，为建设“一强三优”现代公司提供人才保障和智力支持。

- 科技发展战略

坚持自主创新、重点跨越、支撑发展、引领未来的方针，贯彻建设一流人才队伍、实施大科研、创造大成果、培育大产业、实现大推广（简称“一流四大”）的战略要求，不断增强科技创新能力，克服制约“两个转变”的技术瓶颈，解决生产运行和经营发展中的技术难题，抢占国际电力科技制高点，发挥科技创新的支撑和引领作用。

- 信息化战略

把信息化作为推进“两个转变”、增强公司核心竞争力的重要驱动力，瞄准国际先进水平，按照统一领导、统一规划、统一标准、统一组织实施的原则，全面推进信息化企业建设，以信息化支撑生产专业化和管理现代化，确保网络和信息安全，为“一强三优”现代公司建设提供有力的信息保障。

- 金融支撑战略

发挥公司金融资源潜力，把握中国金融市场发展机遇，遵循金融行业发展规律，推进产融结合，强化金融管控，加强人才和机制建设，加快现代金融控股集团建设，形成金融产业核心竞争力，全面提升盈利水平，为公司发展提供金融支撑。

- 产业支撑战略

按照上规模、上水平、集约化的发展方向，拓展直属单位业务领域，延伸产业链，形成规模经营优势和核心竞争力，做优做强做大直属产业，为“一强三优”现代公司建设提供技术支撑、智力支持、服务保障和效益贡献。

● 国际化战略

坚持引进来、走出去相结合，适应经济全球化进程，加强国际经济技术交流与合作，发挥比较优势，积极参与能源等相关领域的国际分工，统筹利用国际国内“两个市场、两种资源”，拓展公司发展空间，不断提升公司的国际竞争力和国际影响力。

● 企业文化战略

遵循企业文化建设基本规律，以社会主义核心价值体系为指导，适应公司发展改革新要求，坚持融入中心、服务大局，以人为本、全员参与，重在建设、突出特色，统一规划、分步实施的原则，建设以“四统一”为基础的优秀企业文化，增强公司的核心竞争力、企业软实力和可持续发展能力，促进公司科学发展。

——坚持“统一的核心价值观，统一的发展目标，统一的品牌战略，统一的管理标准”，是公司统一的优秀企业文化建设的基本内容和重要基础。

——推行公司基本价值理念体系是建设统一的优秀企业文化的核心。

——实施企业文化建设精品工程、落地工程、评价工程（简称“三大工程”）是建设统一优秀的企业文化的重要载体。

● 品牌战略

把优质服务作为国家电网生命线，通过强化安全管理，规范服务行为，维护电力市场秩序，履行企业社会责任，不断提高优质服务水平，塑造良好的“国家电网”品牌，充分展现公司负责任的国企形象。通过实施品牌塑造、品牌引领、品牌升华，促进品牌文化积淀和升华，着力提升品牌的美誉度，努力塑造“国家电网”品牌，使其成为与公司发展实力相称的，具有强大社会感召力和国际影响力的一流品牌。

——公司品牌是内质外形成果的集中体现。推进品牌的统筹规划，统一品牌宣传、统一品牌管理，规范使用 VI 手册，深化文化环境建设，提升“国家电网”品牌价值和形象。

——通过对内提高管理水平、提升队伍整体素质，对外履行社会责任、全面加强公司与利益相关各方的和谐互动，树立公司讲政治、负责任，强管理、重服务，求创新、作表率的央企形象。

（4）战略保障

全面加强党的建设、企业文化建设、队伍建设（简称“三个建设”）。

党的建设是“三个建设”的首要任务，各级领导班子建设是“三个建设”

的重中之重，建设统一的优秀企业文化是“三个建设”的重要基础，提高全员素质是“三个建设”的根本着力点。

只有不断加强公司党的建设，才能保证公司始终沿着正确的方向前进，更好地服务党和国家工作大局；只有不断加强企业文化建设，才能为公司可持续发展提供强劲动力，实现基业长青；只有不断加强队伍建设，才能提高广大员工的能力素质，创造一流的工作业绩，实现员工与企业共同发展。

3. 基本行为准则

以人为本，忠诚企业，奉献社会是公司的基本行为准则。以人为本，就是以实现人的全面发展为目标，尊重人、关心人、依靠人和为了人。忠诚企业，就是热爱企业、关心企业、为企业尽心尽力，忠实维护企业利益和形象。奉献社会，就是关爱社会、服务社会、回报社会，履行社会责任。

（1）员工守则

公司全体员工应共同遵守的基本行为准则。

一、遵纪守法，尊荣弃耻，争做文明员工。

二、忠诚企业，奉献社会，共塑国网品牌。

三、爱岗敬业，令行禁止，切实履行职责。

四、团结协作，勤奋学习，勇于开拓创新。

五、以人为本，落实责任，确保安全生产。

六、弘扬宗旨，信守承诺，深化优质服务。

七、勤俭节约，精细管理，提高效率效益。

八、努力超越，追求卓越，建设一流公司。

（2）三个十条

《供电服务“十项承诺”》是公司对客户作出的庄严承诺。公司视信誉为生命，弘扬宗旨，信守承诺，不断提升客户满意度，持续为客户创造价值。

《“三公”调度“十项措施”》是公司坚持开放透明依法经营，正确处理与合作伙伴关系的基本准则。公司主动接受监管和监督，依法合规经营，不断提高服务发电企业水平。

《员工服务“十个不准”》是公司对员工服务行为规定的底线，是不能逾越的“红线”。

供电服务“十项承诺”

◇城市地区：供电可靠率不低于99.90%，居民客户端电压合格率不低于96%；农村地区：供电可靠率和居民客户端电压合格率，经国家电网公司核定后，由各省（市、区）电力公司公布承诺指标。

◇供电营业场所公开电价、收费标准和服务程序。

◇供电方案答复期限：居民客户不超过3个工作日，低压电力客户不超过7个工作日，高压单电源客户不超过15个工作日，高压双电源客户不超过30个工作日。

◇城乡居民客户向供电企业申请用电，受电装置检验合格并办理相关手续后，3个工作日内送电。

◇非居民客户向供电企业申请用电，受电工程验收合格并办理相关手续后，5个工作日内送电。

◇当电力供应不足，不能保证连续供电时，严格执行政府批准的限电序位。

◇供电设施计划检修停电，提前7天向社会公告。

◇提供24小时电力故障报修服务，供电抢修人员到达现场的时间一般不超过：城区范围45分钟；农村地区90分钟；特殊边远地区2小时。

◇客户欠电费需依法采取停电措施的，提前7天送达停电通知书。

◇电力服务热线“95598”24小时受理业务咨询、信息查询、服务投诉和电力故障报修。

“三公”调度“十项措施”

◇坚持依法公开、公平、公正调度，保障电力系统安全稳定运行。

◇遵守《电力监管条例》，每季度向有关电力监管机构报告“三公”调度工作情况。

◇颁布《国家电网公司“三公”调度工作管理规定》，规范“三公”调度管理。

◇严格执行购售电合同及并网调度协议，科学合理安排运行方式。

◇统一规范调度信息发布内容、形式和周期，每月10日统一更新网站信息。

◇建立问询答复制度，对并网发电厂提出的问询必须在10个工作日内予以答复。

◇完善网厂联系制度，每年至少召开两次网厂联席会议。

◇聘请“三公”调度监督员，建立外部监督机制。

◇建立责任制，严格监督检查，将“三公”调度作为评价调度机构工作的重要内容。

◇严肃“三公”调度工作纪律，严格执行《国家电网公司电力调度机构工作人员“五不准”规定》。

员工服务“十个不准”

◇不准违反规定停电、无故拖延送电。

◇不准自立收费项目、擅自更改收费标准。

◇不准为客户指定设计、施工、供货单位。

◇不准对客户投诉、咨询推诿塞责。

◇不准为亲友用电谋取私利。

◇不准对外泄漏客户的商业秘密。

◇不准收受客户礼品、礼金、有价证券。

◇不准接受客户组织的宴请、旅游和娱乐活动。

◇不准工作时间饮酒。

◇不准利用工作之便谋取其它不正当利益。

（3）基本礼仪

公司崇尚文明，讲究礼仪，公司员工应自觉学习基本礼仪常识，提高文明素质，在日常生活和工作中，注意一言一行，树立公司良好形象。

仪容仪表——整洁清爽，端庄大方；

着装服饰——规范得体，便于工作；

言谈举止——自然优雅，充满自信；

接待交往——主动热情，把握分寸；

接打电话——简明扼要，温和有礼；

乘坐车辆——尊长优先，注意礼让。

（四）国家电网公司企业文化建设的措施与方法

基于集团化战略的要求，国家电网公司大力建设以“四统一”为基础的优秀企业文化。但是这一企业文化体系在公司全面导入面临着一定的困境，困境的原因一方面在于电力行业原有的一些不良文化要素的阻碍，另一方面是由于公司下属的很多分公司、子公司都已具有几十年的历史，长久的历史形成了他们自己的文化特征，因此一种新的统一企业文化体系的推行势必遇到不小的阻碍。为了走出这样的困境，迅速推动“四统一”的企业文化建设，公司近年来采取了多种措施与方法，推进文化体系的导入。

1. 实施企业文化精品工程，加强公司价值观建设，树立公司统一的核心价值观

国家电网公司以精品化思路开展企业文化整合传播，完善公司基本价值理念体系，增强企业文化的穿透力，树立公司统一的核心价值观。

（1）完善公司基本价值理念体系，明确公司企业文化“四统一”的基本要求。总结公司党组推进理论创新、实践创新所取得的一系列重要成果，确立了包括企业愿景、企业使命、企业宗旨、核心价值观和企业精神等内容的公司基本价值理念。明确公司基本价值理念体系是全公司统一的价值观，明确公司统一发展目标、统一品牌战略、统一管理标准的基本要求，制定和落实相应的工作措施。编辑全公司统一的《国家电网公司企业文化手册》等公司基本价值理念体系教材，印发下属各单位学习贯彻。

（2）整合企业文化内部传播，增强企业文化穿透力。统一组织、统一规划，精心策划、统筹安排，以集团化运作的方式整合公司系统优势资源，以全公司“一盘棋”的思想，综合运用企业文化宣传、企业文化活动、企业文化产品生产、企业文化环境建设等多种手段，打造企业文化精品，有计划、有组织、有重点、有秩序、有针对性地开展企业文化传播，确保价值观宣贯故事化、人格化、形象化，切实把公司基本价值理念体系和企业文化“四统一”的要求传达到全体干部员工，促进入眼、入耳、入脑、入心。按照公司企业文化“四统一”要求，明确公司各级宣传媒体单位的企业文化宣传职能，进一步规范全公司报纸、杂志、电视、网站、宣传栏等企业文化宣传载体的功能定位，建立和完善网络化的、运转顺畅有序的企业文化宣传载体体系。以媒体、会议、论坛等多种平台，通过案例收集、漫画征集、故事汇编等多种形式，在公司内部广泛开展企业文化宣传，把公司企业文化传递到各单位、各层级、各专业和全体干部员工，实现公司价值观的全面共享。坚持开展公司企业文化教育培训，把企业文化工作内容纳入形势任务教育、干部员工培训体系，作为各级领导干部学习培训的重要内容和新进员工的必修课。融入中心，结合实际，开展多种形式的主题性企业文化活动和群众性文化活动，形成全员建设优秀企业文化的良好局面。整合公司优秀文化资源和优势项目，统一规划、统筹创作感染力强、影响力大，反映公司管理思想，贯彻党组决策部署，展示公司发展和电网发展成就的企业文化精品，在全公司统一使用。建立健全公司企业文化环境建设相关制度和规范，有序推进办公、会议、营业、施工等场所的企业文化环境规范化建设，把公司基本价值理念和公司党组的管理思想以规范、合理、有效的方式体现在企业文化环境中。

（3）开展企业文化外部传播，提升公司品牌价值。整合公司内外的传播资源，加强和改进企业文化对外传播工作。充分利用网络、媒体、书籍、影视作品等各种载体，通过组织参观、展览、与公众互动活动等多种形式，面向社会广泛开展公司企业文化宣传，提升公司企业文化的社会认知度。加强服务管理，提升服务水平，树立公司良好口碑，促进企业文化人际传播。推广应用公司视觉识别系统，加强公司企业文化环境建设，统一公司品牌形象。

公司系统各单位开展核心价值观培育举例

山东电力集团公司开展流程式企业文化宣传

山东公司认真贯彻落实国家电网公司党组关于加强企业文化建设的工作部署，以学习贯彻《国家电网公司企业文化手册（2010年版）》为契机，创新活动载体，扎实开展“建设统一的优秀企业文化”主题实践活动，推进了“三大工程”的实施，促进了统一的优秀企业文化建设。

一是加强学习培训。培训是内化于心、最有效、最直接的宣传。我们提出企业文化全员培训的理念和要求，以领导干部为重点，将企业文化培训纳入公司全年培训体系，作为各级领导干部和员工学习培训的重要内容、作为新入职员工的必修课程。

在公司层面，结合年度领导干部培训，对各级领导干部进行公司企业文化发展战略等内容的培训；在综合类培训班，对学员进行企业文化基本价值理念的培训；在专业类培训班，对学员进行基本价值理念和文化管理实践的培训；对新聘用员工则进行企业文化基本理论和公司基本价值理念培训。在2010年举办的50多期各级、各类培训班中，都把企业文化作为培训重点内容。加强对新入职员工、当年新招聘大学生、新招聘95598员工的企业文化、优质服务管理实践等专题培训。

在基层单位，结合实际开展多种形式的《企业文化手册》学习活动。许多单位编写了《企业文化应知应会手册》等企业文化宣传资料，组织员工学习。有的单位还组织开展了企业文化知识全员普调考。多种形式的企业文化学习培训，确保了无论是领导干部、管理人员，还是普通员工，都普遍接受了一次企业文化培训。

二是加强媒体宣传。在企业内部，充分利用网站、报刊、简报等媒体资源；在外部，则用足用好电视台、广播电台、社会报纸等宣传资源，特别是主流媒体驻鲁记者站等社会媒体资源，借助社会媒体的影响力，宣传“国家电网”。

更新“企业文化”栏目内容。对公司网站上“企业文化”栏目中“总揽”部分的内容全部更新为《国家电网公司企业文化手册（2010年版）》的内容；在“动态”部分，刊登国家电网公司关于企业文化建设的新部署、新要求，以及基层单位开展“四统一”企业文化建设的情况，加强交流，促进落实。

在企业内媒体上开设宣传专栏。以鲁能体育实现“大满贯”为契机，利用企业“一报两刊一网”，加强“国家电网”品牌的宣传，用鲁能体育诠释“努力超越，追求卓越”的企业精神，组织开展学习鲁能体育精神大讨论活动。鲁能乒乓球俱乐部夺得男女团体双冠军后，在《山东电力报》连续三期刊发评论员文章，对鲁能乒乓球成功背后体现的企业精神进行诠释。对外，充分利用社会各类媒体资源，省内外多家媒体以《以最佳表现诠释国家电网企业精神——鲁能乒乓球十年铸就辉煌“双冠”纪实》，对公司企业文化进行宣传。

充分利用社会宣传资源。鲁能体育实现大满贯后，我们全方位策划宣传活动，举办了“山东鲁能体育大满贯庆功表彰大会”，邀请省委、省政府领导、有关部门领导，省内各大媒体、中央驻鲁媒体参加，山东电视台体育频道全程直播大会实况，进一步扩大了公司企业文化的社会影响力。

充分利用社会性重大活动。2010 年，山东省先后有省运会、世界太阳城大会、国际航空体育节等重大社会活动。我们利用重大活动保电的时机，把“国家电网”的标识、企业精神等内容，通过发电车、电力保障车等媒介，向社会公众展示和宣传。

三是开展群众性的企业文化宣传活动。组织举办“践行公司核心价值观”青工诗文朗诵会、“我是国家电网人”文化引领青年先行知识竞赛、企业文化专题讲座等群众性文体活动，最大限度地吸收员工参加。开展“我爱国家电网”手机彩铃作品征集、司徽佩戴、唱司歌等活动，调动员工参与企业文化建设的积极性和主动性，发挥员工企业文化建设主体的作用。

四是加强典型建设。典型是外化于行的企业文化宣传，是公司价值观人格化的最好体现。我们以“品牌传播年”活动及“五个一工程”为契机，下发《关于做好先进典型个人推荐工作的通知》，在公司所属各单位、本部各部门，县供电公司，采取自下而上、层层推荐的方式，开展先进典型个人推报和评选工作。把选树典型作为企业文化宣传的重要内容，采取大家发现典型、大家选树典型的办法，鼓励员工把身边自觉实践公司核心价值观、弘扬企业精神、践行企业宗旨，忠于职守，岗位奉献的典型发现出来，总结出来，推荐上来。基层单位共推报了 43 个先进典型个人，除经本部营销部、农电部、新闻中心等九个部门推荐了两位同志参加国家电网公司英模人物的评选外，我们还在公司网站上设立专栏，利用《山东电力报》、《山东电业》对其他典型践行核心价值观、弘扬企业精神的先进事迹进行了广泛宣传。

五是加强企业文化实践示范点建设。与专业部门配合，推进公司基本价值理念在安全管理、优质服务等各项工作实践中落地。策划开展了企业文化管理实践示范点建设，分别在济南、济宁、青岛、泰安等地，分车间、操作队、班组等层次，建设了5个企业文化管理实践示范点，把公司文化管理实践的要求和企业文化环境建设的要求体现到示范点建设中。

江苏省电力公司全力推行基本价值理念

江苏公司认真贯彻落实国家电网公司建设以“四统一”为基础的优秀企业文化建设的工作部署和要求，深入开展价值观建设，在公司上下和员工之间，建立起基于国家电网核心价值观的文化纽带和感情纽带，夯实员工推进“两个转变”，建设“一强三优”现代公司的思想基础。

一、坚持紧扣企业文化《手册》，原汁原味学习理念。江苏公司紧紧围绕国家电网公司《企业文化手册》，通过学《手册》、办讲座、编读本、谈体会、赛知识，原原本本、不折不扣学理念。公司发放《手册》18000册，将基本价值理念作为各级党委中心组和广大党员、干部、员工思想政治教育的重要内容。编写教材、制作课件，在公司系统领导干部培训班、中青年干部培训班、班组长标准化行为培训班等各类培训中宣讲、推行基本价值理念。编写《企业文化知识200问》，印制30000册发至员工，组织员工学习，促进员工认知、认同并遵循基本价值理念。公司各单位领导带头撰写学习《手册》体会文章，在《江苏电力报》、《江苏电力》杂志、门户网站开办专栏，陆续发表。组织开展企业文化专项竞赛活动，分为在线测试、书面考试两个阶段进行，并将其列入公司年度技能竞赛范畴。企业文化在线测试共计34850人参加了考试；在企业文化专项竞赛书面考试中，全省13家地市公司和15家直属单位选送的335名员工代表参加，公司表彰了竞赛团体和个人前六名。

二、坚持紧贴员工，联系实际传播理念。江苏公司发动广大员工，积极参与“建设统一的优秀企业文化”主题实践活动，采撷身边员工践行核心价值观的丰富素材，以故事述真情、DV展形象、漫画释内涵、演讲竞风采等方式，紧密联系“两个转变”实践，让价值观形象化、具体化。征集企业文化故事，组织“身边的先锋”DV比赛，精选12部获奖作品，以“把桂冠献给身边的先锋”为主题在门户网站展播，展示平凡员工、和谐团队的动人风采。征集企业文化理念漫画，用生动活泼、发人深省的漫画，诠释国家电网人的远大理想和价值追求。举办践行“诚信、责任、创新、奉献”核心价值观主题演讲比赛，全公司系统举行78场分赛，宣贯统一核心价值观。公司连续三年举办新进员工企业文化课堂，邀请公司生产、经营、服务、管理等领域先进人物来到现场，与新进员工面对面，通过访谈、对话、视频寄语等方式，引导新进员工学习和掌握国家电网公司基本价值理念，增强“我是国家电网人”意识。制作反映公司履行社会责任的形象宣传片，大力传播国家电网公司基本价值理念，塑造统一的“国家电网”品牌。

三、坚持选树典型，标杆引路宣传理念。江苏公司积极培育、表彰、宣传践行核心价值观先进典型，通过培育表彰先进、举办先进事迹报告会、与先进人物面对面等多种渠道，大力弘扬先进事迹，有力彰显江苏电力人的价值追求。公司持续表彰“劳动模范”、“和谐班组”、“学习型团队”、“知识型员工”、“平安之星”、“服务之星”、“爱心标兵”、“和睦家庭”等一批先进典型，并将这些先进典型的事迹汇编成册，下发公司各单位组织员工学习，用身边人、身边事教育和引导员工，争做核心价值观的优秀实践者。大力宣传刘平、韩克勤、许杏桃等先进典型，展示先进员工践行核心价值观、弘扬企业精神的生动实践。精心策划、举办14场“劳动者之歌”劳模先进事迹报告会，用劳模精神诠释、弘扬基本价值理念，公司系统20000余名员工现场观看报告会，在一次次心灵的震撼、共鸣、感动中，核心价值观一次次深入人心。

四、坚持结合实际，丰富载体推广理念。江苏公司在统一搭建省公司层面宣贯平台、策划宣贯项目载体的同时，积极鼓励下属公司结合各自的发展实践，大力传播国网公司基层价值理念。无锡公司结合管理实际，以《我们的工作信条》来深化推行国网公司基本价值理念宣贯；常州公司创新“文化故事会”载体，以“一张菜单、一支团队、一次心灵之旅，60分钟”的形式，让核心价值观转化为具体的人和事，成为引领员工做人做事的指南；镇江公司搭建“春江潮”宣讲平台，讲形势、讲理念、讲观念，用统一的优秀企业文化引领员工的思想和行为；盐城组织开展“基层班组长交流”、“一线员工论坛”等系列讨论活动，谈理念、谈思想、谈发展，让企业文化理念扎根一线员工；淮安公司举办“企业文化宣讲周”活动，通过组织企业文化专题讲座、座谈会、员工誓词宣读等活动，营造宣贯国家电网公司基本价值理念的良好氛围。

重庆市电力公司开展企业文化环境建设

重庆公司认真落实国网公司统一的优秀企业文化建设工作部署，积极开展企业文化环境建设工作，进行了一些探索和实践，取得一定成效。

一、开展企业文化环境建设工作思路

企业文化环境建设是将抽象的价值理念具象化，是企业文化落地的重要形式，使企业文化成为“看得见”的文化，能更好地传播公司核心价值观，塑造公司统一品牌和形象，促进企业文化建设规范化、标准化，增强企业文化的穿透力、影响力和震撼力，对于加快建设以“四统一”为基础的优秀企业文化，推进“一强三优”现代公司建设有着重要作用。

在开展企业文化环境建设过程中，我们坚持以宣贯国网公司基本价值理念为核心，以落实公司行为准则为重点，采用规范、合理、有效的形式，把公司基本价值理念、发展战略和公司党组的管理思想融入办公、会议、营业、生产施工等场所环境建设中，引导广大员工自觉规范言行，全面推进国家电网公司优秀企业文化的落地。

二、开展企业文化环境建设主要内容

重庆公司充分利用各种合适的空间环境或物质载体，突出办公、会议、生产和施工、营业等4个重点场所，大力实施企业文化环境建设工程，彰显“国家电网”品牌。

1. 办公场所企业文化环境建设。一是在主办公楼外墙以大方、庄重的表现形式，展示公司核心价值观。在办公场所室外区域，选择文化展示牌、园艺、雕塑等形式营造氛围。二是在主办公楼大厅以口号墙等大方、庄重的表现形式，展示公司企业精神。同时，也设置一些文化艺术作品。三是在办公楼公共场所，采用文化展示牌、电子显示屏等表现形式，展示公司基本价值理念、科学发展战略和公司党组管理思想。四是在办公室内，展示公司行为准则、公司员工守则、岗位行为规范和工作目标等。五是在主要办公工作区域，悬挂或摆放获得的重要荣誉奖杯、奖牌、奖状和证书等。

2. 会议等场所企业文化环境建设。一是在各类会议室规范应用“国家电网”品牌标识，选择标语、文化展示牌、艺术作品等与环境相协调的表现形式，展示公司基本价值理念和科学发展战略。根据需要设置整洁、大方、符合礼仪规范的会议背景板等。二是在党员活动室、团员活动室、职工之家、班组园地等员工活动场所，推广应用“国家电网”品牌标识，选择与环境相协调的表现形式展示公司基本价值理念等内容。

3. 生产和施工场所企业文化环境建设。一是生产、施工场所做到规范有序，标识明显，安全氛围浓厚。二是在生产场所，选择适当、简洁、醒目的表现形式，展示公司基本价值理念、安全理念和安全警示标语、符号等内容。三是根据需要，利用供电设备设施，推广应用“国家电网”品牌标识，展示公司基本价值理念。四是在规模较大的施工场所，在不影响安全作业的前提下，采用适当表现形式，因地制宜地展示公司基本价值理念、安全理念和安全警示标语、符号等内容。

4. 营业场所企业文化环境建设。一是营业场所做到整洁明亮，指引清晰，服务氛围浓厚。二是在营业场所外部区域，可选择多媒体电子显示屏、灯箱广告等表现形式，展示公司基本价值理念、服务理念和服务信息等。三是在营业场所内部，根据功能分区的性质，以简洁、醒目的表现形式，展示基本价值理念、服务理念、服务要求等内容。

三、开展企业文化环境建设工作措施

重庆公司以硬件建设为基础，明确制定标准、本部带头、基层试点、逐步推广4个保障措施，统筹规划，因地制宜，把理念具体化，把观念形象化，构筑符合国家电网公司“四统一”企业文化要求的企业文化环境。

1. 制定管理标准。为使企业文化环境规范化、标准化，形成标准，建立长效机制，经过调查研究、分析讨论、反复修改，按照国际管理标准的规范起草了《企业文化环境建设管理标准》及《应用手册》。《管理标准》共9章23条，《应用手册》共设置示意图49幅，示例图64幅，效果图21幅。

2. 坚持本部带头。公司本部实施了环境综合整治，积极开展企业文化环境建设，起好示范作用。修建企业文化墙，设立文化宣传栏，增添文化艺术作品，合理优化会议场所，改善办公环境布置，规范品牌标识应用。目前，公司本部文化氛围浓厚，环境优美，效果良好。

3. 开展基层试点。公司选择三个基层单位进行试点。突出文化元素展现和企业自身特色，在机关大楼、红旗变电站、营业厅、车间班组推广文化环境建设，修建文化墙3个、设置文化展示牌1548个、提示牌262个、艺术作品88幅、工作展示牌320个、党群工作展示牌48个，逐步形成供电局机关、车间、班组各个层面和不同工作点的文化环境展示，将优秀企业文化全面融入、体现到生产经营管理过程之中，规范、指导和影响员工行为。

4. 及时推广应用。根据企业文化环境建设过程中存在的问题，及时总结经验，不断规范整改。

四、工作成效

1. 公司基本价值理念广泛传播。通过企业文化环境建设，将国家电网基本价值理念的具体化、表象化，使基本价值理念体系进一步入眼、入耳、入脑、入心，“一个国家电网”观念、“我是国家电网人”意识进一步增强。

2. 国家电网品牌形象更加彰显。将企业文化环境建设和品牌标识推广应用紧密结合，使国家电网品牌赢得更为广泛认同，进一步提升了国家电网品牌的知名度、认知度和美誉度。

3. 企业文化氛围更加浓厚。通过企业文化环境建设，使企业物理环境更加整洁、优美，人文环境更加融洽、向上，人员素质不断提升，文化品味不断提高，文化氛围更加浓厚，统一思想、塑造灵魂、凝聚力量，推动企业健康发展。

宁夏电力公司的立体化传播网络

宁夏电力公司是国家电网公司的全资子公司，是国家电网公司的“责任主体”之一，是国家能源优化配置的参与者和宁夏能源战略的推动者，是关系宁夏能源安全和经济社会发展的国有重要骨干企业，是宁夏电力工业的主导力量，是宁夏电网的建设者、经营者和管理者。

在国家电网公司党组提出了“加强党的建设、企业文化建设和队伍建设”的重大指示，并确立了“以‘三个建设’为保证，全面推进‘两个转变’，建设‘一强三优’现代公司”的公司科学发展总战略，明确了企业文化建设在公司发展战略实施中的工作定位及工作部署后，宁夏电力公司党委快速响应、全面落实国家电网公司党组的一系列决策部署，按照“以推行统一的公司基本核心价值体系为核心，以实施企业文化‘三大工程’（精品工程、落地工程、评价工程）为抓手，加快建设以‘四统一’（统一核心价值观，统一发展目标，统一品牌战略，是统一管理标准）为基础的优秀企业文化”的总体思路，立足于服务和保障公司科学发展战略顺利实施和企业发展改革实际，认真学习企业文化前沿理论，深入基层一线调查研究，积极导入“价值观管理是企业文化管理的核心”的全新理念，通过实施九种传播方式，着力构建“上下联动、内外结合、多渠道、全方位”的立体化核心价值观传播体系，积极进行价值观管理的探索与实践，扎实推进价值观的认知、认同、转化和融入，持之以恒地推进企业文化落地，为企业科学发展提供了强有力的思想保证、精神动力和文化支撑。

宁夏电力公司的具体做法包括通过实施宣传教育载体传播、领导者的行为传播、制度传播、故事传播、先进人物传播、体验传播、仪式传播、环境传播和外部品牌传播等九种传播方式，着力构建“上下联动、内外结合、多渠道、全方位”立体化核心价值观传播体系，促进企业核心价值观的传播与落地，使之在现场看到，在岗位上体现，在流程中沉淀，在细节和行为习惯上表现出来。

1. 宣传教育载体传播

充分发挥报刊、网站、办公协同系统、信息简报、橱窗展版、电脑屏保、手机短信、车载视频、LED 屏等多种宣传教育载体的不同优势，构建多元化的宣传教育平台，自上而下，因地制宜，全面宣贯《国家电网公司企业文化手册(2010 年版)》，不断提高员工对企业核心价值观的认知率。

2. 领导者的行为传播

发挥领导者不断倡导传播以及持之以恒地实践公司核心价值观的表率作用，带动员工接受并实践公司核心价值观。一是制定《宁夏电力公司党委关于加强领导班子运行机制建设的实施意见》，健全科学的领导班子运行机制；坚持民主集中制和“三重一大”集体决策制度，建立廉洁自律反违章长效机制，不断规范领导者的行为。二是坚持“公开、民主、择优”的原则和德才兼备、以德为先的选人用人标准，建立公开竞聘和组织考核推荐相结合的干部选拔机制，大力弘扬公司核心价值观，有 19 名干部走上领导岗位，35 名基层员工选聘到公司本部工作。三是按照市场经济和企业管理以及实践公司核心价值观的要求，领导干部带头学习，带头调查研究，不断提升创新精神、逆向思维能力和管理工作的前瞻性、科学性和战略性。四是领导干部通过实施生产经营等日常管理和参加重要保电、抗洪救灾等急难险重任务去实践、体现企业的价值观，为员工做出表率。五是通过建立领导干部联点制度、聘请总经理联络员、召开座谈会等多种形式，广泛听取员工的心声，及时激励员工创新行为和工作成绩。

3. 制度传播

一是以“4321”工作思路推行全员绩效管理，即按照建立包含“四个体系”（绩效管理体系、绩效指标体系、绩效评价体系、绩效评价结果应用体系）的管理框架及规章制度，规范并完善“三个层面”（公司层面、基层单位层面、员工层面）的绩效管理，建立“两个循环”（自我完善、持续改进的系统循环，绩效计划、绩效实施、绩效评价、绩效改进的管理循环），实现“一个共赢”（在个人绩效的提升推动下使企业整体绩效持续提升）的工作思路，分四个阶段全面推行全员绩效管理。二是以公司价值观为基本衡量标准，对 2003 年至今公司印发的 21 类共计 789 项规章制度进行了全面清理，废除了 217 项，保证了各类标准和各项规章制度与公司价值观要求始终保持高度一致。三是印发《宁夏电力公司关于进一步加强公司党的建设、企业文化建设和队伍建设的实施意见》、《宁夏电力公司班组文化建设管理标准（试行）》和《宁夏电力公司班组文化建设工作方案》，实现了企业文化建设管理体系、管理边界、管理标准、目标任务和落地重点“五明确”。

4. 故事传播

广泛开展企业文化故事、漫画征集和巡展活动，将征集活动有机融入安全生产、优质服务、经营管理等中心工作，深入挖掘亮点，精心提炼典型做法及经验，将征集到的82篇故事、49幅漫画进行选编，紧扣核心价值观进行点评，分安全管理篇、优质服务篇、先进人物篇、社会履责篇、漫画故事篇等五个系列进行广泛巡展，宣传推广公司赞同的、倡导的价值观管理经验，使各级管理干部从中受到启发，不断提高管理能力和水平，使广大员工从中受到教育，自觉恪守和践行公司统一的核心价值观。

5. 先进人物传播

本着“一年选树典型、两年区内（宁夏回族自治区）叫响，三年走出宁夏”的工作思路，选树了15名践行企业核心价值观的先进典型，将先进典型的宣传与学习有机融入公司文明行业创建、行风建设、品牌传播与建设等工作中，举行了8场以“责任与奉献”为主题的巡回事迹报告会，来自基层一线的近3000名员工和500多名社会人士聆听了报告，以身边事教育身边人，实现了核心价值观的人格化，对内发挥了激励、示范作用，对外提升了国网品牌美誉度。

6. 体验传播

通过开展舆论宣传型、文体娱乐型、业务技能型、公共关系型等丰富多彩的文化实践活动，让员工参与进来，在活动中体验文化的内涵、理解文化的外延，从而从内心认同公司核心价值观。一是有计划、有组织、有重点、有针对性地开展“建设统一的优秀企业文化”主题实践活动，切实把公司统一的价值观传达到全体干部员工，促进入眼、入耳、入脑、入心。二是广泛开展了“走在前，作表率”创先争优主题实践活动，通过开展创建“四强”党委（总支）、创建“电网先锋党支部”、创建“功能党小组”活动的“三级联创”活动和“五强五优五模范”团建创先争优及“创建先进班组，争当工人先锋号”班建创先争优等全员、全方位的创先争优活动，促进了核心价值观的全面落地。三是开展了“塑文化、强队伍、铸品质”供电服务提升工程、“优质服务是国家电网生命线”演讲比赛、“服务之星竞赛”等丰富多彩的主题实践和技能竞赛活动，进一步强化了员工“一个国家电网”的观念和“我是国家电网人”的意识。四是开展了“媒体记者宁电行”活动，通过媒体记者到电力企业工作现场进行体验式采访，用第三方语言，传播公司核心价值观，塑造国家电网品牌形象。

7. 仪式传播

在重大节日升国旗仪式、党员示范岗、青年突出队授旗仪式、“十大道德模范”颁奖仪式、750工程开工仪式、职工运动会开幕式、新员工入局仪式、大型红歌演唱会、能源“金三角”高峰论坛等重要典礼和活动仪式上，在环境布局、活动环节等方面弘扬核心价值观，提升员工对公司核心价值观的认知认同率和对企业的归属感。

8. 环境传播

一是根据《国家电网品牌标识推广应用手册》，全面推进国家电网品牌标识的标准化应用，实现“国家电网”品牌标识正确应用率达到100%。二是班组实行5S管理和定置管理，工作现场做到“五净”（门窗、桌椅、资料柜、地面、墙壁干净）、“五齐”（桌椅放置、资料柜放置、桌面办公用品摆放、上墙图表悬挂、柜内资料物品摆放整齐）和“四无”（无垃圾、无杂物、无积水、无油污），工作结束后做到工完料净场地清。三是创新班组文化建设载体，因地制宜制作班组文化墙和文化长廊，积极建设职工小家，体现班组文化实践的多样性，集中反映班组践行核心价值观的亮点经验和先进人物，促进企业文化在班组落地。

9. 外部品牌传播

一是制定并组织落实《宁夏电力公司2010年品牌建设工作方案》和《宁夏电力公司“国网品牌传播年”活动方案》，坚持以“实施品牌引领战略、打造公司软实力”为核心，以全方位提升“国家电网”品牌的知名度、认知度和美誉度为载体，进一步加大“国家电网”品牌规范推广力度，为公司发展积极构建良好的外部环境。二是加大在中央、地方、行业等主流媒体的宣传报道力度，塑造以“诚信履责、可靠信赖”为核心理念的国家电网品牌形象，推动公司与利益相关方建立起相互信任、和谐互动、通力合作的良好关系，进一步提升品牌认同度和美誉度；2009年全年总计外发宣传稿件2000多篇（条）。三是加强优质服务和行风建设，积极参与“行风面对面”、“走进行风直播间”等现场直播活动，在2010年“3.15”宁夏公共服务行业消费者满意度调查中，宁夏公司供电服务总体评价在窗口行业中名列第一。四是以实施爱心基金“234”助学工程为载体，不断提升国家电网宁夏电力公司品牌形象。建成希望小学2所，捐助贫困大学生300名、贫困中学生400名，公司荣获宁夏回族自治区十大公益企业、全国希望工程20年杰出公益伙伴奖；五是在抗洪灾等急难险重任务中，积极履行国企责任，彰显国家电网公司的责任央企形象，大力弘扬核心价值观。宁夏回族自治区政府专门致信感谢国家电网公司，充分肯定了宁夏电力公司在抗洪救灾中的突出贡献。

2. 实施企业文化落地工程，把公司基本价值理念体系和企业文化“四统一”的要求转化、融入制度建设、经营管理和员工行为中

企业文化落地，就是要推进价值观转化，构建企业文化闭环管理体系。企业文化落地的关键步骤和难关是公司价值观内化为员工自身价值观的过程，是公司工作对价值观的强化过程和加固过程，也是干部员工对企业价值观的消化、吸收和转化过程。按照企业文化“四统一”要求，国家电网公司注重明确企业文化落地的工作目标和任务，全面落实各部门、各单位、各专业的企业文化工作责任，建立统筹协调、分工负责、运转高效的工作机制，促进企业文化在公司制度建设、经营管理、员工行为上落地，充分发挥企业文化在加强企业管理、提高创新能力、规范和引导员工行为、全面支撑内质外形建设等方面的重要作用。

(1) 把公司价值观落地于制度建设。在制度建设中，恪守和践行公司基本价值理念，按照企业文化“四统一”要求，组织制定、修订和实施公司规章制度，确保全体员工在公司制度的规范下，主动按照公司基本价值理念和行为准则约束言行，使公司基本价值理念落地有制度、有措施、可规范、可考核。第一，全面实现公司价值观的制度化。按照公司价值观的要求，建立健全公司各项规章制度，把公司价值观全面融入制度建设，建立基于公司价值观的规章制度体系。第二，以公司价值观为基本衡量标准，开展公司规章制度的审计，全面清理、修订不符合公司价值观要求的制度，使公司各项规章制度与公司价值观要求始终保持高度一致。第三，按照公司企业文化“四统一”的要求，坚持统一设计、统筹兼顾、分类指导，加强公司规章制度的整合，适应公司集团化运作的要求，满足不同层级、不同类型单位的需要，促进全公司制度标准的统一、上下级单位制度的匹配、不同类别制度的协调、新旧制度的衔接，促进全公司制度建设的一体化、标准化、协同化。

(2) 把公司价值观落地于经营管理。把公司基本价值理念全面融入安全生产、营销服务、电网建设、人力资源、财务审计、物资采购、薪酬奖励、绩效考核等管理工作，落实到各个管理模块，使公司基本价值理念在工作现场看到，在岗位上体现，在流程中沉淀，在细节和行为习惯上表现，全体员工贯彻落实公司党组决策部署的执行力不断提升。公司激励导向与基本价值理念保持高度一致，激发创新活力，增强发展动力。这是确保企业文化全面落地的枢纽环节和关键。第一，按照企业文化“四统一”的要求，加强和改进公司战略管理。把公司战略目标分解落实到各部门、各单位、各项工作，全面推行目标管理，使全公司紧紧围绕统一的发展战略目标开展工作，实现上下同心，目标同向，行动同步，责任同担。第二，全面实行基于公司价值观的干部人事管理和人力资源管理。把公司价值观融入公司干部人事管理，选用符合公司价值观的领导干部，规范领导干部职务行为，强化领导干部考核监督，大力推进与公司价值观相适应的领导干部队伍建设，为统一的优秀企业文化建设提供坚强的组织保障；把公司价值观贯穿于人力资源管理的整个流程，落实在人力资源规划、招募与甄选、培训与开发、使用与考核、奖励与处罚，以及薪酬分配等一系列环节，通过建立健全与公司价值观要求相一致的绩效评价和绩效奖励机制，加强员工物质激励、精神激励、公平激励、竞争激励、发展激励，来持续强化公司价值观对全体员工的引导和规范作用。第三，加快统一公司管理标准，全面推行标准化管理，把公司价值观分解到各项业务管理模块上，落实在各部门、各单位的企业管理实际工作中，促进企业科学发展。

（3）把公司价值观落地于员工行为。在公司治理中，恪守和践行公司基本价值理念，贯彻落实公司基本行为准则，规范行为；在和谐企业、和谐班组、和谐团队建设中，恪守和践行公司基本价值理念，建设国家电网精神家园，在公司上下形成以公司基本价值理念为核心的精神纽带；在利益相关者管理中，恪守和践行公司基本价值理念，推进公司与股东、合作伙伴、社会等利益相关者关系更加融洽。第一，坚持领导者率先垂范，树立优秀典型模范，引导员工行为。领导干部既是企业文化的倡导者，又是企业文化的引领者，要把公司价值观体现在各级领导干部的管理行为和工作作风上，通过领导干部身体力行、率先垂范，充分发挥对企业文化的引领作用；先进模范是公司价值观的人格化典型，要大力表彰和宣传模范践行公司价值观的先进人物和事迹，以身边事教育身边人，充分发挥先进典型对公司企业文化推行的引导、示范和激励作用。第二，以行为规范化为重点，培养员工良好行为习惯。要按照企业文化“四统一”要求，抓好员工道德规范、员工守则的深入贯彻，把行为准则变为有形的、具体的、可操作的行为规范，构建起公司完整的行为规范体系。加强行为规范体系的贯彻执行，在员工中倡导良好的工作作风和行为习惯。第三，设计并推行标准化行为模式，形成员工行为的文化自觉。按照企业文化“四统一”的要求，结合公司各项业务工作实际，对公司每个岗位的工作职责、作业标准、工序流程进行细化、量化、具体化，全面建立符合公司价值观要求的、基于流程的标准化行为模式，对员工行为实施覆盖到每个人、每件事、每一时、每一处的精细化管理，促进公司价值观的全面贯彻落实。

近年来国家电网公司的文化管理实践成果

1. 内质外形

公司把基本价值理念落实到内质外形建设中，内强素质，外塑形象，全面提高“五方面素质”，树立“五方面形象”。

内在素质是基础，决定外部形象；外部形象是内在素质的反映，对内在素质具有促进作用。内强素质与外塑形象，两者相辅相成、辩证统一。

内质外形既是公司的发展要求，又是公司企业文化建设成效的重要体现。加强内质外形建设是建设“一强三优”现代公司的客观要求和重要保证。

内强素质：提高安全素质、质量素质、效益素质、科技素质、队伍素质。

◇安全素质　坚持“安全第一、预防为主、综合治理”，制度健全完善，责任落实到位，行为标准规范，安全可控、能控、在控，电网运行稳定。

◇质量素质　工程建设优良，电力供应可靠，服务真诚规范，流程科学合理，管理严谨高效，企业健康发展。

◇效益素质　资产结构合理，财务状况良好，劳动生产率不断提高，经营效益显著，社会贡献突出。

◇科技素质　创新能力强，投入产出率高，科技贡献大，电网装备、信息化和技术水平领先。

◇队伍素质　人员结构合理，人才队伍健全，员工政治坚定，业务精通，技能过硬，求真务实，甘于奉献。

外塑形象　塑造认真负责的国企形象、真诚规范的服务形象、严格高效的管理形象、公平诚信的市场形象、团结进取的团队形象。

◇认真负责的国企形象　全面落实科学发展观，认真履行国有重要骨干企业责任，锐意改革，加快发展，服务党和国家工作大局，努力奉献社会。

◇真诚规范的服务形象　服务理念追求真诚，服务内容追求规范，服务形象追求品牌，服务品质追求一流。让政府放心、客户满意。

◇严谨高效的管理形象　依法经营企业，严格管理企业，勤俭办企业。做到依法决策、科学决策和民主决策。公司制度健全，机制完善，管理集约。领导干部严格自律，务实清廉，既干事，又干净。

◇公平诚信的市场形象　树立诚信观念，坚持公开、公平、公正、透明的原则，认真接受市场监管，自觉接受社会监督。加强信息披露，重视交流合作。

◇团结进取的团队形象　弘扬“努力超越、追求卓越”的企业精神，建设以“四统一”为基础的优秀企业文化，上下之间同心同德，部门之间密切协作，员工与公司共同成长。

2. 集团化经营管理

公司把基本价值理念落实到经营管理工作中，坚持“四化”要求，以信息化为基础、标准化为关键，按照总体设计、分步实施、试点先行、积极稳妥、因地制宜的原则，推进“三集五大”工作（具体内涵如图4－1），建立健全集中、统一、精益、高效的科学管理体系，在全公司推行统一的管理模式、管理标准、业务流程，建设统一的信息平台。不断加大资源重组整合和集约调控力度，提高人、财、物核心资源的集中度和调控力，实现人财物管理由粗放到集约的转变，实现企业管理由条块分割向协同统一、分散粗放向集中精益方式的根本性转变。

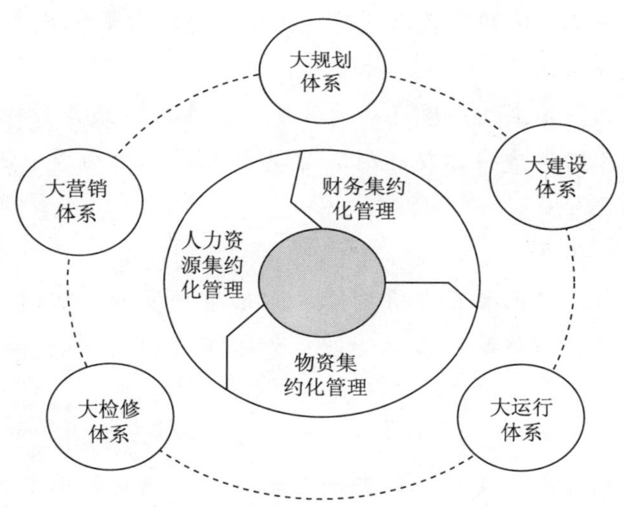

图4－1　国家电网公司“三集五大”

◇实施人力资源集约化管理

全面推进企业组织架构、劳动用工方式改革，实施规划计划、机构编制、用工制度、人才培养统一管理，着力解决结构性缺员问题，全面提高人力资源效率，充分发挥员工潜能，满足公司可持续发展需要。

◇实施财务集约化管理

全面推进“六统一、五集中”管理，实现公司财务资源的统一集中运作和财务与相关业务的集成融合，增强公司财务管控能力，提升运营效率和效益。

◇实施物资集约化管理

建立健全公司统一的物资标准体系和物资管理体系，全面推行物资计划管理、集中招标采购管理、供应商管理和应急物资管理，加快构建公司现代物流网络，降低物资供应成本，提高物资保障水平。

◇构建大规划体系

理顺公司规划管理主体，实施规划集中管理，按照统一规划、分级管理的要求，明确各级职责分工，建立覆盖公司所有电压等级和各专项、各层级的统一规划体系。强化规划与计划的有机衔接、电网规划与经济社会发展规划的有机衔接。

◇构建大建设体系

优化完善现有电网建设组织管理模式，建立公司总部为决策主体、网省公司为项目法人主体、网省公司以下为项目执行主体的电网建设管理体系，实施统一的建设标准、管理流程和技术规范，强化安全、质量、进度和造价控制。

◇构建大运行体系

在确保安全的基础上，对现有电网调度和设备运行集控功能实施集约融合、统一管理，促进各级调度一体化运作，完善相应的工作制度、业务流程、标准体系和技术手段。

◇构建大检修体系

加强业务整合，优化配置公司检修、运行维护资源，按照专业化方向，推进设备巡检、维护、操作等一体化管理，积极探索利用社会资源、提高检修维护效率的新模式。

◇构建大营销体系

优化现有营销组织模式，拓展面向智能化、互动化的服务能力，加快用电信息采集系统建设，科学配置计量、收费和服务资源，实现计量检定配送、95598服务等业务向省级集中，构建营销稽查监控体系，推行统一的业务模式、服务标准和工作流程。

通过集团化经营管理，公司总部成为公司的战略决策中心、资源配置中心、管理调控中心和电网调度中心（“四个中心”）。建设具有卓越领导力、调控力、影响力的公司总部，在“一强三优”现代公司建设中发挥核心和统领作用。

通过集团化经营管理，公司着眼于提高管理效率和经济效益，形成总部、网省公司两级人财物管理体系和工作机制，管理的集中度和调控力有显提升，有效减少了经营风险。

通过集团化经营管理，2009年公司以开展“三节约”活动为主线，严格综合计划和预算管理，充分发挥集团优势，深入挖掘内部潜力，在规划建设、生产运行、营销服务的全过程严格控制成本，大力增收节支、降本增效，取得显著成绩。

3. 电网建设

公司把基本价值理念落实到电网发展建设的管理工作中，实施“一特四大”发展战略，推广“两型一化”、“两型三新”“三通一标”，加快建设“两横两纵”，建设坚强智能电网，全面落实环保节约、节能减排要求，奉献清洁能源。

“三通一标”：通用设计、通用设备、通用造价、标准工艺。

“两型一化”：资源节约型、环境友好型、工业化。

“两型三新”：资源节约型、环境友好型，新技术、新材料、新工艺。

“两横两纵”：东纵指锡盟～上海，西纵指陕北～湖南长沙，南横指四川雅安～上海，北横指蒙西～山东潍坊的特高压交流输变电工程。

国家电网公司建成了我国第一条特高压线路，这是我国自主研发、设计建设，具有自主知识产权的特高压交流输变电工程——1000千伏晋东南—南阳—荆门特高压交流试验示范工程，连接华北、华中电网，北起山西晋东南变电站，经河南南阳开关站，南至湖北荆门变电站，线路全长640千米，两端变电容量各300万千伏安。2009年1月6日22时，工程顺利通过168小时试运行考核，正式投入运行。

4. 安全生产

公司把基本价值理念落实到安全生产管理工作中，坚持“安全第一、预防为主、综合治理”的方针，倡导“相互关爱、共保平安”的理念，抓“三基”，落实“三个百分之百”要求，严格执行安全生产各项规章制度，用“三铁”反“三违”，杜绝“三高”，以“四全”保安全，确保“三个不发生”、“三不伤害”，实现安全“三控”，实现电网安全、员工平安、企业稳定、社会和谐。

“三基”：从基础抓起、从基层抓起、从基本功抓起。

“三个百分之百”：以人员百分之百、时间百分之百、力量百分之百保安全。

“三铁”：铁的制度、铁的面孔、铁的处理。

“三违”：违章指挥、违章作业、违反劳动纪律。

“三高”：领导干部高高在上，基层员工高枕无忧，规章制度束之高阁。

“四全”：全面、全员、全过程、全方位。

“三个不发生”：不发生大面积停电事故，不发生人身伤亡和恶性误操作事故，不发生重特大设备损坏事故。

"三不伤害"：不伤害自己，不伤害他人，不被他人伤害。

"三控"：可控、能控、在控。

"五关爱"：关爱企业、关爱他人、关爱自己、关爱家庭、关爱社会。

国家电网公司还出台了如下安全生产岗位要求：

◇遵章守纪：履行安全责任，遵守规章制度，在实际工作中按工作程序谨慎、认真地完成每一步，杜绝莽撞、粗心和侥幸。

◇风险预控：工作事前事中，主动有意识地把握相关的工作和安全规程，随时分析、预测和控制各类风险，防患于未然。

◇消除隐患：凭借安全知识和经验教训，消除重大安全隐患，组织和落实安全防范措施，防止重大安全事故发生。

◇建立机制：关注各类安全要素，关心、协助他人落实安全责任，注重安全、监督体系和机制的建设。

国家电网公司认真组织安全生产"三项行动"、"全国安全月"活动和秋季"三查一整改"活动，加强隐患排查治理，不断夯实安全基础，健全完善应急机制。在基建、辅业、农电等所属企业开展专项治理行动，对煤矿、化工等重要用户开展供用电安全隐患治理，按照"四不放过"原则，加大事故责任追究力度，公司安全工作水平有了新的提升，2009 年电网事故和设备事故同比分别下降 56.5% 和 15.6%。

5. 优质服务

公司把基本价值理念落实到优质服务管理工作中，牢固树立"优质服务是国家电网生命线"的思想，践行"真诚服务、共谋发展"理念，严格落实"三个十条"，实施"塑文化、强队伍、铸品质"供电服务提升工程，以优质服务塑造"国家电网"品牌，在为服务对象创造价值的过程中实现公司价值，不断提高"四个服务"的水平。

以客户为中心，坚持服务至上，始于客户需求、终于客户满意，积极推进优质服务规范化、常态化和人性化，为客户提供安全可靠的电力供应和真诚规范的服务，持续为客户创造价值。

坚持合作共赢，共同发展，把公司自身发展置于整个国家发展战略之中，发展公司，服务社会，与各方平等合作，互利互惠，谋求与发电企业、客户以及社会的和谐发展，实现企业利益、行业利益和社会利益的协调统一。

确保客户用电安全可靠，努力实现供电服务规范高效，积极推动供电服务智能互动，铸造一流的供电服务品质。

国家电网公司还出台了如下优质服务岗位要求：

◇真诚热情：以真诚的服务态度，主动热情与客户沟通，清楚了解客户需求，也让客户了解提供服务的内容和相关信息。

◇承担责任：迅速及时地为客户解决问题，不推诿，不拖延，并主动承担相关责任。

◇专业服务：从专业角度对客户的需求、所面临的问题给予专业服务，为客户提供准确信息，协助客户采取行动。

◇增值服务：实实在在为客户着想，为客户提供除专业性服务外的延伸服务。

◇个性服务：从细分化角度提供贴心服务，从智能化角度提供高效服务，从人性化角度提供人文服务。

6. 队伍建设

公司把基本价值理念落实到队伍建设管理工作中，融入干部和人才的培养、选拔、使用、考核管理，树立人才是第一资源的理念，坚持以人为本，完善激励约束机制，深化民主管理，建设一流员工队伍，促进员工与企业共同进步。

国家电网公司选派中高级管理人员赴国外进行培训，学习借鉴国外电力企业先进的经营管理理念和管理方法，提升公司战略决策和经营管理水平，培养高素质的复合型经营管理人才。

国家电网公司大力实施“1551”人才培养工程、高精尖科技人才培养计划、五年2万新技师培养计划、紧缺人才培养计划、特高压电网专项人才培养计划、西部优秀青年人才培养计划、学习型班组建设计划、农电工素质能力提高计划等，在实践中培养和锻炼了人才。

国家电网公司以开展深入学习实践科学发展观活动为契机，大力开展“四好”领导班子创建活动，强化干部教育培训，加大干部交流和培养力度，取得显著成效。

国家电网公司面向社会，拓宽人才引进渠道，加大高精尖、复合型人才的公开招聘力度，优化人才结构。

国家电网公司还出台了如下关于队伍建设的岗位要求：

公司员工应努力做到遵纪守法、尊荣弃耻、忠诚企业、奉献社会、爱岗敬业、令行禁止、团结协作、勇于创新，努力成为政治坚定、业务精通、品质优秀、甘于奉献，适应“一强三优”现代公司发展需要的高素质员工。

公司员工应自觉加强自身能力素质建设，着力提升持续学习、沟通协调、团队合作、诚信务实、以变制变、变革创新等六个方面的基本能力和素质。

◇持续学习：按照学习型组织建设要求，坚持学习工作化，工作学习化，主动学习，拓宽视野，不断进取，学以致用，持续了解和学习新理念、新技术，提升认知能力，并善于与他人分享，不断追求工作高标准。

◇沟通协调：掌握技巧，换位思考，主动沟通，与公司内部或外部的人员加强交流，准确表达自己的思想、观点，聆听他人的想法和意见，取得积极呼应，调动相关资源，有效开展工作。

◇团队合作：在团队内部或者跨团队之间与他人互相配合开展工作，分享信息和经验，尊重其他团队成员的能力和贡献，真诚地与其他团队成员协调沟通，营造和谐共赢的组织氛围，达成团队目标与策略。

◇诚信务实：在工作中诚实坦率，严格遵守规章制度和工作流程；言行一致，追求公平公正的道德标准；清正廉洁，坚守廉洁原则、职业道德和工作纪律；利益面前守信合规；严谨细致地分析问题、解决问题。

◇以变制变：在组织环境发生渐变或突变时，调整自我来适应组织环境所发生的变化，愿意改变自己的观点和想法，也愿意倾听和接受他人的意见和想法。根据组织环境的变化，不拘泥于常规惯例，及时调整方法步骤，从而有效地完成工作任务。

◇变革创新：主动应对挑战，接受变革创新，积极参与变革。改进原有的流程或技术规程，改进工作方法，优化业务流程，导入或思索新理念、新方法、新技术，提升工作效率和效益。

7. 反腐倡廉

公司把基本价值理念落实到党风廉政建设的管理工作中，弘扬“干事、干净”的廉洁理念，树立正确的价值导向，促进公司又好又快发展。

构建“三化三有”的惩防体系，加大教育、制度、监督等重点工作力度，打造“阳光工程”。开展“四进”活动，使“干事、干净”成为公司广大员工共同遵守的道德观念、价值标准和从业规范，形成“以廉为荣、以贪为耻”的道德风尚、“扶正祛邪、激浊扬清”的舆论导向、“知荣辱、讲正气、促和谐”的企业氛围，树立“诚信守法、廉洁经营”的社会形象。

“三化三有”：企业化、责任化、业务化，预防有方、监督有效、惩治有力。

“四进”：进班子、进部室、进班组、进家庭。

国家电网公司还出台了如下关于反腐倡廉的岗位要求：

◇诚信守法：讲信用，守承诺，不违约，说话算数，说到做到；遵纪守法，遵守规章，合法取酬，依法经营。

◇防微杜渐：从不贪小便宜做起，从拒绝小恩小惠做起，不贪名、不贪利，守住底线，一生清清白白，一身干干净净。

◇忠于职守：勤俭节约，勤勉敬业，遵守职业道德，认认真真完成每一项本职工作。

◇廉洁从业：不以权谋私，不损公肥私，顶得住歪风、经得住诱惑，不我行我素、随意变通。

◇秉公用权：管好自己、管好家人、管好手下，不越权、不揽权、不滥权，按程序办事，公开办事，自觉接受监督。

8. 社会责任

公司把基本价值理念落实到社会责任管理工作中，遵循“发展公司、服务社会，以人为本、共同成长”的社会责任观，以公司的发展实现员工成长、客户满意、政府放心，促进经济发展，社会和谐；善待员工、善待客户、善待合作伙伴，真诚服务，共谋发展，实现公司利益、行业利益、社会利益的协调统一；发展自己，确保公司可持续发展；服务行业，推动电力工业可持续发展；做好公民，促进经济社会可持续发展。

2006 年初，公司在中央企业中率先发布《国家电网公司 2005 社会责任报告》，之后，每年发布一次。2007 年 12 月，公司发布《国家电网公司履行社会责任指南》，全面深化社会责任工作。

公司以“履行科学发展和安全供电责任，保障更安全、更经济、更清洁、可持续的能源供应”为核心社会责任，遵循“企业发展普遍规律、合作创造综合价值规律、经济全球化规律”。

公司主要承担科学发展、安全供电、卓越管理、科技创新、沟通交流、全球视野等 6 个共同责任；承担优质服务、服务“三农”、员工发展、伙伴共赢、企业公民、环保节约等 6 个特定责任。

3. 实施企业文化评价工程，促进企业文化工作持续改进

企业文化评价是公司价值观管理的重要环节。国家电网公司通过评估企业文化传播和落地效果，强化企业文化工作的反馈调节，并持续改进，以实现公司企业文化的闭环管理。一是建立公司企业文化评价体系和评价机制，由公司企业文化主管部门牵头、相关部门共同参与，定期对下属单位企业文化工作结果和过程开展评价，加强评价结果研究运用，提升公司企业文化管理水平，促进下属单位企业文化工作持续改进。二是完善把企业文化纳入业绩指标考核的制度体系，对下属单位贯彻落实公司基本价值理念体系和企业文化“四统一”要求加强考核，进一步强化下属单位负责人抓企业文化工作的责任。三是建立健全公司企业文化工作先进激励机制，定期评选表彰企业文化工作先进单位和个人，树立和宣传企业文化工作先进典型，充分发挥先进典型的示范激励作用，营造公司推进企业文化工作的良好氛围。

4. 加强职工文化建设，营造公司企业文化建设的氛围

职工文化建设既是企业文化建设工作的重要内容，又是企业文化传播的重要途径。国家电网公司在加快发展的新阶段，着力加强职工文化建设，丰富职工业余文化生活，满足职工多样性的文化需求和心理需求，营造生动活泼的企业文化氛围，构建公司发展的良好内部环境。

（1）统筹组织开展公司职工文化建设。国家电网公司加强公司职工文化建设的统一规划和组织领导，明确阶段性和年度工作的重点任务和要求，完善组织网络，重点抓好与公司中心工作结合紧密、各单位广泛参与、面向广大职工的职工文化体育活动，从而增强了职工文化建设的吸引力、感染力和影响力。

（2）积极推动公司总部和公司各单位的职工文化建设。结合公司总部实际，经常性地开展各种文化体育活动，活跃总部职工文化生活，增进总部职工沟通交流，为总部建设营造良好氛围。公司各单位还紧紧围绕职工文化工作的中心任务，紧密结合本单位的实际和员工的精神文化需求，按照多样化、群众化、机制化的思路，坚持开展内容健康、形式多样、深受职工欢迎、社会影响良好的职工文化活动，切实把企业文化融入各项活动载体之中，充分发挥职工文化对企业文化的传播作用，对公司发展的鼓舞激励作用。

（3）精心实施员工心理援助项目（EAP）。随着公司发展加快，员工面对的各种急难险阻任务增多，公司既要加强正面激励，又要有效化解负面情绪，切实处理好员工职业发展中出现的各种心理问题。公司注重开展员工职业心理健康问题评估，搞好职业心理健康宣传，改善员工工作环境，消除员工心理问题产生的根源；加强员工和管理者心理健康知识培训，提高员工心理素质和管理者进行员工心理管理的能力；组织多种形式的员工心理咨询，解决员工心理问题。通过实施员工心理援助项目（EAP），切实把公司党组关爱员工、促进员工全面发展的要求落到实处，保护和发展了员工的活力、执行力和创造力，促进了公司绩效的提升。

（五）国家电网公司企业文化建设取得的主要成效

国家电网公司的企业文化建设得到了领导的高度重视，公司从服务党和国家工作大局、建设“一强三优”现代公司的战略高度出发，以强化企业文化管理为突破口，以推行公司统一的基本价值理念体系为核心，以实施企业文化“三大工程”为抓手，加快建设以“四统一”为基础的优秀企业文化，为促进公司实现科学发展提供了强大的精神动力和文化支撑，取得了较大的成效。

1. 确立了公司基本价值理念体系，企业文化规范员工行为的作用更加突出。公司党组积极推进理论创新、实践创新，企业文化建设取得一系列重要成果，确立了以“诚信、责任、创新、奉献”为核心的企业价值体系。2007 年和 2010 年分别编发、修订了公司统一的企业文化手册。统筹策划和开展企业文化宣传，大力选树和宣传实践公司基本价值理念的先进典型和模范，通过开展讲演会、报告会、座谈会、知识竞赛等活动，广大员工的“一个国家电网”观念和“我是国家电网人”意识进一步增强，公司基本价值理念得到广泛认同并成为广大员工的行动指南。

2. 主题活动成为建设优秀企业文化、促进公司科学发展的经常性动力，企业文化建设更加活跃。公司坚持以主题活动推进企业文化管理实践，先后组织开展了“爱心活动”、“平安工程”、“人人讲诚信”活动、“企业文化‘四统一’主题实践活动”和“建设统一的优秀企业文化主题实践活动”，推动公司基本价值理念融入公司经营管理、制度建设和公司行为。在活动中，公司广大员工自觉恪守“诚信、责任、创新、奉献”的核心价值观，大力弘扬“努力超越、追求卓越”的企业精神，夺取了特高压建设、抗冰抢险、抗震救灾、奥运保电、国庆 60 周年保电、世博保电等的重大胜利，实现了公司又好又快发展。

3. 将企业文化建设纳入公司统一的发展规划，建设统一的优秀企业文化的目标更加明确。企业文化建设纳入公司“十一五”规划，每年滚动修订和完善，纳入公司年度工作安排，对各部门各单位的指导性不断增强。公司在中央企业率先以党组 1 号文的形式，连续两年（2009、2010）对企业文化建设作出部署，明确了建设优秀企业文化、促进公司科学发展的战略任务和工作目标，提出了企业文化建设是“三个建设”的基础的科学论断，明确了企业文化“四统一”要求，增强了各单位企业文化建设的意识，各单位推进统一的优秀企业文化建设的积极性、主动性显著提高。

4. 企业文化管理体制和工作机制更加健全完善，公司企业文化管理进一步增强。公司成立了企业文化建设领导小组，完善了各部门、各层级协作推进的企业文化建设工作机制。实行目标管理，在中央企业中第一次将企业文化建设纳入企业负责人年度业绩考核，增强了公司所属各单位负责人推动统一的优秀企业文化建设的主动性和自觉性，促进了企业文化建设的持续改进，提高了公司企业文化建设与管理的整体水平。公司大力建设以“四统一”为基础的优秀企业文化，以核心价值观统领企业发展战略的成功案例入选《中国企业文化建设纵横》，成为大中型企业集团建设强大企业文化合力的重要教材。公司荣获“全国企业文化优秀奖”，“努力超越、追求卓越”的企业精神被评为“新中国60年最具影响力十大企业精神”。

国家电网公司通过企业文化建设极大地凝聚了广大干部员工的力量，增强了公司软实力和核心竞争力，提升了“国家电网”品牌价值，促进了公司又好又快发展。目前公司发展进入了以集团化为重要特征的新时期，发展质量和经济效益都取得了显著成绩。公司连续六年被国资委评为考核 A 级，荣获“业绩优秀企业”。2010 年，公司在《财富》全球企业 500 强中的排名由 2004 年度的第 46 位上升到第 8 位，居全球公用事业公司第 1 位。公司先后获得了全国文明单位、“十一五”期间最具核心竞争力的中国企业、改革开放 30 年中国品牌成就奖、中国十大绿色公司等荣誉。

（六）国家电网公司企业文化建设的经验与启示

国家电网公司企业文化建设的重要特点表现为：

1. 强化统一的集团文化以促进公司的集团化运营

国家电网公司于 2002 年成立之时，不仅是资产的重新整合，更重要的是职能的大幅转变，政企分开和厂网分开两道大的难关需要逾越。同时公司作为一家大型的企业集团，下属分公司遍布全国及海外，这些分公司及下属公司有些是由原来的电业局改革而成，有的自身已经有几十年甚至上百年的历史，各自为政、自我发展的情况比较突出，可以说公司整体发展面临着非常大的难度。

经过几年的探索，公司提出了“集团化模式”管控和相关的科学发展战略。这一思路可用图 4－2 来表示：

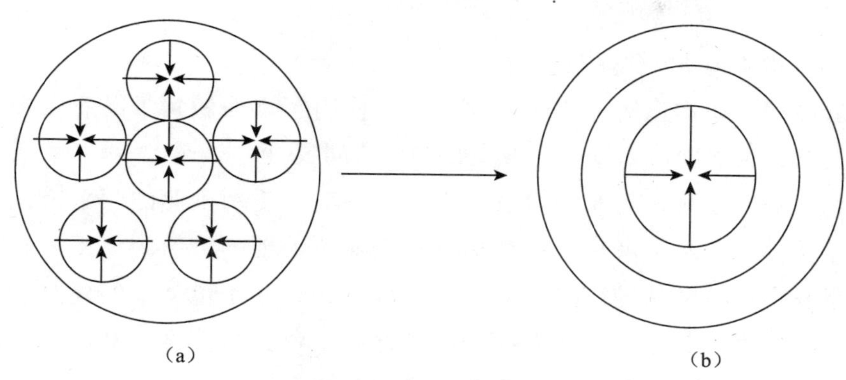

图4－2　公司运行状况变化图

图4－2（a）代表了原来公司的运行状况，即下属各子公司各自为政的情况，造成了集团公司整体运营的无序，而公司通过"三集五大"等集团化经营方式转变成为以集团公司为核心的经营管理结构（图4－2（b）），形成公司的合力，对于集团的发展起到良好的促进作用。集团化战略已成为公司的主导战略。

企业文化是企业战略实施的重要手段，有学者还认为，企业文化是继组织结构、控制系统之后决定战略实施的第三个因素。企业文化的控制作用表现在：从企业价值观产生出企业的行为规范、指导原则或者期望值，规定了在特定情况下员工们的恰当行为，控制着企业成员间的相互行为，使他们能够产生企业战略所要求的工作动机和工作责任感。从这一角度来说，文化是战略目标实现的重要途径之一。我国一些企业的文化建设没有起到作用或者作用较小，正是由于没有与战略管理有机结合，基本理念和核心价值观等的构建仅是为了好看、好听或者为了企业对外宣传装点门面，将文化建设置于企业管理之外，导致了企业文化无法发挥它所本来具有的管理效能。

国家电网公司的企业文化建设充分体现出了企业文化与企业战略之间相互促进的关系。为了更好地实现集团化经营，企业文化作为一种有效的管理方式，从一开始就被作为促进企业战略实施的一种重要的关键手段，文化的"四统一"（统一的核心价值观、统一的发展目标、统一的品牌战略、统一的管理标准）与公司的集团化控制、科学发展战略和"三集五大"的发展思路紧密呼应，在理顺公司治理机制，统一公司上下思想，制定公司发展战略、凝聚公司向心力方面产生了巨大的作用。正如公司所总结的"文化统一铸就了企业合力"，国家电网公司的企业文化建设通过强化统一的集团文化，有效促进了公司的集团化运营。

2. 科学构建集团文化体系

国家电网公司构建的企业文化体系在具体内容方面做到了既符合集团文化的高度要求，又纵向深入到了企业文化的核心问题。

文化本身并没有是与非、优与劣之分，关键是要把企业的努力方向和其运行的环境条件结合起来考虑，在林林总总企业所需要的价值观要素中选择出适合企业自身生存与发展的理念。在这一过程中，企业文化体系的建立一般要经过以下几个步骤：首先要考虑现有的、既存的企业文化要素，其次要考虑企业需要什么样的文化，第三要分析企业领导层的思路和想法，制定企业文化的远景规划，第四要分析支持和抵制变革的文化要素，然后制定改变企业文化的策略等。

国家电网公司在企业文化建设中，充分考虑了公司的文化背景和所面对的错综复杂的文化环境，既注重传承优良的文化要素，又进行了大胆的变革，改变那些不再符合公司发展要求的文化。

国家电网公司在企业文化体系中体现出：

（1）强调核心价值观的培育。公司总结广大员工在履行“四个服务”企业宗旨、完成急难险重任务过程中展现出的优秀品质，提出加快培育“诚信、责任、创新、奉献”的核心价值观，明确了公司倡导的价值追求，为公司和员工实现愿景和使命提出了信念支撑和根本方法。

（2）强调要努力超越、追求卓越。公司的企业精神强调公司和员工要勇于超越过去、超越自我、超越他人，永不停步。这种企业精神阐释了国家电网公司希望不断向更高标准看齐，实现创新、跨越和突破。这也说明公司希望业绩更为突出，效率不断提高。

（3）强调企业化运营。公司以“把国家电网公司建设成为电网坚强、资产优良、服务优质、业绩优秀的现代公司”作为战略目标，其中现代公司的含义是指建立完善的现代企业制度和科学的集团管理体系，队伍素质好，自主创新能力和信息化水平高，企业软实力、社会影响力和国际竞争力强。

（4）强调服务的意识。公司明确提出了“服务党和国家工作大局、服务电力客户、服务发电企业、服务经济社会发展”的宗旨，并在公司发展战略目标中和文化管理实践中突出服务的内容。

（5）强调公司与员工共同发展。公司不仅注重组织的发展，还注重关注员工个人的发展。公司明确了愿景和使命，同时加强了对于员工的要求和培养。

公司要求员工加强自身能力素质建设，着力提升持续学习、沟通协调、团队合作、诚信务实、以变制变、变革创新等六个方面的基本能力和素质，通过这些文化要素的传播和深化，促使员工能够对企业的发展和自身的发展有清晰的认识，从而激发员工的工作热情。

3. 有效宣传贯彻集团文化

国家电网公司为了实现“四统一”的企业文化建设，在企业文化宣传导入方面开展了大量工作，建立了切实有效的工作机制，并采用了科学合理的下行传播方式。

（1）建立了切实有效的工作机制

国家电网公司领导高度重视企业文化建设，把企业文化建设纳入了公司总体发展战略，2009 年和 2010 年公司党组的 1 号文件都突出了企业文化建设的主题，2009 年公司党组 1 号文件的题目是《关于建设优秀企业文化　促进公司科学发展的意见》；2010 年公司党组 1 号文件的题目是《关于进一步加强公司党的建设、企业文化建设和队伍建设的意见》，这充分体现出企业文化在公司管理中的重要地位。

公司还制定了企业文化建设三年规划，明确了企业文化建设的意义和指导思想，建立起统筹协调、分工负责、运转高效的工作机制，建立了公司企业文化建设领导小组，完善了各部门、各层级协作推进的企业文化建设工作机制，提出了建设企业文化三大工程。实行目标管理，在中央企业中第一次将企业文化建设纳入企业负责人年度业绩考核，增强了公司所属各单位负责人推动统一的优秀企业文化建设的主动性和自觉性，促进了企业文化建设的持续改进，提高了公司企业文化建设与管理的整体水平。

（2）采用了科学合理的下行传播方式

国家电网公司引导各下属单位采用多种方式宣传导入公司文化，既与思想政治工作紧密结合，又充分体现出了企业文化的特色，突出了文化管理的思想。在实践中国家电网公司采取了逐级下行传播的文化传导方式，即通过集团公司到网省公司，再到地市公司等等，并鼓励各子公司在集团的统一指导下采取适合各自特点的文化宣贯模式。

下行传播是一种有效的文化传播方式，但是它需要具备一定的基础条件，并且存在着一定的不足。基础条件在于公司领导人（一般指首席执行官）需要表现出对文化的高度重视，并且在工作中率先垂范；公司能够在下行传播过程中保证双向沟通，尤其是面对面的沟通，应承担沟通的责任，坚持持续沟通，并能够根据沟通对象的不同及时调整信息，当出现问题时能够正确处理。国家电网公司具备了上述基础条件，除了领导人高度重视企业文化之外，公司多次召开推进会、座谈会、培训会和其他交流方式，与一线职工开展充分的交流，了解他们的想法，加强双向沟通。

另外，下行传播的不足在于文化在逐级传播过程中可能会出现缺失，为了预防信息的缺失，企业文化体系必须准确、清晰、全面和便于理解。国家电网公司的企业文化体系体现出了这些特征，无论是核心理念，还是发展战略都在该体系中给予了准确清晰全面的阐释，并多次开展培训，有效避免了在传播过程中发生遗漏和偏移。

附：国家电网公司“十二五”企业文化建设规划

为深入学习实践科学发展观，贯彻落实公司党组关于加强“三个建设”的战略部署，加快公司统一的优秀企业文化建设，促进公司科学发展，制订本规划。

一、企业文化建设面临的形势

近年来，公司党组认真贯彻落实中央、国务院国资委关于加强企业文化建设的指示精神，从服务党和国家工作大局、建设“一强三优”（电网坚强、资产优良、服务优质、业绩优秀）现代公司的战略高度出发，全面加强“三个建设”（党的建设、企业文化建设、队伍建设），大力实施企业文化建设“三大工程”（精品工程、落地工程和评价工程），建设以“四统一”（统一的核心价值观、统一的发展目标、统一的品牌战略、统一的管理标准）为基础的优秀企业文化，形成了具有鲜明时代特征和国家电网特色的企业文化体系。在公司党组的坚强领导下，公司广大员工履行“奉献清洁能源、建设和谐社会”的企业使命，践行“服务党和国家工作大局、服务电力客户、服务发电企业、服务经济社会发展”的企业宗旨，遵循“诚信、责任、创新、奉献”的核心价值观，弘扬“努力超越、追求卓越”的企业精神，共同致力于“建设世界一流电网、建设国际一流企业”，加快推进公司“两个转变”（转变公司发展方式、转变电网发展方式），夺取了特高压建设、抗冰抢险、抗震救灾、奥运保电、国庆60周年保电、世博保电等的重大胜利，实现了公司又好又快发展。

“十二五”期间是我国加快转变经济发展方式、全面建设社会主义和谐社会的关键时期，是经济全球化深入发展、国际竞争格局深刻变革的重要时期，公司发展改革任务更加艰巨。积极应对公司内外部环境变化对公司发展的影响，对公司全面推进企业文化建设提出了新的更高的要求。进一步加强公司统一的优秀企业文化建设，是贯彻落实科学发展观，深化公司“两个转变”，推进“四化”（集团化运作、集约化发展、精益化管理、标准化建设）工作，构建“三集五大”体系，加快建设“一强三优”现代公司的内在需要；是全面提升执行力，建设坚强智能电网，实现公司科学发展的重要保证；是提升公司软实力，提升企业素质和队伍素质，增强公司可持续发展能力，实现公司基业长青和员工与企业共同发展的必然要求。

二、指导思想、基本原则、总体目标

（一）指导思想

以邓小平理论和“三个代表”重要思想为指导，全面贯彻落实科学发展观，坚持与社会主义核心价值体系相衔接，坚持遵循企业文化发展规律，坚持从公司发展改革全局统筹推进企业文化发展，大力实施企业文化“三大工程”，建设以“四统一”为基础的优秀企业文化，切实增强企业文化的穿透力、影响力和震撼力，促进公司政治价值、经济价值、社会价值和文化价值的全面提升，为实现公司科学发展提供强有力的思想保证、精神动力和文化支撑。

（二）基本原则

1. 坚持科学发展。统一的优秀企业文化建设既是公司科学发展的重要内容，又是促进公司科学发展的重要力量。坚持以人为本，立足公司科学发展全局，统筹推进企业文化建设，实现企业文化科学发展。把服务公司科学发展作为企业文化建设的根本出发点和落脚点，根据公司科学发展需要确定企业文化建设任务和工作措施，用公司科学发展成果检验企业文化建设工作成效，充分发挥企业文化建设促进公司科学发展的积极作用。

2. 坚持重在建设。注重企业文化建设的实践性，在结合工作实际研究解决现实问题、按照企业文化“四统一”要求加强和改进企业经营管理上狠下功夫，出实招，干实事，求实效，实现统一的价值观在公司管理、制度和行为中全面落地，做到内化于心、固化于制、外化于行。

3. 坚持统筹协调。统筹企业文化建设与社会主义先进文化建设的关系，统筹企业文化建设与党的建设、队伍建设的关系，统筹企业文化建设与公司各项事业发展的关系，统筹企业文化“四统一”与企业文化建设形式多样化的关系，加强跨部门跨专业的工作协调，确保公司系统上下同心、目标同向、行动同步、责任同担。

（三）总体目标

1. 建设优秀企业文化，实现企业文化科学发展。到“十二五”末期，在全公司系统建立起比较完善的价值观建设体系，员工对公司基本价值理念体系的认知认同率达到100%；公司行为准则贯彻落实覆盖率达到100%，企业文化工作实现制度化、规范化和标准化，企业文化建设管理标准应用覆盖率达到100%；创作生产一批企业文化精品，企业文化的穿透力、影响力和震撼力显著增强；“国家电网”品牌标识正确应用率达到100%，“国家电网”品牌价值进一步提升；全体员工团结奋斗的共同思想基础和价值观纽带更加坚实，员工整体素质、公司文明程度、职工文化生活质量进一步提高；建成与公司世界500强企业地位相适应的优秀企业文化，树立公司国际一流企业形象，公司软实力、核心竞争力、可持续发展能力和社会影响力进一步增强。

2. 建设优秀企业文化，促进公司科学发展。到“十二五”末期，企业文化“四统一”目标全面实现，企业文化建设对公司科学发展的促进作用进一步增强；公司执行力建设成效显著，全体员工贯彻落实公司党组决策部署的自觉性、主动性和坚定性进一步增强；和谐企业建设取得重大进展，公司凝聚力和向心力进一步增强；公司激励体系更加完善，公司创新活力和发展动力进一步增强；公司制度建设与公司价值观保持一致，企业文化管理科学化水平显著提升，建设“一强三优”现代公司的管理基础进一步增强；公司利益相关方管理更加完善，公司与股东、合作伙伴、社会等各方面关系更加融洽，促进社会更加和谐。

三、主要任务

（一）实施企业文化精品工程

以精品化思路开展企业文化整合传播，全面推行公司基本价值理念，深入开展价值观建设，进一步巩固全体员工团结奋斗的共同思想基础和价值观纽带。

1. 开展企业文化宣传。加强和改进企业文化宣传，切实增强企业文化的传播力和感染力，树立公司统一的价值观。充分发挥公司各级各类宣传展示媒介的作用，加快构建覆盖广泛、技术先进的企业文化传播体系，注重运用高新技术特别是数字技术、网络技术发展的最新成果，全面推进企业文化宣传。抓住重大活动、重大事件、重要节庆日等契机，广泛开展特色鲜明的企业文化宣传活动。坚持团结、稳定、鼓劲和以正面宣传为主，积极开展以价值观输出为核心新闻宣传与品牌传播。大力宣传践行公司价值观的先进典型，实现价值观人格化，用身边事教育身边人，激励员工见贤思齐、积极向上，形成学习、崇尚、争当模范的热潮。

2. 开展企业文化培训。加强和改进企业文化培训，引导全体员工认知、认同并遵循公司统一的基本价值理念，传承和发展优秀企业文化。充分发挥公司管理学院和各级培训中心（党校）的主渠道作用，以各级领导干部为重点，全面深入开展价值观管理培训，不断提高各级管理人员领导和推动企业文化建设的能力。把企业文化培训工作纳入领导干部和员工培训体系，把企业文化建设作为领导干部和员工学习培训的重要内容，作为新进员工的必修课。加强企业文化管理人员培训，组织编写企业文化培训教材和读物，制作企业文化培训标准课件，统一组织企业文化管理人员开展企业文化培训工作。

3. 开展企业文化活动。深入开展企业文化活动，让企业文化活跃起来。公司每年统一组织开展企业文化建设主题活动，努力使主题活动成为建设优秀企业文化、促进公司科学发展的经常性动力。各单位紧密结合公司改革发展的新形势新任务，打造为广大员工喜闻乐见的载体，开展形式多样的企业文化建设活动。以“爱岗敬业、诚实守信、遵章守纪、团结和谐、开拓创新和提升执行力”为主要内容，开展班组文化建设活动，努力创建一流班组。大力开展丰富多彩的文化体育活动，不断满足广大员工日益增长的精神文化需求。

4. 开展企业文化环境建设。加强和改进企业文化环境建设，促进公司统一品牌、统一形象。规范应用“国家电网”标识，严格执行“国家电网”品牌标识推广应用相关规定，整合公司系统品牌资源，开展多种形式的品牌专题活动，深化“国家电网”品牌推广，提升“国家电网”品牌的国际影响力。大力宣传公司发展战略和公司党组的管理思想。以规范、合理、有效的形式，把公司基本价值理念融入办公、会议、营业、施工等场所环境建设中，引导广大员工以公司基本价值理念为准绳，自觉规范言行，营造和谐向上的良好氛围。以公司总部、网省公司和直属单位为重点，组织实施机关企业文化环境建设，带动并整体推进企业文化环境规范化和标准化建设。

5. 开展企业文化重点产品（项目）建设。坚持“三贴近”（贴近实际、贴近基层、贴近员工）原则，加强和改进企业文化重点产品（项目）建设，以项目管理的思路，统一组织创作生产一批优秀企业文化产品，集中反映公司党组理论创新、管理创新、实践创新的重大成果与公司科学发展的新成就、新经验、新气象。坚持“来源于实践、立足于创新、注重于可读、着眼于适用”的原则，精心编撰一批体现公司全面价值观管理经验的企业文化建设丛书，指导公司企业文化管理实践。坚持“少而精”的原则，组织拍摄一批集中展示公司发展改革成就，展现“国家电网人”风采，体现公司经营管理思想的宣传片。整合公司内外资源，组织策划拍摄全面展现公司央企形象，思想性、艺术性和观赏性俱佳的影视作品。

（二）实施企业文化落地工程

把公司基本价值理念融入公司管理、制度和行为，充分发挥企业文化建设在凝聚力量、激励创新、促进管理、推动发展上的积极作用，持之以恒地推进企业文化建设全面落地。

1. 推进执行力建设。加强和改进执行力建设，全面提升公司全体员工贯彻落实公司党组决策部署的自觉性、主动性和坚定性。落实企业文化“四统一”要求，推进公司价值观在经营管理、电网建设、安全生产、优质服务、队伍建设、反腐倡廉、社会责任管理和品牌传播等各项工作中全面落地，使之在现场看到，在岗位上体现，在流程中沉淀，在细节和行为习惯上表现出来。用统一的核心价值观打造“四好”领导班子团队，建设学习型党组织，创建电网先锋党支部，把企业文化建设与党的建设有机结合起来，推进执行力建设。用统一的发展目标凝聚全公司力量，统一公司发展规划，全面推行目标管理，确保公司党组决策部署的贯彻执行和公司发展战略的全面实施。用统一的“国家电网”品牌战略引领和推进公司内质外形建设，全面提升公司品牌价值和社会影响力。用统一的管理标准促进“四化”工作，推进管理创新，优化工作流程，提升公司集团管控力。健全公司党组决策部署的执行、监督和保障体系，加强对公司战略规划和重大决策部署执行情况的督促检查，确保公司政令畅通。

2. 推进和谐企业建设。加强和改进和谐企业建设，形成以公司价值观为核心的精神纽带。深化民主管理，健全协调机制，加强形势任务教育和员工思想动态分析，建设协调融洽、规范有序、公正合理、和谐稳定的劳动关系。倡导合作意识，加强团队建设，形成相互尊重、平等交流、诚信友爱、相互负责的和谐人际关系。建立健全职业健康安全管理体系，开展员工心理疏导和人文关怀，保障员工职业健康安全。加强员工职业生涯设计与管理，为广大员工干事创业和实现价值提供机会和条件，推动员工与企业共同发展。加强先进典型的长期培养，切实关心其工作、学习和生活，充分发挥模范人物在建设和谐企业中的示范带动作用。推进社会公德、职业道德、家庭美德和个人品德建设，提高广大员工的思想道德素质。深化文明单位创建工作，积极参加精神文明城乡结对共建活动，促进公司系统文明创建与地方文明创建有机结合，提高公司文明程度。深化服务示范窗口创建工作，深入推进行风建设，实现公司与社会和谐发展。

3. 推进激励体系建设。加强和改进激励体系建设，激发创新活力，增强发展动力，引导、激励广大员工在推进公司科学发展中建功立业。尊重劳动、尊重知识、尊重人才、尊重创造，充分调动广大员工的主人翁意识和主观能动性，提升公司战斗力和创造力。把恪守公司基本价值理念作为干部培养选拔使用、人才招聘和评选各类先进典型的重要标准，将企业文化建设工作情况作为各级领导干部考核的重要内容，引导广大员工自觉恪守公司基本价值理念和爱国守法、明礼诚信、团结友善、勤俭自强、敬业奉献的基本道德规范。充分发挥薪酬体系的价值导向作用，激励广大员工自觉贯彻落实公司党组的决策部署。满足员工对尊重、成就、自我实现等高层次的精神需求，切实增强广大员工的集体荣誉感、成就感和自豪感。加强和改进合理化建议工作，激励广大员工积极参与公司管理。

4. 推进制度建设。加强和改进制度建设，把公司基本价值理念融入公司制度制定、执行、清理和整合的全过程，使公司价值观落地有制度、有措施、可规范、可考核，夯实建设“一强三优”现代公司的管理基础。把公司基本价值理念作为制度建设的基本指导原则，建立健全工作机制和审查流程，确保公司制度建设与公司价值观始终保持高度一致。加强制度执行的督查和监控，切实维护制度的严肃性。定期开展制度清理，修订废除不符合公司基本价值理念要求的规章制度。适应集团化运作的要求，针对不同层级和不同类型单位的实际工作需要，加强公司制度整合，实现全公司制度标准统一、精益、高效、科学。推行企业文化建设管理标准，实施企业文化精品工程、落地工程和评价工程管理办法，推进企业文化制度化、规范化、标准化建设。

5. 推进利益相关方管理。加强和改进公司利益相关方管理，把公司价值观落实到公司治理中，推进公司与股东、合作伙伴、社会等各方面关系更加融洽。坚决贯彻落实党和国家的方针政策，坚持一切服从服务于党和国家的工作大局。坚持依法合规经营，依法使用和管理公司资产，确保国有资产保值增值，维护好股东权益。践行“真诚服务、共谋发展”理念，实施“塑文化、强队伍、铸品质”供电服务提升工程，为用户和消费者提供优质服务。以诚实守信为基础，开展公平竞争，与合作伙伴实现互利共赢。加强社会责任管理，参与社会公益事业，接受社会监督，发展良好的公共关系，做优秀企业公民。建设资源节约型、环境友好型企业，推进公司绿色发展。

（三）实施企业文化评价工程

建立健全企业文化建设与公司科学发展需求相适应的动态调控机制，推进企业文化建设持续改进，引导、规范、促进各单位按照社会主义核心价值体系和企业文化“四统一”要求开展企业文化建设，更好地发挥企业文化建设促进公司科学发展的积极作用。

1. 加强企业文化建设业绩考核。把企业文化建设纳入企业负责人年度综合业绩考核，完善考核指标体系，推进企业文化建设业绩考核工作科学化。抓好网省公司和直属单位企业负责人年度企业文化建设业绩考核，以考核促进建设，把考核结果作为企业文化建设典型选树的依据。统一组织、分层实施，各网省公司和直属单位逐级抓好企业负责人年度企业文化建设业绩考核工作。

2. 加强企业文化建设动态评估。健全完善企业文化建设动态评估指标体系，抓好企业文化动态评估工作，用公司科学发展成果检验企业文化建设成效，促进企业文化工作持续改进。对照企业文化建设管理标准，加强和改进过程管理，不断提升企业文化管理科学化水平。综合运用问卷调查、座谈访谈、明察暗访等多种调研手段和途径，加强监督检查，及时发现和整改违反公司基本价值理念和企业文化“四统一”要求的问题。

3. 加强企业文化建设先进选树。建立健全公司企业文化建设工作先进激励机制，定期评选表彰先进单位和个人，激发各部门各单位加快建设统一优秀企业文化的积极性和创造性。定期评选表彰企业文化建设优秀案例，交流经验，发挥先进典型的示范带动作用，不断提升公司价值观管理水平。加强公司系统各单位参加公司外各类企业文化评奖活动的管理，在公司统一组织协调下，宣传推广公司企业文化建设管理经验。

四、保障措施

（一）加强领导，形成齐抓共管的工作局面

在公司党组的坚强领导下，加强和改进企业文化建设工作的组织领导，形成齐抓共管、整体推进的工作格局。公司各级企业文化建设领导小组定期研究解决企业文化建设过程中的重大问题，统一部署、指导协调、督促检查企业文化建设工作，把企业文化建设纳入公司发展总体规划，加快统一的优秀企业文化建设。各部门各单位把企业文化建设纳入年度工作安排，做到与企业经营管理工作同部署、同实施、同检查、同考核。各单位要把企业文化工作经费纳入年度预算，确保企业文化建设资金投入。各级领导干部充分发挥组织领导和模范带头作用，强化建设优秀企业文化的责任感、使命感和紧迫感，有力有序有效组织推进企业文化建设。

（二）整合资源，形成统筹协调的工作合力

大力加强企业文化资源整合，公司总部充分发挥“四个中心”作用，全面整合公司系统优势力量，多措并举，形成企业文化建设强大合力。公司统筹规划企业文化建设工作，各部门各单位以年度计划和工作计划落实公司规划。公司以项目管理的形式统筹组织开展重点产品（项目）建设。各单位合理利用社会资源，推进企业文化管理创新和实践创新。加强对外交流，学习借鉴国内外先进的企业文化管理思想与实践经验。加强公司系统内部交流，展示建设成果，交流工作经验，不断提高公司系统企业文化建设工作整体水平。

（三）健全机制，形成创新发展的工作能力

大力加强机制建设，进一步健全完善企业文化建设组织体系和工作机制，实现有效做法制度化，管用经验长效化，着力提升企业文化建设的创新发展能力。健全完善推进企业文化管理的长效机制，切实提高公司系统各级领导班子和领导干部领导和推动企业文化科学发展的能力。建立健全跨部门、跨专业的沟通与协作机制，提高各级管理人员建设统一的优秀企业文化、推进企业文化管理实践的执行能力。定期举办企业文化建设培训班，建立健全培训的常态机制，提高企业文化工作者的学习能力和创新能力，推进统一的优秀企业文化建设工作不断取得实效。

各单位根据《国家电网公司“十二五”企业文化建设规划》，结合本单位实际，制定具体的实施意见、工作方案和年度工作计划，确保企业文化建设各项任务落到实处。

二、通信行业

电信业重组后，中国有三大电信运营商：中国电信、中国移动和中国联通。三大电信运营商均重视企业文化建设，也都在企业文化建设中形成了自己的特色。例如，中国移动以EAP为载体促进关爱文化的有效落地；以流程穿越等活动将企业文化建设融入企业经营管理；以星级示范点建设带动集团内部的标杆学习等。下面以中国移动通信集团公司为例，对其企业文化建设情况进行描述和总结。

(一) 中国移动企业文化建设的背景

中国移动通信集团公司（以下简称“中国移动”）于2000年4月20日成立，注册资本518亿元人民币，目前资产规模超过8000亿元人民币，拥有全球第一的网络和客户规模。中国移动全资拥有中国移动（香港）集团有限公司，由其控股的中国移动有限公司（简称“上市公司”）在国内31个省（自治区、直辖市）和香港特别行政区设立全资子公司，并在香港和纽约上市。目前，中国移动有限公司是全球市值最大的电信公司。

中国移动主要经营移动话音、数据、IP电话和多媒体业务，并具有计算机互联网国际联网单位经营权和国际出入口局业务经营权。除提供基本话音业务外，还提供传真、数据、IP电话等多种增值业务，拥有“全球通”、“神州行”、“动感地带”等著名客户品牌。目前，中国移动的基站总数超过59万个，客户总数超过6亿户。

中国移动连续六年在国资委考核中获得最高级别——A级，并获国资委授予的“业绩优秀企业”称号。连续10年被美国《财富》杂志评为“世界500强”，2010年排名77位。中国移动品牌价值不断上升，连续4年进入《金融时报》全球最强势品牌排名。上市公司连续2年入选道琼斯可持续发展指数，是中国内地唯一入选的企业。中国移动是联合国全球契约（Global Compact）正式成员，认可并努力遵守全球契约10项原则，并加入该组织倡导的“关注气候变化”（Caring For Climate）行动。目前，中国移动已成为气候（Climate Group）成员，努力在应对气候变化中发挥积极作用。中国移动积极投身社会公益事业，获评“最具公益心的中国企业”等称号。

卓越的企业建筑于卓越的企业文化。纵观中外企业的发展史，成功的企业大都拥有独具特色的企业文化。2005 年中国移动提出“从优秀到卓越”战略的重要举措，就是要凝聚企业的精神力量，建立具有中国移动特色的理念文化体系，明确中国移动人的价值观，使企业文化成为推动企业发展、实现新跨越的动力源泉。

中国移动的企业文化建设，经历了一个“实践、认识、再实践、再认识”的不断进步、提升的过程，可以划分为以下三个阶段：

公司成立之初到 2005 年是创业文化阶段。由于我国电信体制改革的原因，中国移动延续了老邮电企业的二级法人公司治理结构，集团公司与所属 31 个子公司之间呈现出既以资本为纽带，又以网络和业务为链条的母子公司关系。各省公司成立早于集团公司，其企业文化建设工作也早于集团公司，强于集团公司。而与此相对应，整个集团在成立初期仍沿用计划经济条件下的管理体制，一级行政区划就有一级移动分支机构相对应，资源配置尚未市场化，集团的协同效应无法充分发挥。2001 年，中国移动初步确立了以“创无限通信世界，做信息社会栋梁”的企业使命为核心的企业理念体系，该理念体系充分体现了刚刚政企分开的国企内外部环境要求，对中国移动的企业文化建设、企业形象以及公司发展发挥了积极的作用。2002 年，中国移动又下发了企业文化建设规划纲要，为集团的企业文化建设提供了指导。同时，整个集团以围绕企业理念体系进行宣贯为核心，开展了多层次的、富有成效的企业文化建设工作。

2005 年中国移动成立企业文化处，从 2005 年到 2009 年是配合公司“从优秀到卓越”的“新跨越”战略的文化整合阶段。2005 年后，中国移动逐步迈入成长阶段。集团完成整体上市，从一家纯粹的国企转变为一家在海外上市的公众公司，同时还面临着 WTO 框架下的电信市场开放和竞争全球化的挑战。国内电信市场新的竞争格局的形成，集团实施“走出去”战略等形势的不断变化和企业的持续发展，都对从业者的思维和行为模式产生了深刻影响，对中国移动的运营管理提出了新的要求，也同时要求企业文化积极响应各方面的变革。中国移动对企业成立以来的历程进行了全面回顾，深刻总结了企业发展实践中凝聚并凸显出来的文化品质和文化内涵，以继承和创新为方针，经过全集团上下反复酝酿和讨论，最终整合、提炼成中国移动追求卓越的企业文化理念体系，有力推动公司实现“从优秀到卓越”的“新跨越”。2006 年起，按照“知、信、行”的工作思路，中国移动实施了企业文化三年规划（2006—2008），启动了制度、人才、品牌、知识、示范“五大工程”，取得良好成效：企业核心价值观得到深入传播，ONE CM 战略得到充分体现，企业凝聚力不断增强，优秀的企业文化示范单位和成果不断涌现。文化软实力的提升促进了中国移动的和谐发展。

2009年到2010年，结合科学发展观和公司向创新型企业的战略转型，企业文化建设也进入了新的历史发展阶段。

(二) 中国移动企业文化建设的思路与目标

2009年中国移动提出，中国移动的企业文化将逐步向文化管理阶段迈进，通过文化软实力提升企业的竞争优势。

中国移动2009~2011年企业文化工作的总体目标是：以科学发展观为指导，积极响应新形势下企业发展的战略要求，围绕“正德厚生　臻于至善”的核心价值观，全面、深入、持续推进文化管理，提升企业文化的凝聚力、战斗力和感召力，推动企业全面协调可持续发展。

2009~2011年，中国移动按照文化管理“研究探索、总结提炼、应用拓展”三步走的策略，努力从理念演进、组织模式优化、竞争力转换三个层面来提升阶段性工作目标（见表4-1）。

表4-1　中国移动文化工作阶段性目标

工作主体	第一阶段 “研究探索”	第二阶段 “总结提炼”	第三阶段 “应用拓展”
市公司、省公司、集团公司	持续宣贯“正德厚生　臻于至善”的核心价值观，细化、丰富相关的理念阐释	在企业运营中对核心内涵进一步丰富、深化、应用	加强在推广过程中对新内涵的总结提炼，并在此基础上进一步优化和固化
市公司、省公司	探索企业价值理念体系在管理中的应用，制定与之相匹配的制度	完善制度，推进应用，逐步形成文化管理模式	在既有模式基础上不断深化和优化，积极开展应用、创新活动
集团公司、省公司	确定应用框架和发展方向，推动管理应用并对成果考核、激励	文化管理模式的优选、评估分析和标杆确定	标杆模式的提炼、推广、应用，框架的修订完善，确立新的演进方向

中国移动在纵向组织维度上，主张发挥自上而下和自下而上两种力量，强调不同主体的工作要求和工作重点。三个层面与文化管理内涵的三个方面相对应。在横向时间维度上，遵从“认识、实践、再认识、再实践”的认识论逻辑，推动工作的完善和提升。在实践中，三个层面工作相互融合，循环提升，以实现中国移动文化管理的不断演进。

（三）中国移动企业文化体系的构建

中国移动企业文化理念体系（2006 年版）由核心价值观、使命、愿景三部分构成。企业价值观是“正德厚生　臻于至善”，企业使命是“创无限通信世界　做信息社会栋梁”，中国移动的愿景是“成为卓越品质的创造者”。

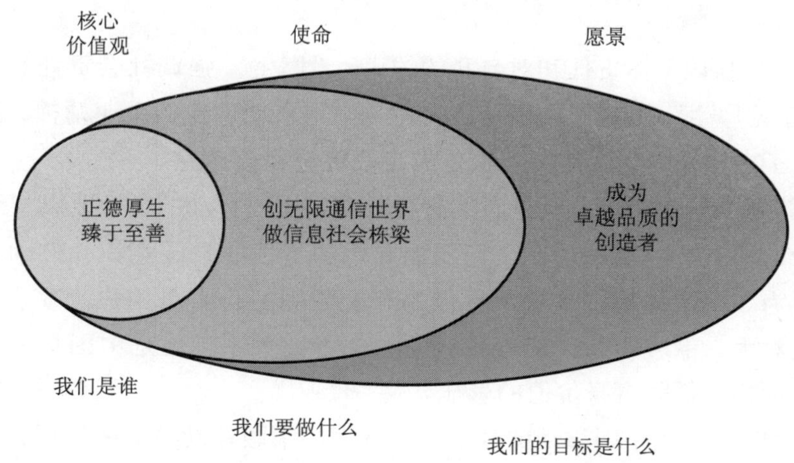

图 4－3　中国移动企业文化理念体系

中国移动企业文化理念体系立足于核心价值观、使命、愿景，表达了中国移动对未来的美好憧憬和对事业的坚定信念。中国移动企业文化的核心内涵是“责任”和“卓越”，即要以“正身之德”而“厚民之生”，做兼济天下、善尽责任、不断进步的优秀企业公民，体现了中国移动作为企业、中国移动人作为社会中的一员，将以成为“负责任”和“最优秀”的企业和个人作为自己的追求。

1. 中国移动的核心价值观“正德厚生　臻于至善”

“正德厚生　臻于至善”既体现了中国移动独有的特质，又阐释了中国移动历来的信仰。“正德厚生　臻于至善”就是要求中国移动以人为本打造以“正身之德”承担责任的团队，就是要求中国移动成为以“厚民之生”兼济天下、承担社会责任的优秀企业公民，就是要求中国移动培养精益求精、不断进取的气质，锻造勇于挑战自我，敢于超越自我的精神。

“正德厚生”语出《尚书·大禹谟》，“德惟善政，政在养民。水、火、金、木、土、谷维修，正德、利用、厚生，惟和，九功惟叙，九叙惟歌”，是一种在中华大地上传承千年的人文精神，是一种以“责任”为核心要义的道德情操。

“德”指对个体品性、修养、行为的要求和标准，“正德”是谓“正身之德”，指人们的行为要符合道德要求，承担各自的责任和义务，表达了个体对自我的最高要求，充盈着人对自身严格的责任意识。

“生”指社会民生，甚至一切生命，“厚生”则谓“厚民之生”，指要尊重、关爱、厚待社会民生及一切生命体，体现的是一种关爱民生、兼及天下的济世情怀。

“正德”强调个体责任和对自我的约束，“厚生”强调社会责任和对社会的奉献。“正德厚生”集成了中国传统文化与中国移动现代的企业精神，从精神层面上体现了中国移动人渴望担负重任的自我定位和选择。

“正德厚生”是中国移动的行为责任规范。中国移动的员工要以“责任”为安身立命的根本。中国移动在全集团倡导承担责任的自觉意识，鼓励承担责任的自觉行为。中国移动将本着负责任的态度处理好自身与用户、政府、合作伙伴、竞争对手、供应商和员工等各利益相关者的关系。这是中国移动作为一个企业通过承担责任对自身价值的彰显。

“正德厚生”是中国移动的社会责任宣言。中国移动事业的发展，是建立在社会总体经济发展的基础上。中国移动将以高度社会责任感，关怀社会民生，关注民众福祉，做一个优秀企业公民，通过各种实际行动回报社会。中国移动将关注并尽力满足人与社会的合理愿望和切实需求，充分发挥企业优势，分享通信给人类带来的更为丰富便捷的高品质生活，使不断创新的科技成果为整个社会的和谐快速发展提供助力，展现了中国移动长远的眼光和笃实的志向。

“臻于至善”源自《大学》，“大学之道，在明明德，在亲民，在止于至善”，是一种古已有之，奉行者甚众的事业理念，是一种以“卓越”为核心要义的境界追求。

“止”是“到达”的意思。“臻”也是“到达”的意思，同时“臻”还有“不断趋向、不断接近”的意思，用“臻”取代“止”表达了一种不断进取，不断超越，永不停息的精神。“至善”，即最完善、完美的“理想境界”。“臻于至善”昭示的是一种永不止息、创新超越的“进取”心态，是一种对完善、完美的境界孜孜不倦追求的崇高精神，宣示了中国移动争取成为公认成功典范的自我定位。

“臻于至善”是一种状态，是一种不断完善、不断超越的状态。中国移动“臻于至善”的进程，是一个不断进取、上下求索、开拓创新、自我超越的持续提升过程，最终将引领中国移动成为其他企业学习和追赶的标杆。

“臻于至善”是一种境界，是一种按照事物内在的标准力求达到极致的境界。追求至善至美是中国移动不断提升、不断发展、从做大走向做强的内在驱动。意味着中国移动将以无畏的精神追求完美和极致，不留恋于历史的辉煌，敢于直面未来的竞争，在更大的地域范畴，在无限的技术领域，在更长的时间维度，不断创造历史的辉煌和高度。

“臻于至善”是一种位势，是一种站位领先的气势。它显示了中国移动在未来通信行业乃至全球产业界的自我定位，那就是要力争在全球企业中站位领先。通过不懈的努力，成为同业乃至所有企业所公认的典范。

“正德厚生　臻于至善”是在中国移动企业发展历程中形成的特色文化的核心，是中国移动的灵魂，它体现了中国移动“先天下之忧而忧，后天下之乐而乐”的宽阔胸襟和责任意识，“天行健，君子以自强不息”的进取斗志和卓越精神。

2. 中国移动的企业使命“创无限通信世界 做信息社会栋梁”

“创无限通信世界”体现了中国移动通过追求卓越，争做行业先锋的强烈使命感；“做信息社会栋梁”则体现了中国移动在未来的产业发展中将承担发挥行业优势、勇为社会发展中流砥柱的任务。

及时、充分而有效的沟通是人类实现资源共享、社会实现集约快速发展的必要条件。通信业的发展，帮助人类逐渐打破沟通的时空障碍，使人与人之间的沟通更为快捷有效。“无限通信”的世界是我们每个人的梦想乐园，在没有任何沟通限制和障碍的世界，在能够“随时”、“随地”、“随意”、“沟通无极限”的世界，人类能够自由共享所有知识，自由传达所有情感。中国移动凭借卓越的技术和才能，把创造和实现人类共同的梦想“创无限通信世界”作为自己无上的企业使命。

“无限”是一个相对的概念，随着社会文明的进步，随着人类生活形态的变化，人们对通信的需求以及对“无限通信”的理解也正在不断地演进。未来世界中人—人通信、人—机通信、机—机通信的发展必然会超乎我们现在的想象，“人类沟通的理想境界”必然会因此而不断提升。然而无论世界怎样变化，未来的通信一定更便利、更灵活、更经济、更时尚和更个性，更多地让人类享受通信带来的乐趣。中国移动将矢志不移、竭尽全力地推动和实现这种趋势。

“无限通信”的目标要求中国移动实现“应需而动”，将通信主体从时间和空间的约束中解放出来。这就意味着必须具备以客户为中心进行无缝连接、随时通达、智能终端支持的能力，能够为客户提供无约束、端到端的通信服务。

"无限通信"的目标要求中国移动实现"因需而变"，将通信主体从形式和媒介的约束中解放出来。这就意味着必须拥有提供音视频多媒体信息服务的能力，为各种形式的信息沟通提供基础性的保障，确保信息交流的实时性、保真性、安全性。

中国移动带着"创无限通信世界"的魄力和勇气，担当着引领"无限通信"新世界形成和发展的先锋。中国移动将始终站位于技术发展和市场需求变化的前沿，将变幻风云尽收胸中，前瞻性地创造新的业务模式和解决方案，在技术进步、运营模式演变、市场消费演进等方面发挥创造性的引导作用，成为行业和市场发展过程中当之无愧的牵引力。

中国移动带着"创无限通信世界"的才能与锐气，担当着主导"无限通信"理想境界和谐发展的中坚。在未来个人通信新世界的发展过程中，中国移动不仅要保持自身优良的业绩，还将力促行业的健康和谐发展。中国移动不寻求对产业价值链的独家寡占，而是追求核心竞争力的不断提升，通过高效的组织掌控，协调研发、制造、应用、消费、服务支撑等各方力量，共同推进行业进步。中国移动将以开放的姿态，凝聚全行业的力量，去将开创新世界的梦想变成现实。

"创造无限通信世界"，开创崭新生活方式，提供丰富生活内容，提升人类生活质量，让繁忙疲惫的现代人能够享受到随时、随地、随意、沟通永无极限的快乐，是中国移动孜孜不倦的永恒追求。

信息化是当今经济和社会发展不可逆转的大趋势，它在一定程度上，甚至已成为衡量一个国家和地区国际竞争力、现代化程度和经济成长能力的重要尺度。这证明，世界已进入以信息产业为主导的新经济时代。从宏观上看，基于信息技术的知识的积累和运用，将提高人类所支配的资源的质量，为经济发展带来新的动力；从微观上看，信息技术的广泛应用减少了时间和空间给社会发展带来的限制，将极大地提高劳动生产率，成为经济发展的"加速器"。与此同时，信息技术创造了知识广泛共享的基础，使人类文明的大规模共享成为可能。由当前信息技术令人震惊的发展速度，我们可以预见，信息化将成为未来相当长一段时期内世界发展的主旋律，信息产业将始终具有对社会发展的重要影响力。

"做信息社会栋梁"，这是自信的中国移动人自主的选择，也是人类从工业文明迈向信息文明这一伟大历史转折赋予中国移动的艰巨责任。

信息社会的特征在于通过信息的高效传递和应用来创造财富，而中国移动所运营的物理网络资源正是信息传递的基础设施，所提供的通信服务也正是使信息资源变成财富的媒介和手段。其完美的契合度决定了中国移动所处的价值链核心定位，也决定了中国移动必将在走向信息社会的进程中扮演重要角色，发挥重要作用。

作为信息社会的栋梁，作为行业的引领者而不是跟从者，不断进行业务和体制创新对中国移动来说是必需的，如此才能牵引和带动社会向信息化方向发展，成为推进信息社会前进的先锋和主导力量。中国移动的技术、业务创新和运营模式创新，将在社会信息化进程中形成强烈的示范效应。我们将通过开放的网络平台，吸引信息资源提供者创造更多更好的信息资源；通过多样化业务的引导和推广，促使消费者使用更高效的信息交流方式，更便利地获取所需的信息资源，以更高的效率使信息转化为财富。

作为信息社会的栋梁，作为专业技术的首倡者而不是后觉者，中国移动将不断提高网络技术水平和网络的综合能力，为社会提供更完善的基础设施和更有效的解决方案，成为信息化的重要基础和桥梁。我们将以高效的运营保证信息沟通与交流的及时通畅，通过运营的不断完善和创新，将消费层面的需求发展传递给技术层面，将技术层面的进步传递到消费层面，从而形成一个良性的循环，通过自身的进步和发展，带动和推进整个社会的进步与发展，不断推动社会向信息社会的迈进。

大市场孕育大企业，大使命成就大事业。中国移动注定要承担起“创无限通信世界，做信息社会栋梁”的历史使命，这是中国移动责无旁贷的历史选择。

中国移动的使命就是让所有人都能享受随时、随地、随意沟通的快乐；让所有人享受比以往任何时候都更加自由自在的生活；让我们人类的胸怀变得日益广博开阔；让日益庞大的世界更加容易把握；让我们这片土地变成更美好的家国！

3. 中国移动的愿景“成为卓越品质的创造者”

成为卓越品质的创造者，其核心就在于，以客户需求的洞察、挖掘和满足为目标，以企业价值链各环节的持续改善为策略，以人、组织、运营体系的系统结合为基点，从领先的网络质量、精准的计费系统、深入的客户理解、满意的客户服务、创新的业务产品、值得信赖的品牌等多个方面塑造中国移动服务的卓越品质。

“成为卓越品质的创造者”，意味着中国移动要在网络质量方面做到持续领先。这里的“领先”有静态和动态两层含义，即既是“现在”的领先，也要做到“未来”的领先。静态来看，要做到广泛严密的地域覆盖，迅捷清晰的信息传送，稳定安全的支撑系统，确保客户实现“随时、随地、随心”的无障碍沟通以及“无论在何方，中国移动始终在身边”的服务宣言。动态来看，要做到以市场为导向，对未来网络的发展趋势进行前瞻性判断和先机性把握，适时引入新型技术，不断提升网络集中化管理水平，全力打造领先竞争对手的技术先进型网络，以先进的网络带动领先的业务与服务，以巩固长期竞争优势。

“成为卓越品质的创造者”，意味着中国移动要以精准的计费系统来实现尊重客户价值的承诺。计费系统要能够与公司长期的业务发展相适应，要能够满足复杂业务多样化计费的实际需求，要能够体现中国移动长期以来一贯的对客户价值的尊重以及客户承诺的遵守。

“成为卓越品质的创造者”，意味着中国移动要深入地理解客户需求并针对性、高质量的予以满足。这里的客户需求，不仅指现实的需求，还包括潜在的需求；不仅指群体性的需求，也指向个性化的需求；不仅指简单的通信需求，更涵盖生活中丰富多彩的沟通需求。中国移动将通过遍布全国的客户反馈网络和客户需求理解机制，确保对客户生活形态的全方位敏锐把握，在未来无线世界，通过卓识的努力，促进通信与生活的融合。

“成为卓越品质的创造者”，意味着中国移动要不断对现有产品和服务进行价值抽象与提炼，锻造出值得客户永久信赖的经典品牌。在体系上锻造相互区隔又密切互补的品牌组合，并在深入客户理解与市场细分的基础上不断完善品牌整体规划；在定位上针对不同目标客户群赋予不同品牌差异化的内在特性，丰富品牌的文化内涵；在策略上以品牌为主线，整合服务、业务、定价、宣传各个营销环节。

中国移动将致力于以高品质的创造与奉献，消除人类沟通的障碍、丰富人们的生活、提高社会生产效率，促进人类生活和社会文明的提升，促使人们充分享有一个自由沟通、自在生活的新世界。

（四）中国移动企业文化建设的措施与方法

2009年以来，中国移动文化管理积极响应新时期战略发展的需求，服务大局，积极开展价值观管理、示范工程推动、标杆管理体系应用三项基础工作，大力彰显服务文化、关爱文化、执行文化、创新文化、和谐文化五大文化特色，以文化软实力夯实核心竞争力。具体措施和方法如下：

1. 实施价值观管理

核心价值观是企业核心竞争力的内核，能否确立、坚持并传播优秀的价值观成为公认的衡量组织成功与否的重要标准。价值观管理是一项长期性、基础性工作，企业通过价值观对员工和组织的持续内化过程，可有效营造上下同欲、共建共享的组织氛围。中国移动在实施价值观管理时的主要措施包括：

（1）价值观内涵管理

价值观梳理规范：坚持“正德厚生　臻于至善”的核心基础，定期开展督促指导工作，系统梳理实践中的价值观，巩固价值观的主导地位。坚持纠正严重偏离、脱离集团核心价值观的理念和行为。

价值观演化分解：在以“责任、卓越”为核心要义的基础上，丰富和发展现有的价值理念体系。横向补充作为组织内部人际关系基本准则的辅助价值观，纵向探索在经营哲学、职能理念直至行为规范层面的细化工作，形成对经营管理工作有实践指导意义的理念体系。

（2）价值观传播管理

建立传播平台，有效利用新载体强化互动传播，完善针对各个组织、不同层次的传播体系；建立传播工作长效机制，注重传播的连续性、及时性、有效性，促进价值观在组织中形成广泛共识。

（3）价值观应用管理

核心价值观与制度匹配，是保障企业文化得以执行的关键。基于核心价值观调整和完善管理制度，注重价值观在精神、制度、行为三个层面的落地，发挥价值观的牵引作用。

在实践中，探索将价值观的践行作为人才选拔、晋升的重要基准，落实到岗位规范；各级领导身体力行，成为践行价值观的表率；持续推动“星光工程”，深度挖掘、传播新时期优秀的典型人物事迹；不断丰富完善企业文化优秀案例库，以“身边人”和“身边事”的形式激励员工，彰显价值观的核心要义。

2. 推进企业文化示范工程

中国移动企业文化示范工程，是基于行业地位、治理模式、运营特点而形成的独特文化管理模式。示范单位是承接组织文化落地到基层的重要环节，是企业文化建设和管理的优秀典范和排头兵，是通过卓越的信息服务使企业文化作用于社会的窗口。在纵深推进示范工程中的主要措施有：

（1）纵深推进

实行“多级联动、分层管理”机制，逐步将示范工程拓展到县级分公司、基层班组。多角度、全方位扎实推进示范点建设，推动示范点建设全面均衡发展。

（2）有效激励

有效运用激励措施建立示范工作长效机制，完善荣誉体系，调动创建积极性，促进年度工作的全面协同开展。

（3）应用完善

通过示范点加强文化管理在企业中的实践，在具体实施过程中把实际成效作为检验、评价的标准。系统推进、重点突出，通过成果借鉴和主动创新不断提升文化管理水平。

（4）内外传播

通过文化品牌活动以及品牌工程的打造，积极传播文化管理的实践成果。对内，分区域、分层面、分内容组织广泛的交流学习；对外，通过文化传播平台，输出管理、输出形象、输出情感。探索综合性企业文化示范中心的建设，进一步发挥企业文化的辐射作用。

3. 应用推广标杆管理体系

企业文化标杆管理体系是中国移动推进文化管理的重要载体。它借鉴世界先进企业文化管理模型，有效整合了企业内外部优秀文化管理实践成果，构建了企业文化发展演进的重要平台。

中国移动文化标杆管理体系包括指标体系、系统平台、标杆案例、积分办法、组织机构、系统应用六部分。其核心指标体系以价值观为核心，落实到战略运营、目标愿景、企业责任、核心价值观、管理控制、协调配合、员工参与、团队导向、员工发展、组织学习、创新变革、客户导向12个一级维度以及28个二级维度，涵盖了组织文化与经营管理相关联的核心部分。

在应用推广标杆管理体系中，中国移动的主要措施包括：

（1）完善基础案例库

对企业以往的文化建设成果加以提炼、整理，以案例的形式分类汇总到系统平台；有针对性地收集国内外先进企业的优秀案例，丰富完善充实文化管理案例库。

（2）确立文化管理标杆

集团、省公司将具有创新性以及经过实践检验的卓有成效的文化管理模式运用于体系，确立为标杆，在系统分析、完善提升的基础上定期推广。

（3）深化文化管理的评估

重视企业文化评估的分析和应用，完善文化管理的评估办法，有效整合过程性和结果性评价工作，形成理念、制度、行为三位一体的评价体系。

（4）支撑文化管理的决策

在企业文化评估的基础上，对标优秀案例，制定和完善文化管理的指导意见，拟订提升改进计划。

（5）完善标杆管理体系

根据动态应用情况，定期调整指标体系的一级、二级维度，持续完善运行体系，促进文化软实力在企业运营过程中功效的发挥。

4. 加强专项文化建设

知识经济时代对文化管理提出了诸多要求：服务制胜，带来以客户为导向的思考；传统理性管理的缺陷和不足，带来人文管理的关注和升华；知识经济下脑力劳动比重增加，带来非制度性管控的应用；市场竞争的发展演变，带来和谐共赢的发展要求。

基于以上特征，中国移动近年来注重加强专项文化建设，着力彰显五大文化特色。关爱文化与服务文化是中国移动以人为本价值观内外和谐状态的一体两面；执行文化和创新文化是企业赢得竞争和发展的关键要素；和谐文化是企业对自身发展意义的哲学思考，是社会和时代的共同要求。五大文化特色是对企业文化标杆管理体系下 12 个维度的综合体现，是文化管理在三个层面对具体工作的贯彻落实，是各级单位开展文化管理的重要参照。

（1）突出客户服务导向，持续强化服务文化

服务文化，是企业在长期对客户服务过程中所形成的服务理念、职业观念等服务价值取向及以此为指导的相关服务模式的总和。优秀服务文化是时代经济特征的要求，是中国移动在市场竞争中持续领先的关键因素。中国移动作为社会服务型企业，突出客户导向、强化服务文化势在必行。提升服务文化，增强亲和力，是中国移动塑造优秀社会形象的重要途径。

中国移动在持续强化服务文化方面的主要措施有：

①深化服务理念内涵。

树立“客户为根，服务为本”的经营理念，丰富完善服务文化理念系统，提升服务规范系统、服务传播系统。在内部开展有形服务文化展示，在外部开展服务主题活动。

②建立客户导向的工作机制。

以客户为导向，推动内部流程的优化和改进；通过流程穿越等措施来改进服务短板，进而实现超越客户期望的目标。

③建立客户共同参与的服务文化。

善用客户智慧，搭建客户意见反馈、信息共享平台，通过客户体验管理(CEM)及众包系统建设方式促进客户与企业间的广泛交流互动。

④探索网络协作型的服务文化

积极探索在虚拟组织、战略联盟等新组织形式中传递优秀企业服务理念；引导协同价值链合作伙伴开展服务文化建设。

案例：杭州分公司“品质100”服务文化品牌创建

2007年，为响应杭州共建共享“生活品质之城”的城市发展目标，中国移动杭州分公司在全市率先提出并发布了“品质杭州，品质移动”企业发展规划，围绕集团公司以“正德厚生　臻于至善”为核心价值观的企业文化理念体系，初步构建了企业文化的建设体系。经过两年多的探索和实践，“品质移动”企业文化体系不断得到发展和完善，公司对内建立了“品质员工”培养体系、“品质班组”建设体系和“品质100”考核体系；对外发布了“品质移动”社会评价体系，基本形成了一整套完善的企业文化建设体系，建立了“品质100”服务文化品牌。

进入2009年，随着电信行业重组和3G牌照的发放，公司遇到前所未有的考验。企业文化作为企业的核心软实力，在新的形势下面临着新的挑战和发展。因此，公司决定开展服务文化品牌创建，并以此丰富完善“品质移动”企业文化体系，进而提升公司服务品质。

一、创建服务文化品牌的背景

在2007年杭州市提出“共建共享生活品质之城”的城市发展目标后，杭州便在全国较早的树立了城市品牌，并明确了城市品牌、行业品牌、企业品牌三者之间的关系：以城市品牌为统领，辐射行业品牌和企业品牌；以行业品牌为节点，联结城市品牌和企业品牌；以企业品牌为基础，打响城市品牌和行业品牌。作为整个城市品牌的一部分，服务品牌是在商贸、旅游、餐饮等一系列品牌之外对于“生活品质之城”的有益补充。对于率先在全市推出“品质杭州 品质移动”企业发展规划的杭州分公司来说，结合企业文化要求，创建服务文化品牌也是提升企业软实力、持续打造“品质移动”的重要举措。客户满意服务是中国移动不懈的追求。在产业重组及3G牌照发放的背景之下，行业竞争已趋于白热化。网络技术、产品种类和业务类型都已无明显差别且发展模式易于复制。广大用户除了基本的移动通信网络和业务的需求外，还有着对于高品质的服务需求。服务已经成为企业利于竞争不败之地的关键要素。另一方面，从杭州市考评办、12345 等机构近年征集到用户大量的意见可看出，中国移动杭州分公司在服务方面需改进之处还有很多。因此，通过创建服务文化品牌、提升服务品质对于致力于打造“品质移动”的中国移动杭州分公司来说，有着至关重要的现实意义，是杭州公司落实集团公司“成为卓越品质的创造者”愿景的重要举措，也是企业可持续发展的必然选择。

二、创建服务文化品牌的方式

服务文化品牌创建工作分三步进行，是一个持续、滚动的过程。第一步是倾听心声。开展内外部意见征集活动，征集品牌名称、标识以及具体服务的举措。第二步是倾心改变。围绕服务提升方案开展外部服务举措和内部流程制度的整改。第三步是倾情服务。持续完善服务品牌，持续提升服务水平，持续打造用户满意。

1. 班组文化激发基层活力

2009 年公司开展了“511”（5 个“90”分以上。班组成员对班组长综合素质评价达到 90 分以上；班组成员对班组管理的满意度达到 90 分以上；班组成员对班组活动的满意度达到 90 分以上；班组“网络人气”测评达到 90 分以上；班组创建工作测评达到 90 分以上。11 个“有”。即班组创建、管理和活动中有一流的领导、有一流的业绩、有品牌、有园地、有制度、有形象、有创新、有阳光、有学习、有关爱、有沟通）。品质班组建设，其中明确提出了 12 字的建设目标，即“强管理、活氛围、优业绩、精服务”，将服务作为班组文化乃至整个企业文化建设的重要一环。在“品质班组”的创建过程中，基层班组的积极发挥自身创造力，不断涌现出服务“金点子”和行之有效的服务新举措，如拱墅分公司迪尚动感厅的“四心”（热情洋溢的招呼——热心、温馨细致的关怀——细心、专业周详的介绍——贴心、全心全意的解答——耐心）服务模式、淳安分公司新安东路营业厅“三个一”（一张笑脸、一种信任，一生感恩，一个简单的动作传递的是一种关怀，一次简单的鼓励给予的是一种信任，一些简单的教导是一种感恩之心的孕育）服务工程、呼叫中心电话经理中高端班组快乐“哆来咪新员工成长三步曲”（开篇首曲“快乐老家”，即欢迎会；间奏插曲“你快乐所以我快乐”，即座谈会；完美续曲“快乐逍遥”，即班长面谈）等，主动对自身的服务工作提出更高的要求，呼叫中心班组更引入 QC 工具细分目标客户，将 VIP 投诉客户满意度从 2009 年 1 月的 89%提升至 2009 年 12 月的 97.37%。

2. 内外征集倾听各类建议

借助移动成立十周年之机，开展了主题为“十年新启程 倾听您心声”的内外部意见征集活动。对内开设创新平台、OA 邮箱、短彩信等通道多方面收集员工建议，最终实现了“五个1”，即每人提出1条服务提升举措建议、每个班组召开1次主题班会、每个科室提出1条服务理念、每个单位召开1次大讨论、每个单位提供1条服务创新金点子，并达到了内部人员100%参与，达成100%共识。对外通过报广、电台、营业厅等渠道发放调查问卷，征集用户意见。此外还邀请社会监督员、政府、媒体、普通市民等用户参加座谈会，畅谈服务改变新举措和服务提升新思路。通过2个多月的征集活动，公司共收到内外部各类建议3万多条，一方面这些诚挚的建议和意见是我们服务改进的目标和方向，另一方面通过征集宣传活动，也为服务品牌的推出预先造势。

3. 持续改进提升服务品质

连续多年开展业务服务大练兵活动，提升服务人员的业务素养和服务能力。2009年业务服务大练兵与往年相比更具“实操性”和“全面性”，适应全业务竞争时代的需求。公司共有营业员、客户经理、销售经理、电话经理、项目经理五个岗位1800多人参加了笔试。现场大练兵环节增加了服务辩论、操作大接力等环节，在增添比赛的观赏性的同时，也让一批业务技能知识扎实、服务技能精湛的服务人员骨干脱颖而出，充分展现了中国移动杭州分公司员工的良好精神风貌和较高的综合素质，为公司下一步全业务又好又快的发展奠定了坚实的基础。

开展营业厅运营服务能力“四个一”工程。改善一个短板——营业厅排队等候时长。成立专项整改项目组，对重灾厅进行重点关注，推广多媒体质检系统，进行有效数据分析，加强实时监测，及时预防。推广一个系统——营业厅现场管理系统。系统主要包含营业厅台账、智能排班、现场运营、绩效考核等模块，目前此系统已在全地区营业厅广泛使用，对营业厅效益提升、营业厅现场有序管理起到了很大的推动作用。培养一支队伍——营业厅督导队伍。2009年通过主题培训、现场辅导、小工具运用（营业厅排队等候时长分析、EXCEL妙用、手语管理）等方式着力培养起了一支优秀的督导队伍，能够有效传播技能、及时了解营业厅各种状况并解决问题。搭建一个平台——交流、学习、竞技的平台。建立营销脚本交流园地，开展“营销小绝招大家秀”活动，月度点击量超过3000人次；推广营业厅服务形象提升展示会，产生了“周莹丝巾系法”、“潘血清丝巾系法”等群众性创新；举办排班管理大比拼、营业厅经理管理技能系列赛等活动，通过竞赛方式完成对营业经理管理排班技能的培训和提升。

三、服务文化品牌的内涵

在征集了大量内外部客户意见的基础之上，结合了公司企业文化以及近年来在服务工作方面的探索和实践，最终确定了服务文化品牌的内涵。

1. 名称及含义

（1）名称：品质100

（2）含义：

“品”即品位，是用户对于服务的感知和感受。依会意造字法，三人为众，三口为品，即众口的评说方为“品”，意味着服务一方面要覆盖大众，另一方面服务的优劣并非是自我宣传或标榜，而是由广大用户来品评。

“质”即质量、特质，既是服务体系中基础的标准化内容，又是优质服务水平的要求，也是中国移动杭州分公司区别于同业者所提供差异化服务的体现。

“100”是服务的终极目标，即中国移动杭州分公司努力提供100%优质的服务，追求用户100%的满意。

“品质100”是对于服务文化品牌的整体诠释，它体现出服务文化品牌所涵盖的方方面面内容，即高标准的体系规划、高水平的服务举措以及对提供高满意度服务的不懈追求。

中国移动杭州分公司以“品质100”作为服务文化品牌名称具备三层次深远的意义：

一是切合杭州市“生活品质之城”城市品牌的发展规划。2007年杭州市提出打造“生活品质之城”的城市品牌，“品质100”切合城市品牌的主题，同时作为服务于杭州800多万用户以及每年4000多万来杭游客的企业来说，提供品质服务、创建服务文化品牌，是对于城市品牌建设的有益补充。

二是符合中国移动“满意100”服务形象整体要求。中国移动集团公司连续三年开展“满意100”服务提升工程，“品质100”服务文化品牌是对“满意100”服务提升活动的具体落实，均是追求客户百分百的满意。

三是对公司“品质移动”企业文化体系的必要补充和完善。近年来中国移动杭州分公司着力打造“品质移动”，对内形成了品质员工、品质班组的建设规范和品质团队的管理考核体系；对外也推出了“品质移动”企业社会评价体系。“品质100”服务文化品牌的创建是“品质移动”管理体系的又一延伸和完善，是对中国移动“成为卓越品质创造者”的愿景在服务领域的探索和落实。品质的企业必须提供品质的服务，也只有为广大用户和企业提供品质的服务才能体现企业的品质。

2. 口号及内涵

(1) 口号：成为品质生活的创造者

(2) 内涵：

“品质”是城市品牌、企业愿景的有机结合。杭州城市品牌的口号是“让我们生活得更好”，中国移动的企业愿景是“成为卓越品质的创造者”，二者不谋而合的都是对“品质”的不懈努力和追求。同样，打造品质服务、创造品质生活也是服务文化品牌所追求的最终目标。

“生活”这个词蕴含着丰富的内涵。在杭州方言中，“生活”一语双关，做生活，就是做工作；相应地，“生活品质”也有双重含义，既表示人们的日常生活品质，也表示人们的创业品质、工作品质。在“全球化、互联网、新经济”时代，通信及信息化服务已经成为百姓生活及企业运营不可缺少的重要一环，并且扮演越来越重要的角色。因此对于一个以提供通信及信息服务为主的企业及员工来说，我们的工作既是我们生活的重要组成部分，同时我们也期望通过我们的努力为更多的杭城百姓、杭州企业提供享受品质生活的通信及信息化保障。

“创造者”既是现实定位，也是远大理想。企业的不断进步得益于城市的高速发展，在“精致和谐、大气开放”的杭州人文精神熏陶下、在杭州这个生活品质之城，企业及员工即是“品质生活“的“享受者”，同时更应该成为“品质生活”的“创造者“。我们希望通过服务文化品牌的创建、提升企业服务品质，以“成为品质生活的创造者”为目标，为“共建共享与世界名城相媲美的生活品质之城”而不懈努力！

服务文化品牌创建只是杭州分公司对于服务品质追求的集中体现，而服务工作本身所付出的艰辛和努力是不为人知的，也正是这些艰苦卓绝的努力才造就了广大用户对于公司服务的认可。在此之前，杭州分公司获得了“全国用户满意电信服务明星企业”、“全国用户满意服务班组及明星”等多项服务方面的荣誉，现在正在积极申报“中国最佳客户服务奖”，力争通过服务提升企业形象品质，通过服务传递企业文化品质，通过服务增添人民生活品质。

(2) 关注员工健康成长，全力推动关爱文化

关爱文化是指企业对事业参与者的关心和爱护，坚持以人为本，关注员工的健康与职业发展，以文化、待遇、培训、激励等营造员工舒心工作的氛围，协助员工实现自身价值，促进企业与员工共同发展。关爱文化体现了经济全球

化的本质内涵，是互联网时代、3G时代建设创新型企业的客观需要，是企业员工结构多元化背景下的时代要求，是中国移动实现关爱员工承诺、建设和谐企业的重要途径。

中国移动在全力推动关爱文化方面的主要措施有：

①完善关爱文化理念。

深度挖掘核心价值观的内涵，倡导“激情工作、快乐生活、健康成长”的价值主张，结合企业具体情况系统梳理并建立具有实际意义的关爱理念体系。

②培育关爱氛围。

倡导关爱理念，调动员工的参与积极性，让每位员工都融入并体验关爱文化，感受集体的温暖，增强团队凝聚力。

③健全完善关爱制度。

尊重员工切身利益，制定公平公正的用人、育人、分配制度，通过全面有效的激励机制激发员工潜能。

④员工身心关爱。

构建互动式、开放式的交流平台，开展员工援助计划（EAP）等活动；创造员工帮困解忧新形式和新载体，开展健康身心系列活动来保持员工健康的体魄和向上的阳光心态。

⑤员工工作关爱。

通过柔性化管理方式传递硬性压力；开展跨单元知识共享、业务协助活动，建设合作型组织。

⑥员工发展规划。

持续关注员工自我价值的提升，建设胜任力素质模型，将员工的职业规划与企业发展目标有机统一；增强员工对企业重大决策的民主参与度。

案例：中国移动北京公司：打造“三位一体”的EAP

EAP是英文“Employee Assistance Program”三个单词首字母的缩写，通常翻译为“员工帮助计划”或“员工心理援助计划”，它是从西方引进的舶来品，是由组织为员工提供的一套系统服务，通过专业人员对企业员工提供诊断、辅导、咨询和培训等服务，解决员工的各种心理和行为问题，改善员工在组织中的工作绩效。EAP主要包括初级预防、二级预防和三级预防三方面内容，作用分别是消除诱发问题的来源、教育和培训、员工心理咨询与辅导。EAP最早起源于19世纪末西方工人的酗酒行为。20世纪50年代，美国开始为二战老兵实施EAP；20世纪60年代，EAP转变为劳动力提升项目，开始被企业广泛采用，并逐步走向成熟；20世纪80年代以来，EAP开始在全世界范围迅速推广，全世界各大洲均出现EAP的实际应用，包括我国的台湾和香港地区。目前，世界500强企业中有90%以上的企业引进了EAP。

近年来，在党和国家的倡导下，在中国移动的快速发展下，员工的心理问题越来越受到企业的关注，中国移动主动地引进了EAP项目。中国移动导入EAP项目的缘由如下：

1. 中央的倡导和要求

2002年底我国人均GDP首次突破1000美元，2009年已超过3000美元。世界发展历史表明：人均GDP处于1000美元至3000美元，是“经济容易失调、社会容易失序、心理容易失衡、社会伦理需要调整重建”的关键时期。2006年，党的十六届六中全会通过的《中共中央关于构建社会主义和谐社会若干重大问题的决定》提出，要“加强心理健康教育和保健，健全心理咨询网络，塑造自尊自信、理性平和、积极向上的社会心态。”2007年，胡锦涛总书记在党的十七大报告中提出，要“加强和改进思想政治工作，注重人文关怀和心理疏导，用正确方式处理人际关系。”党的十七大报告提出了“加强和改进思想政治工作，注重人文关怀和心理疏导”的要求。

2. 企业发展的需要

据不完全统计，中国企业50%～70%的员工感受到压力，在管理层身上高达70%。中国移动所处的移动通信行业技术变革较快，同时中国移动是一个年轻的企业，公司的年轻人多、工作节奏快、工作压力大，特别是在年轻人较为集中的客户服务中心、营业厅等尤为突出。《中国移动员工职业心理健康状况调查报告（2008～2009)》显示，在公司快速发展的同时，他们也承受着巨大的压力，有的员工因为压力得不到排解和疏导等原因而出现了一些问题，比如职业枯竭高发、离职率增加、工作效率低下、焦虑症等。面对当前的状况，需要采取有效的手段和措施，解决这些问题，从而更好地保持企业的快速、健康、和谐发展。

3. 员工关爱文化的有效落地措施

中国移动导入EAP项目最初是公司党群工作部从创新思想政治工作方式和途径的角度入手，密切关注并一直推动EAP项目的试点和发展。在EAP项目不断深入开展的同时，公司注意到EAP作为一个复杂而系统的项目，除了作为思想政治工作的新方式、新途径外，还可以从企业文化中员工关爱文化的重要落地措施入手。EAP项目是落实中国移动战略和企业文化理念，推动深化员工关爱工程的重要措施。企业文化的核心职能在于员工的态度认同和行为落地，而EAP的核心功能是“认知优化”和“行为转变”，能在满足员工当前潜在心理需求的同时，提升和强化组织支持感受，进而在企业文化层面发挥辅助支持功能。同时，EAP工作充分利用心理学的科学成果，一切从员工出发，表达了关爱员工、关爱生命的理念，充分体现了科学发展观“以人为本”的核心思想。

中国移动在EAP项目上达成如下共识。首先，项目要做到“两个结合”：积极的组织管理与积极的心理管理相结合。其次，项目要达到“三个目的”：一是改善组织管理，消除造成员工心理问题的组织因素；二是让员工学会有效应对心理问题的方法，提升其心理资本；三是通过组织干预，解决或缓解员工出现的心理问题。

在中国移动系统内，最早为员工提供EAP项目服务的公司主要在沿海发达的广东、上海等地区。2005年9月，广东公司东莞分公司客户服务中心（现广东公司客服（东莞）中心），在系统内最早实施了EAP（员工帮助计划）项目，并由专业的EAP服务商提供技术和专业支持，这也是国内电信行业最早引入EAP项目的先例。上海公司早在2005年4月就启动了由工会主导的“员工心理支持行动”，虽然没有采用EAP的概念，但其在性质和内容上，与EAP有异曲同工之妙。2006年，广东公司广州分公司、佛山南海分公司等开始实施EAP项目，EAP项目开始在广东地区推广，同时，逐渐受到集团公司的重视和系统内各公司的关注。其中，中国移动北京分公司人文创新导向的“三位一体”EAP系统建设颇具特色。

面对竞争日益激烈的内外部环境，以年轻人为主的北京移动公司的员工们面临诸多压力。如何让他们始终保持一种激情和积极、乐观的心理状态？公司认为，必须坚持以人为本，实现员工和企业共同生长。

2007年3月，北京移动正式启动了EAP（员工帮助计划）项目。跟传统意义上的EAP有所不同，他们的EAP更强调与企业文化建设相辅相成的“三位一体”心理管理模式。公司认为，只有快乐地工作，才能真正激发员工的工作激情，实现员工和企业的共同成长。员工快乐生活、健康成长，必须是“三位一体”的。

所谓的“三位一体”，是指员工心理契约管理、员工心智模式提升和员工心理健康管理。北京移动建立了内、外结合的EAP模式，以心理学理论、知识、技术和管理的有效融合，形成了员工心理关爱服务、管理者心理资本提升、组织心理资源整合的心理管理系统。

首先是心理契约。它是员工跟企业形成的心理上的约定，是企业文化建设的基石。经济契约相对稳定，与此不同，心理契约处于不断的修订之中。员工跟管理者、企业之间如果出现了损害员工利益的事情，员工的心理契约就会发生变化，造成员工忠诚度和工作绩效的降低，甚至出现离职现象。

在心理契约方面，中国移动北京公司侧重于提升管理者基于价值观的领导力，让他们率先垂范，关怀员工。公司要求管理者做到“视卒如婴儿，故可与之赴深溪；视卒为爱子，故可与之俱死”。企业明白员工产生心理问题的原因是什么，才能对症下药。通过调查，公司发现员工关心的主要问题是薪酬是否公开公平公正，职位升迁是否公平公正，团队氛围是否融洽，对管理者风格是否认可，工作成绩是否得到认同，另外还有一些工作环境的考虑。这些是影响员工心理契约的关键因素。

针对以上影响因素，中国移动北京公司做了许多工作。尤其是在涉及员工切身利益的管理制度上力求做到公开公平公正。从 2005 年开始，公司在员工的薪酬管理、教育培训、管理者竞聘等方面不断改进，保证“三公开”。在管理者方面实现五个转变：从命令发布者变成价值沟通者，从任务完成者变成团队引领者，从麻烦解决者变成问题预防者，从资源控制者变成任务协同者，从权力展示者变成学习示范者。

针对管理者，公司建立了素质模型，把企业文化和核心价值观的要求纳入管理者的素质模型之中，每年年末对管理者进行360 度行为评介，促使他们围绕五个转变和素质模型的要求不断提升自己的管理能力。同时，还对各级管理者进行大量的相关培训。以前，公司更多关心的是二三级管理者，如今还关注到800 多个班组长，这些人是承上启下的中坚力量。

通过把原来不同用工制度的两个工资坐标系合成一个坐标系，使大家都处在同一个从一级到最高级的坐标系里，中国移动北京公司的每个员工都可以凭借自己的努力从低到高发展。以前，员工的职业发展方向是成为管理者一条路，现在还可以通过专家路线、技术路线得到发展。

除减轻员工心理压力外，实施 EAP 还增进了团队的黏性和员工的工作积极性，降低了离职率。最明显的是公司下面的各个客服中心，员工很年轻，人数众多，压力普遍较大。公司通过分析，发现他们对职业成长比较关注，于是帮助他们制定切实可行的职业规划，开展多种培训项目，让他们认识到工作的价值和意义。通过实施 EAP，客服中心降低了离职率，减少了培训费用，更重要的是增强了员工积极工作的心态，提高了工作效率。通过 EAP，中国移动各级管理者也在发生变化，管理手段更加人性化，经营管理水平在提高。通过EAP项目，管理人员增加了管理压力的知识和能力，最终提升了组织和个人的绩效。

在“三位一体”的EAP模式中，心智模式也是重要的部分。它以员工的自我成长、心理资本优化和个体软实力提升为目标。2007年，公司提出了员工心智“七要素”——乐观、自信、激情、责任、坚韧、宽容和真诚。企业致力于培育员工的七种心智，目的是使他们成为睿智、快乐的人。

为了培育员工的七个心智，公司开展了一系列的活动，包括品牌活动和快乐分享活动。2009年，开展了400多场快乐分享会，相互分享快乐的体验；2010年，从“快乐故事”入手开展快乐分享活动，全公司上下搞了1400多场快乐分享会。征集了557篇快乐故事。2011年，公司还将开展快乐心智的分享。

通过心理契约解决员工工作中的问题时，需要运用管理手段。心智模式让员工保持积极快乐的心态，理性看待逆境和矛盾，这样员工会变得更加成熟和全面。前面两种模式取得成效后，员工遇到的压力和问题就会大大减少，余下的第三种方式即员工心理援助，是传统意义上的EAP，员工出现心理问题，通过心理咨询等方式寻求帮助。公司开设了心理热线，可以通过电话、短信、邮件、QQ等方式跟咨询师沟通。

从2007年到2009年，北京移动EAP项目的具体工作如下：

在2007年的EAP导入期，北京移动在市场营销部、财务部、网络运行中心、数据业务中心、顺义分公司、中心区分公司等7个部门和单位进行试点，进行了员工心理健康状况调查，搭建员工心理关爱平台，为管理者提供心理资本提升培训支持。

在2008年EAP深入期，除试点人群的EAP服务外，在公司全员范围启动了“奥运专项”支撑服务，同时初步建立了EAP管理系统文件筐，制定了《心理危机预防和干预系统》，培养了一批“小绿伞”心理学爱好者团体。

在2009年EAP提升期，将员工心理关爱工作从试点单位向全员覆盖延伸，并系统开展了EAP专员队伍的培养和建设，建立规范化、制度化的EAP管理体系。

北京移动EAP项目目前已经实现了“搭建一个平台”“组建一支队伍”“建设一套系统”的目标，实现了制度、人员和预防三到位。

制度到位：编撰拟定了公司的EAP内部管理制度。形成了经理人、班组长、EAP专员队伍等各层级员工的管理制度和指导手册，包括《班组宝典之班组长心理管理》《心的力量——管理者手册》《心的成长——EAP专员行动指南》等。

人员到位：组建和培养了自己的EAP专员队伍。从“小绿伞”爱好者团队到EAP专员队伍，北京移动一直致力于内部队伍的建设。组建了覆盖全公司各部门的EAP专员队伍。伴随队伍建设，制定下发了《北京公司EAP专员管理规定》、《EAP年度工作计划》等，对各级EAP专员的工作职责、管理机制、工作伦理守则及任职标准与期限等进行了规范，实现了从外部EAP模式向内外结合EAP模式的转化。

预防到位：建立了“心理危机事件预防与干预体系”。根据“心理危机事件预防与干预体系”，一旦公司出现心理危机事件，公司内部心理危机干预指导小组和心理危机执行小组可以协助外部EAP专业团队，积极、有效地预防员工心理危机发生，或在事件发生后将危机事件导致的负面影响控制在最小范围内。

EAP已经在北京移动扎根，打造乐观、宽容、责任、真诚、坚韧、自信的积极心智模式，取得了很好的员工心智提升效果。心理契约是企业文化的基石。到2012年，北京移动将打造360度关爱平台建设，将EAP与企业管理进一步有机结合，为企业与员工健康发展作出更大价值的贡献。

（3）提炼高效管理特质，精心培育执行文化

执行文化，就是围绕提高执行力而培育内部的思想理念和行为价值，把文化理念固化于企业的相关制度、岗位规范和流程标准中，通过人、制度和流程的高度结合使企业高效实现经营管理目标。执行文化是企业规范经营和管理的基本要求，多年来中国移动持续、高速的发展，得益于企业的高效执行和精益管理。打造优秀执行文化，是企业进一步应对竞争、追求卓越的根本途径，是转变增长方式、实现又好又快发展的坚强保障。

中国移动在精心培育执行文化方面的主要措施有：

①完善执行力理念系统。

将“卓越”价值观分解为与执行相关的衍生理念，结合企业的发展历程、行业环境和工作属性清晰界定行动准则。

②积极营造执行力氛围。

大力宣传高效执行的意义和方法，通过领导示范、典型引路、反面督导三管齐下的方式推进执行力建设。

③强化对战略目标的支撑。

明确战略目标和行动纲领，进行有效分解、细化和传达，使企业愿景转化为团队和个人的目标及任务。

④完善与执行力相关的制度建设。

梳理完善企业的各项基础管理制度，将柔性管理的思想导入规范执行的过程；用执行力效能指标库引导员工，建立高效的激励体系等保障制度。

⑤推行精细化管理。

持续优化组织、流程，推行精细化管理、低成本运作，探索集约化商业模式的转型。

（4）助力核心能力提升，积极建设创新文化

创新文化是企业对创新和创新管理活动具有导向、牵引作用的新型文化，是将自发创新转变为常态化集体创新的一种管理方式。创新是中国移动持续发展的不竭动力，是3G及后3G时代企业管理变革的工作要求，是履行“创无限通信世界，做信息社会栋梁”使命的重要途径。面对不断变化的行业运营格局、业务发展环境以及新经济、新任务、新技术的挑战和机遇，创新是中国移动成为世界一流企业的必然选择。

中国移动在积极建设创新文化方面的主要措施有：

①构建创新的理念和氛围。

构建有效促进企业发展的创新理念体系，形成“人人、处处、时时、事事”的创新局面，营造包容合作、求新求变、主动学习、积极应用的创新氛围。

②完善创新的制度保障。

制定创新管理办法，实施创新价值链管理，构建基于web2.0的创新交流平台，完善创新协同激励机制。

③完善创新所需的知识管理。

建立知识管理（KM）系统，利用集体智慧提高企业的应变和创新能力。

④创建学习型组织。

组建形式多样的学习型组织，全面提升战略决策能力、创新能力、资源整合能力和协同应变能力。

⑤开展形式丰富的创新活动。

通过正式和非正式、内部和外部、实体和虚拟组织等多种形式，努力打造创新生态系统。

案例：中国移动通信研究院的创新文化建设

近年来，中国移动通信研究院（以下简称为“研究院”）为落实国家自主创新战略，适应行业技术发展变化和产业融合趋势，积极进行创新实践，在移动

通信技术领域取得了丰硕的创新成果。同时，研究院的员工规模也在不断扩大，多元化的员工背景要求研究院建立一个统一的以创新为核心的文化体系，支撑技术创新工作的科学发展。2008 年底，研究院启动了“研究院创新文化建设”项目，该项目通过科学的方法对研究院的文化现状进行了诊断，并在此基础上提出了以反映研究院创新核心精神与员工行为准则为主要内容的《研究院 Breakthru 创新宣言》，提出了助推研发创新的相关举措和措施保障，搭建了 Ms-how 创新支撑平台。项目成果是以创新为全部内容的系统性文化体系，是中国移动企业核心价值观的细化和延伸。

1. 研究院创新文化建设项目背景

提高自主创新能力，建设创新型国家，是国家发展战略的核心，是提高我国综合国力的关键。中国移动的下一代网络关键技术与服务等被列为未来 15 年信息产业发展优先主题之一。作为中国移动技术创新的引擎，研究院能否在这些技术领域做出创新和突破，与企业能否贯彻实施国家自主创新战略，能否培养创新意识和精神，创造良好的创新文化氛围息息相关。

移动通信技术的创新成为这个行业能否保持可持续发展的关键。面临新的形势，要求中国移动必须提升自主创新研发实力。而企业技术创新的源头活水又在于企业的创新文化建设，创新文化是真正推动企业技术进步，提高国家行业竞争力的内在力量。

“正德厚生　臻于至善”的核心价值观体现了中国移动对“责任”的勇于承担和对“卓越”的不懈追求。作为国有重要骨干企业，中国移动始终以创新求发展，通过不断提高自主创新能力，打造了企业卓越的品质。正是这种对创新精神的不懈追求和对企业创新文化建设的身体力行促使中国移动一步步迈向卓越。

研究院肩负着做中国移动技术创新引擎的重大责任，树立了成为世界一流研发机构的目标，并已成为国家首批“海外高层次人才创新创业基地”。近年来，研究院员工迅速增加，呈现出国际化、年轻化、高学历、高素质、高智商等特点，来自不同方向和不同文化背景的员工齐聚一堂。多元化的员工背景要求研究院必须建立一个统一的以创新为核心的文化体系，并以此为依据构建创新管理制度和创新行为体系。

为了全面梳理和诊断研究院文化现状，通过对创新关键点的分析，定义并诠释研究院研发创新文化的内涵及其特点，在继承中国移动“正德厚生　臻于至善”企业核心价值观的基础上，总结和提炼出指导员工创新实践的创新宣言，建立研发创新文化管理模式，将创新理念深化到员工行为中，营造全员创新的氛围，明确助推研发创新的相关举措和措施保障，“研究院创新文化建设”项目得以启动。

2. 研究院创新文化建设项目成果

研究院创新文化建设项目主要采用了资料研究、环境分析、面对面访谈、问卷调查、标杆研究、集体讨论和深度汇谈等研究方法，采用了创新文化 E2SE 诊断模型，使用了美国组织行为专家奎因（Quinn）开发出竞争性文化价值模型、霍夫斯泰德企业文化分析模型。

项目形成了七个研究成果，分别是《中国移动通信研究院企业文化诊断报告》、《中国移动通信研究院 Breakthru 创新宣言》、Mshow 创新平台、《中国移动通信研究院创新激励体系建议》、《中国移动通信研究院创新文化实施方案》、《中国移动通信研究院员工创新行为指引》和《中国移动通信研究院创新文化培训教材》。

项目的各项成果之间具有严谨的内在逻辑，其中，《中国移动通信研究院企业文化诊断报告》是《中国移动通信研究院 Breakthru 创新宣言》、《中国移动通信研究院创新激励体系建议》和《中国移动通信研究院员工创新行为指引》三个成果的基础，在这三个成果基础上，形成《中国移动通信研究院创新文化实施方案》和《中国移动通信研究院创新文化培训教材》。Mshow 作为研发创新文化的落地平台，承载了理念传播、活动组织和行为导向的作用，是以上各项成果指导下的创新实践全方位的支撑平台。

《中国移动通信研究院企业文化诊断报告》发现了研究院创新文化的提升方向，是建立创新文化的基础。该报告对研究院自身环境、任务、过去与未来，以及创新文化的理念与标杆企业进行了深入的研究和对比，得出了研究院自身文化特点，即形成时间短，没有受到太多科层式文化影响；内生改变与发展的动力极强，组织使命对文化具有强大的牵引力，具有生产与聚合最新文化要素的优秀素质，所有这些特点，都是构成让研究院成为中国移动技术创新引擎和世界一流研究院的重要文化要素。秉承集团“正德厚生　臻于至善”的核心价值观，研究院应进一步细化价值标准：随时随地不断创新，最广最快进行聚合，坚守对人平等尊重。但同时也存在诸多问题，这些问题表现在：在文化理念层面，员工背景多元化，文化融合存在一定困难，统一的文化理念体系亟待建设；在组织层面，缺乏成体系的创新激励制度和相应的创新支持工具，学习、共享和沟通的平台不够健全，员工获取信息的渠道不够通畅；在员工层面，工作目标、工作计划与实际情况有时会有偏差，突发性工作较多，导致工作内容在时间、重要度上存在一定冲突，员工职业路径与心理路径存在差异。

《中国移动通信研究院 Breakthru 创新宣言》（以下简称《创新宣言》）明确而系统地提出了研究院创新的核心精神与员工的行为准则，是员工创新行为和组织制度建设的明确指引。创新宣言以肩负责任、追求卓越，以创新的人，进行有组织的创新为核心内涵，从研究院责任与目标、创新文化核心精神以及员工、管理者和组织的创新准则等方面对研究院的核心精神与创新准则进行了详细的阐述。

关于研究院的责任、目标和创新文化的核心精神，《创新宣言》明确提出：

我们的宣言——创新是我们生存的唯一方式；

我们的理念——通过创新从优秀到卓越；

我们的责任——做中国移动技术创新的引擎；

我们的目标——成为世界一流研发机构；

我们的核心精神——主动突破、平等尊重、科学（家）精神、客户至上。

关于员工、管理者和组织的创新准则，《创新宣言》明确提出：

员工——做创新型人才、实现自我驱动；

管理者——鼓励创新、充分信任、做“帮助者”和“服务生”、当“营销家”与“外交家”、努力成为“第五级经理人”；

组织——建立基于战略发展的组织结构、追求组织效果和效率、有效激励和管理创新、增强团队自主决策权、提倡高效会议、坚持在线文字记录、追求知识工具进步、建立广泛外部协作、不断推动创新飞轮。

为更好地宣贯和推广《中国移动通信研究院 Breakthru 创新宣言》，该项目创新性地开发了“Mshow 创新平台”。平台 logo 取自“Show Me and Show The Mobile”之意，定位于研究院创新文化的展示窗口、人人参与的创新文化落地平台和组织内部无障碍的沟通交流平台。目标是搭建创新的桥梁、激发员工创新意识，培养员工创新习惯，营造全员创新氛围。Mshow 隶属于研究院内部网站的一部分，结合了流行的以个人为中心的 SNS 网站和传统的 BBS 论坛的优点，有针对性地组织内容，聚集人气。

为了以激励为主体，对员工的创新行为进行正向反馈，使员工“相信”鼓励创新的明确信号，并成为创新行为的牵引力，该项目制定了《中国移动通信研究院创新激励体系建议》。建议表述了创新激励的原理与激励措施，从建立创新激励体系的方针和目标、组织机构与职责、创新奖励、创新激励制度、流程、运作机制建设、激励制度的量度以及激励制度的持续改进机制等方面对创新成果的激励点与激励量度提出了建设性的建议。针对如何推进创新激励制度建设，提出了自愿组建虚拟创新团队、自愿选择项目、记录创新全过程、多媒体展示创新、举办创新节、发起创新活动与论坛等建议方案。

在《中国移动通信研究院创新文化实施方案》（以下简称《方案》）中，提出了创新文化建设落地“知信行”具体的步骤，落实的基础策略与关键策略。《方案》明确提出了通过建立传播机制、培训机制、活动机制以及反馈机制作为研究院创新文化落地实施的基础策略；通过整合内部共享信息平台、建立和实施创新激励体系、修订和完善人力资源相关措施以及优化组织结构与制度等举措作为研究院创新文化落地实施的关键策略。实施方案是指引从创新理念、行为准则到创新行为的桥梁；是从宣贯到活动到长效机制建设的详细部署。

根据《创新宣言》提出创新行为准则，制定了《中国移动通信研究院员工创新行为指引》，作为一部言简意赅的员工行为指南与管理者行为指南，据此可以改变个人行为和组织行为，使之更适应创新的要求。针对员工提出：牢记创新核心精神、质疑传统假设、当自己的老板（激励和管好自己，不撞红线）。针对管理者提出：不对任何创意说不（倾听直到别人说完，并从他的角度进行思考）、安排时间与资源（真正鼓励创新）、主动授权让别人去做（记住组织中总有人做得比自己更好）、帮助和服务同事（关注同事所需的帮助和支持并马上去做是没错的）、主动将创新告诉他人（不要显得对创新无动于衷）、专注于与同事一起建立持续卓越的业绩（人人都可能成为第五级经理人）。

为了让员工理解研究院创新文化的来源、本质，通过一些典型的事例，来进一步阐述了创新的重要概念和准则，最终力图使创新文化理念体系变为个人与组织的创新行为，编写了《中国移动通信研究院创新文化培训教材》，说明了创新文化的假设、创建逻辑、具体内容与实施方向。

为完成研究院创新文化的建设目标，切实推动各项创新工作的开展，研究院以《研究院创新文化建设项目》的各项成果作为行动指南，有针对性地开展了各项创新实践活动。

1. 结合自身特点，设计并推行了专家价值回报体系“大 H 制”

研究院的“大 H 制”为员工提供了两条职业发展阶梯：一条是管理，另一条是技术。阶梯层级结构平等，每一个技术等级都有对应的管理等级，并给予不同阶梯中同级别的人相同的地位和报酬、待遇。不断完善的“大 H”制度体系将最大限度地保护和激发员工的创新激情。

2. 制度建设以人为本，设立具有研发特色的“弹性工作制”和“导师制”

研究院的组织特性决定了必须要营造一种宽松、自由、平等的氛围。为此，研究院进行了人性化的弹性工作制、导师制。员工在完成规定的工作任务或在工作时间长度的前提下，可以在一定范围内自由、自主地安排工作的具体时间，以代替统一的固定上下班时间。弹性工作制体现了以人为本，追求知识性员工的工作效率而非控制其工作时段与过程的管理思想。每位新员工在入职时都会有指定的导师，这位导师通过正式与非正式的途径将自己的知识传授给新员工，使新员工在新的工作岗位上能够更好地适应和发展。"导师制"为新员工的快速成长提供帮助与辅导，实现了经验和知识在组织内部不断的共享和延续。

3. 组织"创新文化月"、"创新文化节"系列活动，营造创新氛围，推广创新品牌

为了面向产业打造中国移动通信研究院技术创新引擎的品牌、对外弘扬研究院理念国际化、思维开放性、管理人性化的技术创新形象，塑造中国移动"移动信息专家"的技术引领形象，研究院结合"研发创新文化建设项目"发起了研究院创新文化月的主题活动。创新文化月先后举办了"高科技企业的创新之路——创新管理论坛"、"中国移动首届大学生创新大赛颁奖典礼"、"2008年度移动Labs博客嘉年华"。研究院全体员工、集团公司相关领导、业内专家学者、行业合作伙伴以及一批对通信行业充满创新激情的在校大学生参加了活动，形成了品牌效应。

2010年7月21日，研究院创新文化节在北京隆重开幕，拉开了创新文化节的序幕。开幕式上，更有专业艺人表演了激情四射的鼓乐舞蹈，代表了中国移动研究院人对于创新的无限激情。中国移动研究院创新文化节由研究院主办，宗旨是全面宣贯《中国移动研究院 Breakthru 创新宣言》，对内加强内部沟通、分享创新感悟，引导员工的创新行为，引爆员工的创新激情；对外打造和推广研究院技术创新引擎的企业形象。创新文化节自开幕至2011年初结束，在整个文化节期间安排了众多异彩纷呈的活动，举办了"我的创新感言"征选、员工创新大赛、"我的创新历程"分享会、跨界创意体验等一系列活动。所有的活动都旨在激发大家对创新的进一步学习与尝试，使创新成为大家日常的思维习惯。

4. 组织"无所不能的创新、无处不在的感动"为主题的感动研发征文暨演讲比赛

为使全体员工更好地理解创新的内涵和意义，同时加强员工间的内部沟通、分享感人事迹、展示员工风采、激发员工创新激情，借迎接新中国60华诞的契机，举办了"无所不能的创新、无处不在的感动"为主题的感动研发征文暨演

讲比赛，同期，成功发布了研究院《创新宣言》和 Mshow 创新平台，为研究院创新文化的推广和落地起到了极好的宣贯作用，增强了员工的归属感，提升了组织的凝聚力。同时，还成功出版了《感动研发征文集》，该《征文集》共收到征文 84 篇，近 22 万字，从多角度、多方位收集和编纂了研究院成立以来，在员工创新工作中的点滴感人事件，《征文集》的成功出版，不仅丰富了研究院的文化内涵，还对研究院优秀文化的积淀起到了积极的促进作用。活动从整体策划到实施，覆盖面广、影响力大，将创新理论和创新实践相结合；同时，创新了企业文化传播的方式，将体系建设、活动落地和平台建设同步进行，多角度、立体式推动创新文化在研究院的传播，对于在研究院内弘扬创新精神、营造创新氛围起到了积极的作用。

5. 着力打造自由开放“无限论坛”

为了弘扬“自由、开放、专业、平等”的创新精神，研究院自发组织了每周一次论坛交流活动——无限论坛。活动形式是主题分享、问题解答、互动讨论，主题不仅包括通信、互联网领域，还涵盖了天文、地理等领域。目前，无限论坛从原来的内部交流活动平台，发展成为一个专注于通信、互联网领域，邀请权威业界人士与移动人对话的高端平台。无限论坛为通信、互联网行业人士之间及行业人士与中国移动员工之间，提供了一个分享经验、探讨行业的自由而开放的平台。

（5）积极承担社会责任，努力营造和谐文化

和谐文化是通过员工对企业各要素积极有效的认同，从而达成企业各个子系统与社会环境之间均衡、协调、有序状态的管理思想。和谐文化是企业持续发展的基石，是维护行业健康发展的关键要素，是履行社会责任的重要体现，是创建和谐生态环境的时代要求。

中国移动在努力营造和谐文化方面的主要措施有：

①完善和谐理念体系。

深度挖掘内涵，构建和谐社会、和谐共赢、和谐服务等一系列理念体系，形成和谐企业的指导思想。

②努力构筑和谐企业氛围。

统筹好企业改革、发展、稳定的关系，营造思想和谐、关系和谐、利益和谐、能力和谐、协作和谐的“五和谐”企业氛围。尊重员工权益，完善劳动合同，建立和谐劳动关系。

③建设和谐家庭、社会。

将和谐文化向外拓展到家庭和社会，把和谐创建活动同社区、群众性精神文明创建活动结合起来。

④营造和谐发展环境。

积极构建和谐行业，助力建设更加开放、共赢的商业合作平台。

⑤助力和谐生态环境。

通过继续推动绿色行动计划，完善环境管理，提升环境效益，做节能减排、绿色环保的表率。

⑥培育和谐人文环境。

加强网络文化管理、净化无线互联网环境，同时积极传播人文之美、地域之美，弘扬健康向上的和谐文化。

⑦积极承担社会责任。

致力于经济、社会与环境的和谐发展，助力城市与农村信息化、数字化建设，持续为相关方创造价值，展现“负责任”和“最优秀”的企业形象。

（五）中国移动企业文化建设取得的主要成效

中国移动的企业文化建设取得了如下成效：

1. 全集团企业文化理念实现统一

2006 年前，中国移动各个省公司企业文化核心体系架构不尽统一，表述各不相同。新的企业文化理念体系建立以后，通过三年的实施，在集团上下基本形成了三个一致：一是企业文化核心理念体系层的表述一致，二是在企业文化制度行为层的导向一致，三是在企业文化的物质层的表现一致。

2. “One CM”战略成效显著

作为新跨越战略的重要基础工作，新企业文化理念体系的建立和推广，有力推动了“One CM”（一个中国移动）的目标实现，为企业在新形势下的变革奠定了基础。集团的财务集中、采购集中等工作顺利开展，全集团的规模效应和协同效应得到了充分发挥，运营效率与管理水平上了新的台阶，企业的可持续发展的能力得到了极大提升。

（1）深入推进了集中采购，有效降低了采购成本

集中采购工作以集中化、标准化、信息化和公平公开、合作共赢为指导，重点在两级集中采购体制建设、标准化研究和应用、推广信息化应用、供应商合作与管理、采购物流一体化的集中供应体系等方面取得成效，显著降低了采购成本。

（2）稳步推进了全集团范围的省公司层面财务集中管理，全面实施了由三级会计核算体系向两级转变的财务管理体制改革

以财务集中管理为契机，从全局角度前瞻性地规划设计，建立了统一的全集团财务信息化整体规划，归并同质功能，优化资源配置，强化系统控制，降低管理风险，努力实现了全集团财务管理系统的标准化、统一化和规范化，全面提升了财务管理水平。

（3）持续推进了新业务的集中化管理与深度运营

公司持续推进新业务的集中化管理，加强了产品规划的系统性和统筹性，提升了基地管理能力，提高了产品影响力和对客户需求的响应能力。

（4）以“标准化”为核心，完善了“集中化”运维管理体制

公司针对运维集中化改革中存在的省间差异较大、优秀经验缺乏固化等问题，在业务管理层面推进了流程的标准化，在设备管理层面开展了各专业设备告警和故障处理标准化。

3. 干部员工的认同度不断提升

经过三年的系统建设，干部员工对新企业文化理念体系的认同度不断提升。2006 年第三方测试评估，企业文化理念的认知达到 92.32%。2007 ~ 2010 年，企业文化认识度，认同度不断提升。同时，数据也显示，企业文化的认同度和员工的业绩呈现较强的相关性。这些情况说明，融合后的企业文化，得到了广大员工的认可和认同；在新的企业文化理念下，全体干部员工呈现出较强的凝聚力、忠诚度和执行力。

（六）中国移动企业文化建设的经验与启示

总结从 2001 年公司成立到 2010 年的公司转型，中国移动在企业文化的建设中，既着眼于大局，从整个企业的战略和发展角度规划、部署企业文化的建设，全面构建企业文化建设的格局；也强调讲究工作方法，注意把握规律，找好着力点，充分运用现有资源，有力提升了企业文化建设的水平和能力。

中国移动在企业文化建设中，强调三大导向和四个着力点。三大工作导向为：

一是体现和谐。中国移动企业文化建设必须紧扣时代脉搏，响应建设社会主义和谐社会的号召，积极促进企业承担经济责任和社会责任，做优秀企业公民，实现企业、员工、社会的共同进步，促进社会的繁荣与和谐。

二是致力典范。中国移动企业文化要致力成为中国企业企业文化建设的典

范，企业文化品牌应成为企业品牌的核心组成部分。通过中国移动的企业文化建设，塑造中国移动良好的社会形象和企业品牌形象，为中国移动经营发展和无形资产的积累作贡献。

三是突出软实力。中国移动企业文化建设的重要成效是增强企业的软实力，通过中国移动领导与员工战略思想的统一和内在精神世界的提升，最终达到业绩的增长和品牌的增值。

四个着力点即“建机制、搭平台、树典型、见实效”。

一是“建机制”，把短期的工作规范化、长期的工作制度化，复杂的工作系统化、定性的工作具体化，建立长效机制，强化基础管理，使企业文化管理成为日常工作的重要组成部分，逐步步入良性的发展轨道。

二是“搭平台”，善于搭建企业文化实践、传播和宣传的平台，让基层单位、优秀人物展示风采，让文化管理者、文化研究者交流经验，促进优秀成果的总结提炼和优秀文化基因的复制推广，为充分发挥企业文化的规范、引导和激励作用创造条件。

三是“树典型”，在企业文化的建设中，善于发现典型，树立典型，加以宣传和推广。既激励先进，带动后进，也充分发挥标杆作用和示范作用。逐步形成共同进步、不断超越的良好局面。

四是“见实效”，善于分析形势、抓住主要矛盾，围绕生产经营实际扎实开展工作。既注重形式，更注重实效，通过切切实实的工作成果、工作效果来赢得各级领导干部的认可和重视，争取广大员工参与和支持，为企业文化工作的深入持续开展奠定基础。

中国移动的企业文化建设带给我们以下方面的重要启示：

1. 以 EAP 为载体促进关爱文化的有效落地

2005 年，中国移动开始在广东公司客服（东莞）中心等十多家省公司开展 EAP 项目试点工作，之后在全集团推广。目前，全集团已有 28 个省（自治区、直辖市）公司实施了 EAP 项目，覆盖员工超过 20 万人。通过实施 EAP，中国移动在关爱基层员工、缓解工作压力、提升心理资本、创新思想工作、辅助企业管理等方面取得了显著成效，受到了国内外企业的广泛关注。

21 世纪，人类进入知识经济时代，知识成为社会经济形态中的主要生产要素。人作为智力、知识、信息、技术的载体，被誉为第一资源，其重要作用受到广泛重视，如何调动员工的工作热情成为学术界和企业界共同关注的焦点。同时，随着经济的发展，人产生了一些重要的变化：首先，人们的物质文化生活水平在不断提高，信息交流日益方便，人们的思想得到了极大解放，其社会价值也在不断提升，个人已不满足只是作为工作的工具而受到控制和管理，都希望成为命运的主人，因此，人与人、人与组织的交流就必须以民主、协商、公平作为出发点和最高行动原则。其次，个人素质和收入的提高，导致他们的追求更加广泛。劳动不再是单纯的谋生手段，教育和富裕改变了人们的价值观，人们的工作价值观由工具性转变为精神性，越来越多的员工把工作看成是自己实现个人社会价值的重要手段，在工作中寻找人生的意义。在这样的背景下，人本管理成为21世纪最受关注的管理方式。人力资源管理也经历了从以“商品人”理论为核心的雇佣管理模式到以“知识人”理论为核心的人力资本运营模式的变迁。

“以人为本”的人力资源管理强调员工在企业发展中的主体地位，一切从人性和人的需求出发，尊重员工的选择，满足员工的多样化需求，给员工提供更大的发展舞台和更充分的发展条件，并努力实现人的价值的最大化。因为只有实现了人的价值的最大化，才有可能实现企业价值的最大化。

在企业“以人为本”的人力资源管理中，对员工的健康管理成为其中的重要组成部分。从企业文化的角度来看，员工健康管理实际上是“以人为本”的企业文化在人力资源管理领域中的具体体现。企业实施员工健康管理，是将员工的身心健康置于举足轻重的地位，通过一系列的预防和诊治行为提高员工的健康水平，体现了企业对员工的人文关怀，同时也为员工价值最大化创造了更好的条件，因而，员工健康管理与“以人为本”的企业文化密不可分。员工健康，不仅包括身体健康，也包括心理健康。中国移动在企业文化建设中，率先在中央企业中启动了EAP项目来提高员工心理健康，充分体现了人本管理的思想，有效促进了公司关爱文化的实施。

2. 以流程穿越等活动将企业文化建设融入企业经营管理

“流程穿越”就是让业务流程的制定者、管理者、支撑者等与流程密切相关却极少执行流程的人员，以普通的流程执行者的角色按照流程规则实际执行流程，直接到客户接触层面进行现场体验的方式，使企业内部相关人员真切感受企业的实际运营状况和客户服务的水平。“流程穿越”的原理是通过现场体验以及与客户的面对面接触，促使在行动中转变固有思想；通过公司内部人员的广泛参与，形成全公司观念转变的动力；同时以跨部门联动的形式打破部门的边界，加强相互理解，从而推动主动性的内部合作。通过流程体验可以真切感受实际流程运行情况，发掘服务流程中的亮点，深刻认识客户服务中存在的问题。

传统的电信服务流程是在传统管理体制下逐步形成的，虽然随着企业的不断发展和管理体制的相应改革在不断改进与完善，但没有从根本上跳出原来以企业职能管理为中心的框架。传统的电信服务流程强调的是部门之间的职责分工，而不是从客户需求出发，以客户满意为最终目标。流程设计人员往往远离流程实际，缺乏实践感受和经验；后台支撑流程也往往面向职能开展工作，远离客户。“流程穿越”可以帮助电信运营商加强前后台在流程执行上的无缝衔接、调动各职能部门和不同管理层面，围绕客户满意这一工作中心，形成系统配合的局面，以此推动企业由职能化管理向流程化管理转型，破解部门的协作壁垒，真正提高管理效率。

从2007年开始，中国移动引入“流程穿越”活动，使企业的各级管理者直接和一线管理人员、企业客户和生产流程互动，树立起以客户为本的服务文化。据统计，2008年集团总部各部门参加穿越人数共计168人，其中部门总经理24人、三级经理81人、项目经理63人，穿越任务达500余项次，发现和解决问题370余条。全集团穿越总人数达17067人，穿越任务项次约25190项，发现问题约12161条，发现的各种问题正在有效解决之中。通过“流程穿越”长效机制的建设，企业文化理念体系中关于对客户的承诺，开始真正融入各级管理者的意识之中。

电信运营商直接面向客户，对客户的争夺是近年来电信运营商竞争的焦点。国外的客户流失分析数据表明：15%的客户选择离开是为了更低的价格，15%是因为更好的产品，而高达70%的客户离开是源于糟糕的服务。随着我国电信市场的逐步成熟以及竞争的加剧，对客户的增量竞争逐步转为存量竞争，客户经营成为当前电信业的竞争中心。在同质化特征明显的电信市场，运营商之间的竞争已经从低层次的价格战，向以品牌、业务和服务为内涵的竞争转变，服务经营水平是竞争能力的关键。不断进行业务创新和服务创新，通过服务优势获取竞争优势已经是大势所趋，高水平的客户服务是电信运营商确立竞争优势的保障，提升客户服务质量进而提高客户的满意度和忠诚度是通信公司在竞争中取胜的重要法宝。作为服务性行业，这种优势很大程度上体现在客户体验和感受的流程上。因此，如何有效地优化电信服务流程，成为当前电信业竞争的一个战略焦点。中国移动以企业文化建设为切入点，充分运用“流程穿越”活动来提升服务水平，使服务文化的理念深深融入了客户服务工作，强化了员工的服务意识，提高了服务的人性化，从而使文化建设与客户服务、品牌塑造工作紧密结合，达到了“内强素质，外塑形象”的理想效果。

中国移动的企业文化建设工作之所以能够紧密结合企业经营管理的实际，是因为中国移动强调企业文化在管理中形成、在管理中发展。中国移动注重将企业文化建设融入到企业经营管理实践，使企业文化理念在经营管理实践中得到体现，从而有效实现了文化与管理的紧密融合。

3. 以星级示范点建设带动集团内部的标杆学习

中国移动从2007年开始进行企业文化示范点评比。通过创建、评选、表彰、交流等系列工作，一批业绩突出、管理先进、文化优秀的示范单位脱颖而出，中国移动以星级示范点建设很好地带动了集团内部成员单位之间的标杆学习。

标杆学习是以同行业或跨行业一流单位的最佳实践为基准，对本单位进行比较、分析和判断，使自身不断得到改进，从而赶超一流单位，创造优秀业绩的一种有效学习方法。标杆单位的选择可选择本行业内先进单位作为标杆，也可选择本单位内的先进部门或单位作为标杆。通过组织参观学习，了解自身的差距在哪里，以提高自身的学习能力和绩效水平。

20世纪70年代末，施乐公司首先提出了标杆学习。20世纪80年代初期，施乐一直将自己的质量管理策略定位成一张三脚板凳，其中之一就是标杆学习。1989年，施乐公司的后勤运作专家兼工程师坎普（Robert Camp）出版《标杆学习：寻求行业最佳典范以达成卓越》一书，以后勤作业和配销为例，详细描述了他在施乐公司进行标杆学习的七年经验，具体提供了现有流程步骤以及可能获得的成果。由此标杆学习思想迅速被众多全球知名企业如IBM、美国电报电话公司（AT&T）、摩托罗拉（Motorola）、杜邦（Du Pont）、3M、Digital等多家企业采用，成为这些企业巩固领导地位的管理利器。

中国移动企业文化示范单位成为承接组织文化落地到基层的重要环节，成为企业文化建设和管理的优秀典范和排头兵。中国移动实行“多级联动、分层管理”机制，逐步将示范工程拓展到县级分公司、基层班组。从而多角度、全方位扎实推进示范点建设，推动示范点建设全面均衡发展。中国移动还通过文化品牌活动以及品牌工程的打造，积极传播文化管理的实践成果。对内，分区域、分层面、分内容组织广泛的交流学习；对外，通过文化传播平台，输出管理、输出形象、输出情感，有效发挥出企业文化的辐射作用。中国移动企业文化示范工程，是基于行业地位、治理模式、运营特点而形成的一种独特而有效的文化管理模式。

附：中国移动通信集团企业文化实施纲要（2009—2011年）

党的十七大报告明确指出，文化成为民族凝聚力和创造力的重要源泉，成成为综合国力竞争的重要因素。历经10年扬帆奋进，中国移动取得了持续快速的发展，综合实力不断提升。当前，企业的内外部环境发生了重大变化。面对新时期的机遇和挑战，中国移动企业文化将与时俱进，紧密围绕“从优秀到卓越”的新跨越战略，全面深入推动文化管理，增强国际竞争力和国际影响力，促进中国移动全面、协调、可持续发展。

第一章　历史回顾与工作目标

一、2006~2009年中国移动企业文化建设回顾

2005年，中国移动对公司的发展历程进行了全面回顾，深刻总结了发展实践中凝聚并凸显出来的文化品质和内涵，形成了以“正德厚生　臻于至善”为核心价值观的企业文化核心理念体系。2006年起，按照“知、信、行”的工作思路，全集团实施了企业文化三年规划（2006—2008），启动了制度、人才、品牌、知识、示范“五大工程”，取得良好成效：企业核心价值观得到深入传播，ONE CM战略得到充分体现，企业凝聚力不断增强，优秀的企业文化示范单位和成果不断涌现。文化软实力的提升促进了中国移动的和谐发展。

同时，企业文化工作仍有广阔的提升和完善空间：企业核心价值理念需要进一步融入组织运营和管理的各个环节，有力指导实践；企业文化建设的实施、评估、反馈、改进工作需要更加有效衔接，形成闭环管理。因此，要充分发挥新时期文化软实力的作用，必须从总体上推动企业文化建设进入新的阶段——用“文化管理”来统领整个企业文化的建设。

二、中国移动文化管理的背景和内涵

新形势下，中国移动要以广阔深远的战略视野、高度自觉的责任意识和兼济天下的胸怀，为中国企业的文化建设开辟新航路、树立新典范，使企业努力实现更高水平、更宽领域的科学发展。

1. 新时期文化管理的背景

对世界管理100年和中国管理30多年历史的发展阶段、特点以及趋势的研究表明，当代企业管理已经进入了将文化和价值因素融入管理的多维管理时代。

文化管理，是企业响应新形势下市场要求、实现跨越式发展的重要管理变革，是企业和产品进入成熟期后与发展模式转变相适应的管理方式，是现代组织结构多元化、扁平化、虚拟化对企业管理的新要求，是全球化进程中企业实

现可持续发展的重要途径。

2. 中国移动文化管理的内涵

文化管理是科学管理的创新和发展。中国移动的企业文化将逐步向文化管理阶段迈进，通过文化软实力提升竞争优势。

（1）中国移动文化管理强调在“正德厚生 臻于至善”核心价值观的指引下，充分彰显“以人为中心”的理念，把尊重人、关心人、激励人、满足人、发展人作为新时期组织管理的重要目标。

（2）中国移动文化管理强调企业核心价值理念在组织中的深度融合，固化于制度，应用于实践，形成优秀文化管理模式，深入解决管理中“问题背后的问题”（QBQ）。

（3）中国移动文化管理强调文化软实力的转换和提升，通过对优秀文化管理模式的总结、提炼、完善、应用和推广，使文化软实力成为推动企业持续发展的核心竞争力。

3. 中国移动文化管理的理论指导

管理学研究发现，文化管理的核心目标是实现人、组织、社会的和谐统一和全面发展。在实践中，文化管理的本质在于通过价值观在企业管理的融入和应用来产生良好的经营成果和社会影响。心理学认为，人对价值观的体认包含知、信、行三个由浅入深的层次。认识论表明，人类新知识的形成包括研究探索、总结提炼、应用拓展三个不断积累的阶段。

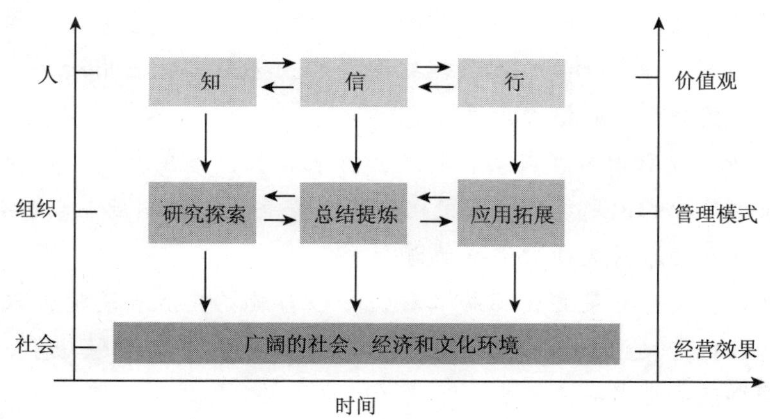

图4－4 文化管理本质

基于以上认识，中国移动通过对文化管理模式的探索，形成了具有实效的理论模型。中国移动的文化管理，致力于培育高度认同和践行企业核心价值观的卓越人才、深度承载和彰显企业核心价值观的卓越组织，并持续与社会环境进行良性互动，实现人、组织、社会共同发展的和谐局面。

三、2009—2011年中国移动企业文化工作目标与指导原则

1. 2009～2011年文化管理的总目标

中国移动2009～2011年企业文化工作的总体目标是：以科学发展观为指导，积极响应新形势下企业发展的战略要求，围绕“正德厚生 臻于至善”的核心价值观，全面、深入、持续推进文化管理，提升企业文化的凝聚力、战斗力和感召力，推动企业全面协调可持续发展。

2. 2009～2011年文化管理的指导原则

战略匹配：全业务运营环境下，新战略对全员的思维模式和行为模式带来根本性变革，要求文化管理对新的发展思路、业务模式、服务模式在理念上做出明确的指导。

以人为本：必须充分发挥人的积极性、主动性和创造性，立足于以信息服务产品满足人们日益增长的文化需求，坚持“对内以员工为本、对外以客户为本”的工作导向。

尊重实践：在文化管理的推进过程中，遵循“源于实践、回归实践”的要求，继承优良文化传统，广泛吸纳优秀文化因子，把文化工作与经营管理工作紧密结合，以实践成效检验工作成果。

深植管理：必须建立与管理制度相匹配的文化，在经营管理工作中融入核心价值观的内涵，以文化融合促进网络融合、业务融合、应用融合，通过文化管理来构筑和提升企业的核心竞争力。

鼓励创新：鼓励学习、应用、创造，博采众长，为我所用。以开放创新的思维来解决发展中的问题。以企业文化创新为先导，推动制度创新和业务创新，真正为企业注入健康持久的文化推动力。

注重传播：大力开展文化品牌工程，加强与外界交流和沟通，以卓越的服务和产品传播优秀文化，进而赢得社会各界的高度赞誉和广泛认同，使中国移动成为广受公认的世界一流企业。

3. 2009～2011年文化管理的阶段目标

未来三年，中国移动按照文化管理“研究探索、总结提炼、应用拓展”三步走的策略，努力从理念演进、组织模式优化、竞争力转换三个层面来提升阶段性工作目标（见表4－2）。

表4－2　中国移动文化工作阶段性目标

工作主体	第一阶段 “研究探索”	第二阶段 “总结提炼”	第三阶段 “应用拓展”
市公司、省公司、集团公司	持续宣贯“正德厚生　臻于至善”的核心价值观，细化、丰富相关的理念阐释	在企业运营中对核心内涵进一步丰富、深化、应用	加强在推广过程中对新内涵的总结提炼，并在此基础上进一步优化和固化
市公司、省公司	探索企业价值理念体系在管理中的应用，制定与之相匹配的制度	完善制度，推进应用，逐步形成文化管理模式	在既有模式基础上不断深化和优化，积极开展应用、创新活动
集团公司、省公司	确定应用框架和发展方向，推动管理应用并对成果考核、激励	文化管理模式的优选、评估分析和标杆确定	标杆模式的提炼、推广、应用，框架的修订完善，确立新的演进方向

在纵向组织维度上，要发挥自上而下和自下而上两种力量，强调不同主体的工作要求和工作重点。三个层面与文化管理内涵的三个方面相对应。在横向时间维度上，遵从“认识、实践、再认识、再实践”的认识论逻辑，推动工作的完善和提升。在实践中，三个层面工作相互融合，循环提升，实现中国移动文化管理的不断演进。

4. 2009～2011年文化管理的主要内容

2009～2011年，中国移动文化管理要积极响应新时期战略发展的需求，服务大局，实施价值观管理、示范工程推动、标杆管理体系应用三项基础工作，积极彰显服务文化、关爱文化、执行文化、创新文化、和谐文化五大文化特色，以文化软实力夯实核心竞争力。

第二章　实施三项基础工作 提升文化管理能力

一、实施价值观管理

1. 工作意义

核心价值观是企业核心竞争力的内核，能否确立、坚持并传播优秀的价值观成为公认的衡量组织成功与否的重要标准。价值观管理是一项长期性、基础性工作，企业通过价值观对员工和组织的持续内化过程，营造上下同娱、共建共享的组织氛围。

2. 指导原则

坚持“正德厚生　臻于至善”在全集团企业价值理念体系的核心和主导地位；坚持“以人为中心”的价值准则；坚持“围绕经营、注重实践”的工作原则；坚持继承和创新并重的工作方法。

3. 主要措施

(1) 价值观内涵管理

价值观梳理规范：坚持“正德厚生　臻于至善”的核心基础，定期开展督促指导工作，系统梳理实践中的价值观，巩固价值观的主导地位。坚持纠正严重偏离、脱离集团核心价值观的理念和行为。

价值观演化分解：在以“责任、卓越”为核心要义的基础上，丰富和发展现有的价值理念体系。横向补充作为组织内部人际关系基本准则的辅助价值观。纵向探索在经营哲学、职能理念直至行为规范层面的细化工作，形成对经营管理工作有实践指导意义的理念体系。

(2) 价值观传播管理

建立传播平台，有效利用新载体强化互动传播，完善针对各个组织、不同层次的传播体系；建立传播工作长效机制，注重传播的连续性、及时性、有效性，促进价值观在组织中形成广泛共识。

(3) 价值观应用管理

核心价值观与制度匹配，是保障企业文化得以执行的关键。基于核心价值观调整和完善管理制度，注重价值观在精神、制度、行为三个层面的落地，发挥价值观的牵引作用。

在实践中，要探索将价值观的践行作为人才选拔、晋升的重要基准，落实到岗位规范；各级领导要身体力行，成为践行价值观的表率；持续推动“星光工程”，深度挖掘、传播新时期优秀的典型人物事迹；不断丰富完善企业文化优秀案例库，以“身边人”和“身边事”的形式激励员工，彰显价值观的核心要义。

二、纵深推进示范工程

1. 工作意义

中国移动企业文化示范工程，是基于行业地位、治理模式、运营特点而形成的独特文化管理模式。示范单位是承接组织文化落地到基层的重要环节，是企业文化建设和管理的优秀典范和排头兵，是通过卓越的信息服务使企业文化作用于社会的窗口。

2. 指导原则

坚持把示范点作为践行集团核心价值观的优秀典范；坚持“立足发展、勇于创新、注重实效”的工作原则；坚持文化先行、主动传播的工作方式。

3. 主要措施

（1）纵深推进：实行“多级联动、分层管理”机制，逐步将示范工程拓展到县级分公司、基层班组。多角度、全方位扎实推进示范点建设，推动示范点建设全面均衡发展。

（2）有效激励：有效运用激励措施建立示范工作长效机制，完善荣誉体系，调动创建积极性，促进年度工作的全面协同开展。

（3）应用完善：通过示范点加强文化管理在企业中的实践，在具体实施过程中把实际成效作为检验、评价的标准。系统推进、重点突出，通过成果借鉴和主动创新不断提升文化管理水平。

（4）内外传播：通过文化品牌活动以及品牌工程的打造，积极传播文化管理的实践成果。对内，分区域、分层面、分内容组织广泛的交流学习；对外，通过文化传播平台，输出管理、输出形象、输出情感。探索综合性企业文化示范中心的建设，进一步发挥企业文化的辐射作用。

三、应用推广标杆管理体系

1. 工作意义

企业文化标杆管理体系是中国移动推进文化管理的重要载体。它借鉴世界先进企业文化管理模型，有效整合了企业内外部优秀文化管理实践成果，构建了企业文化发展演进的重要平台。

中国移动文化标杆管理体系包括指标体系、系统平台、标杆案例、积分办法、组织机构、系统应用六部分。其核心指标体系以价值观为核心，落实到战略运营、目标愿景、企业责任、核心价值观、管理控制、协调配合、员工参与、团队导向、员工发展、组织学习、创新变革、客户导向12个一级维度以及28个二级维度，涵盖了组织文化与经营管理相关联的核心部分。

2. 指导原则

坚持以集团核心价值理念为体系的根本统领；坚持以实践成效作为标杆的衡量基准；坚持系统分析、综合借鉴、闭环管理的应用原则；坚持开放学习、融合创新、追求卓越的工作导向。

3. 主要措施

（1）完善基础案例库

对企业以往的文化建设成果加以提炼、整理，以案例的形式分类汇总到系统平台；有针对性地收集国内外先进企业的优秀案例，丰富完善充实文化管理案例库。

（2）确立文化管理标杆

集团、省公司将具有创新性以及经过实践检验的卓有成效的文化管理模式运用于体系，确立为标杆，在系统分析、完善提升的基础上定期推广。

（3）深化文化管理的评估

重视企业文化评估的分析和应用，完善文化管理的评估办法，有效整合过程性和结果性评价工作，形成理念、制度、行为三位一体的评价体系。

（4）支撑文化管理的决策

在企业文化评估的基础上，对标优秀案例，制定和完善文化管理的指导意见，拟订提升改进计划。

（5）完善标杆管理体系

根据动态应用情况，定期调整指标体系的一级、二级维度，持续完善运行体系，促进文化软实力在企业运营过程中功效的发挥。

第三章　彰显五大文化特色 以文化管理提升竞争力

知识经济时代对文化管理提出了诸多要求：服务制胜，带来以客户为导向的思考；传统理性管理的缺陷和不足，带来人文管理的关注和升华；知识经济下脑力劳动比重增加，带来非制度性管控的应用；市场竞争的发展演变，带来和谐共赢的发展要求。

基于以上特征，中国移动将着力彰显五大文化特色。关爱文化与服务文化是中国移动以人为本价值观内外和谐状态的一体两面；执行文化和创新文化是企业赢得竞争和发展的关键要素；和谐文化是企业对自身发展意义的哲学思考，是社会和时代的共同要求。五大文化特色是对企业文化标杆管理体系下 12 个维度的综合体现，是文化管理在三个层面对具体工作的贯彻落实，是各级单位开展文化管理的重要参照。

一、突出客户服务导向，持续强化服务文化

服务文化，是企业在长期对客户服务过程中所形成的服务理念、职业观念等服务价值取向及以此为指导的相关服务模式的总和。

1. 工作意义

优秀服务文化是时代经济特征的要求，是中国移动在市场竞争中持续领先的关键因素。中国移动作为社会服务型企业，突出客户导向、强化服务文化势在必行。提升服务文化，增强亲和力，是中国移动塑造优秀社会形象的重要途径。

2. 指导原则

坚持客户导向作为服务文化的核心要求，同时贯彻“对内以员工为本、对外以客户为本”内外并重的指导思想；坚持以服务体系的梳理完善作为服务文化的基础支撑；坚持把服务社会、服务民生的“大服务观”作为各项工作的重要指引。

3. 主要措施

（1）深化服务理念内涵：树立“客户为根，服务为本”的经营理念，丰富完善服务文化理念系统，提升服务规范系统、服务传播系统。在内部开展有形服务文化展示，在外部开展服务主题活动。

（2）建立客户导向的工作机制：以客户为导向，推动内部流程的优化和改进；通过流程穿越等措施来改进服务短板，进而实现超越客户期望的目标。

（3）建立客户共同参与的服务文化：善用客户智慧，搭建客户意见反馈、信息共享平台，通过客户体验管理（CEM）及众包系统建设方式促进客户与企业间的广泛交流互动。

（4）探索网络协作型的服务文化：积极探索在虚拟组织、战略联盟等新组织形式中传递优秀企业服务理念；引导协同价值链合作伙伴开展服务文化建设。

二、关注员工健康成长，全力推动关爱文化

关爱文化是指企业对事业参与者的关心和爱护，坚持以人为本，关注员工的健康与职业发展，以文化、待遇、培训、激励等营造员工舒心工作的氛围，协助员工实现自身价值，促进企业与员工共同发展。

1. 工作意义

关爱文化体现了经济全球化的本质内涵，是互联网时代、3G时代建设创新型企业的客观需要，是企业员工在结构多元化背景下的时代要求，是中国移动实现关爱员工承诺、建设和谐企业的重要途径。

2. 指导原则

坚持员工个人目标与企业发展的高度统一；坚持以关爱员工身心健康、推动员工全面发展为目标；坚持以促进员工对企业文化的认同为准则；坚持将关爱工作常态化、制度化和延展化。

3. 主要措施

（1）完善关爱文化理念：深度挖掘核心价值观的内涵，倡导“激情工作、快乐生活、健康成长”的价值主张，结合企业具体情况系统梳理并建立具有实际意义的关爱理念体系。

（2）培育关爱氛围：倡导关爱理念，调动员工的参与积极性，让每位员工都融入并体验关爱文化，感受集体的温暖，增强团队凝聚力。

（3）健全完善关爱制度：尊重员工切身利益，制定公平公正的用人、育人、分配制度，通过全面有效的激励机制激发员工潜能。

（4）员工身心关爱：构建互动式、开放式的交流平台，开展员工援助计划（EAP）等活动；创造员工帮困解忧新形式和新载体，开展健康身心系列活动来保持员工健康的体魄和向上的阳光心态。

（5）员工工作关爱：通过柔性化管理方式传递硬性压力；开展跨单元知识共享、业务协助活动，建设合作型组织。

（6）员工发展规划：持续关注员工自我价值的提升，建设胜任力素质模型，将员工的职业规划与企业发展目标有机统一；增强员工对企业重大决策的民主参与度。

三、提炼高效管理特质，精心培育执行文化

执行文化，就是围绕提高执行力而培育内部的思想理念和行为价值，把文化理念固化于企业的相关制度、岗位规范和流程标准中，通过人、制度和流程的高度结合使企业高效实现经营管理目标。

1. 工作意义

执行文化是企业规范经营和管理的基本要求，多年来中国移动持续、高速的发展，得益于企业的高效执行和精益管理。打造优秀执行文化，是企业进一步应对竞争、追求卓越的根本途径，是转变增长方式、实现又好又快发展的坚强保障。

2. 指导原则

坚持注重实效、突出精细管理的工作方针；坚持持续改进、勇于创新的工作作风；坚持刚柔结合、目标导向的工作方式。

3. 主要措施

（1）完善执行力理念系统：将“卓越”价值观分解为与执行相关的衍生理念，结合企业的发展历程、行业环境和工作属性清晰界定行动准则。

（2）积极营造执行力氛围：大力宣传高效执行的意义和方法，通过领导示范、典型引路、反面督导三管齐下的方式推进执行力建设。

（3）强化对战略目标的支撑：明确战略目标和行动纲领，进行有效分解、细化和传达，使企业愿景转化为团队和个人的目标及任务。

（4）完善与执行力相关的制度建设：梳理完善企业的各项基础管理制度，

将柔性管理的思想导入规范执行的过程；用执行力效能指标库引导员工，建立高效的激励体系等保障制度。

（5）推行精细化管理：持续优化组织、流程，推行精细化管理、低成本运作，探索集约化商业模式的转型。

四、助力核心能力提升，积极建设创新文化

创新文化是企业对创新和创新管理活动具有导向、牵引作用的新型文化，是将自发创新转变为常态化集体创新的一种管理方式。

1. 工作意义

创新是中国移动持续发展的不竭动力，是3G及后3G时代企业管理变革的工作要求，是履行“创无限通信世界，做信息社会栋梁”使命的重要途径。面对不断变化的行业运营格局、业务发展环境以及新经济、新任务、新技术的挑战和机遇，创新是中国移动成为世界一流企业的必然选择。

2. 指导原则

坚持战略引导；坚持制度先行；坚持全员参与；坚持示范牵引。

3. 主要措施

（1）构建创新的理念和氛围：构建有效促进企业发展的创新理念体系，形成“人人、处处、时时、事事”的创新局面，营造包容合作、求新求变、主动学习、积极应用的创新氛围。

（2）完善创新的制度保障：制定创新管理办法，实施创新价值链管理，构建基于web2.0的创新交流平台，完善创新协同激励机制。

（3）完善创新所需的知识管理：建立知识管理（KM）系统，利用集体智慧提高企业的应变和创新能力。

（4）创建学习型组织：组建形式多样的学习型组织，全面提升战略决策能力、创新能力、资源整合能力和协同应变能力。

（5）开展形式丰富的创新活动：通过正式和非正式、内部和外部、实体和虚拟组织等多种形式，努力打造创新生态系统。

五、积极承担社会责任，努力营造和谐文化

和谐文化是通过员工对企业各要素积极有效的认同，从而达成企业各个子系统与社会环境之间均衡、协调、有序状态的管理思想。

1. 工作意义

和谐文化是企业持续发展的基石，是维护行业健康发展的关键要素，是履行社会责任的重要体现，是创建和谐生态环境的时代要求。

2. 指导原则

坚持系统实施、层级推进、彰显特色的工作原则；坚持诚信经营、履行社会责任的基本要求；坚持广泛交流、携手共建的工作方法。

3. 主要措施

（1）完善和谐理念体系：深度挖掘内涵，构建和谐社会、和谐共赢、和谐服务等一系列理念体系，形成和谐企业的指导思想。

（2）努力构筑和谐企业氛围：统筹好企业改革、发展、稳定的关系，营造思想和谐、关系和谐、利益和谐、能力和谐、协作和谐的“五和谐”企业氛围。尊重员工权益，完善劳动合同，建立和谐劳动关系。

（3）建设和谐家庭、社会：将和谐文化向外拓展到家庭和社会，把和谐创建活动同社区、群众性精神文明创建活动结合起来。

（4）营造和谐发展环境：积极构建和谐行业，助力建设更加开放、共赢的商业合作平台。

（5）助力和谐生态环境：通过继续推动绿色行动计划，完善环境管理，提升环境效益，做节能减排、绿色环保的表率。

（6）培育和谐人文环境：加强网络文化管理、净化无线互联网环境，同时积极传播人文之美、地域之美，弘扬健康向上的和谐文化。

（7）积极承担社会责任：致力于经济、社会与环境的和谐发展，助力城市与农村信息化、数字化建设，持续为相关方创造价值，展现“负责任”和“最优秀”的企业形象。

三、水上运输行业

目前国资委所属的水上运输行业中央企业包括中国远洋运输（集团）总公司、中国海运（集团）总公司等。中央水运企业在企业文化建设方面各有特点，如中国远洋运输（集团）总公司的企业文化建设以爱国主义为核心，形成了具有鲜明导向、远洋特色的企业文化体系。下面以中国远洋运输（集团）总公司为例进行说明。

（一）中远集团企业文化建设的背景

1. 中远集团概况

中国远洋运输（集团）总公司（以下简称中远集团或中远）是以国际航运、物流码头和船舶修造为主业的大型跨国企业集团，在2009年度《财富》“世界500强”企业中排名第327位。目前，中远集团拥有和控制各类现代化商船800余艘，5600多万载重吨，年货运量超4亿吨，远洋航线覆盖全球160多个国家和地区的1600多个港口，船队规模稳居中国第一、世界第二。其中集装箱船队规模在国内排名第一、世界排名第六；干散货船队世界排名第一；专业杂货、多用途和特种运输船队综合实力居世界前列；油轮船队是当今世界超级油轮船队之一。中远集团在全球范围内投资经营着32个码头，总泊位达157个。中远集团拥有丰富的物流设施资源，控制各种物流车辆超过4000台，包括具有289个轴线、最大承载能力达8000吨的大件运输车，堆场249万平方米，拥有和控制仓库297万平方米，在家电、化工、电力、融资等领域为客户提供高附加值服务，为青藏铁路、天津空客、印度电站等国内外多个重大项目提供物流服务，创造多项业界纪录。

中远集团在国内的多家船舶修造基地，拥有含30万吨级、50万吨级的各类型船坞16座，业务涉及大型船舶和海洋工程建造、改装及修理，生产设备装配水平、生产管理水平国内领先，技术能力、生产效率及生产成本等指标居世界前列。年修理改造大型船舶500余艘，年造船能力840万吨，是中国最大的修船企业及技术领先的造船企业。

中远集团已形成以北京为中心，以中国香港、美洲、欧洲、新加坡、日本、澳大利亚、韩国、西亚、非洲九大区域公司为辐射点的全球架构，在50多个国家和地区拥有千余家企业和分支机构，员工总数约13万人，其中驻外人员400

多人，外籍员工4000多人，资产总额超过3000亿元人民币，海外资产和收入已超过总量的半数以上，正在形成完整的航运、物流、码头、船舶修造的全球业务链。

中远集团是最早进入国际资本市场的中国企业之一，早在1993年中远投资就在新加坡借壳上市，目前在境内外控股和参股中国远洋、中远太平洋、中远国际、中远投资、中远航运、中集集团、招商银行等上市公司。2010年5月30日，中国远洋成功入选英国著名财经媒体《金融时报》发布的“全球500强”企业排行榜（FT Global 500），名列第450位，这是中国远洋自2008年以来连续第三年蝉联该榜单。

中远集团目前已发展成为一家以运输为主业，以航运、现代物流为重点，以贸易、工业、金融、IT产业等相关行业为支柱的特大型国有企业，因而被业内人士称做是中国航运界的“航母”、“旗舰”。其举手投足之间都会被国际航运界视为“风向标”，足见其对国际航运市场的影响力。

2. 加强企业文化建设是中远集团增强企业核心竞争力，实现企业持续健康发展的迫切需要

企业间的竞争是综合实力的竞争，既包括企业的区位优势、自然资源、基础设施、技术水平等硬实力，更包括企业的员工素质、体制机制、企业文化等软实力。企业文化是企业的“软实力”，是企业核心竞争力不可替代的重要组成部分。

中远集团的改革发展进入了一个崭新的阶段，面对新形势，集团制定了逐步确立航运物流业的系统集成者地位，进入并稳居“世界500强”的战略目标，提出了“打造百年中远”的历史任务。只有加强企业文化建设，并使文化建设与企业战略相匹配、与经营管理相融合，才能促进集团的持续健康发展。

中远成立50年来积淀了深厚的文化底蕴，多年生产经营实践孕育形成的“艰苦创业、爱国奉献”、“求是创新、图强报国”的远洋文化，成为凝聚、激励几代中远人团结一心、攻坚克难，发展壮大远洋运输事业的精神动力和宝贵财富。特别是1993年以来，集团企业文化建设适应企业改革发展的要求，遵循文化建设的规律，逐步走上自发自觉、科学规范的轨道，以爱国主义为核心的中远企业文化建设取得了丰硕成果，基本形成了以企业精神、价值观、使命为主要内容的企业理念文化框架体系和以企业标识、集团歌、员工行为规范为主要内容的行为与视觉识别系统。企业文化建设融入生产经营管理各项工作，提升了企业经营管理水平和品牌形象，促进了新时期企业党建思想政治工作创新。

企业文化建设日益成为各单位经营者和广大员工的自觉行为，形成了广泛参与和投入的浓厚氛围，形成了各具特色的中远企业文化子文化。企业文化建设理论研究与实践探索同步推进，产生了一批具有较强影响力和应用价值的研究成果。

同时也要看到，中远企业文化建设处于新的历史起点上。当前中远集团企业文化建设与“打造百年中远”的任务要求还不相适应。对企业文化建设还缺乏统一深入的系统思考；对企业文化建设的规划指导还没有完全到位；企业文化建设的形式和内容还不够统一；全员参与、上下并举的领导体制和工作机制尚未形成；企业文化建设的方法手段相对单一陈旧；企业文化专职队伍的力量比较薄弱；对中远文化深厚底蕴和优良传统的有效继承有待加强；对中远核心价值观具体内涵的提炼诠释、与时俱进丰富发展不够深入；对中远文化多元化发展、存在差异冲突的规范统一、整合协调相对欠缺；员工的归属感、责任感和使命感有待增强；经营管理者队伍的大局意识、团队精神有待提升。为此，中远集团深刻认识到，要增强紧迫感、责任感和使命感，抓住机遇，加快企业文化建设步伐，以推动中远各项事业的全面协调可持续发展。

（二）中远集团企业文化建设的思路与目标

面对确立航运物流修造船业的系统集成者地位和“打造百年中远”的使命，中远集团企业文化建设在原有成果的基础上，采用继承、创新、诠释的方法，进一步总结梳理和充实完善中远的核心价值观体系。加强培养员工的市场意识、竞争意识，使全体员工更加眼界开阔，思维活跃，具有较强优越感和自豪感。继续培养和锻炼具有全球思维、战略眼光，具有较强开拓意识和创新精神的企业经营管理者队伍，提高所有员工的大局意识、集团意识和团队精神，逐步实现中远文化由传统的船舶文化向开放的跨国公司文化转变。

根据中远集团企业文化建设的“十一五”规划，中远集团企业文化建设的总体目标是：通过集团上下的共同努力，着力加强企业文化的内容建设，促进企业文化形式、内容的有机统一，促进精神文化、行为文化、物质文化的协调匹配，使中远文化理念转化为企业的规章制度和员工的自觉行动，集团文化的控制力、影响力进一步增强，各成员单位企业文化建设平衡发展，形成围绕集团“十一五”发展战略，既能继承中远优秀文化传统，又能反映时代精神的有特色、有个性的积极向上的先进企业文化，为“打造百年中远”奠定坚实的文化基础。

（三）中远集团企业文化体系的构建

中远企业文化体系的构建经历了长期的发展历程，是与企业的发展阶段密不可分。第一阶段为初创期，从1961年到1978年改革开放前夕。这一时期中远文化的核心价值理念可概括为：艰苦创业、爱国奉献；第二阶段为改革转型期，从1978年改革开放到2005年。这一时期中远文化的核心价值理念可概括为：求是创新、图强报国；第三阶段为全球化发展新时期，从2005年中远集团正式进入“世界500强”开始。中远以“放眼全球、为国争光、立足长远、建立中远国际化的战略品牌”的科学发展观为企业文化工作的主旋律，这一时期中远文化的核心价值理念可概括为：全球发展，和谐共赢。中远企业文化体系是几十年来凝聚着中远优良传统和文化传承的精神价值与行动规范体系，并随着中远的发展变革而不断地积累和发展。

中远集团以爱国主义精神为核心，以“艰苦创业，爱国奉献”为基石，以“求变求新求发展”为灵魂，在传承企业优秀文化因子的基础上，逐步形成了以下新时期的中远企业文化体系。

第一部分：理念文化

中远集团的理念文化包括中远集团使命、中远集团愿景目标、企业价值观、企业精神和经营理念等内容，它既贯穿于企业经营方向、经营方式和具体业务过程中，也表现在对待社会公众的态度上，从而成为中远员工行为的指南和推广企业形象的出发点。

中远集团使命：

逐步确立和发展在航运、物流以及修造船领域的领先地位，保持与客户、雇员和合作伙伴诚实互信的关系，最大程度地回报股东、环境和社会。

中远集团愿景目标：

以人为本，以市场为导向，以科技为手段，以效益为中心，践行企业公民职责，坚持生产经营和资本经营双轮驱动；做强国际航运业，拓展物流码头业，发展修造船业，开发资源能源业；推进中远集团从全球航运承运人向以航运为依托的全球物流经营人和国际航运物流产业集群的领导者转变，从跨国经营向跨国公司和全球公司转变；建设和谐中远，打造百年中远，实现又好又快和可持续发展。

企业价值观：

服务客户最优，回报股东最大

企业价值观是企业文化的核心，是以个体价值为基础的群体价值观；它渗透在企业的全部活动中，也决定了员工日常工作行为的态度和方法。考察中远50年来运行轨迹和发展历程可知，作为新中国自己建立的第一支远洋运输船队和第一个远洋运输企业，中远一直以党和国家赋予的神圣使命和光荣任务为己任，为中国经济及对外交往作出了卓越贡献。服务社会、贡献国家，成为中远的基本任务。

改革开放以来，中远经历了我国市场经济体制和经济运行方式的巨大转变，亲历了国际航运市场由卖方市场向买方市场的过渡，市场竞争更加激烈。中远及时应变，制定自身经营发展战略，以市场为导向，以客户为中心、满意为服务标准，为社会各界提供更加高效、优质的服务。多年的经营实践和市场竞争法则，使我们清醒地认识到，员工服务态度的好坏，服务水平的高低，服务质量的优劣，服务手段的先进与落后，都直接影响着我们的国际信誉，直接决定了我们市场份额和利润来源，也直接影响着中远的发展前景。“回报股东最大”是现代企业制度的本质要求，是企业经营目标的重要内容，而其实现的前提条件是“服务客户最优”，二者相辅相成，相互促进。因此，中远在成长发展过程中要始终贯彻“服务客户最优，回报股东最大”的企业价值观，只有这样，我们才能牢牢把握市场制胜的主动权，形成更加强劲的竞争优势，顺利推进中远21世纪战略目标的实现。

企业精神：

全球发展 和谐共赢

企业精神是企业文化的灵魂，是企业倡导、职工认同、长期推动企业发展壮大的一种精神力量。

全球化，已成为中远集团在新时期发展的一个最显著、最鲜明的特征。进入21世纪以来，中远集团全球化进程进一步提速，经营服务、资本运作、文化管理、合作竞争、社会责任、外交资源全球化成为重要特征。

发展，就是“科学发展观”要求的全面、协调、可持续发展。无论国际经济形势如何复杂多变，全体中远人都能在科学发展观指引下，从容应对各种危机，化解各种风险，战胜各种挑战，把握发展机遇，为实现“百年中远”的世纪愿景而不懈努力。

和谐，中远集团在发展中始终不忘对创建社会主义和谐社会所承担的责任和义务，并积极为创建和谐社会作出更多的贡献，在报效祖国、报效民族、回馈社会的过程中，实现企业与社会的和谐，实现企业发展目标和员工个人理想的完美融和，注重发展与客户和合作伙伴的和谐关系，积极投入对环境的改善和治理，达到企业与环境的和谐共处。

共赢，中远集团一贯追求的是在友好合作、互惠互利中达到利益最大化。只有这样，才能发展可持续的久远合作伙伴关系，更重要的是，这种长远的合作关系，正是中远人向对方传递自身企业文化底蕴，用中远文化来影响对方的契机和过程，从而由相交、相知到相亲。

经营理念：

全球承运 诚信全球

经营理念是企业在长期生产经营实践中全体员工认同并遵循的企业群体意识，是促进企业高效经营、强势发展的一种精神力量。我们中远人在全球经济一体化的 21 世纪要实现由全球承运人到以航运为依托的全球物流经营人的转变，就要坚持以诚取信，以信养诚。“诚”乃为人第一要义，“信”乃为事第一准则，唯诚唯信，诚信合一，为中远集团的经营之本。

经营目标：

创一流跨国企业 进入“世界 500 强”

企业必须有崇高的追求目标，并把这种目标传达给追随者，使企业全体员工在追求这种崇高目标时，得到自我价值的实现。

中远的经营目标是：以水上运输、船舶及浮动装置制造与修理、物流及与运输相关的配套服务为主业，以科技进步为动力，强化企业核心竞争能力，实现由全球承运人向以航运为依托的全球物流经营人转变，由跨国经营向跨国公司转变，跻身并稳居“世界 500 强”。

质量方针：

安全 快捷 优质 高效

企业广告语：

走近中远 走向世界

中远集团歌：

拥抱大海，擎起朝阳，COSCO 雄风五洲激荡；满载友谊，满怀希望，巨轮架起金桥飞跨四大洋。我们脚踏浮动国土，蓝天大地谱新章，为我中华繁荣昌盛，团结拼搏奋发图强。前进，前进，COSCO 前进，从辉煌走向辉煌！前进，前进，COSCO 前进，从辉煌走向辉煌！

光荣传统：

艰苦创业 爱国奉献

第二部分：行为文化

行为文化阐明了中远集团总体形象标准和员工的一般行为规范与准则。

人的形象：

健康 进取 高素质

中远经过50年的发展，积累了丰富的经验，已进入稳健发展的阶段，并开始向更高的目标奋进，作为当代中远人，应该重点体现出以下形象：

身心健康，办事稳健，胸怀宽广，良好的身心承受能力。

崇尚进步，奋发向上，尊重科学，积极进取的超前意识。

钻研业务，精益求精，不骄不躁，创新改革的专业技能。

事的形象：

组织明晰 制度健全

管理科学 质量唯上

中远集团在企业发展过程中，通过确立职权明确、精简高效的组织架构，明晰各部门的责、权、利，使中远走上“法制”的轨道；通过在企业内部实行以人为本的“人性化管理”，尊重和关心员工的想法和需要，建立富有凝聚力和战斗力的企业内部氛围；通过规范化管理，逐步导入ISM规则、ISO9000、ISO14000、OHASA18000标准，建立了持续自我完善的安全、质量、环境综合管理体系。严谨有序的工作氛围、相依相存的互动关系为中远未来向更高层次发展奠定了良好的基础。

物的形象：

世界精品 国际名牌

以精品赢得客户，以名牌饮誉市场，是中远50多年创业和发展的成功所在。在变幻莫测的市场竞争中，中远集团更要以一流的航线、一流的产品、一流的服务立足于世界市场，以精品船队、名牌产品去参与国际竞争。创造世界精品，打出国际名牌，是中远集团矢志不移、永恒不变的追求。

中远集团员工行为规范：

热爱企业 承担责任 慎独诚信 遵纪守法

同舟共济 拼搏进取 举止文明 服务社会

热爱企业，是中远集团全体员工行为规范的思想基础。员工在行动上要服从集团的要求，维护企业的利益；承担责任是每个员工要具备的基本职责，只有以强烈的责任感，热爱企业，踏实工作，中远事业才能实现新的腾飞。

慎独诚信，是我们在激烈的市场竞争中必须具备的品质，是基本的商业行为美德；遵纪守法是企业顺利发展的必然要求，全体员工只有依法治企，目标一致，行为统一，企业竞争才有力量。

同舟共济、拼搏进取是企业凝聚力和员工行为准则的集中体现。无论企业发展处于一帆风顺还是面临困难挫折，作为员工皆要爱企如家，同甘苦、共患难，顽强拼搏、积极进取。

举止文明、服务社会是我们行业的基本要求。在业务活动中，员工应做到举止文雅，落落大方，要以诚待人，以信取人。要加强社会责任感，做事情不仅要考虑经济效益，还要考虑社会效益，不能为了前者而损害后者，要致力于社会公益活动，回报社会。

中远集团远洋船员行为规范：

爱船守章 服从指挥 安全操作

临危不惧 同舟共济 保护环境

中远集团陆上员工行为规范：

创新进取 服从大局 精诚团结

廉洁高效 真诚合作 互惠发展

中远集团驻外人员行为规范：

牢记使命 爱国奉献 尊重习俗

遵纪守法 团结雇员 文明礼貌

中远集团中层管理人员行为规范：

团结协作 科学决策 勇担责任

管理规范 作风务实 绩效突出

中远集团企业经营者形象标准：

开拓创新 意识前瞻 统揽全局 科学决策

严谨务实 公正果断 博学多能 干练稳健

开拓创新、意识前瞻是要在强烈的责任心基础上，继承前人的优秀成果和经验，但不固步自封，以最适应市场的企业运行机制管理的“持续变革”，以领先他人的超前意识使企业保持旺盛的竞争实力。

统揽全局、科学决策，是在决策、用人等企业领导活动中，在科学决策的前提下，具有把握总体、驾驭全局的能力，具备敢于承受风险和承担责任的魄力。

严谨务实、公正果断，是要把集团的整体利益放在第一位，特别需要有严谨务实、公正果断，甘于为了集团整体利益牺牲小集体和个人利益的精神。

博学多能、干练稳健，是要求企业经营者具备一专多能的“博学”，要从纯领导型向知识型领导方向转变；在日常生活中，言谈举止要文明、干练、高雅、稳健。

中远集团环境保护规范：

全面管理 珍爱资源 保护环境 员工有责

中远集团在生产经营过程中，致力环境保护，珍惜地球资源，以一个“社会责任承担者”身份，支持和参与生态保护活动，主动改善企业的生态环境。

中远集团营销信誉规范

中远营销人员的特点：

开拓意识 服务意识

百折不挠的恒心 勇往直前的雄心 细致入微的慧心

中远产品和服务及价格定位特征：

高质量 高品位 高科技 低成本 低损耗

中远选择分销商的原则：

中远选择分销商应遵循与诚实有信、经营有方、遵纪守法和维护双方利益的人合作的原则。

中远促销战略做法：

在促销战略上要创新意、创精品、创信誉；自觉维护国家利益、客户利益。

中远市场营销承诺和信誉积累的原则：

遵守国家法规、遵从员工守则、尊重客户要求；用自己的实际行动赢得顾客信任、社会赞誉。

中远集团公关活动准则

公关原则：实事求是 平等坦诚 互惠互利 遵守法律

实事求是原则：一切从实际出发，在对外进行宣传时，对企业的情况要做真实的介绍，不随意编造和夸大事实。

平等坦诚原则：对客户、相关团体及公众，不论其规模的大小，地位的高低，权力的大小都坚持同等对待的原则，提供同样真实的信息，同等质量的服务，不因对象的不同而区别对待。

互惠互利原则：在进行公关活动时，不能以损害他人的利益来增加自己的利益。

遵守法律原则：进行公关活动时要符合有关法律的规定。

公关处理：

客户关系：以客户为中心，一切服务工作要为客户着想，处处考虑客户的需要。定期拜访客户，组织客户参与企业活动，在企业与客户之间架起诚信之桥。

投资\合作者关系：贯彻与投资\合作者共存共荣的思想，坦诚守信。

竞争对手关系：竞争，协调，共赢，公平，公正。

社区关系：融洽地区公众关系，热心社区市政建设，积极主动参与社会公益活动。

新闻界关系：以积极而慎重的态度，向大众传媒宣传企业经营理念和重大事件等内容。

政府关系：关心政治，顺应时代变化；密切与各级政府之间的关系，主动向主管部门汇报、请示工作。

公关行为：

1. 柜台\窗口人员对待客户要面露微笑、神情专著、细致耐心、彬彬有礼。

2. 现场服务人员对客户应热情、周到、及时，有应必果，不能言而无信。

3. 与客户约见：悉备资讯，准时赴约，专注听取，诚挚交流。

4. 总机人员接听电话：迅速、主动、规范、亲切，未成功的转接需在对方放弃时结束；工作人员接听电话规范、礼貌，不能在对方没有挂断电话前收线。

5. 企业交通车辆必须严格遵守交通规则，有条件的单位，应在交通车辆上喷涂企业形象标志。

公益活动：

关注社会热点问题，对社会关注热点问题反应灵敏、处理正确。积极参与和从事公益活动、文教事业；对有困难的人和地区伸出援助之手，认真做好扶贫工作。

公众舆论：

坦诚对待公众，积极把公众舆论当做塑造良好形象的机遇。当集团处于不利地位、形象受到损害之际，采取对策，变被动为主动，在转化危机过程中，重塑企业新形象。

第三部分：物质文化

中远集团的物质文化主要体现在其视觉识别系统的导入和推广应用。中远集团主标志由中国远洋运输（集团）总公司的英文 China Ocean Shipping (Group) Company 的英文缩写 COSCO 组成。以蓝色为基本色。该标志是中远集团在开展业务活动中广泛使用的视觉形象，对外展现中远集团的良好风貌，对内具有凝聚和激励员工奋发向上的积极作用。中远集团的标志在造型表现上，突出反映了中远集团的行业特点和经营理念。标志为蓝色，代表海洋，象征着中远集团与大海的不解之缘，也象征着中远集团锐意进取的精神。

中远集团主标志：

COSCO

图4－5　中远集团主标志

中远集团的象征图形（公司司徽）：

图4－6　中远集团公司司徽

中远集团的象征图形是由中国远洋运输（集团）总公司的英文缩写COSCO组成的抽象船形图案。该标志是中远集团在开展业务活动中广泛使用的视觉形象，在造型表现上突出反映了中远集团的行业特点和经营理念：基本色为蓝色，象征着中远集团与大海的不解之缘；全幅图案构思精巧，立意深刻，象征着中远集团这艘巨轮乘风破浪、锐意进取、走向世界的企业精神。

（四）中远集团企业文化建设的措施与方法

为使企业文化更好地服务于企业发展，中远集团在企业文化建设方面采取了一系列的有效措施和方法。

1. 运用民主管理和情感管理落实以人为本的理念

（1）抓民主管理，增强凝聚力。

中远集团为了让船员有知情权、参与权和监督权，把全船的力量凝聚到安全准班完成运输任务上来，各船舶党支部坚持船务公开制度，做到“三费一升”（业务招待费、劳务费、伙食费的使用分配和船舶干部提升）公开，实现船员对船舶领导的有效监督。船舶工会每航次都要召开船员民主管理大会，分别听取和审议船长的航次计划和工作总结，并提出意见和建议。民主管理使职工树立了参政议政、当家做主的意识，促进了船舶的管理。近年来集装箱运输的综合准班率达95%以上，在著名的英国《劳氏杂志》准班奖历年评比中屡获殊荣。中远全系统集团级“华铜海”式船舶（优秀船舶）已超过总数的40%。

（2）抓情感管理，增强亲和力。

一是关注船员的思想情绪，耐心细致地做好思想沟通。近年来，由于船舶定员不断减少，船员上岗的竞争越来越激烈，尤其是在中、老年普通船员中存在着人员多、岗位少、上船难的情况，因上船困难而引起的失落感、自卑感和生活压力日趋严重。各船舶党支部针对这种情况，支委分工负责，讲形势摸情况做工作，并把解决思想问题与解决实际问题结合起来，使船员思想安定、情绪稳定，珍惜岗位、工作勤奋。二是关心船员的成长，鼓励岗位成才。各船舶党支部办起了“海上课堂”，创造有利条件，让船员学习科学知识、专业技术知识、英语和电脑知识，涌现出一大批像全国“五一劳动奖章”和“中国青年五四奖章”获得者王新全那样的新时期知识型的船员代表。三是关心船员的生活，热情排忧解难。各船舶党支部积极开展丰富多彩的船舶文化活动，活跃了船员文化生活。船员在船生病，船舶政委都要亲自送去病号饭；船员家庭发生困难或有意外，船舶党支部发动全船捐款相助；许多船舶党支部还把了解人、关心人、帮助人的工作延伸到船员家属之中，建立起船舶、家庭电话热线。船舶党支部这些实实在在关心船员的“小事”，大大激发了船员的工作热情，有效地促进了船舶各项工作的落实。

2. 通过文化融合实现跨文化管理

（1）中远文化与本土文化相融合。

促进文化的融合，需要清楚地认识到中外企业管理中显现出的不同特点，做到扬长避短。中远集团坚持一切从实际出发，加强多元文化管理。提倡“求大同存小异”，“大事讲原则，小事讲风格”。要求海外企业的领导人坚持以人为本，关爱员工，从关心人、理解人出发，多做感情投资，化解各种矛盾和纠纷。本着互谅互管互促的诚恳态度，在共同的经营管理中，实现“协同”一致的目标。

（2）西方管理模式与东方人情味相融合。

中远集团海外企业注重将西方管理模式与东方“人情味”有机结合起来，使之融为一体。对待外籍员工，中方人员从不以投资方代表自居，而是虚心听取意见，主动团结他们，在重视个人价值的西方社会，这种做法深受外籍员工欢迎。中远集团对工作出色的外籍员工及时给予表扬和物质奖励，有工作能力者及时得到提拔重用。各种文化体育娱乐活动，在海外公司中普遍盛行。好的文化仪式能增进中外员工的交流和沟通，缔造企业的团队精神和凝聚力。中远香港集团每年举行春茗活动，很好地适应了当地社会习俗，成为对员工开展“爱国、爱港、爱中远”教育的有效载体。

（3）注重对外籍员工的激励。

中远集团在分配制度上实行工资属地化、实行员工持股和期权制；在用人制度上实行本土化，对有能力的外籍员工委以重任；在文化激励上，提倡“进了中远门，便是中远人”的团队意识。中远欧洲公司制定的“充分发挥中外员工两个积极性的十项原则”，使占该公司员工总数88%、来自16个民族的117名外籍员工的价值观和行为规范能与中远文化理念相融合；中远集团海外企业每年还评选“洋劳模”，组织他们到国内总部参观、旅游、考察，进一步增进了外籍员工对本企业的认同感。

案例：家园文化，促进融合

2008年11月25日，对于中国港航业来说，是一个令人振奋、值得纪念的日子。在希腊进行国事访问的中国国家主席胡锦涛与希腊总理卡拉曼利斯共同出席见证了中远集团与希腊比雷埃夫斯港务局关于《比雷埃夫斯港集装箱码头特许经营权转让协议》的签署。中远在希腊第一大港比雷埃夫斯港集装箱码头国际投标中胜出，获得二号、三号码头35年的特许经营权，这是中国企业首次在国外获得港口的特许经营权。协议的签署受到国际业界的广泛关注，中外媒体纷纷予以报道。主流媒体认为，中远成功投资比港将进一步提升中希战略伙伴关系，为中希合作打开了一扇新的大门。中远的入主与注资，将使比雷埃夫斯港有望成为地中海地区重要枢纽港。希腊比雷埃夫斯港集装箱码头专营权的签署是中远集团贯彻实施“走出去”战略的又一重大投资项目，是中远码头产业发展历程中的重要里程碑，中远的码头产业将因此进入一个新的发展时期。

希腊当地时间2010年6月1日0时，希腊比雷埃夫斯2号码头上，一面鲜艳的中远旗帜迎风冉冉升起，不远处，中远集团所属大型集装箱船——中远新加坡轮正在紧张地进行装卸作业，从这一刻起，中远集团顺利完成了对比雷埃夫斯2号码头35年特许经营权的全面接管。

希腊比雷埃夫斯港位处地中海东岸，是欧洲最繁忙的港口之一。中远集团作为全球第五大集装箱码头营运商，在全球18个港口拥有27个码头权益，泊位总数达146个，年处理能力7835万标准箱。中远收购希腊比雷埃夫斯港集装箱码头后，将用5～6年时间使该码头的年处理能力将由现在的160万标准箱提高至370万标准箱，成为航运业“通往希腊和欧洲南部的门户港”。

中国企业有能力并购海外企业，但并不意味着就一定能够管理好、运营好它们。文化冲突是面临的主要问题。中远比雷埃夫斯港集装箱有限公司也遇到同样的挑战，而他们的做法对我国企业在海外如何面对跨文化管理问题有所启示。

阳光下的爱琴海犹如一面明镜，繁忙的比雷埃夫斯港口，在柔和的海风抚摸下，美好而恬静。此时，在中远比雷埃夫斯港集装箱码头有限公司总经理傅承求的办公室里，公司人力资源部希方女经理 Stamatiadi Kate 正向傅总侃侃而谈她对公司用工问题的看法。她认为，目前希腊受主权债务危机困扰，经济不景气，公司应大力增加而不应缩减就业岗位（在2009年10月1日中远接管之前，码头管理机构臃肿，人浮于事非常严重），这是一个企业应尽的社会责任。她还激动地说，她爱她的国家，希望中远既然选择在希腊发展业务，开办公司，就应该为这个国家作出应有的贡献。看着眼前这位心直口快的女经理，有着16年海外工作经验的傅承求总经理语重心长地说：“你应该爱你的国家，作为一个扎根在希腊的外资企业的领导人，其实我也很爱希腊这个国家，没有这个“大家”的繁荣稳定，怎会有我们这个“小家”的健康发展；反过来，没有千万个像我们这样的“小家”的健康发展，又怎会有这个“大家”的繁荣稳定。所以，当前我们的首要任务是要先把我们 PCT 码头这个“小家”管理好、建设好，让这个“小家”尽快渡过难关，走向良性发展的轨道，而后我们才有能力为希腊这个“大家”尽更多的责任和义务。”一番话，把女经理说得心服口服。因为事实上，她在 PCT 码头工作的这些日子，也深深感受到这个公司就像她们的家一样，而这种归属感是在与中方管理人员一起工作，一起奋斗的经年累月中不知不觉中产生的。

“中远就是我温暖的家，是我的归宿。”这是 PTC 码头副总经理 Karakostas Angelos 发自肺腑之言。他自1997年3月加入中远至今，已在中远驻希腊的公司工作了14个年头。对比在进入中远之前自己工作过的另一家国外航空企业，Angelos 认为中远与其他公司不同的地方在于，中远就是一个大家庭，这里懂得尊重自己员工的意见，关心员工的生活，能够发挥员工的积极性，让大家有家的感觉并且愉快地工作着。

当然，在这个大家庭中，并非没有矛盾和冲突。孙凯副总经理在上任不到三个月时，就曾经历了这样一件事。每个周末，公司本部工作人员可以正常休息，但码头生产不能停下来，特别对 PCT 码头来说，每个周五、周六和周日是船舶靠泊最多，码头最繁忙的时候，所以每个周末，孙凯都要到现场检查工作。一次，他在现场时发现操作部为中远上海号安排的工班数量可能不足，便立即给操作部经理（希腊籍员工）打电话询问原因，没想到对方竟理直气壮地对他说："这是我的休息时间，你不能总是让我工作，总是让我向你汇报工作。"孙凯尽管第一次外派，但通过傅承求总经理等同事的言传身教，使他对希腊当地文化已有所了解，并深谙与外籍员工相处必须坚持"信赖并不依赖"的原则，于是他诚恳而决然地回应道："你说得对，但请记住我们公司是24小时作业的企业，作为操作部的主管，周末你可以休息，也可以不在场，但不能不关注现场生产状况。如果你觉得我的电话打扰了你，那么从现在开始的每个周末，我将不会再给你打工作电话，但我会根据在现场发现的情况，亲自安排当班业务主管直接处理。"放下电话后，他便和当班业务主管一起研究解决方案。安排好工作后，已过晚上八点半钟，当孙凯离开现场返回的时候，却发现这位强调周末不谈工作的经理已从家里开车赶到公司，正在公司的大门口等他，双方又谈了半小时，他请孙凯不要误解他的意思，希望孙凯以后随时可以给他打工作电话，并说他其实也发现了孙凯提出的问题，正准备马上返回现场解决。此后，只要工作需要，这位经理都会自觉回来加班，并主动将情况向孙凯汇报，成了孙凯非常得力的助手。

比雷埃夫斯港集装箱码头之前就是一个成熟的希腊国有码头公司，是希腊政府在经济私有化的进程中，才将其以特许经营权的形式转给中远经营35年，许多根深蒂固的文化，习惯和制度不太适合现代企业管理思路，因此需要PCT码头的中方管理层用心去学习、体会、理解、包容，直到改变对方，同时，在遵守欧盟以及希腊法律和制度的前提下，用扬弃的方法，将中国人的理念融入PCT码头企业文化。PCT码头对跨文化问题的这番体认，恰恰从一个侧面折射出走向海外的中远集团跨文化管理的独到之处。

3. 积极开展"三学一创"活动

（1）学创活动发挥出企业文化的凝聚力，为中远集团的改革发展提供了有力保证。

"三学一创"活动起始于1993年，当时交通部（现交通运输部）和中国海员工会、中国公路工会联合发出了两个决定，即《关于在全国交通系统开展向"两个文明建设标兵船"华铜海轮学习的决定》和《关于在全国交通系统开展向全国劳动模范包起帆学习的决定》。同年11月，全国交通系统和中远集团的"人学包起帆、船学华铜海、企业学青岛港，创建文明行业"的"三学一创"活动正式拉开了序幕。多年来，中远集团始终高举华铜海轮旗帜，以创新精神开展学创活动，不断提高学创水平，在实践中把“三学一创”活动与企业文化建设紧密结合起来，使之成为企业文化建设的重要载体和主要内容，成为企业文化管理的一大特色品牌。

中远集团的经营和发展曾经遇到前所未有的困难和挑战：国际航运市场形势严峻，海湾战争、亚洲金融危机、“9·11”事件、美国西海岸码头工人罢工、“非典”肆虐等均对中远集团产生了非常不利的影响。在这种形势下，公司始终坚持开展学创活动，以“华铜海精神”激发广大员工的斗志，学先进、创一流，凝聚人心，鼓舞士气，不断开拓市场，在逆境中发展，使公司的生产经营呈现出良好的发展势头，不但使企业走出了低谷，还在困难中壮大了实力，企业的可持续发展能力和核心竞争力不断增强。

近年来，中远集团改革的速度很快，力度很大，但总的说来进展比较顺利。不管如何改革，船队的管理始终没有放松，学习华铜海、创建华铜海式船舶的活动照常进行，这是对船队体制改革的有力保证。学创活动坚持以人为本，解放思想、转变观念，为企业各项改革任务的顺利推行，提供了思想保证。10 多年来，中远集团先后实施了“条条块块”改革，海外管理体制改革、航运体制改革、劳动、人事、工资制度改革等。中远人在历次改革中始终保持冷静的头脑，识大体、顾大局，积极支持改革，积极投身改革，使集团所有重大的改革目标都得以顺利完成。

（2）学创活动发挥出企业文化的创造力，为我国远洋船队建设提供了卓有成效的船舶管理模式。

第一，船舶实行等级、星级管理。各船公司根据集团的统一部署，结合本单位的实际情况，运用学习与创新的辩证思维，在实践中摸索出一条符合自身特点、操作性强的船舶管理办法，形成了完整的规章制度和操作规程。各航运企业分别实施了“等级管理制度”“星级制管理”、“层次管理”等卓有成效的管理制度，使中远集团的船队管理水平在整体上进入了世界同行的前列，受到世人的称赞。

第二，船舶安全管理水平不断提高。在实践中，各单位认真贯彻“稳定、安全、效益”的工作方针，把学创活动与 ISO9000 国际质量管理、船舶 ISM 规则结合起来，把“三学一创”和船舶安全工作紧密结合起来，把船舶安全管理纳入“三学一创”的目标考核体系中，坚持在双文明目标责任制考核中实行船舶安全“一票否决”制度，有效地促进了船舶的安全管理工作。经过努力，中远全系统船舶安全管理水平不断提高，船舶责任事故发生率逐年减少。各船公司普遍把港口国检查工作纳入“三学一创”考核的重要内容之一，完善安全体系，全面落实安全生产责任制。

第三，成本控制力度不断增强。结合“三学一创”活动，集团总公司先后开展了“反浪费、真节约”、“船节 20 万、人节 2 千元”以及“安全在我心中，降本增效从我做起”等成本控制活动。各单位通过提高各级管理人员和操作人员的素质，加强对船舶的指导检查力度，着力从燃油费、港口使用费等五项可控成本上下功夫，同时采取扩大船舶自修、统一采购零配件等有效措施，取得了很好的效果。

（3）学创活动发挥出企业文化的感召力，为提高服务水平、创新服务手段，铸就了企业品牌形象。

中远集团所属各单位把开展优质服务，不断创新服务手段作为一项重要工作来抓，把学创活动的成果转化为提高服务质量的重要内容。例如中货系统推行“绿色服务”、“一站服务”，中远集运的“绿色快航”，中散公司的模拟小船队，大远公司在南北航线上推出“创品牌船舶、建精品航线、树一流形象”的“创建树”活动，中远物流公司提出的“做最强的物流服务商、做最好的船务代理人”，等等，通过完善服务模式和服务手段、不断提高科技含量，企业品牌在航运市场越叫越响，企业效益也不断增长。中远（香港）航运公司学习运用青岛港和华铜海轮的典型经验，把优质管理、优质服务作为开展“三学一创”活动的切入点，使公司的两个文明建设全面发展。中远集运连年夺得由中国航交所、英国劳氏日报、美国托运人杂志等国内外权威机构评出的最佳班期奖、信得过奖、优质服务奖等，在国内外产生了很大影响。

陆地单位通过开展“文明窗口”创建活动，着力培育“形象窗口”，增强了职工的服务意识和服务水平。各陆上企业普遍把开展“文明窗口”的创建和评比工作作为“三学一创”的主要内容之一。据统计，全系统先后有 100 个单位获得中远集团“文明窗口”称号，各单位自己评比、树立的“文明窗口”达 400 多个。“三学一创”也促进了机关作风的转变。各单位把转变作风、提高服务意识和办事效率作为机关开展“三学一创”活动的重要内容，通过加强宣传教育、建立完善的服务规章制度、开展创建“文明窗口”和“争先创优”活动、开展“送温暖”活动等，从集团总公司到各直属单位，机关作风得到了明显转变，机关各部门的服务意识、服务水平和办事效率得到了明显提高。

（4）学创活动发挥出企业文化的约束力，为加强领导班子建设，提高员工队伍素质，提供了有效途径。

中远集团各单位都把“三学一创”作为加强和改进领导班子建设、全面提高员工队伍素质、提高企业市场竞争力的有效途径，并取得了显著成效。

在班子建设方面，各单位领导班子带头学习先进典型，率先垂范，廉洁勤政，成为团结带领职工的坚强领导核心，领导班子理论水平有了明显提高，理解、贯彻、落实党的路线方针政策的自觉性、坚定性不断增强。很多单位通过开展扎扎实实的争创“五好班子”、“优秀班长”和“模范带头人”活动，取得了很好的效果。

在员工队伍建设方面，通过开展“三学一创”活动，中远集团广大员工的思想观念和精神面貌发生了巨大变化，市场意识、服务意识和创新意识以及员工自我教育和自我提高的自觉性不断增强。各单位采取舆论引导、举办讲座和学习班、举行演讲比赛等多种有效形式，提高了干部职工的思想政治素质，增强了振兴中国远洋运输事业的使命感和责任感，激发爱岗敬业作奉献的积极性。海南博鳌控股有限公司全体职工创造的“博鳌速度”、“博鳌奇迹”名扬全国。还有阳江河轮所罗门接侨、中远船务集团优秀青年王守峰舍己救人等感人事件，都充分展现了中远人在新时期的新风采。各单位通过大力开展劳动竞赛和业务知识培训，积极创造有利条件，鼓励职工岗位成才。王新全同志从一个普通船员做起，干一行、爱一行、钻一行、精一行，迅速成长为新中国最年轻的大型集装箱船舶轮机长，先后被中华全国总工会和共青团中央授予“全国五一劳动奖章”和“中国青年五四奖章”，成为新中国有志气、有技能、有知识、跨世纪青年职工的榜样。“三学一创”活动也增进了企业员工的法制意识。通过大力开展“普法教育”和“三观”、“三德”教育，职工懂得用法律武器保护企业和个人权益，特别是近年来在同“法轮功”邪教组织的斗争中，中远全系统步调一致、旗帜鲜明，坚决按照中央部署，认真做好对“法轮功”邪教组织的揭批，认真做好对极少数“法轮功”练习者的教育转化，认真做好对职工的理想信念和唯物论、无神论的教育工作，受到了上级机关的表扬。

4. 在求实创新精神的引导下积极探索企业的创新发展之路

中远集团是中国规模最大、历史最久的远洋运输企业，堪称中国民族航运业的旗舰。从游离在国际市场之外，到与国际竞争对手共舞，再到在竞争中学习、在创新中发展、在竞争中取胜，经过多年的发展，昔日国际航运市场默默无闻的无名小卒，现在成为人人皆知的知名企业，已经能够与那些世界著名的航运巨头们平等协商对话、公平竞争合作，也使中国这个海运大国在世界海运强国俱乐部占据了重要的一席之地。在迈向国际化、打造竞争力的新征程上，中远集团坚持与时俱进，在求实创新精神的引导下，深入推进经营创新、管理创新、科技创新，积极探索有中国特色国有企业的创新发展之路。

在经营创新上，中远集团提出“从拥有到控制”，“利用别人的资源，发挥自己的智慧，发展自己的事业”。观念一变天地宽，企业的经营思路拓展了、激活了，经营方式也变得多元化，中远集团完成了在国际航运市场上的角色的彻底转换。过去是仅仅经营管理好自有船舶，现在是实施租船经营模式，对资产进行动态优化管理、灵活智慧经营；过去是“自己干自己的”，现在是同时扮演三种角色：船东（Owner）、租家（Charter）和经纪人（Broker）。在“从拥有到控制”先进经营理念的引导下，中远集团的经营质量实现了飞跃，在国际航运业中的影响力日益增强。“从拥有到控制”，不仅体现在船舶资产租赁经营中，而且中远集团充分利用在国际航运业的优势地位，与众多优秀企业“强强联手”，协作共赢。中远集团所属中远集装箱运输有限公司在几乎所有航线上均与其他国际航运企业有不同形式的合作，并与中国台湾阳明、日本川崎、韩国韩进等组成了联合航运体，组合派船共同经营数条全球主干航线。

在管理创新上，中远集团通过“学创管理”，打造世界级中国航运企业管理名牌。多年来，中远集团一直致力于推进管理创新，打造具有企业特色的管理品牌，“学创管理”模式就是中远集团提高企业管理水平的重要载体。所谓“学创管理”，就是以国际统一标准为起步点，以提高核心竞争能力为着眼点，认真总结自己多年积淀的管理经验，努力学习国际著名企业的成功做法，学人所长、为我所用，兼收并蓄，融会贯通，建立学习型、创新型企业。在远洋船舶管理中，中远集团根据行业特征和企业特点，积极探索既符合中国国情又适应国际化竞争需要的管理办法，逐步建立一套具有中国特色的远洋船舶管理制度。中远集团认为要创世界一流，仅仅局限于国际质量管理标准和有关国际航运业的行业标准还远远不够，而是要提出更为严格的管理要求。除了船舶管理，中远集团在企业综合管理中重点实施了以“学习创新”为主要内涵的内部、外部“对标”。在集团内部企业以集团所属管理水平世界一流的中远（香港）航运有限公司为标杆单位，中远集装箱运输有限公司以名列世界第一的丹麦马士基公司为对象，而中远船务工程集团有限公司在成立之初就瞄准世界一流修船企业——新加坡裕廊船厂。

在科技创新上，中远集团提出“科技创造价值”，要赢在高端市场竞争的起跑线上。对于许多企业来说，科技创新不一定仅仅意味着创造发明，而更多的对切实高新技术的有效应用，而其前提是对市场需要和创新需求的敏锐的发现能力和有关资源的组织能力。中远集团正是这样，时刻追踪市场发展趋势和科技发展前沿，提高生产工具和经营管理中的科技含量，努力做市场的发现者、资源的组织者和高新技术的应用者，实现“科技创造价值”。中远集团不仅着眼于世界高端市场，拥有和运营着世界最先进的海上运输和陆上运输设备，积极拓展应用空间，使硬件更“硬”，创造企业价值，而且在企业信息化建设上根据企业实际需要，大胆引进和大力发展高新科技，使软件不“软”，精心打造“数字中远”、“网上中远”。

案例：航海“天眼”——航海智能化

1999 年 11 月 16 日，中远集装箱有限公司所属“大河”轮第 70 航次由比利时安特卫普港开航。

在出口航道中，左前方出现一条出口船舶，速度明显慢于“大河”轮。引水员为了保持一定的安全距离追越该轮，便将“大河”轮航向右大幅度修正，以致将本该放在右舷通过的灯浮放在左舷，使“大河”轮严重偏离了深水航道。自始至终，值班驾驶员的双眼都没有离开过船上安装的全球航海智能系统（以下简称智能系统）的显示屏。突然，他发现船艏正前方约 0.5 海里处有一个水深为 9.2 米（“大河”轮吃水 13.05 米）的浅滩，船舶正驶向该区域。船长立即得到了报告，急忙看了看智能系统显示的海图水深以及本船船位，立即命令舵工修正航向，同时告诉引水员，随后，亲自操船避开了这个浅滩。

船长在惊了一身冷汗后长出了一口气，他心里很清楚，假如没有安装智能系统，还是使用传统的纸海图核对船位，一场大的搁浅事故将不可避免。幸运的是，智能系统在英国菲利斯托港首装在“大河”轮上，智能系统的功能在惊心动魄的实践中得到了检验。

从事航海需要掌握上至天文下至地理的综合知识与技能，因此航海技术是一个时代科学技术水平的缩影。中远研制智能系统，就是要带动航海这门经验密集型行业向信息密集型转变，1999 年初，由中远集团总体规划设计，国家气象中心，英国皇家海军水道测量局及其海图代理 S. C. D 公司、电子航海公司、北京全球气象导航技术有限公司共同参与研发的全球航海智能系统开发成功。1999 年 6 月 16 日，全球航海智能系统软件正式通过验收，获得中国船级社颁发的《认可证书》，1999 年 8 月 10 日，智能系统在中国注册计算机软件著作权，随后，该软件在中远各机关和部分船舶使用。

智能系统充分利用了计算机图形处理技术、数值天气预报GPS等高科技手段，是一套包括英版电子海图、全球气象水文资料、潮汐资料、港口资料，并且有船队管理系统等多功能航海安全综合保障软件。这套系统通过电子邮件可以随时接收英国皇家海军水道测量局每周发布一次的航海通告和海洋气象资料等信息，在几分钟内自动精确改正全部（近3000张）海图，同时，使用者能够及时了解全球各地的气象、台风、海况，包括海平面和高空的气压场、风场以及峰面、气旋、台风、潮汐、潮流等资料的实况和7～10天中期预报，随时显示船舶的动态和港口资料。

几千年来，航海技术的核心就是如何保障航海的安全。

海上的航行依据是海图，智能系统把电子海图放在核心部分。事实上，这套智能系统的诞生也是源于海图。

船舶最初的调度指挥主要依靠人工标注海图，标完后一天一次向指挥中心发回电报，指挥中心得到电报后就用小图标贴在纸海图上，第二天再换。船舶位置通常靠推算，比如10点钟船在这里，航行速度15海里，沿着某个航向，2小时后就应该标在这里。实际上船不可能就在这个位置，因为有风、浪等因素的干扰。后来海图进入计算机成为电子海图，但另一个航海者极其关注的信息是天气变化，原来航海者主要依靠经验判断气候的变化，无线电技术出现后，航海者就通过手工方法把气象信息叠加到电子海图上，不仅费事费力，而且容易出错。后来一位船长在出海航行时想到，如果能够开发一套系统，自动把电子海图和气象资料叠加在一起就好了。这个想法在科研过程中，产生更深入的构想——全球航海智能系统。

在智能系统中，电子海图是计算机技术在航海领域取得成功的一个显著标志。智能系统可以显示船队所有船舶的位置和动态，包括船舶动态、货载情况、航线资料、船舶技术资料、船舶航次资料以及船舶与气象导航公司之间来往的报文等。过去，标志船舶船位都是借助纸海图，驾驶员边驾驶边画图——用三角板、量角器在纸海图上手工描点。纸海图上也有坐标线，用路标、罗盘和雷达等确定经纬度后纠正纸海图上定点。手工定点速度慢，误差大，明明船在这个位置，实际上常常偏离很多。

智能系统安装以后，船舶利用GPS显示经纬度，定位精确度很高，而且定位是随时随地的，速度很快。假如船舶出现了偏离或者走到危险区域却没有及时被发现，智能系统可以立即发警报提醒，要求他们迅速调整。电子海图很直观，所有的状态形象地显示其中，每走一分钟或者几秒钟，系统设置的黑匣子都会非常详细地记录各种状态参数。

像中远这么大的企业集团当然是航海软件开发商瞄准的重点对象，世界上比较有名的航海软件开发商几乎都与中远接触过。这些开发商开发的软件价格昂贵、功能单一、维修保养困难。在使用智能系统以前，中远集团总部以及下属公司都采用上海美国气象导航公司的资料，每月付费1300美元——这个软件的唯一功能就是查看气象资料；这还在其次，更要命的是系统操作十分复杂，根本不适合船舶应用，中远曾有17艘船舶安装了该系统但从来没有使用过。当时，中远应用开发商的软件系统，据说感觉极像被“套牢”。

提起数字化、软件系统，很多人就感到仰之弥高、眼花缭乱。中远数字化管理的重点是智能化，是使运用者打开计算机就可以轻松实现想要的服务，大量的工作是程序员来完成而不是使用者，这个原则也贯穿于中远其他系统软件的设计中。

中远认为的智能，就是简单、好用、容易操作。并不是说功能变化多端就好，这个并不重要，重要的是系统功能要易用、好用、适用。比如业内颇有争议的电子海图。

国外的电子海图，功能齐全，内容豪华。但这种电子海图完全脱离了世界上通用的纸海图，这种纸海图，已经用了几十年，甚至上千年了，它的颜色、图标、形状等在船员脑子里都存印象和规律。一看就知道哪里有浅水，哪里有深水，哪里有暗礁，这些东西突然改变后，船员很难适应。此外，也不可能要求航海者像计算机人员那样精通计算机。航海通常不允许船员有时间缓冲，船往前开，依据的就是海图，如果海图不能够及时指导航海者把握航向，发生事故的概率就会很大。

做智能系统时，中远100%使用了历史悠久，能够得到大部分船员认可的英国皇家海军水道测量局出版的纸海图，智能系统电子海图数据、颜色都与纸海图一样。

中远电子海图正式被投入使用后，从船舶反馈的情况看，船员觉得与过去相比，最大的区别是把纸海图搬上了荧光屏、准确、清楚，其他没有什么变化。

安全是航海的生命，对于船舶公司而言，安全则意味着企业的经济效益和先进的智能系统每时每刻都能够掌握船舶的动态，很多重大恶性事故就可以避免。此外，这个系统还可以分析未来气象的变化，有效调控船舶的到港时间，避免船舶不能按时到达造成货主的索赔。“数字化”对于中远不仅是一种安全管理模式，还是一种智能化的优质服务模式。

5. 积极履行企业社会责任

作为一家中国的跨国公司，中远集团很早就开始注重承担广泛的“企业公民”责任。中远集团明确提出自身的使命为“逐步发展和确立在航运、物流和修造船领域的领先地位，保持与客户、员工和合作伙伴诚实互信的关系，最大程度地回报股东、社会和环境”。2001 年，中远就建立起了包括国际环境管理体系、职业安全卫生管理体系在内的综合管理体系，成为中国国内首家获得三大管理体系认证的企业。2004 年，中远正式加入联合国“全球契约”计划，更加自觉和积极地践行“全球契约”10 项基本原则并努力实现可持续发展。截至 2009 年，中远集团可持续发展报告连续四年被联合国全球契约评为了典范报告，成为当时唯一连续四年登上全球契约典范报告榜的亚洲企业。中远集团把积极履行企业社会责任与企业发展战略相结合，积极培育“绿色竞争力”，主要国际化经营指数正接近联合国“全球跨国公司 100 强”标准。

中远集团根据联合国全球契约实施指南和国资委《关于中央企业履行社会责任的指导意见》，按照联合国全球契约实施模式，对企业全面履行社会责任进行系统规划，已经要求被纳入战略规划并融入日常运作之中，使中远集团社会责任管理迈上了一个新的台阶。主要表现在：

第一，社会责任的实施机制和实施推进工作，已经从基本框架搭建到深层次实施，将企业社会责任与企业战略相结合成为社会行动的出发点（如图 4－8）。

第二，社会责任实施工作向科学化、规范化和程序化转变，社会责任实施工作自身的可持续性受到重视，社会责任实施工作与管理相结合。

第三，企业管理进入以全面风险管理为核心的可持续发展时代，中远集团将社会责任风险作为企业公司层面的重要风险，运用风险管理的理论和方法，科学实施社会责任风险管理。

第四，社会责任实施的效果考核评价指标越来越清晰地集中在核心竞争力上，中远集团对社会责任实施项目的决策已经程序化和目标化。

中远集团以世界性的思维和全球化的眼光履行社会责任，承担起一个世界级跨国公司的全球化社会责任。中远集团认为：

第一，作为共和国的长子，中远集团努力起到表率和带头作用。承担着一个中央企业所应负担的政治责任，那就是构建和谐社会的使命；承担着企业的法律责任，全面推行依法经营；承担着企业经济责任，那就是保持国有资产的保值增值；承担着企业的产品责任，为社会提供产品和服务。

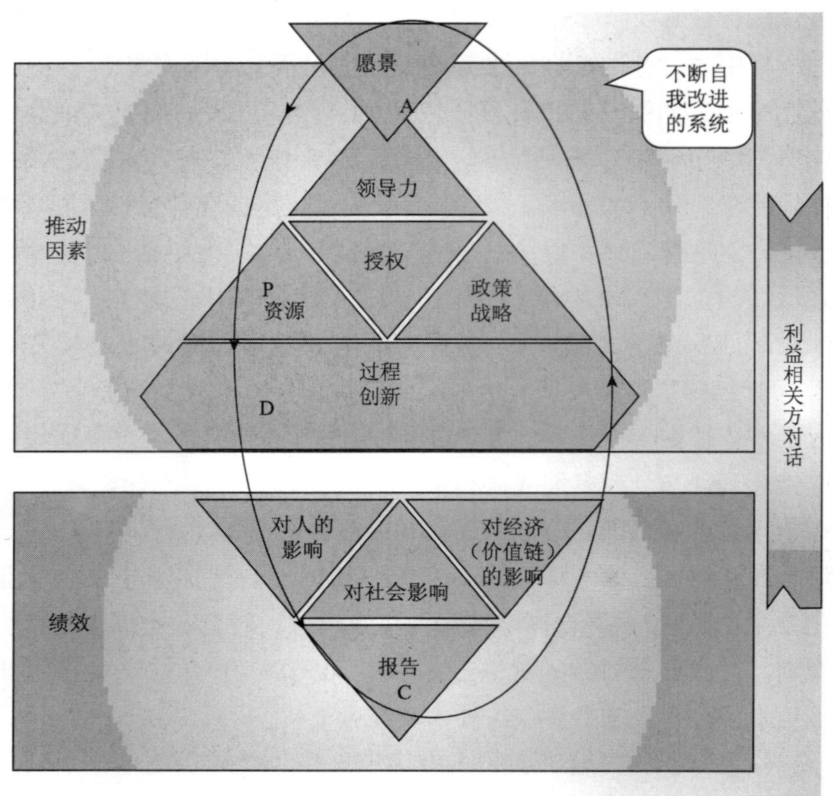

图 4－7 中远集团企业社会责任与战略结合框架

第二，全面履行全球契约和社会责任，并应在全系统大力推行。实施全球契约、履行社会责任是高度符合中国政府和社会的要求；履行社会责任是符合中央落实科学发展观，转变经济发展方式的要求；履行全球契约人权劳工方面的原则，符合中央关于“以人为本”的方针，符合十七大提出来的“构建社会主义和谐社会”的要求；履行全球契约反腐败原则，符合中央提出的全面加强新形势下领导干部作风的要求。

第三，全球契约 10 项原则奠定了现代社会对企业可持续发展能力评价的新标准，从而将企业管理引入一个新的以全面风险管理为核心的可持续发展时代，实施全球契约的意义在于防范和控制风险。

第四，企业社会责任是在市场经济条件下，企业有目的、有计划地、持续地主动承担对利益相关方的责任，中远集团应规范企业社会责任行为，建立履行全球契约和社会责任的长效机制，实现企业与社会的和谐及可持续发展目标。

第五，全球报告倡议组织GRI所提出的可持续发展报告框架和报告指南，为企业提供了适用的、具有可比性和了解披露信息的框架模式，企业必须本着对社会负责的态度审慎发布。

为此，中远集团对全面实施全球契约、履行社会责任以实现可持续发展进行了总体部署。中远集团根据各机构的可持续发展风险等级确定了三年的实施进度规划，利用2005～2007三年的时间完成了从集团总公司和中远集运试点到航运公司、物流和修船以及海外英国公司试点的跳跃；从30%主营业务到所有二级公司、航运公司、物流公司和修造船公司的跨越。2008年制定了可持续发展又一个三年滚动规划，2008～2010年要完成中远集团可持续发展从范围扩充到向战略实施深入的质的转变。

中远集团建立了可持续发展和社会责任管理体系，构建了社会责任推进的长效机制。中远集团逐步完成了可持续发展组织管理体系、内控制度和可持续发展文件体系、可持续发展目标测评和监控体系及可持续发展信息管理平台IT系统等社会责任和可持续发展管理体系建设，实现了规范企业社会责任持续行为、平衡各相关利益方的期望和科学化资源配置、增加利益相关方对企业未来信心和提高可持续发展报告可靠性四个目的。

表4-3 中远可持续发展和社会责任管理工作进度安排

年份	工作进度
2005年	集团总公司和中远集运进行试点
2006年	在获得成功经验的基础上，实施全球契约和可持续发展报告的范围扩充到中远集团的所有航运公司、所有的物流公司和所有的修船公司的15家；同时选择中远（英国）有限公司作为中远集团海外公司的试点
2007年	中远集团已全面实施可持续发展管理体系，实施全球契约和可持续发展报告的范围扩充到所有二级公司、所有航运公司、所有的物流公司和所有的修船公司的20家
2008年	各二级公司、航运公司、物流公司和修造船公司向三级公司推进
2009年	范围上向海外公司推进。各二级公司完成可持续发展战略风险管理体系建设
2010年	完成建立中远集团可持续发展战略风险管理测评和考核体系

中远集团根据《联合国全球契约参与者指南》提出的全球契约推进机制建设和实施要求，针对体系文件和程序风险增加了KPI和KRI指标，从而构成了量化管理体系，完成了内部控制向全面风险管理提升的第一阶段工作。满足了COSCO全面风险管理框架、国资委《中央企业全面风险管理指引》以及五部委《企业内部控制基本规范》和GB/T24353风险管理国际标准的基本要求，为防范和控制风险，实现企业可持续发展提供了保障。

中远集团推动所属各公司进一步完成质量、环境和职业安全三个基础管理体系建设并取得认证证书，同时将质量、环境和安全三位一体的综合管理体系，与全面风险管理以及可持续发展体系相融合，提高管理体系整体水平。目前已初步形成了集团总公司和各级公司上下贯通的管理体系。

为保证中远集团实施全球契约和可持续发展制度化、规划化，中远集团按照国务院国资委《关于中央企业履行社会责任的指导意见》《联合国全球契约实施指南》《全球契约企业社会责任管理体系导则》《GRI 可持续发展指南》以及《中央企业全面风险管理指引》，进行流程再造。将全面风险管理、全球契约的条款要求融入中远集团管理决策和业务程序，建立《社会责任和和谐企业管理程序》、《可持续发展报告程序》以及各个关键流程风险管理程序，并将全球契约社会责任、风险管理职责的要求、指标管理和风险授权通过工作标准，落实到每位中远人的实际行动中，并开发和建立了可持续发展信息管理平台。中远集团还按照 GRI，也就是《全球公开报告指南》的要求设计管理体系、信息管理平台和报告框架，编制并下发了中远集团建立全球契约和可持续发展系列指南来规范整个集团的行为，保证履行社会责任的一致性。

为推进公司员工对全球契约和可持续发展的了解，集团各公司通过公司内部网、电子刊物等宣传全球契约和可持续发展的意义和基本要求，并在年度举办的指标填报、素材编写、内审员等全球契约和可持续发展工作培训班中，组织研讨和解读全球契约和可持续发展工作的要求，对照 GRI 标准和集团统一要求，结合本公司实际进行探讨。2009 年集团及各公司举办全球契约培训班 33 个，培训各级员工 1095 人次，培训学时达 42946 小时。

案例：绿色快航

中日航线是中国远洋运输的一支“长青藤”。是新中国开辟的第一条与“西方阵营国家”进行贸易的国际航线，航线开辟 36 年来，中日两国间贸易量八成仍然是通过海运来完成的。从 20 世纪 90 年代以后，大量船舶涌入中日航线，运力持续大于运量，于是原始的价格战开始了，大家开始杀价争夺货源，然后就出现价格战的直接后果——大部分航运企业在中日航线上的运价已远远低于成本价格。无论是对船员，还是陆上员工；无论是对境外企业员工，还是境内企业员工，都留出十分广阔的创造空间跌破成本线，出现大范围的亏损局面。

降价是一柄锋芒毕露的“双刃剑”，在战略需要时有巨大的杀伤力，它可以使小企业屈服于大公司订立的游戏规则，并直接淘汰一批对手。但“双刃剑”

的使用是有规则的，如果因为降价带来亏损，那么这个策略的应用显然不够正确。

在共同的价值观统领下的中远，无论是对货代员工，还是船代员工，可以用千万种不同的行为，塑造中远服务信誉、经营信誉和企业信誉。要在这样的航线生存，就要创新。

中远认为，利用现有的条件，创新一个市场，开发一个新领域，才是真正的创新。

当时在中远日本公司任总经理的马杰麟从日常生活中想到，日本是个岛国，大部分的农副产品都需要进口，尤其是以蔬菜为主的鲜活产品在日本的需求量极大，在超级市场1/4棵白菜要卖150日元。鲜活产品无法远距离运输，而我国肉、蛋、菜的沿海高产区正好为日本的“菜篮子”——能保鲜的冷藏集装箱运输有巨大的市场发展潜力。

定位之后就是精确的市场号脉，1999年初，中远开始派出精兵强将，东渡日本、北上齐鲁，南下黄浦，深入市场一线拜访客户。一组繁杂的贸易运输数据引起了他们的注意：出口日本的冷藏货，尤其是生鲜货物的海运诉讼比例长期居高不下，而引起诉讼的原因大都是由于在运输过程中交货时间得不到保证。

由此，一个极富创意的构思方案出现了：出奇制胜地投入新船舶，在中国和日本之间架设一条“食品运输链”，以冷藏、冷冻货运输为主，实现周期更短、营运效益更高的班轮运输——“绿色快航”概念浮出水面。

开行“绿色快航”并非权宜之计，要想在白热化的中日航线一炮打响，并迅速发展壮大，非有一个响当当的品牌不行。“绿色”代表着环保，寓意着畅通，正合了冷藏货要保鲜，同时为了提高运输效率、实行预报关、走绿色通道的初衷。

“绿色快航”是总名，最初开航的三条“孪生姐妹”船，还要有三个响当当的船名，计划经济时期给船舶起名的规矩是不行的，要立意标新才能显示品牌的文化内涵，松、竹、梅在中日两国都有着特殊的文化地位，象征着高洁、和美与幸福。于是，“绿色快航”和“松”“竹”“梅”很快在日本市场叫响，许多日本朋友见到海员模样的中国员工就问：“是不是‘松子”轮的?”若不是，还会接着问：“是不是‘竹子’”轮、‘梅子’轮的?”后来，“绿色快航”家族又新添了“樱花”、“菊花”、“兰花”，争奇斗艳，各展芳春。还有致力于中日服装进出口贸易服务的准班航线——“霓裳快航”，品牌名称都有卓尔不凡的意义。

品牌营销是通过销售产品或服务的环节树立产品的美誉度。美誉度对品牌占领市场的重要性就像生命一样重要，品牌创造不出美誉度，就谈不上生存的社会意义和价值。船名起得好，固然重要，但毕竟是品牌的外在形式，品牌的真正内涵，也就是品牌值得称道的地方，还在于质量服务，否则，再好的品牌也得砸在手里。“绿色快航”实行“三定”服务，定时开航、定时靠港、定时交货，以准空运的服务赢得市场、客户和效益。

“绿色快航”的服务精确到小时，即在装货前保证货物运抵目的港的准确时间以小时计算，而非以往的以日计算。同时，推出班期保证、交货保证、中转保证、友好交货保证、通信保证、证书传递保证、货物跟踪保证和专人负责保证8项服务承诺。准班率达到100%，真正做到了“当天到货，当天超市见货”。

需要带来创新，创新提升品质。瓜果蔬菜的保鲜不仅仅靠冷藏能完全解决，不久“绿色快航”又投入带喷淋保湿功能的冷箱运输，为新鲜货品提供有力绿色保障，把客户还没意识到的需求变为现实。是特殊的船只、特殊的设备加上特殊的航线和精确的时间成就了“绿色快航”，这样的服务在此前还未在任何地方出现过。

“绿色快航”后来又投入了“樱花”、“兰花”、“菊花”3艘冷藏船，以“松竹梅”的规范化、程序化、超市化、宾馆化的先进管理模式打造出更加动人的风采，开航以后在中日航线上做到了准班率100%，货物完好率100%，船舶安全率100%，客户满意率100%，四个百分之百。当航线上价格战争夺货源的硝烟还在弥漫时，青岛的货主中流传着这样一个说法：谁能把冷藏箱装上“绿色快航”，谁本事就最大。从中不难感受到“绿色快航”品牌在市场的崇高地位和威信。

维系品牌的重点，在于提升品牌的价值。价格并非吸引客户的唯一因素，也不是最有效的因素，一件商品或一项服务，具备客户认同的价值，就会得到认可。“绿色快航”的运价即使高于市场价格，也依然供不应求。虽然中日航线的运力大于运量，大多数船舶“吃不饱”，“绿色快航”却常常暴舱。许多客户宁肯多花运费，也指定要装“绿色快航”，如上海通用、日本丰田的汽车零件都指定“绿色快航”运输。“绿色快航”与上海通用的生产线对接，即航班的到港时间与生产进度实现对接，中远的船就是生产线的一部分。

客户的核心要求是诚与信，中远表现在精品航线上的准班、快捷、优质的信誉，体现COSCO品牌的独具一格的魅力和价值。

（五）中远集团企业文化建设取得的主要成效

中远集团企业文化建设紧紧围绕企业发展战略，有效融入生产经营管理，做了大量工作，取得了积极进展，形成了以爱国主义为核心、具有鲜明导向和远洋特色的企业文化体系，中远使命、价值观、企业精神、经营理念逐步清晰明确，有力地引导和凝聚了广大中远员工积极投身企业改革发展实践，促进了企业经营管理水平提高，增强和扩大了中远品牌。企业文化建设作为重要载体和抓手，推动了新时期企业党建思想政治工作创新。

1. 通过企业文化建设，增强了集团的凝聚力

对职工及其家庭的关怀是中远集团文化建设的重要内容。“中远一家亲”，“老吾老以及人之老，幼吾幼以及人之幼”的体贴备至成就了中远企业与职工、家属的良性的“双向互动”。大慰问，也是中远文化的一大亮点。船员家属把对船员真挚的爱同船员所从事的远洋事业视为不可分割的命运共同体，时刻想着中远利益，视企业为家，进而迸发出了无私无怨的奉献精神。经过多年的摸索和尝试，中远各海外公司根据所处文化背景的特点，采用更易为当地员工接受的方式，因势利导，在制度管理的同时加强文化管理，有效增强了海外公司当地员工的荣誉感和对企业的向心力。

2. 不断开放与进取，激发了企业的创造力

中远领导认为，创造力并非单纯指物质性、技术性创造发明成果，而应该是更广义的思维方式、观念、制度等一系列创造性思维能力和结果。在以人为本和求实创新文化理念的引导下，中远集团不惜重金培养人才，敞开大门吸纳人才，放心大胆使用人才，中远集团以人才选拔、使用为突破，从企业实际出发，充分调动和利用内外部人才资源，打破传统的思维和框框，按照“不唯学历、不唯职称、不唯资历、不唯身份”的要求搞好人才工程，制定了切实可行的选拔、使用办法良性的用人机制激发了员工的积极性和创造力，提升了企业经营管理水平，并转化为直接的经济效益。创造力在中远更为生动的表现，是员工对参与企业管理的高度热情，以及为企业献计献策，个人与企业共谋发展的高度自觉。利用业余时间参加各种培训和进修，在工作当中钻研解决遇到的各种问题，勤奋好学、力求上进在中远已蔚然成风。

3. 全球化运作，扩大了企业的感召力

中远集团以全球化企业的面貌出现在世人面前，注重在经济互惠互利的基础上促进不同文化的融合，在企业界和社会上产生了巨大的感召力。“进了中远门，就是中远人”。中远坚持海外公司高级管理人员本土化方针，最大限度地发挥了当地人员在开拓当地市场中的作用。在海外开拓的过程中，中远也遇到过各种困难和阻力，但中远人没有被困难吓倒，他们坚持经营市场化、管理国际化、人员本地化，注重人性化管理，尊重各个国家和民族的风俗习惯，有针对性地开展工作，扩大了中远企业文化的感召力。

4. 激励与监督并举，增强了企业的约束力

中远企业文化所倡导的价值观念和行为准则演化成广大职工发自内心的自觉行为，显现出了文化的约束力。中远集团在明确所有者、所有者代表和经营者的责权利的基础上，大胆推行年薪制、海外上市公司高管人员认购股权制以及外派干部工资属地化等新的分配机制，努力打造行之有效的激励机制，极大地调动了经营管理者的积极性。与此同时，中远集团努力构建与现代企业制度要求相适应的“大监督”机制，对经营管理者实行“内外结合”的全方位、全过程的监督与约束，保证生产经营活动健康顺利进行。有效的激励、监督、约束机制，较好解决了员工不想腐败、不敢腐败、不能腐败的问题。

（六）中远集团“十二五”期间企业文化建设构想

1. 进一步加强企业文化建设的组织领导

从某种意义上来讲，企业文化是领导者文化，企业领导班子对于企业文化建设始终发挥着至关重要的影响。因此，要做好企业文化建设工作，首先要加强组织领导。要根据集团领导分工变化，调整补充企业文化领导小组和工作小组成员，增加集团各职能部门负责人为领导小组和工作小组成员，进一步明确领导小组、工作小组的工作职责，自上而下建立企业文化建设有效开展的领导体制和工作机制。在此基础上，进一步加强企业文化部门建设，强化企业文化管理职能，配好配齐配强企业文化专职（兼职）工作人员。同时进一步加强对企业文化工作人员的培训，提高从业人员的整体素质。

2. 研究制定企业文化建设五年规划，明确中远文化建设的方向目标

企业文化建设要取得成效，必须有明确的方向和目标。集团企业文化部门要在充分调研的基础上，全面总结回顾中远企业文化建设的发展历程，客观分析中远企业文化建设的成绩和不足，紧密结合中远“十二五”发展战略和“打造百年中远”的历史任务，制定出台中远企业文化建设五年规划，明确集团未来五年企业文化建设的指导思想、基本原则、奋斗目标、主要任务、具体措施、实施步骤等，为全系统企业文化建设提供全面系统的规划和指导。

3. 进一步梳理完善中远集团企业文化核心理念体系，提炼完善企业精神

理念是文化的核心。我们将结合集团发展战略和“打造百年中远”的历史任务，进一步明确集团企业文化建设的定位，研究确定未来中远企业文化需要补充完善的的基本内核和重要元素，本着“继承一批、创新一批、诠释一批、搁置一批”的原则，对集团核心价值观体系进行系统地梳理修改和完善。

4. 进一步健全和完善各项规章制度，将企业文化理念转化为企业的具体管理制度

规章制度是文化的基础和来源，企业文化理念与制度相匹配、相协调是企业文化建设能够落地生根的重要前提。集团总部和全系统各单位都要按照集团企业文化的基本精神，重新审视和修订原有的规章制度，制定、修改和完善符合现代企业发展要求，符合生产经营实际的管理制度、操作规程、工作职责。

5. 进一步加大企业文化宣贯力度，提高广大员工的认知、认同度，并将文化理念转化为员工的自觉行动

加强宣贯是推进企业文化持续发展、凝聚员工思想和行动的重要途径。从各级领导开始，都要带头研究、宣讲和实践企业文化，同时，要在系统内部培训培养一批企业文化讲师，形成制度，每年开展全员企业文化宣讲培训。要大力加强企业文化载体建设，整合集团内部的舆论阵地和宣传平台，建立企业文化案例库，并充分发挥各种文化仪式和活动对企业文化养成的推动作用。要从推动集团文化建设的高度出发，有目的、有计划、有步骤、有重点地培育和发掘符合企业改革发展方向的各类先进典型和模范人物，持之以恒地抓好先进典型和英雄模范人物学习宣传，充分发挥先进典型的激励和示范作用。要继续深入开展具有中远特色的群众性创建活动，进一步确立“三学一创”在集团文化创建活动中的龙头地位，丰富“三学一创”内容，规范“三学一创”评选表彰机制，扩大“三学一创”评选表彰范围和影响。全系统各单位都要精心培育企业文化建设典型，建立“企业文化示范区”和“示范点”，以图文并茂、生动活泼的形式，大力宣传和弘扬集团企业文化。

6. 建立健全企业文化考核评价体系，做好企业文化建设的总结和效果评估

建立企业文化考核评价体系是促进企业文化建设良性循环的科学手段，是推进企业文化建设的有效激励，也是实现先进经验和优秀文化成果的有效途径。集团要建立企业文化考核评价制度，每年对下属单位企业文化建设情况进行综合考核评价，争取将企业文化考评与经营业绩和精神文明建设考核相整合、相统一，成为年终奖金兑现的重要依据。考核评价内容包括中远文化的宣贯情况、专业文化建设情况、干部职工对中远文化的认知、认同情况、文化建设领导体系组织体系建设情况、集团文化建设的要求、部署、规划贯彻落实情况、文化理念和管理制度工作流程的融合情况、文化建设创新情况等。

7. 进一步开展企业文化理论研究，形成有中远特色的企业文化理论体系

企业文化理论研究是进一步推动和促进中远企业文化建设的重要基础性工作，对于进一步统一、增进全系统对中远文化建设的思想认识，指导和规范文化建设的长期实践，推动中远改革发展具有重要作用。要进一步加强企业文化理论研究体系的建设，加大企业文化理论研究和成果交流的力度。政研会要形成中远企业文化理论研究的方向、思路和框架体系，结合实际，确定和布置年度企业文化研究的重点课题。集团要定期举办企业文化论坛，对企业文化建设的重点问题进行研讨，进行研究成果的总结交流，推广介绍企业文化理论研究经验和成果，开展企业文化建设专项培训。

（七）中远集团企业文化建设的经验与启示

1. 全球化思维与跨国经营

在进入 21 世纪以来，经济全球化、贸易投资自由化、社会信息化正在日益深刻地影响着世界经济结构调整的速度和深度。在这一背景下，全球范围内的企业也在发生着巨大的变化，其中领先跨国公司向全球公司的系统性战略调整，正在成为趋势。这种变化和趋势无疑会对国际航运业带来深刻影响。中远集团作为世界航运业的重要组成部分，目前正在全球行业中扮演着一个越来越重要的角色。中远集团在新的形势下，秉承全球化的文化理念，提出了“从全球航运承运人向以航运为依托的物流经营人转变；从跨国经营向跨国公司转变”战略，既是中远集团在战略上的转变，也是中远集团在经营理念和观念上的转变。“全球化”是中远人最鲜明的思维特点。

沿着“全球化”的思维方向，中远进一步提出了“从拥有到控制”的经营理念。这又是一次观念上的巨大突破。在这种观念的引领下，中远人学会用有限的资产来控制无限的社会资源；用少量的资金来控制更多的外部运力。从而摆脱了以往“大而全”，“小而全”的旧观念，甩开沉重的历史包袱，充分运用自身的优势，从而成倍地提高了经营效率和效益。

“合作共赢”是中远在这一时期的又一个崭新的发展理念。从 20 世纪商场竞争的你死我活，走向 21 世纪的“强强联手”，合作共赢。这一观念的变化使中远拥有了全球最为雄厚的客户资源，为中远集团的可持续发展打下了坚实的基础。今天的中远已经和“世界500强”中2/3以上的国际知名企业结为长期战略伙伴，与境内外的行业巨头、地方政府签订长期合作协议。“合作”、“和谐”、“共赢”已成为当今中远集团发展进程中的关键词。

从跨国经营企业到世界级跨国公司，这对中远来说又是一次战略跨越。中远了解自己的优势，也深知自己与世界级跨国公司间的不足。中远对一切先进的东西，从来都是抱着认真学习的态度加以吸收，并结合自身的条件和特点，加以创新，为我所用。有差距才有潜力。找差距、定目标、求发展，永不满足，不断开拓创新，这正是中远不断发展壮大的源头活水。为缩小与世界级跨国公司的差距，中远致力于创建学习型企业，积极推进管理创新，开展与世界先进企业的对标活动。例如，在已经有效实施的质量管理体系基础上，借鉴美国通用电气公司六西格玛的先进管理经验，积极推行六西格玛管理，进一步提高经营管理和客户服务水平。中远集运以名列世界第一的马士基公司为对象，中远船务工程集团公司瞄准第一流的修船企业——新加坡裕廊船厂。在此基础上，各自建立起一套既科学又具操作性的对标指标体系，通过对照学习，找出差距，从而快速赶超世界一流。

为调整优化产业结构，提升企业核心竞争力，中远聘请国际一流的中介机构科尔尼咨询公司，对集团集装箱运输和物流核心业务进行重组，使班轮与物流两个支柱产业齐头并进发展，成功实施“从全球航运承运人到以航运为依托的全球物流经营人转变”的战略构想。同时，调整优化船队结构，实现集团从拥有船经营向控制船经营转变。这种理念打破了传统的单纯依靠自有资金积累，扩大再生产和对船舶绝对拥有的发展模式，强调以少量的国有资源控制更多的社会资源、用少量的国有资本控制更多的社会资本，解决了历史形成的船队资产负债率高的问题，这是中远50年来最根本的改变，是经营理念的巨大变化。它极大地提高了企业经营质量，激活了企业创富的基因。

作为经营创新，中远一直在拓展资本经营的国际化，从传统的注重生产经营向同时注重资本经营转变。目前中远海内外7家上市公司所组成的中远系上市公司因良好的业绩和高水准的管理水平而备受海内外投资者的追捧与认同，在资本市场不断创造佳绩。通过“畅游资本市场”，中远优化了企业资本结构，找到与世界一流企业的差距，并与之同场竞技，从而为企业加快建立现代企业制度和市场运作机制增添了强大的外在压力和内在动力。

“观念转变、结构调整、体制创新，融资创新、管理创新”，中远的经营管理和客户服务水平的提高，中远在许多领域开始具备的世界级的实力和影响，正是在这一个个创新和转变中实现的。正是有了这种世界眼光和战略思维，中远向着世界级跨国公司的宏伟目标一步步迈进。

中远全球化的思维和和经营管理实践，无疑对于我国企业“走出去”战略具有很好的借鉴意义。第一，用世界眼光和战略思维把握企业全局和发展方向。要与时俱进，结合企业发展的新形势，通过对环境、企业核心能力、资源的分析，采用合作共赢等先进的经营管理理念，制定适合企业发展的战略，用全球化的眼光和思维方式引导和促进企业发展。第二，通过创建学习型企业，不断学习新的管理方式方法，缩小与世界级跨国公司的差距。第三，推进全面创新，培育企业的竞争优势。

2. 有效的跨文化管理

作为跨国公司，中远集团已形成以北京为中心，以中国香港、美洲、欧洲、新加坡、日本、澳大利亚、韩国、西亚、非洲九大区域公司为辐射点的全球架构，在50多个国家和地区拥有千余家企业和分支机构，外籍员工4000多人，海外资产和收入已超过总量的半数以上。实行有效的跨文化管理对中远的发展具有重要的意义。通过跨文化管理可有效地解决文化差异、文化冲突所带来的问题，有利于解决跨国度、跨文化的管理移植问题，对公司员工具有导向、激励、凝聚和约束等作用。在跨文化管理方面中远集团采取了一系列积极措施，取得了有效的成果。第一，“标杆瞄准”。通过推进精益管理，中远积极开展了与世界领先企业的对标活动。对于各二级专业化船公司，根据不同船队的特点，公司要求经营班子主动对标，向国际同行看齐，而不能满足于国内最大最好。第二，入乡随俗，注重人性化管理。中远尊重各个国家和民族的风俗习惯，有针对性地开展工作，加强中远企业文化的感召力。不同国家和地区有不同的文化习惯，有不同的法律政策，中远尊重当地的文化习惯，严格遵守所在地的法律政策，依法经营。如中远欧洲公司总部所在地德国汉堡，工会力量强大。欧洲公司因势利导，针对德国人办事严谨的特点，在与工会友好协商的基础上，制定了严密的管理手册，使其成为资方和职工共同遵守的行为准则。第三，中远坚持海外公司高级管理人员本土化方针，最大限度地发挥当地人员在开拓当地市场中的作用。中远目前在海外共有员工近5000人，其中国内外派人员只有400余人。海外公司员工不管来自哪里，不论什么肤色，只要“进了中远门，就是中远人”。不少当地员工被聘为海外公司的副总经理直至总经理。具有社会资源和知识技能优势的当地高级人才的加入，使中远的海外战略少走了弯路，得以快速发展。英国前首相希思、美国前国务卿黑格等知名人士还先后担任了中远的高级名誉顾问，他们广泛而巨大的社会影响力，为中远在海外的发展提供了帮助。第四，中远根据所处文化背景的特点，利用多种载体，采用更易为当地员工接受的方式，因势利导，在制度管理的同时加强文化管理，增强海外公司当地员工的荣誉感和对企业的向心力。如中远坚持每年在海外企业中评选劳模，对他们的事迹进行宣传，组织他们到中国旅游参观。中远海外公司还定期举办歌咏比赛、拔河比赛和球类比赛及有当地特色的联欢晚会，在活动中建立和谐的人际关系，营造健康向上的企业氛围。以人为本、无微不至的文化建设产生了巨大的凝聚力，换来的是员工和家属对中远强烈的认同感。正是这种有效的跨文化管理，提高了员工的凝聚力，为中远的发展奠定了坚实的基础。

3. 注重承担企业社会责任

在经济全球化的时代，跨国公司之间的竞争已经从单纯的硬件竞争上升到软件的竞争，从以技术产品为主的竞争上升到公司的社会责任理念以及道德水准的竞争。先进的公司社会责任理念和行为，已经成为企业致胜不可或缺的核心竞争力。企业可持续发展能力的评价标准已经发生了变化，企业承担社会责任的能力已成为企业发展的关键能力。全球契约和社会责任不仅仅引发了日益改变的全球思维和价值观念，还日益成为一种新的企业管理理念。通过履行社会责任，可引发企业管理创新，变革商业模式，防范和控制风险，从而提高企业的效率和效益。作为一家中国的跨国公司，中远很早就注重承担广泛的“企业公民”责任。早在2004年，中远就正式加入联合国“全球契约协议”（Global Compact），承诺积极践行该协议提出的关于人权、劳工标准以及环境和发展方面的基本原则并实现可持续发展。

作为国际海运企业，中远一直积极支持国际海运界的环保、节能减排和海上反恐等行动。中远严格遵守国际上有关环境保护的公约，严禁船舶向海中排放垃圾和其他污染物，赢得了相关国际组织的赞许。近年来，在企业快速发展、燃油消耗总量增加的同时，中远通过调整船队结构、优化航线设计、使用经济航速、开发新技术等措施来降低燃油耗费，减少碳排放，发展“绿色航运”，取得了突出成效。在由中远牵头主办的青岛第六届国际海运（中国）年会上，由中远发起、CKYH联盟共同发布了减速航行、节能减排、消化过剩运力、降本增收的“青岛宣言”。这一主张在国际海运界产生了广泛和重要影响，使得船舶减速和节能减排进一步成为当前国际海运业发展的潮流。

为更好地履行社会责任，2005年，中远成立了国内第一家企业慈善基金“中远慈善基金”，扶危济困、捐款助学。2008年“5·12”汶川大地震、2010

年西南旱灾和“4·14”玉树地震后，中远通过该慈善基金分别向灾区捐款8300万、990万和1000万元。2006年，中远完成了国内首份以保护环境、节约资源、反对腐败为重点的可持续发展报告，该报告后来荣登联合国“全球契约”典范榜，是第一个中国企业也是世界上第一个航运企业入选，其后中远每年定期公布中远集团年度可持续发展报告。2008年7月，中远集团总裁魏家福又应邀参加了潘基文秘书长在北京召开的“全球契约”座谈会，并在会上代表中远郑重承诺、正式加入联合国倡导的《关注气候宣言》。在《世界人权宣言》颁布60周年之际，中远集团还签署了《世界人权宣言》，成为我国第一家签署该宣言的国有企业。

综上所述，中远集团用实际行动体现了其积极履行社会责任、实行可持续发展的理念。正是这种先进的企业社会责任理念，提升了中远集团的可持续发展能力。中远集团先进的企业社会责任理念和社会责任实践值得借鉴。

附：中远集团企业文化建设“十一五”规划

“十一五”时期是中远集团深化改革、加快发展的关键时期，也是企业文化建设的重要阶段。根据《中远集团“十一五”发展规划》，编制本《规划》，确定未来五年企业文化建设的指导思想、基本原则、目标任务和方法途径，发挥企业文化对生产经营的促进作用，推动企业持续健康协调发展，为“打造百年中远”构筑坚实的思想基础和文化保障。

一、加强企业文化建设的重要性和必要性

企业文化是企业持续发展的精神支柱和动力源泉，是企业核心竞争力的重要组成部分。加强企业文化建设，是发展社会主义先进文化、构建社会主义和谐社会的重要内容，是企业深化改革、加快发展、做强做大做久的迫切需要，是建设高素质员工队伍、促进人的全面发展的必然选择，是提高企业管理水平、增强凝聚力和打造核心竞争力的战略举措。加强企业文化建设是国务院国资委的明确要求，是中远45年不断发展壮大的经验总结。面对复杂多变的航运市场和日趋激烈的国际竞争，实现集团“十一五”战略目标和“打造百年中远”的历史重任，我们必须增强紧迫感，加快企业文化建设步伐，打造引领和支撑企业的百年文化，增强企业凝聚力、创造力和核心竞争力，掌握企业发展的主动权。

中远成立45年来积淀了深厚的文化底蕴，多年生产经营实践孕育形成的“艰苦创业、爱国奉献”、“求是创新、图强报国”的远洋文化，成为凝聚、激励几代中远人团结一心、攻坚克难，发展壮大远洋运输事业的精神动力和宝贵财富。特别是1993年以来，集团企业文化建设适应企业改革发展的要求，遵循文化建设的规律，逐步走上自发自觉、科学规范的轨道，以爱国主义为核心的中远企业文化取得了丰硕成果。基本形成了以企业精神、价值观、使命为主要内容的企业核心价值观框架体系和以企业标识、集团歌、员工行为规范为主要内容的视觉识别系统。企业文化建设融入生产经营管理各项工作，提升了企业经营管理水平和品牌形象，促进了新时期企业党建思想政治工作创新。企业文化建设日益成为各单位经营者和广大员工的自觉行为，形成了广泛参与和投入的浓厚氛围，形成了各具特色的中远企业文化子文化。企业文化建设理论研究与实践探索同步推进，产生了一批具有较强影响力和应用价值的研究成果。中远企业文化建设处于新的历史起点上。

同时也要看到，当前中远集团企业文化建设与“打造百年中远”的任务要求还不相适应。对企业文化建设还缺乏统一深入的系统思考；对企业文化建设的规划指导还没有完全到位；企业文化建设的形式和内容还不够统一；全员参与、上下并举的领导体制和工作机制尚未形成；企业文化建设的方法手段相对单一陈旧；企业文化专职队伍的力量比较薄弱；对中远文化深厚底蕴和优良传统的有效继承有待加强；对中远核心价值观具体内涵的提炼诠释、与时俱进丰富发展不够深入；对中远文化多元化发展、存在差异冲突的规范统一、整合协调相对欠缺；员工的归属感、责任感和使命感有待增强；经营管理者队伍的大局意识、团队精神有待提升。我们要增强紧迫感、责任感和使命感，抓住机遇，加快企业文化建设步伐，推动中远各项事业的全面协调可持续发展。

二、指导思想和基本原则

（一）指导思想。以马列主义、毛泽东思想、邓小平理论和“三个代表”重要思想为指导，以科学发展观为统领，坚持先进文化的前进方向，发扬中远的优良传统，坚持弘扬以爱国主义为核心的价值理念，学习借鉴国内外一切优秀企业的管理理论和方法，结合中远实际，围绕发展战略，按照文化建设的客观规律，依靠员工努力实践、大胆创新，注重效果，分层次、有步骤地积极推进中远文化建设，为构建和谐企业、“打造百年中远”提供强有力的文化动力和文化支撑。

（二）基本原则。“十一五”时期，中远企业文化建设要坚持以下基本原则：

——融入中心，服务大局的原则。企业文化建设必须与企业发展战略同步匹配，渗透到到生产经营管理的各个环节、各个方面，充分体现文化力的作用，为企业改革发展提供精神动力和智力支持，借助文化力推动中远有快又好发展。

——突出共性，兼顾个性的原则。正确处理好集团文化与各成员单位文化的关系，坚持以中远集团的共同价值观为标准，统一整个集团文化建设，在统一的过程中可以有区别、分层次地兼顾所属各成员单位的特点，尊重各成员单位的文化差异，培育适合自身发展要求和特点、各具特色的中远文化子文化，推进集团整体企业文化建设。

——全员参与，上下并举的原则。企业文化建设成效取决于企业管理者的文化自觉和广大员工文化习惯的养成。企业管理者要身体力行，当好中远文化的倡导者、示范者和开拓者，广大员工要努力实践中远文化，养成良好文化习惯，把中远文化的精髓融入自己的行动。

——持续推进，逐步到位的原则。企业文化建设是一项复杂的系统工程，是渐进发展不断完善的过程。要坚持中远文化建设的标准，按照集团统一规划部署，抓住关键，明确重点，创造条件，有计划、有步骤、分阶段地持续推进、逐步到位。

——注重投入，厉行节约的原则。企业文化建设在逐步加大资源投入的同时，要坚持量力而行、注重节约，要提高投入产出比，克服“花架子”和形式主义。

——与时俱进，承优创新的原则。企业文化建设是一个与时俱进的建设过程，要坚持发扬中远的优良传统，挖掘整理长期形成的宝贵的文化资源，用发展的观点和创新的思维，推进企业文化变革，在继承中创新、在弘扬中升华，形成自我更新、自我完善、开放科学的企业文化建设体系。

三、发展目标

到2010年，集团企业文化建设的总体目标是：通过集团上下的共同努力，着力加强企业文化的内容建设，促进企业文化形式、内容的有机统一，促进精神文化、行为文化、物质文化的协调匹配，使中远文化理念转化为企业的规章制度和员工的自觉行动，集团文化的控制力、影响力进一步增强，各成员单位企业文化建设平衡发展，形成围绕集团“十一五”发展战略，既能继承中远优秀文化传统，又能反映时代精神的有特色、有个性的积极向上的先进企业文化，为“打造百年中远”奠定坚实的文化基础。

“十一五”时期企业文化建设的重点是：

——促进集团企业文化建设整体功能优化平衡。坚持系统思考，科学规划，统一全集团企业文化建设思路，增强集团对企业文化建设的掌控力和主导权，力争到“十一五”期末，集团企业文化建设整体功能明显优化，各成员单位企业文化建设普遍深入开展，文化建设有序协调发展。

——促进企业文化核心价值观体系的发展完善。持续做好中远企业文化核心价值观内涵的挖掘诠释、创新发展和丰富完善工作，加强企业文化宣贯，力争到“十一五”期末，以爱国主义为核心的中远文化体系更加完整，内容更加清晰，表述更加明确，员工认可度明显提高，形成强势的集团主流文化，治理并逐步消除消极文化和潜规则。

——促进企业文化建设推进模式的养成。借鉴先进企业成功经验，力争“十一五”期间，在不断摸索实践的基础上，在全集团形成一整套较为成熟的企业文化建设推进模式和载体手段，加强制度梳理完善，培育推广1~2个普遍适用行之有效，且具有远洋特色的中远企业文化建设品牌，促进文化落地转化为现实生产力。

——促进企业文化队伍素质的显著增强。通过多种途径，在全集团努力培养一支结构合理、素质优良、经验丰富的企业文化专业人才队伍，到“十一五”期末，力争培养50名左右能够符合“三个三百”人才要求的企业文化专业人才，为集团企业文化建设提供坚实的人才保障。

——促进企业文化理论研究和成果转化。建立完善企业文化理论研究体系，加强实践经验总结和文化理论研究，力争“十一五”期间，中远企业文化研究水平显著提高，高质量研究成果不断涌现，在中央企业和交通行业企业文化研究的地位和影响力不断巩固提升。

四、主要内容

（一）加强精神文化建设。精神文化是中远文化的核心，精神文化建设在中远文化建设中居主导地位，直接影响和决定着行为文化和物质文化建设。

1. 以正确的理论指导精神文化建设。中远集团精神文化建设必须坚持以邓小平理论、“三个代表”重要思想、科学发展观为指导，符合加强党的执政能力建设、社会主义荣辱观、构建和谐社会等党的基本理论要求。要把正确的理论指导和理论武装，作为中远精神文化建设的重要内容，以理想信念为核心，深入开展党的基本理论、基本路线、基本纲领和基本经验教育，加强爱国主义、集体主义、社会主义和形势任务教育，深入学习实践社会主义荣辱观，引导广大员工树立正确的世界观、人生观、价值观。全面落实《公民道德建设实施纲要》，培育广大员工树立共同价值观、创新发展观和岗位道德观。

2. 加强中远文化的系统梳理总结。站在新的历史起点，充分调研、理性思考，全面审视系统总结中远文化45年来的发展历程，梳理清晰中远文化演进发展的脉络走向。牢牢把握“以爱国主义为核心”的企业文化主线，对中远初创、改革转型和全球化发展不同历史时期的企业文化内涵和具体表现做出系统总结和概括，以此统一全集团企业文化建设的思想，明确未来企业文化建设的方向。

3. 丰富发展完善富有时代特征和远洋特色的企业文化核心理念。以弘扬爱国主义为核心的民族精神和以改革创新为核心的时代精神为重点，按照继承一批、诠释一批、发展一批、完善一批的思路，推进中远企业文化核心理念体系的发展创新，做好“中远集团企业文化理念体系”的修改完善工作，赋予新内容、体现新元素、做出新诠释、促进新发展，铸新时期中远企业文化之魂。

4. 以中远核心价值观为指导，建设多层次、各具特色的企业文化理念体系。维护集团企业精神、价值观等核心理念的高度统一，克服各单位脱离集团核心理念另搞一套的倾向。在集团统一框架体系内，积极打造具有行业特色和各单位特点的中远企业文化子文化，加强安全文化等专项文化建设，使之成为中远文化的重要组成部分和具体体现，不断丰富完善集团企业文化理念体系。加强对各单位文化理念体系建设的规范管理和指导，适时开展文化理念清理检查，不符合规范要求的将坚决整改纠正。

（二）加强行为文化建设。行为文化是企业价值观、企业精神、企业理念的折射和反映。加强行为文化建设，重点是以健全完善的制度作保证，赋予管理制度以文化的灵魂和内涵，有效规范引导员工和企业的行为。

1. 立足制度创新，建立和完善规范员工行为的制度体系。按照行为文化与精神文化协调匹配的原则，自上而下建立和完善规范员工的制度体系，将中远文化理念转化为“员工行为规范”、“岗位职责”、工作流程、安全规程等制度规定。按照建设有中远特色的跨国企业领导者文化的要求，制定出台并修改完善相关行为规范和实施细则，形成较为完备的制度规范体系。

2. 围绕建设创新型企业，开展现有规章制度清理。确保集团制度规范体系全面系统、结构清晰、层次分明、主次得当，避免产生制度相互矛盾、制度死角或遗漏等问题。

3. 加强行为文化建设的组织协调，形成良性互动工作机制。行为文化建设是全集团共同的文化建设任务，企业文化部门不能包办代替。要建立企业文化领导小组直接领导、企业文化部门牵头抓总，各职能部门具体实施的行为文化建设机制。要不断培育强化制度执行意识，维护制度权威，逐步完善自律与他律互相补充和促进的运行机制。

（三）加强物质文化建设。物质文化是中远广大员工创造的物质成果和各种文化设施的总和，主要包括企业标识、办公环境、船舶设备、品牌、文化阵地等。

1. 以统一标识塑造集团整体形象。根据集团发展需要，逐步推行形象统一战略。加强中远 CI 识别系统的规范管理和使用，对各单位执行 CI 手册情况的摸底检查。各单位要依法合规使用集团标准名称、司徽、辅助图形、标准组合、标准字、标准色、集团旗等，不能随意删改、变动、组合，要加强 CI 标识使用的自查，对使用不规范、不统一的问题坚决纠正，维护集团统一形象。

2. 丰富完善中远集团 CI 标识体系。根据发展需要，继续抓好《中远集团 CI 手册》的修改完善工作。对不符合实际的做法进行相应调整，拓宽集团统一标识的范围，对相对原则的内容进一步明确和细化。各单位要正确规范使用集团统一标识，并在此基础上，结合实际，构建本企业的形象识别系统，体现个性。

3. 加强中远品牌的宣传维护。品牌是集团物质文化的集中体现。要进一步加强中远对外宣传的重点策划，提高对外宣传的针对性、主动性、时效性和影响力。要重视发挥集团总部、海外公司、海南博鳌、船舶、国际海运年会、网站报刊等品牌宣传的窗口作用，树立品牌宣传意识、增加品牌宣传投入、扩大品牌宣传影响。要重视加强新闻危机公关管理，建立危机公关处理机制，减小突发危机事件对品牌形象的影响。

五、保障措施

（一）加强企业文化建设组织领导。各级党政领导要把企业文化建设列入重要议事日程，作为评价企业改革发展、衡量领导人员工作实绩的重要内容，与其他工作同部署、同检查、同考核、同奖惩，建立健全企业文化建设的领导体制。集团企业文化建设领导小组是中远企业文化建设的最高领导机构，全面负责企业文化建设的整体规划、绩效评估和奖惩激励。企业文化管理部门是企业文化建设领导小组的日常办事机构工作，负责企业文化建设的组织管理和综合协调。集团运输生产、安监、战发、财务、人力资源管理、监督等部门负有企业文化建设的重要职责，履行本部门及专项企业文化建设责任。根据企业文化需要，可跨部门成立企业文化建设专题项目组，负责集团重大企业文化建设项目的推进。要做好企业文化领导小组的调整充实工作，自上而下层层设立企业文化管理部门，形成领导小组统一领导、行政一把手负总责、企业文化部门组织协调、各职能部门分工落实、广大员工广泛参与的领导体制和工作机制。

（二）加强中远企业文化宣传灌输。企业文化宣贯是加强企业文化建设的重要方法，是文化理念内化于心、外化于行、固化于制的有效手段。“十一五”时期，集团将大力加强企业文化宣贯工作。一是加强企业文化理念的诠释传播。加大对中远文化理念内涵的深刻剖析和系统诠释，修订完善《中远集团企业文化纲要》，编印文化宣传读本。企业党政领导要增强文化自觉，带头抓好文化宣贯，丰富文化内涵、宣讲文化理念。二是加强企业文化系统培训。建立企业文化定期培训制度，把企业文化培训纳入新员工培训的计划安排，作为党员教育的重要内容，作为高级人才、后备干部培养的必修课。企业党政领导每年至少对员工做一次企业文化专题培训。利用青岛远洋船员学院高级培训中心平台，开展企业文化高层研修。编写《中远集团企业文化案例集》、制作企业文化专题片等文化产品，逐步做到理念故事化、故事理念化。三是精心策划企业文化活动仪式。高度重视企业活动仪式的文化传播养成作用，精心策划并组织开展主题鲜明、内容丰富、形式多样的企业文化仪式，形成企业文化建设品牌。四是加强企业文化阵地载体建设。提高《中国远洋报》、《中国远洋航务》、《中远宣传》的办刊质量和“中远网络电视”、“中远网”的建设水平，设置企业文化专栏，明确企业文化导向，营造企业文化建设良好氛围。五是积极开展主题创建活动，培养选树企业先进典型。坚持把“三学一创”作为中远企业文化建设的重要载体，充实内容、创新形式、完善机制，规范集团先进典型评选表彰体系。探索开展“诚信文化”、“安全文化”等专项文化主题创建活动，提高文化创建活动的针对性、系统性和有效性。注意挖掘培育树立能够模范践行中远文化的先进典型，影响带动广大员工自觉践行中远文化。六是建设企业文化教育展示体系。加大资金投入，做好中远企业文化教育展示体系建设的规划和组织实施，筹建中远集团企业文化展览室，在集团范围内建成一批上下结合、各有侧重、特色明显、影响广泛的企业文化示范基地，多角度全方位展示中远文化。

（三）加强企业文化队伍建设。要按照集团党组［2006］2 号文要求，自上而下配备足够数量的企业文化建设专（兼）职人员。将企业文化专业人才培养纳入“人才强企”战略及“核心人才”发展规划，力争培养50 名左右能够达到集团“三个三百人才”标准的企业文化专业人才。采取“走出去、请进来”的方式，通过专家讲座、参加培训、高级研修等形式，对集团企业文化队伍进行一次普遍轮训，不断提高职业素养和专业能力。要将企业文化管理师、高级企业文化管理师纳入集团专业技术职称评审范围，鼓励支持各级企业文化人员参加国家认可的企业文化管理师培训考试，取得专业资格证书。培养造就一支品德好、业务精、能力强的企业文化研究、培育、管理和教育人才队伍，为集团企业文化建设提供专业人才保证。

（四）加强企业文化建设理论研究。坚持融入中心、服务大局、实事求是、科学严谨的企业文化研究指导思想，积极构建内外结合、上下并举、开放互动的企业文化理论研究体系。利用政研会平台，根据集团发展需要，认真探索中远文化建设的基本特征、架构体系和操作方法，学习借鉴业内外、国内外企业文化建设的成功经验，结合实际，研究掌握中远文化建设的基本规律，为构建具有自身特色的完整的中远文化体系提供理论支撑。注重企业文化评估诊断和员工思想状况调研，为企业文化研究提供可靠素材和第一手资料。做好企业文化理论研究成果评选推广，编辑出版《中远企业文化优秀论文集》，力争每年能在全国核心期刊发表高质量的研究论文。定期举办集团企业文化专题研讨或企业文化论坛，积极参加全国性的企业文化交流。加强与中国思想政治工作研究会、中国企业联合会、中国企业文化促进会等机构的联系与合作、邀请知名专家开展专题培训，提高企业文化研究的整体水平。

（五）建立企业文化建设考核评价体系。企业文化考核评价是加强集团企业文化建设的重要手段，是企业实现闭环管理的关键环节。要加强企业文化建设的考核评价，逐步建立完善一套科学规范、公正合理、可操作性强、相对稳定统一的企业文化考核评价体系，对集团企业文化建设实行全面科学的测评，促进企业文化建设。企业文化考核评价工作应坚持定性考核与定量考核相结合、平时考核与年终考核相结合、上级考核与自身考核相结合、过程考核与成果考核相结合、听取汇报和现场检查相结合的原则，从理念、行为、物态三个层面，科学合理设定考核指标和权重。企业文化是衡量企业可持续发展的重要指标，要把企业文化考核逐步纳入企业经营业绩及“四好领导班子”创建的考核评价体系，增强企业文化考核的权威性、有效性。定期召开集团企业文化建设工作会议，命名表彰一批企业文化建设先进单位和优秀个人，并进行奖励。

（六）加大企业文化建设的投入。建立企业文化建设保障机制，根据企业文化建设总体规划的要求，逐步加大对企业文化建设的投入，按照一定比例设立企业文化建设专项经费并纳入企业预算，重点用于企业文化识别系统的推广宣传、企业文化示范基础等基础文化设施建设、企业文化培训、企业文化活动仪式开展、企业文化专题会议筹备、评选表彰先进、开展调研考察、出版企业文化产品等，为企业文化建设提供必要的资金支持和物质保障。

六、实施步骤

企业文化建设是一个循序推进、巩固发展的过程，需要全面规划、分步实施、循序渐进、重点突破，分阶段组织实施。根据企业文化五年一个建设周期的特点，提出如下实施步骤，明确各阶段集团企业文化建设的重点。

(一) 第一阶段 (2006~2007 年上半年)。加强中远企业文化建设的总体规划及中远企业文化核心理念的系统梳理和总结完善，重点做好以下几项工作：

1. 开展企业文化调研，制订集团企业文化建设规划。广泛听取各直属单位意见建议、学习借鉴中央企业企业文化建设经验，制订出台《中远集团企业文化建设“十一五”规划》。

2. 梳理完善中远企业文化理念体系。对中远“以爱国主义为核心”的企业文化进行全面回顾和系统总结，形成理论研究成果。对中远企业文化理念体系进行重新审视和补充完善，做好文化理念的诠释工作，修改《中远集团企业文化纲要》，编写《企业文化案例汇编》。

3. 召开集团企业文化建设工作研讨会和企业文化建设推进会。统一全集团企业文化建设的思想，对企业文化建设重点工作做出安排部署。

4. 开展企业文化理念体系检查，对各单位企业文化理念体系进行系统清理和规范，对不符合集团统一文化理念要求的做法予以整改纠正。

(二) 第二阶段 (2007 下半年~2008 年上半年)。完善中远集团企业文化建设体系，促进集团精神文化、行为文化、物质文化层次展开，全面推进，重点做好以下工作：

1. 加强中远文化子文化建设。以中远企业精神、使命、价值观为指导，研究确定中远子文化建设的方向重点、主要内容和推进方案，以各单位为主，积极打造中远多元化、多层次、各具特色的中远企业文化子文化。

2. 加强制度建设，健全员工行为规范。由各职能部门牵头，进行制度创新研究，修订完善各项规章制度，建立健全符合中远文化理念的管理制度体系。由企业文化部门牵头，修订完善“员工行为规范”体系，强化制度规范的执行。

3. 加强中远企业文化宣贯。开展企业文化系列培训，开展企业文化主题创建活动，深化中远企业文化示范工程建设，筹备建成中远企业文化展览室，自上而下全面展开企业文化示范基地建设。

(三) 第三阶段 (2008 上半年~2009 年)。加强企业文化建设考核评价和理论研究，促进企业文化建设各项任务全面落实，重点做好以下工作：

1. 开展全集团企业文化建设考核评价。形成较为科学的企业文化建设考核体系指标体系和考评机制，对全集团进行一次全面的企业文化建设考评，及时发现工作中存在的问题，抓好重点工作的落实。

2. 加强中远集团企业文化建设的理论研究。筹备开好“中远企业文化论坛”和“企业文化专题研讨会”，组织中远企业文化建设优秀论文评选，出版《中远企业文化优秀论文集》。

3. 加强与中央企业企业文化建设的经验交流。结合集团企业文化建设中存在的问题，有针对性地开展企业文化专项考察，学习借鉴中央企业深化企业文化建设的成功经验。

（四）第四阶段（2010 年）。总结推广企业文化建设经验，巩固提高企业文化建设水平，主要做好以下工作：

1. 认真总结中远集团及各成员单位企业文化建设的成功经验，盘点企业文化建设成果，召开集团企业文化建设工作会议，命名表彰先进。

2. 根据不断变化的新形势、新任务，制订未来五年企业文化建设规划。

本《规划》的实施，对于巩固“十五”时期中远企业文化建设成果，为今后 10 年企业文化建设更快更好发展打下坚实基础，促进集团全面协调可持续发展，实现“十一五”战略目标具有重要作用。本《规划》与《中远集团“十一五”发展规划》相衔接。各单位要根据实际情况，细化实施方案，采取切实有效措施，确保各项任务的落实。集团企业文化部门要加强对《规划》实施情况的跟踪分析和具体指导。

四、军工行业

军事工业是国家安全的支柱。我国国防科技工业目前包括核、航天、航空、船舶、兵器、军工电子六大行业，政府主管部门是国家国防科技工业局。中央军工企业在文化建设方面各具特色，如中国兵器工业集团内蒙古北方重工业集团有限公司以“和”为基石的接力文化建设近年来效果十分显著。下面以北方重工业集团有限公司为例，对其企业文化建设情况进行描述与总结。

（一）北方重工集团企业文化建设的背景

1. 企业概况

内蒙古北方重工业集团有限公司（以下简称“北方重工集团”）成立于1954年，是国家“一五”期间的156个重点建设项目之一，隶属于中国兵器工业集团。公司占地面积320平方公里，资产总额114.2亿元。主要生产设备9000余台套，员工12300余人，其中技术人员3000余人。公司主要从事特种钢冶炼、铸锻造、热处理、表面处理、机械加工、电气、液压、仪表制造和总装调试等，拥有国家级企业技术中心、科研试验基地以及兵器工业一级理化实验室、国家第94号实验室，是中国特种钢管业生产基地和中国矿用车生产基地。经过50多年的发展，公司积累了厚重的文化底蕴。近年来，公司对宝贵的无形资产进行整合、提炼，形成了以“和”为基石的接力文化。

2. 企业50多年的发展历程积淀了“和”的历史基因

建厂初期公司在三个月内安装完成三台水压机的大会战中，创造出了被后人传诵的“四、五、六锤锤响”的创业精神；20世纪50年代的“平炉十一出钢大会战”中，实践了“以一吨汗水换万吨钢”的豪迈誓言。改革开放以来，企业经历了因为领导班子的不和谐而延误企业发展的惨痛教训。从企业文化的历史看，北方重工集团的文化积淀中，既有军事化的管理思想，又有市场化的经营理念；既有成文的规章制度和管理方式，又有不成文的行为习惯和思维定式；既有学习借鉴的成分，又有突破创新的内容；既有科学文明、健康向上的优秀文化要素，又有狭隘内耗、不合时宜的落后文化元素。北方重工集团50多年的发展史揭示出一个深刻的道理：“厂和万事兴”。

3. 企业的探索实践孕育形成了“和”文化

20世纪80年代北方重工集团紧跟时代步伐，开始有意识地梳理企业文化脉络。1992年，公司领导班子提出了“一手抓钢，一手抓车”、“厂兴我荣、厂衰我耻”八字治厂方针，开始对企业文化建设的最早探索。自1999年开始，当时以总经理安富荣、党委书记徐明和为首的一届班子，面对百废待兴的局面，认真分析了企业的历史和现状，紧紧抓住企业面临的主要矛盾，提出了“维护稳定，强化中心，发展经济，保障生活”的16字治企方针。通过整顿内外环境提升企业形象，狠抓员工队伍的凝聚力、向心力。这一阶段企业物质文化的建设，抓住了人心，提升了士气。2001年初，公司借鉴海尔等企业文化建设的经验，开始系统研究企业文化。同年，时任公司总经理和党委书记联合撰写了《以“和”为基石构建北方重工文化》的专题文章，由此掀开了北方重工企业文化建设史上崭新的一页。与此同时，公司选派部分同志走出去参观学习，邀请企业文化专家到公司讲课，并在全公司范围内开展了企业宗旨、企业价值观、企业精神等理念的征集工作。经过几上几下的征集讨论修改，2002年在公司第十二届八次职代会上，正式提出了北方重工企业文化建设的核心内容。

4. 企业扭亏脱困的过程推动了“整合”的步伐

在几十年的发展过程中，北方重工不只一次造成了“和”思想的错位和缺失。与兄弟单位相比，公司的发展滞后了，在“出效益、出经验、出人才”方面，公司也落在了别人的后头。不和谐的做法，不和谐的杂音，既影响了企业的整体形象，也影响了企业中每个人的发展。表面上看，有管理、制度、体制的问题，深入分析就可发现，这是经营思想和经营哲学缺位的结果，是没有和众人之心，“和谐”缺失的表现。1999～2002年，企业通过实施分兵突围，实现了扭亏脱困。随着市场的变化和企业经营形势的好转，合各方之力，实行大兵团作战，实行“集团化管理、市场化运作，专业化经营，规模化发展”已经摆上了公司的议事日程。因此，对产品结构、组织结构、人员结构的“整合”成了企业决胜市场的重要举措。

产品结构的整合使公司产品经历了由最初分散的近百个品种到“六大板块”主导产品再到“三大核心业务”的构建过程，公司产品结构实现了由低端产品、低附加值产品向高端产品、高附加值产品的转变，公司投资实现了由点多面广分散型的投资向具有拉动、辐射效应的重点项目投资的转变，公司整体实现了由单一产品结构向上下游产业链延伸的转变。组织结构的整合使公司对现有组织结构中经营规模小、经济效益差的单位予以撤并或重组，对业务相同或相近、职能明显弱化重叠的机构予以撤并或整合，对发展前景不明朗、产品过于单一的生产线进行撤并和关闭，逐步建立起与公司发展战略相统一、与实现科学发展相适应的组织结构体系。人员结构的整合围绕三大核心业务，不断创新人才工作机制，完善人才工作制度，大力落实23条科技强企政策，积极构建有利于工程技术人员和技能人员成长发展的职业通道，努力为各类人才创造良好的事业发展平台。公司持续推进“138”人才工程建设，全面加强三支人才队伍协调均衡发展，通过做好控总量、调结构，努力实现人力资源结构的优化配置，为企业科学发展提供了人力资源保障。

5. 企业的持续快速发展需要“核心竞争力”的强力支撑

整合不是企业的最终目的，加快发展，实现富裕，必须提升企业的核心竞争力，企业核心竞争力的提升才是北方重工集团实现做兵器工业高科技国际化大公司主力军的根本所在。因此，公司在整合的同时，将“和”文化的内涵又深化为提高企业的核心竞争力，以实现企业的基业长青。即通过企业文化，把核心技术、核心产品、核心设备、核心人才和制度、管理、运行方式等硬件、软件资源，进行优化和整合，产生本企业独具的、其他企业模仿不到或难以模仿、学不来的强大市场竞争能力，形成推动企业持续发展的源动力。

由此可知，北方重工集团形成的“和”文化，其内涵包括和谐、整合、核心竞争力。“和”是它的基石，也是它的核心。从和谐到整合，再到核心竞争力，是一个持续深化、逐层递进的过程。和谐是整合的基础、前提；整合是和谐的反映、表现，是核心竞争力的过程和手段；核心竞争力是和谐与整合的目的和归宿。

6. 国有企业任期制形成了培育“接力文化”的共识

由于国有企业主要领导干部实行任期制，所以企业很容易出现断届文化或断代文化。纵观北方重工集团几十年的发展，也多次出现了断届文化和断代文化。实践表明，企业好的经营管理思想要得到延续，仅靠一届班子和一代人是难以实现的，需要力的传承和文化的延续。只有集中几代人的聪明才智，在潜移默化中推进企业文化建设才能真正实现文化自觉，进而不断提升企业的管理水平。因此，北方重工集团培育以“和”为基石的的接力文化逐渐成为全体干部员工的共识。

（二）北方重工集团企业文化建设的思路与目标

企业文化建设是一个长期的过程，不可能一蹴而就。因此，必须按照全面规划、分步实施的原则分阶段扎实推进。北方重工集团企业文化建设的工作思路是完善“一项工程”，用好“两个抓手”，推进“三个建设”，抓实“四个落地”，做好“五个坚持”。即完善以“和”为基石的接力文化工程；用好“五个一工程”和视觉识别系统这“两个抓手”；推进创新文化、诚信文化和执行文化的建设；抓实集团公司、分子公司、车间和班组文化的落地；坚持先进文化的前进方向、坚持以人为本、坚持重在建设、坚持服务改革发展和坚持与思想工作相结合。

北方重工集团企业文化建设的总体目标是，以领导文化为统领，不断丰富以“和”为基石的接力文化体系，创建覆盖全员的文化建设机制，营造持续创新的文化创建环境，凝聚一流的文化建设人才，打造高知名度的文化品牌，形成最具影响力的发展软实力。通过企业文化建设，内强素质，外塑形象，增强公司凝聚力，提高公司核心竞争力，实现公司企业文化与发展战略的和谐统一，公司文化理念与具体实践的和谐统一，公司发展与员工发展的和谐统一，文化优势与竞争优势的和谐统一，实现以文化管理企业，靠文化制胜市场，为建设有抱负、负责任、受尊重新北重，打造高科技国际化兵器工业主力军奠定坚实基础。

（三）北方重工集团以“和”为基石接力文化体系的构建

1. 北方重工集团以“和”为基石接力文化的发展历程

北方重工集团经历了50多年的建设、改革和发展历程，公司所倡导的以“和”为基石的接力文化，并非成于朝夕之间，而是经过几十年的奋斗、几代人的不断探索总结提炼而成的，它拥有厚重的历史和文化积淀。

以“和”为基石的接力文化是对中华民族传统文化的继承和发展。“和”是中国优秀文化传统的基本范畴之一。“和”文化是中国传统文化的核心，也是当代先进文化的重要组成部分。北方重工集团以“和”为基石的接力文化是对中华民族传统文化的继承和创新。

1999年以来，北方重工集团的企业文化建设经历了整顿内外环境、学习提炼、探索构建、分步推进等过程，创造与形成了以“和”为基石的接力文化，并纳入了企业化、实效型党建思想政治工作“五大工程”。

回顾北方重工集团企业文化建设走过的几年，可以概括为如下四个阶段：

1999~2000年为第一阶段，是由感性认识向理性认识转变的阶段。当时，面对企业百废待兴的局面，以总经理安富荣、党委书记徐明和为首的一届班子，认真分析了企业的历史和现状，紧紧抓住企业面临的主要矛盾，创造性地提出了“维护稳定，强化中心，发展经济，保障生活”的十六字治企方针，治企方针一经推出，就紧紧抓住了广大职工的心，他们看到了这届班子带领职工脱困发展的雄心和斗志，更看到了企业发展振兴的希望。第一阶段企业物质文化的建设抓住了人心，提升了士气；使各级领导和全体员工逐步认识了搞企业文化的重要性。

2001～2002年为第二阶段，是由总结提炼到逐步认可阶段。2001年公司开展了征集企业宗旨、企业价值观、企业精神等理念的工作。经过几上几下的征集讨论修改，2002年在公司第十二届八次职代会上，正式提出了北方重工企业文化建设的核心内容，即企业宗旨、企业精神、企业目标、企业价值观、企业作风等，它标志着北方重工集团企业文化总体框架搭建起来了。同时，《以“和”为基石构建北方重工文化》、《企业文化：北方重工持续快速发展的助推器》分别在《企业文明》、《精神文明导刊》上的发表，公司邀请记者撰写的反映公司企业文化建设成果的长篇力作《新思维、新局面、新文化》在《中国改革报》上的发表，在公司上下和兵器系统引起很大反响。至此，企业文化已开始得到全体干部员工的认可。

2003～2004年10月为第三阶段，是系统研究并逐渐成形阶段。2003年初，随着公司脱贫解困目标的提前实现，公司不适时机地推出了“维护稳定、强化中心、加快发展、实现富裕”的新的16字治企方针。为了适应公司快速发展的需要，同时也是为了迎接公司50华诞，公司抽调部分对企业文化有所研究的同志，在公司主要领导的挂帅下，成立了企业文化建设推进办公室，就企业文化建设向深度推进、向广度拓展、向高度提升进行了攻关。并通过“走出去、请进来”，研讨与提炼相结合，开始《北方重工集团企业文化实践手册》、《北方重工企业文化视觉识别系统》的正式起草工作。2004年上半年，公司下发了《北方重工集团党委企业化、实效型党建思想政治工作实施细则》，《细则》对企业文化建设与生产经营同计划、同投入、同部署、同检查、同考核作出了明确规定，使企业文化建设由软任务变成硬指标。

2004年10月至今为第四阶段，是完善与推进阶段。2004年公司不仅将原来的“和”文化进一步完善为以“和”为基石的接力文化，而且还提出了“协力、有为、自律、创造”的领导文化。经过几年的不断推进，以协力增强合力，以有为提升地位，以自律塑造形象，以创造推动发展的领导文化逐步深入人心，并得到上下一致的认可。

2005年10月20日，公司制定和下发了《北方重工集团企业文化建设推进规划》，编印了《企业文化专辑》，出版了《企业文化专刊》，在北方重工报开辟了《企业文化专栏》，制作了反映北方重工企业文化特色的电视专题片，创作了广为员工传唱的《北重之歌》，在《企业文明》、《中国兵工报》等报刊杂志上发表了宣传企业文化的理论文章和经验材料，聘请专家开展“构建和谐社会形势报告会”，进一步加深了广大干部员工对“和”文化、和谐社会、和谐企业的认识。通过全方位的宣传教育，使北方重工集团在企业标志、经营管理、精神风貌等方面都以崭新的形象展现在公众面前。

2006 年 5 月 23 日，公司根据兵器集团公司视觉识别系统的要求，重新编印了《北方重工集团企业形象视觉识别系统》（VI 手册），举行了隆重的首发仪式，并下发到各成员单位。本着继承、融合、创新的原则，立足于历史和现实，公司将企业理念进行了归纳、提炼，提出企业宗旨、企业精神、企业价值观、企业作风、企业目标和经营管理等十大理念，以及企业发展模式、企业产品发展战略、企业领导文化、员工行为准则、员工职业道德规范、企业文化宣传标语等内容。至此，公司完成了企业文化 MI（理念识别系统）、VI（视觉识别系统）、BI（行为识别系统）的设计，搭建起了企业文化建设的完整框架体系。

2007 年以来，公司进一步加大了企业文化推进力度，采取“走出去、请进来”的办法，邀请企业文化建设专家莅临公司指导工作，并结合公司实际做了专题讲座。在国防科工委举办的军工文化研讨会上，以“和”为基石的接力文化得到了上级部门的充分肯定。2007 年 8 月 29 ~ 30 日，国务院国有资产监督管理委员会在北京召开了中央企业企业文化建设推进会，北方重工集团作为兵器工业集团唯一被推荐的企业，代表兵器集团参加了此次会议，被国资委作为 23 家典型单位进行了大会交流。

2008 年 12 月 21 日，在第七届全国企业文化年会上，公司被中国企业联合会、中国企业家协会评为“全国企业文化优秀成果”奖，并在《人民日报》和《中国企业报》予以公示，进一步提高了北方重工品牌的社会知名度和美誉度。2008 年 12 月 24 日，经过中国企业文化研究会专家组严格审查，公司顺利通过了“中国企业文化建设示范基地”的复审。

2009 年，公司董事长、党委书记陈树清提出：“坚持以领导文化引领企业文化建设，以‘协力、有为、自律、创造’的领导文化诠释有抱负、负责任、受尊重的文化内涵，使以‘和’为基石的接力文化不断植入新的文化元素。”实践证明，“协力、有为、自律、创造”的领导文化是以“和”为基石的接力文化的龙头，它引领着企业文化的发展方向，成为企业文化创新的源泉；“协力、有为、自律、创造”的领导文化与“建设有抱负、负责任、受尊重新北重”的奋斗目标一脉相承，它体现了公司领导班子志存高远的形象。

2. 北方重工集团以“和”为基石的接力文化体系的内容

历经50多年发展，一代代北方重工人在创造物质财富的同时，也创造出独具特色的以“和”为基石的接力文化，她成为企业永续传承，极具旺盛活力的精神财富。以“和”为基石的接力文化，是北方重工集团在长期发展实践中所形成的文化理念与管理实践的融合。

（1）北方重工集团的理念文化体系

北方重工集团理念文化体系的内容如下：

企业宗旨：铸强国利剑，造富民坚犁

企业宗旨是北方重工集团历史使命和造福社会责任感的有机统一。作为军民结合型企业，不仅要生产高科技武器装备，履行保家卫国的历史使命；又要化剑为犁，繁荣国民经济，承担持续提高职工收入、造福社会的社会责任。

企业精神：创新、奉献、务实、开放

创新是产业持续发展的动力，奉献是团队发展的基础，务实是按事情的本来面目故事，开放是时代对企业的要求。

企业核心价值观：和、顺、实、信、勇

“和”即和谐、整合、核心竞争力；“顺”即通畅、服从、适合；“实”即说实话、办实事、求实效；“信”是中华民族的优良传统，诚信是企业之间、人际之间往来重要的信条。“勇”即开拓创新、敢为人先，勇是一种能力，更是一种精神。

企业作风：团队协作，快捷严谨

突出的是团队意识、团队精神，团队作用的发挥靠协作。要求干工作要反应快捷，认真严谨。

企业目标：超越自我，争创一流

要超越自我、超越对手、超越无限，争创企业一流业绩。

发展理念：居危思进，慢进即退

“居危思进”是对公司的正确定位，是对自身实力的理性判断，是敢于面对困难，敢于胜利的一种精神状态。“慢进即退”，是在速度制胜的市场竞争中，快速反应，把握市场的主动权，占得先机；通过加快发展，做强产品，做大规模，实现科学发展。

经营理念：精心做产品，诚心拓市场，爱心献社会

“产品即人品”，好的产品是人干出来的。每一张图纸设计，每一个尺寸标

准，每一种材料质量，每一个零部件规格，每一个零件装配，每一个数据测试，都应该精心设计，精心操作，为顾客提供满意的产品。

要以诚信为本，按照市场经济的游戏规则进行，遵规守纪，依法经营。始终坚持想问题、办事情从市场出发，以市场接受不接受、满意不满意、认可不认可、作为一切工作的出发点和落脚点。用诚心赢得顾客的青睐，赢得企业的效益。

既要企业追求自身的发展，还要实现企业与用户的和谐、与社会的和谐，履行好企业的社会责任。

营销理念：诚信、共赢

即以诚待人，取信于人。要对顾客诚信，对供应商诚信，对社会诚信。企业与顾客、与供应商、与竞争对手要成为伙伴关系，实现“共赢”。

服务理念：真诚、及时、有效

要想客户之所想，急客户之所急，客户满意就是企业的标准。

做到快速反应，马上行动。严格按程序办事，不讲额外条件，不让客户因为服务不及时而感到不安。

服务要出效益，努力为客户分忧解难，在服务中感动客户，赢得客户的信赖。

质量理念：关注顾客，追求卓越

顾客是上帝，企业就是满足顾客的需要，生产出让顾客满意的产品。产品是人品的表现，质量是道德的体现，是企业的生命。

用人理念：让合适的人做适合的事

要人尽其才，才尽其用，发挥员工的潜能，做好适合自己的工作。

资金理念：追求资金活力最大化

要增收节支，实现成本控制，让有限的资金发挥最大的作用，实现低成本扩张。

培训理念：一切为了发展

培训是员工最大的福利，要将员工利益和企业的效益紧密结合起来，做到企业为员工谋利益，员工为企业创效益。

学习理念：学习力是企业的原动力

思想拓宽来源于审时度势和学习交流，不断进行技术引进、技术改造、设备更新、产品开发、改革组织结构、制定新的管理制度、推行新的经营理念，学习的过程就是发现问题、解决问题的过程。

安全理念：一时的疏忽，终身的悔恨

安全工作必须警钟长鸣，常抓不懈。“安全第一，预防为主”要贯穿于企业生产经营活动的始终。

企业发展模式：集团化管理，市场化运作，专业化经营，规模化发展

按照现代企业制度的要求，建立既符合战略竞争需要，又具有自身特点的管理框架。对分公司按集权计划的模式实行“紧密型”管理；对子公司按市场经济的要求，以产权、股份为纽带实行“半紧密型”管理；对参股公司实行“松散型”管理。让体制的作用和活力竞相迸发。

明确企业的最终“老板”是市场，以市场意识统领科研、生产、质量等工作。做到“看市场、定战略、看用户、定策略”。

要彻底摒弃大而全、小而全、自我配套、自成体系的发展模式，对产品、组织结构、业务流程等进行专业化调整重组，发挥综合优势和比较优势，有效提升核心竞争力，在细分的市场中做到最好、最强、最大。

必须把规模作为提升地位、增加效益、获取宽松外部环境的重要“砝码”，利用一切资源，锁定目标，集中优势，扩大经济总量，以经济规模的大增长，催生经济效益的大提高。

企业领导文化：协力、有为、自律、创造

齐心协力、同舟共济，形成 1 + 1 > 2 的合力；战胜困难，奋勇前行。

有所作为，改进工作作风，提高履职能力；提高组织能力；提高识人用人能力。

加强思想道德建设，抓好理想信念教育和廉政教育，以自己的行动影响和带动周围的员工。

思想要活跃，要有新观念、新意识；及时吸收先进的思想、技术、管理和理念，保持创业的激情和创造的活力。

企业定位：建设有抱负、负责任、受尊重新北重，打造高科技国际化兵器工业主力军

“有抱负”：是北方重工集团实现科学发展的核心动力。要树雄心、立壮志、志存高远，形成宽眼界、高定位、长规划的发展思路和发展举措，积极谋划好打造百亿集团之后更为远大的志向和目标；要用实际行动诠释“铸强国利剑，造富民坚犁”的企业宗旨，巩固好国家大中口径火炮动员中心的地位，打造内蒙古装备制造业基地，切实履行好服务国防和国民经济建设两大使命；要以科学发展观为指导，转变发展方式、提高发展质量，着力打造更有竞争力、市场

地位更加提升的北方重工集团。

“负责任”：是北方重工集团实现科学发展的根本要求。要对用户讲诚信，做到重合同，守诚信，靠诚信赢得合同，靠诚信占领市场；要对社会讲回报，在公司发展的同时，抓好质量安全、节能降耗、环境保护等项工作，履行好社会责任，积极参与各项展示企业风采的活动；要对员工讲激励，将发展的成果惠及员工，畅通员工成长的通道，进一步激发员工创业的激情、创新的勇气、创造的活力；要对股东讲忠诚，用实实在在的经营业绩、富有成效的工作，使股东获得投资利益，用实际行动表明，北方重工集团是负责任、有责任心的团队。

“受尊重”：是北方重工集团实现科学发展的出发点和落脚点。要把公司内部的事情办好，充分展示公司管理有序、充满生机、让人信任的大公司形象；要增强广大员工的责任感、自豪感和荣誉感；要使员工因为单位好、工作体面、收入水平高而受到尊重，进一步履行好公司的社会责任，树立起响亮的品牌，以良好的企业形象和地位赢得社会的尊重。概而言之，要用实际行动，切实使“北方重工集团”受尊重，切实使“北方重工人”受尊重，从而实现企业发展的精神价值。

“高科技国际化”：是北方重工集团实现科学发展的目标方向。科技是第一生产力，装备制造作为一个国家的产业之基，拥有持续科技创新与进步的能力是其保持国际市场竞争力的坚实支撑。高科技是对北方重工集团三大核心业务为军用武器装备、特种钢及延伸产品、矿用车及工程机械的本质要求，公司生产高科技武器装备是服务国防建设的核心使命，360 项目使公司成为国家大口径厚壁无缝钢管和高端材料制造基地，公司是全球唯一能够生产从 230 吨到 360 吨全系列非公路矿用车制造商；国际化是公司作为军民融合型企业实现科学发展、持续发展的必由之路，大口径厚壁无缝钢管已经具备国际市场竞争力，矿用车已经批量出口多个国家，公司正在国际化发展征程上阔步前行。经过“十一五”的发展和积累，“十二五”期间公司将成为兵器工业一统的武器装备制造集团和国家特种材料，重型装备制造重要产业基地，为建设高科技国际化后器工业作出更多更大的贡献。

（2）北方重工集团的行为文化体系

北方重工集团行为文化体系的内容如下：

员工行为准则：

“三大纪律”：团结合作、及时准确、公私分明。

“八项注意”：熟知岗位职责、明确工作目标、遵守业务规程、严守劳动时间、保持团队和谐、维护公司形象、保守商业机密、不断学习创新。

员工职业道德规范：热爱北重、忠诚敬业；遵章守纪、坚持原则；坦诚沟通、团队协作；乐观豁达、强健体魄；追求完美、乐在工作；终身学习、进取开拓。

员工职业素质：勇于超越自我，成就新的事业；在解决问题中追求卓越；用岗位业绩证明自己的价值；不能用苦劳当功劳。

员工工作观：方法总比困难多；方法得当事半功倍，方法不当事倍功半；好头脑不如好习惯，习惯造就成功；“正确地做事”，就是克服困难把事做好，做扎实；态度可以决定人生成败；信念左右态度，态度决定行为，行为带来结果。

员工责任观：责任造就人品；要以责任为本；忠诚首先是对事业的忠诚，对企业的忠诚；天下大事必做于细，天下难事必做于易。

员工行为规范：

①仪表行为规范：

A. 工作时精神饱满，保持乐观开朗、积极向上的情绪。

B. 工作时保持仪表的整洁、大方、得体。男员工不蓄须、不留长发，女员工提倡施淡妆。

C. 互相交谈时，应保持适当的语速和节奏，并习惯使用“您”、“谢谢”、“你好”等礼貌用语。

D. 工作时，统一穿公司的工作服。女员工须戴工作帽，不穿高跟鞋。

②人际关系行为规范：

A. 提倡友好、融洽的人际关系，提倡员工与公司、员工与员工之间的良好沟通。

B. 员工之间互相尊重，不争吵，不说闲话，不随意翻动、拿取他人物品。

C. 员工应积极参与集团公司组织的各种公益活动，发扬“一人有难，大家相助”的精神。

③岗位纪律行为规范：

A. 严格遵守公司的各项规章制度。

B. 在生产加工（工作）时要规范操作，杜绝“三违”现象。

C. 做到持证上岗。每天提前到岗，做好工作前的准备。下班时要整理好工具，保持工作环境的整洁、有序。

D. 做到“当天任务当天完”。节约成本，反对浪费资源。

④办公作业行为规范：

A. 严格遵守公司的各项制度。

B. 上级交办的事务要迅速处理，并及时汇报。

C. 对本职工作应尽职尽责，对其他部门的工作可以提出建设性建议，但不宜越权。

D. 上班时不做与工作无关的私人事宜；不玩电脑游戏；不进行网络聊天；不浏览与工作无关的网站。

E. 员工应保守公司机密。遵守相关的保密制度。

F. 应礼貌接听电话和接待来宾。接听电话时应先说：“您好”、“请讲”，若对方要找之人不在时，需礼貌说明情况。

G. 鼓励倡导开短会，会前应做好充分准备。提倡精简、高效的会风。开会不迟到。确实不能参加会议时，应提前告诉会议召集人。

H. 提倡每天提前五分钟到达工作岗位，清洁办公室桌面卫生和办公室环境，做好进入工作状态的准备，上班不许看无关书刊及报纸。

I. 提倡下午推迟五分钟下班，清理收拾好文件、办公用品，并清洁周围环境，保持良好状态。

⑤团队意识行为规范：

A. 公司倡导员工与公司共同成长，个人利益应服从集团公司发展利益。

B. 倡导创建学习型企业，鼓励员工终身学习。

C. 为员工创造实现个人价值的条件和舞台。尊重知识，尊重人才，尊重个人尊严。

D. 同事之间要有效沟通、和谐相处。对人对事应坦诚、公正、客观。

⑥对外关系行为规范：

A. 员工代表公司进行对外交往时，应本着礼貌平等、热情周到的原则，展示公司良好的对外形象。牢固树立“人人都是北方重工形象”的观念。

B. 在对外接待中，要遵循有关制度规定，不得铺张浪费。

C. 对待客户要有理有节，一视同仁，坦诚守信，有诺必践。

D. 不说粗话、脏话，不说有损企业形象和信誉的话。

E. 在对外接待与交往时，穿着得体。要规范使用集团公司统一设计的信纸、信封、名片等。

F. 对客人的提问要明快的说明、率直的应答、充满自信。对客人要礼貌、热情，相关工作部门要主动服务，不可有过激的言行。

G. 售后服务要细心，对客户的要求要尽量满足，合理收取费用，对不能满足的要求要做出正确解释。耐心倾听客户的投诉，找出事情发生的原委，并迅速解决。

⑦环境意识行为规范：

A. 遵守社会公德，爱护公共财物，不损坏和浪费公司财物。保养并保管好各类设备和物品。

B. 员工应保持工作区域、设备的整洁，维护公共卫生，不随处乱扔垃圾。

C. 公司禁止在厂区内吸烟，保持健康的工作环境。

D. 积极维护优美环境，提倡员工积极参加各类环保活动。

⑧礼仪行为规范：

出席会议礼仪：

A. 参加会议时，特别是作为主持人、报告人参加会议时，宜着正装，不要穿便装。

B. 严格遵守会议时间、议程的规定，不迟到、早退，不随意使会议延期举行或拖延其结束，做报告或发言时不要超过规定的时间。

C. 在指定之处就座，不自由散漫，会议期间不交头接耳、随意走动，会场内不得吸烟。

D. 掌声大小应与气氛相协调，例如：表达喜悦的心情时，可使掌声热烈；表达祝贺之意时，可使掌声长时间持续，观看文艺演出时，则应注意勿使掌声打扰演出的正常进行。

通讯工具使用礼仪：

A. 使用手机通话时，声音应适度，不宜在人前大呼大叫，大喊大笑。使用手机时，应避免噪音扰人。

B. 在某些特定场所，如飞机上、医院里使用手机有碍安全，不要使用。

C. 在办公室、会议室、音乐厅、影剧院、教室、医院等场合必须关至振动或关闭。

名片使用礼仪：

A. 交换名片时，宜在与人初识之时进行。应起身站立，双手将名片递交与人，同时，还应口称“请指教”或“多多关照”。

B. 若同时与多人交换名片，要讲究顺序，或由远而近，不可跳跃式进行。

C. 通常不宜向人索取名片，如确有必要，可先将本人名片递上，以求“回报”，或者以委婉的语气，如：“以后向您请教”、“今后怎样联系”来暗示此意。

D. 因故不宜给人名片时，不宜直谈，可告以“我没有带”或“用完了”加以婉拒。

接打电话礼仪：

A. 在电话铃响后，应尽快接听电话，不要有意拖延，怠慢对方。

B. 拿起话筒后，不要开口便问“你是谁”或“喂”个不停，而应当微笑着先向对方问好，随后作自我介绍。

C. 若对方拨错了号码，不要责怪对方或一言不发，便挂断电话。

D. 通话结束后，电话应由发话人挂断，受话人不宜先放下话筒。

E. 说话声音要清晰，语调平和、热情，有精神，并要用普通话。

F. 要礼貌的询问对方姓名，如“请问，您贵姓”、“请问怎么称呼您”等。

G. 认真记录来电者事由，能答复的立即答复，不能答复的要说“对不起”，并明确告知对方回复时间。

H. 通话完毕后，要等对方挂断电话后再轻轻挂上电话。

交往礼仪：

A. 在与人交谈时，适宜选择的话题为三类：一是有关工作的话题；二是轻松愉快的话题；三是交谈对象所擅长的话题。

B. 在交谈时，应有意识地回避一些不宜选择的话题：一是格调不高的话题；二是有关隐私的话题；三是涉及禁忌的话题。

C. 在交谈时，不要一言不发，使交谈冷场，不要在他人讲话中，突然插嘴，打断对方讲话。

D. 员工要尊重不同国家、不同民族的宗教信仰和风俗习惯。

仪态美化礼仪：

A. 仪态文明，要求仪态有修养讲礼貌。

B. 仪态自然，要求仪态优雅脱俗，美观耐看。手势要文雅，脚位要适当。

C. 仪态敬人，要求仪表要整洁，端庄得体。

着装礼仪：

男士着装礼仪：

A. 工作时必须身着公司统一规定的服装。

B. 穿西装时要求：衣扣要扣对；鞋袜要配套；商标要去掉；内衣要低领；物品要少装。

C. 选择领带要按场合的不同而有所区别。在公务活动中扎系领带，色彩与图案宜传统保守；在社交活动中扎系的领带，色彩与图案则可鲜艳时尚。

D. 领带扎好后结的大小要视衬衫领口的大小而定，两者应当成正比。

E. 头发梳理整齐，男性不能留长发。

女士着装礼仪：

A. 女士着装除在规定的场合穿规定的服装外，在公共场合，要避免过于暴露或短小、过于紧身或透明。

B. 佩戴首饰要合乎身份，要以少为佳，要同质同色，要了解习俗。

C. 化妆要注意避免妆面残缺，化妆过浓，不留过长的指甲，不染指甲，香水原则上不要太浓。不宜在公共场合化妆。

D. 女性原则上不留夸张发型、不染刺眼的发色。

⑨保密行为规范：

员工保密口诀“五不该”：

不该看的坚决不要看。

不该听的坚决不要听。

不该说的坚决不要说。

不该做的坚决不要做。

不该想的坚决不要想。

3. 北方重工集团深入推进以“和”为基石的接力文化

北方重工集团57年来的厚重历史，孕育形成了以“和”为基石的接力文化。

“和”包括“和谐、整合、核心竞争力”三层涵义。“和谐”，就是追求企业与社会环境的和谐，企业与员工发展的和谐，企业与用户需求的和谐，最终目的是实现人和企业的全面发展进步。“整合”，即战略整合和结构调整，通过对企业的组织结构、产品结构、人员结构以及思想观念的整合，进一步放大企业优势，实现资源效益最大化。“核心竞争力”，是指培养出独具企业特色、处于企业核心地位，整合和运用资源并取得经济效益的能力，最终实现企业整体竞争能力的提高。

“接力文化”，包括事业的接力、班子的接力、文化的接力三个层面。关键是要配好教练，选好队员，营造好的竞技氛围。好的教练就是好的领导班子，好的队员就是高素质的员工队伍，好的竞技氛围就是好的文化氛围。推进接力文化的有效方法是“接力棒”定律，即接好棒、跑好棒、交好棒。接好棒，承前启后，持续推进，不图虚名，履行好历史责任；跑好棒，科技领先，以人为本，竭尽全力，出效益、出经验、出人才；交好棒，圆满交接，永续传递，举全力完成任期阶段目标，推动集团公司滚动向前发展。

简言之，以“和”为基石的接力文化，就是企业在以和谐助推整合、以整合提升核心竞争力、以核心竞争力促进和谐的螺旋式接力中，实现永续经营、基业长青。

“和、合、核”文化互相叠升延伸出了接力创新文化，对北方重工集团在新世纪实现新的发展跨越发挥了重要的导向、推动作用。

接力创新是事业的接力创新。北方重工集团的企业宗旨是“铸强国利剑，造富民坚犁”，企业定位是“建设有抱负、负责任、受尊重新北重，打造高科技国际化兵器工业主力军”，近期目标是“打造百亿集团”。这是全体北重人共同的事业和奋斗目标，需要几代人、几届领导班子的共同努力和拼搏。“前人栽树，后人乘凉”。因此，只有做好现在的每项工作，才能为将来打下良好的基础，才能实现企业的接力奋进和永续经营。

接力创新是班子的接力创新。在市场竞争中，企业的经营管理是一场没有终点的接力赛跑，必须一届班子接着一届班子、一代人接着一代人地竞赛下去，才可能使企业做强、做大、做长久。接棒需要把握好助跑、方向和技巧。将象征责任的“棒”接好后奋力朝前跑，在自己的区域内尽可能地赶超对手。到站了，就要做好传的准备，稳稳当当将责任之“棒”交于同伴，然后喊“加油”。做好班子的接力，就是发扬“长征接力有来人”的精神，积累一代代之功，聚合一届届之力，推动企业持续健康发展，实现企业基业长青。

接力创新是文化的接力创新。文化的传承与弘扬是事业的传承与发展的前提和基础。北重集团要实现持续发展、长久发展、永续发展，非一人之功、一届班子之力，必须有一个良好的传承和文化接力，关键在于接力中的领导对文化是否能够传承。功利心态扼杀企业发展的后劲，独裁专制破坏员工的创新精神，故步自封会将企业拖向泥沼。对于企业来讲，好的文化就是好的制度、好的行为规范、好的人际关系、好的外部形象。做好接力创新，就是要继承和发展被实践证明了的、符合企业发展实际的好传统、好经验，使以“和”为基石的接力文化不断发扬光大。

4. 北方重工集团不断完善子系统文化建设

“一花独秀不是春，万紫千红春满园”。北方重工集团尊重个性，不断完善子系统文化建设。在与集团的核心理念、基本行为规范保持一致的前提下，公司所属各部门根据自身特点和市场竞争环境的不同，积极构建具有本部门个性的子系统文化。形成了质量文化、安全文化、环保文化、保密文化、型号文化、廉政文化、营销文化等子系统文化，实现了子系统文化与母文化的对接和有机融合，使集团公司的企业文化建设更加丰富多彩，更加具有特色。

（四）北方重工集团企业文化建设的措施与方法

北方重工集团紧紧围绕建设有抱负、负责任、受尊重新北重，打造高科技国际化兵器工业主力军的战略定位，按照继承、创新的思路，从领导体制、载体建设、抓手创新、考核评估等方面整体推进企业文化建设。

1. 以领导体制为保证，形成企业文化建设的整体合力

公司成立了由董事长、党委书记和总经理任组长，党委副书记任副组长，董事会、监事会、经营层、党委会有关领导任成员的企业文化建设领导小组，领导小组下设办公室，办公室设在企业文化部，并明确了企业文化建设领导小组的职责和任务，制定了企业文化建设领导小组办公室的工作目标和要求。企业文化建设领导小组办公室的核心职能之一是负责制定集团企业文化建设规划及实施方案。公司和成员单位自上而下地建立起了行政一把手负总责，党委负责组织实施，党政工团协力推进的企业文化建设组织机构和运行机制，形成了企业文化建设的整体合力。

案例：北方重工集团企业文化建设规划目标及实施方案

根据“任期目标责任状”和《中国兵器工业集团公司企业文化建设实施纲要》的有关要求，结合企业实际，现就北方重工集团企业文化建设工作规划及实施方案制定如下。

一、企业文化建设三年总体目标规划

站在新的发展起点，弘扬“和、顺、实、信、勇”的核心价值观和“创新、奉献、务实、开放”的企业精神，全力推进“CIS 三大系统工程”建设，加大企业文化考核评价激励体系建设的力度，保证企业文化建设落地，进一步深化企业文化理念内涵，有效推进核心价值观建设，全面提升软实力，为北方重工打造百亿企业，为中国兵器工业集团打造“百年兵器”的企业品牌提供精神动力和文化条件。

二、北方重工集团企业文化建设重点工作

2008 年

1. 推出《企业文化实践手册》，推出子系统文化和保密、安全、质量、型号、创新等军工特色文化的子系统文化；

2. 加大企业文化培训力度，编印企业文化培训教材，分层次对员工进行企业文化培训；将培训与员工定岗定编相结合，与岗位工资相结合，与领导的绩效相结合；

3. 编写《北方重工企业文化案例故事》、《员工格言警句》，出版《企业文化专辑（三）》、对员工进行文化教育；

4. 进一步完善教育功能，把北方重工展厅、北方兵器城、文化长廊等打造成精品参观路线，让更多的人认识、感知北方重工的文化底蕴；

5. 充分发挥好军工文化教育基地、军工文化示范单位、全国企业文化示范基地等作用，不断提升集团公司美誉度和知名度；

6. 加大企业文化的落地步伐，提升企业文化的认同度；

7. 编印北方重工集团制度汇编。

2009 年

1. 编印北方重工集团企业文化相关书籍；

2. 加强车间文化、班组文化建设，提升核心价值观的认同度，提升企业文化软实力；

3. 企业文化在保持现有荣誉的基础上，争取更高的荣誉（争取获得中宣部企业文化先进单位荣誉）；

4. 进一步完善“CIS 三大体系工程”建设；

5. 在公司改制十周年期间，推出大型系列宣传资料、书籍、画册、电视片，提升北方重工文化的软实力。

2010 年

1. 继续推进企业文化的落地，形成员工与企业命运相关的共同体，提升广大员工的整体素质；

2. 不断提升中国兵器·北方重工的品牌，争取进入全国驰名品牌行列；

3. “CIS 三大体系工程”更加完善，在行业内处于领先水平；

4. 员工培训工作要跨越新台阶，努力造就一支 100 名左右的领军人才队伍、300 名左右的专业骨干技术人才队伍、800 名左右的专门技能人才队伍。

5. 通过宣贯，实现北方重工文化与兵器集团公司文化相互对接，相得益彰；

6. 通过企业文化建设，实现管理上水平、发展上水平，为北方重工集团打造百亿集团提供智力支持和文化支撑；

7. 实现以文化人，文化管理。

三、北方重工集团企业文化建设具体要求

北方重工集团企业文化建设三年目标规划是个系统工程，必须从组织上、制度上予以保证。要形成由行政一把手负总责、党委负责组织实施、党政工团协力推进、广大员工共同参与的组织领导和工作体系。

1. 进一步加强对企业文化建设工作的领导，不断完善企业文化建设的领导体制和运行机制。集团公司和各分、子公司要进一步加强对企业文化建设工作的领导。要建立、健全企业文化建设的长效机制，制订详细具体的实施方案、科学有效的管理制度和教育培训制度。

2. 三年中，要以《北方重工集团党委企业化、实效型党建思想政治工作实施细则》为重要抓手，以“文化工程”建设内容为主线，及时总结经验，推广典型，强化调研。把党建、精神文明建设、思想政治工作与企业文化建设工作有机结合起来。

3. 定期召开企业文化建设年会，研究年度企业文化建设工作。企业文化办公室每年利用一定的时间听取不同层面人员对企业文化建设的建议。通过恳谈会、专题会等形式与员工和基层管理人员交换意见，听取他们对企业文化建设的意见和建议。在此基础上，召开企业文化建设年会，总结经验，布置任务，加强对企业文化的研究，借助集体的力量，提升和推进集团公司企业文化建设再上新台阶。

4. 三年内，重点抓好集团公司文化教育阵地建设，发挥特色团队和载体作用。分层面抓好文化典型示范工作。其中，重点抓好车间、工段、班组的文化教育基础建设工作。集团公司要加大文化体育设施建设的投入，从实际出发，努力培养出一批有行业特色、员工喜闻乐见的文化团队和载体。

5. 全面推进子系统文化建设，不断丰富子系统文化体系内涵，，建立可操作的子系统文化管理体系。根据集团公司企业文化推进的总体要求，在大力宣传集团公司核心价值观的基础上，要明确完善集团公司质量、安全、保密、型号、创新、环保、经营、服务、品牌、培训、营销、人才、理财、廉政等子系统文化内容，子系统各理念内涵必须要符合反映集团公司的企业精神，不准与核心价值观相违背。子系统文化内容在确定后，要广泛宣贯、实行。

6. 三年内，重点建立企业文化建设长效宣传教育机制。要通过报刊、电视、网络开设企业文化专栏，通过举办培训班、研讨会、报告会、交流会和企业文化论坛等多种形式，大力宣传集团公司企业文化，开展企业文化理念、视觉识别系统和员工道德行为要求内容培训，使集团公司企业文化的体系框架精神内容为广大员工所认知、认同和遵循。

7. 制度规范与教育培训相结合。企业文化的贯彻执行必须靠制度做保证。集团公司要开展以完善规章制度、规范企业和员工行为为主要内容的塑形工程。对企业的整体形象进行提升，构筑完善的企业物化和非物化文化体系。各级组织要在广大员工中培养良好的思维习惯、行为习惯和学习习惯，使企业文化真正入脑入心，变成全体员工的自觉行动。

8. 要进一步推进以“和”为基石的接力文化建设，解决公司内各层面人员对文化建设的认识统一问题，同时，突出公司核心价值观体系内容的理论研究及宣传实践，努力提高员工的认同度。集团公司企业文化建设要注重创造宽松、和谐的工作环境，要实现企业与社会环境的和谐，企业与员工发展的和谐，企业与用户需求的和谐，最终目的是实现人和企业的全面发展进步。

2. 以载体建设为平台，为企业文化建设提供有力支撑

北方重工集团确保企业文化建设的经费投入，每年投资上千万元用于文化活动、环境美化等软硬件工程建设。

公司企业文化建设载体不断得到完善，有开展企业文化建设的报刊、杂志、广播电视和局域网，有兵器城、文化宫、老年艺术团、体育场、会议厅、企业文化长廊等企业文化宣传教育交流阵地；有展示企业文化成果的场所北重展览厅、科技厅，有反映企业文化建设的电视专题片和《企业文化手册》、《企业文化专辑》、《案例故事》等文献资料，确保了在文化观摩、会议交流、成果展示、文体比赛、文化节活动等企业文化建设中充分发挥实效。

案例：传播军工文化 打造军工文化教育基地——北方兵器城军工文化教育基地建设

北方重工集团隶属中国兵器工业集团公司，是国家“一五”期间兴建的156个重点项目之一，国家重点保军单位和国家大中口径火炮动员中心。建厂50多年来，为我国的国防事业和经济发展作出了重要的贡献。2003年，北方重工投资1700多万元兴建北方兵器城。2004年7月一期工程竣工，向社会开放。同时，投资500万元，于2005年5月开始动工兴建二期工程，现在一、二期工程整体形成规模，并投入使用。2007年，北方兵器城被国防科工委评为首家“军工文化教育基地”。北方兵器城在传播兵工文化，扩大企业影响力，促进企业发展方面发挥了重要作用。

一、北方兵器城的主要特点

1. 以打造军工文化标志性工程为设计定位

北方重工集团从贯彻“三个代表”重要思想和树立科学发展观的高度出发，盘活、整合企业爱国主义教育资源。将北方兵器城的建设宗旨和特性定位为：以“绿色生态”建设为根本，以“传播军工文化，体现休闲娱乐”为主题，建设我国西部地区最大的军工旅游景区，建设目前中国最大的火炮主题公园，弘扬中华民族先进的军事思想和灿烂的军事文化，激发企业全体员工和社会各界民众的爱国主义情感。北方兵器城位于内蒙古包头市青山区兵工路南侧，总占地约270亩，分东区、西区、中区三个部分，兵器城景观区由主广场区、兵器陈列区、八一广场、休闲娱乐区四部分组成。广场风格开阔，充分发挥其俯瞰平面的独特效果，绿化布置丰富多彩，疏密有致，富有韵律感，在整体布局中具有重要作用。兵器城实现了美化企业内外部环境，提升军工文化品位，营造企业人文环境的目的。北方兵器城是北方重工集团军工文化建设的标志性工程。

2. 以处处体现兵工精神为设计原则

兵器城总体设计充分体现了“兵工精神”，将军工企业的政治优势、文化特色和独特风格融为一体，形成公司军工文化建设的精神内涵与外在显现。在把握“以人为本”的总体设计原则时，遵循以下三个统一：即注重与周边建筑环境的协调统一；注重与周围整体道路在交通整体组织上的协调统一；注重与周围整体环境在空间、比例上的协调统一。同时，还以企业文化环境的独特差异，因地造势，建造了能够体现企业及地域文化特征的广场浮雕、广场文化柱等文化景观，营造出企业文化活动中心的氛围。整体设计构成了符合北方重工企业文化环境、具有时代风尚的军工企业文化公园环境，使在北方兵器城中交往的员工、市民可以享受到军工企业文化、地域文化的气息。

3. 以“传播军工文化，体现绿色生态”为设计理念

北方兵器城的环境设计注重赋予环境景观一定的文化内涵，使环境景观具有持久、永恒的观赏价值和生命力。营造了良好的企业人文环境景观，使兵器城更好地融入城市的大环境。根据其所处地形状况，广场设计了贯通大道，不仅连接了企业，也很好地体现企业依势而建的自然风格，方便了员工和市民的学习、娱乐，营造了具有企业特色的步行环境，广场中心雕塑独特的造型构成了贯通企业园区的特色景观。以提供人文气息浓厚、适合市民活动的宁静、优雅、舒适空间为设计目标。于知识性、教育性、展示性、休闲性为一体，展示当代火炮发展历史，展示包头市的风土人情和历史渊源，展示北方重工建厂50

年来物质文明、精神文明建设新成果，实现了以“传播军工文化，体现绿色生态”的设计理念。

二、北方兵器城建设的主要做法

1. 整合资源变“废”为“宝”

北方兵器城是北方重工集团利用军工产品的优势以及在上级部门的指导和兄弟单位的支持下建起的一个休闲娱乐性的公园。当初，在公司废品回收车间有很多报废的火炮被当作废钢铁回炉冶炼，车间工人说，废品里有不少好东西，听说有阎锡山队伍的小炮，有日本的装甲车，有淘汰下来的小口径炮、重机枪等，这些东西当废钢铁炼了太可惜了。公司领导让工人将这些“废品”收起来放进了库房，以备将来这些“废品”能派上用场。

几年后，正巧公司企业文化建设开始深入开展，公司在策划企业文化建设规划时，想起几年前“存”起来的那些“废品”，变“废”为“宝”，一个大胆的想法产生了——在清理干净的绿地上建一座公园，把那些躺在库房的“废品”兵器摆出来，让退休职工看着自己的“作品”，让孩子们近距离摸摸枪炮长长见识，还能从中受到教育，岂不是件功德之事。

2003 年 6 月，企业在并不富裕、资金比较紧张的情况下，投资 1700 万元开始兴建北方兵器城。北方兵器城建设宗旨和目标是：以“绿色生态”建设为根本，以“传播军工文化，体现休闲娱乐”为主题，建设我国西部地区最大的军工旅游景区，建设目前中国最大的火炮主题公园。2004 年 7 月一期工程竣工，向社会开放。2005 年 5 月开始动工兴建二期工程。兵器城如今已成为北方重工集团军工文化建设的标志性工程。

2. 巧做设计展现兵器世界风采

总占地 270 余亩的北方兵器城以浓重的历史文化氛围深深地吸引着人们。主广场以展示包头地区文化和北方重工文化为主题——“腾飞”。由不锈钢雕塑、文化柱和喷泉组成。不锈钢中央主雕塑高 22.14 米，形似三只欲展翅高飞的天鹅，齐力托起北方重工公司的司徽直上云霄，主雕组合又恰似三个“H”立柱，是“和”字拼音的第一个字母，寓意北方重工人团结进取、争创一流的团队精神和对发展富裕的不懈追求。围绕主雕塑的九根花岗岩文化柱，刻画着包头广为流传的九个美丽的传说：王昭君出塞、玉龙喷清泉、九原话古今、鹿鸣包头、古道驼铃声、古老赵长城、铁山战突厥、英雄巴特尔和花木兰从军。表现了北方重工人吉祥长远的美好愿景。

穿过主广场，就是兵器陈列区。绿树、鲜花、草坪丛中摆放着陆、海、空三军的各种武器，其中尤以火炮最为瞩目，有40多门不同时期各具特色的火炮：有苏联卫国战争时期苏制火炮；有共和国研制的第一门100毫米高射炮——新中国成立10周年时毛泽东主席检阅的“共和国第一炮”；有邓小平同志曾经检阅的双57毫米自行火炮；有新中国成立50周年大庆时接受江泽民主席检阅的“坦克克星”——120毫米自行反坦克炮；有西沙海战立下赫赫战功的双57毫米舰炮等。其余武器还有水陆两栖坦克；有60年代多次击落美国U－2飞机的红旗－2号导弹及发射架，有歼5教练机、歼6战机；有522轮式装甲输送车、77轮式装甲车、水陆装甲输送车等。每一个展品前都有该武器的历史介绍和知识介绍，使游人在游览中不知不觉了解兵器，增长知识。

位于兵器城南部的八一广场由兵器陈列区与道路硬化形成“八一”二字，在八一广场中心的国防教育演示厅定时向游人开放，流动播放兵器城简介、公司简介、火炮知识、战争时期火炮发展史等专题影片。休闲娱乐区里有广场喷泉、“金泽池”、“橡心岛”、“棋盘广场”、“金戈桥”、“戏水池”、长廊等，“橡心岛”有两层寓意：一是用橡树扎根兵器城寓意兵工人建设国防，热爱边疆的热情。二是用橡心岛寓意军工企业万众一心，服务国防现代化建设，服务国民经济发展的使命。体现了军工企业艰苦奋斗、无私奉献、振兴中华的主旋律和核心价值观，展现了军工集团的崇高境界和精神风貌。每个景区都有一段美丽的故事，让人兴趣盎然。

在兵器城，似乎一草一木、一水一池、一事一物都渗透着“兵器”的气氛，湖上的小桥主要材料是炮弹壳和坦克履带，路边的垃圾桶做成水雷和炸弹的造型，寓意着“当世界上所有的武器都变成垃圾时就是世界大同了”。草坪的围栏也是炮弹壳做的，共有999枚，象征着战士守卫祖国，保卫家园长久平安。棋盘广场上摆着一副石制的大型中国象棋，据说是清代的一个著名的残局，叫“保家卫国”，红黑双方拼杀的都只剩下两炮一卒，红方采取以攻为守的战略，两次献“车”，妙用两炮一卒，一举取胜。棋盘广场上经常聚集着年长的象棋爱好者，边休息边切磋棋技。在兵器城，就连儿童的游乐项目也是军事题材的，“爬雪山”、“过草地”、“红星照我去战斗”等，深得孩子们欢迎。每逢“六一”儿童节，兵器城更成了孩子们的乐园，兵器城会组织一些军事主题活动，“六一”节的“童年追梦——专家与你谈火炮”主题活动吸引了成千上万的中小学生和厂里的孩子们，厂里的老科研、老专家、老高工和孩子们举行座谈，回答孩子们的提问，讲解火炮的知识和军事动态。比如，有的孩子提出“大炮为什么不刷成红色的”，专家的解答让孩子们受益匪浅。

北方兵器城二期工程位于兵器城东侧，园内建有两座三孔“望和鹊桥”。环形休闲广场中心建有雕塑——中华第一币“三和璧”。“三和璧”由两枚黄铜铸钱币和铸钢基座组成。铜币呈现“人”字形结构，单币重4.8吨，被人们称为“中华第一币”。铜币正面铸有北方重工司徽及“和”、“合”、“核”三个大字及其释义，即北方重工以“和”为基石的接力文化的内涵：和谐、整合、核心竞争力。还有世界上最大的火炮203毫米榴弹炮、155牵引炮、36计石刻等。

漫步在北方兵器城，会让人在零距离接触坚硬冰冷的兵器中感受和平时期和谐平安的温馨，在不经意间感受历史带来的震撼，感受军事和兵器知识带来的喜悦，感受绿色清新的空气和环境带来的舒适。在北方兵器城走马观“兵”，真的是一种享受。

3. 让人民兵工英模的“旗帜”高高飘扬

在北方兵器城，不仅每一件兵器都有故事，都是生动形象的教材，而且还有一个震撼人心的所在：“中国的保尔——吴运铎事迹展览馆”。

吴运铎是我党第一代兵工专家，被誉为中国的保尔·柯查金，是我国现代兵器工业的开拓者。《把一切献给党》一书就是这位兵工专家的亲历写照。共和国成立后，他接受党和人民的重托，参与建设了当时亚洲最大的兵工企业——国营四四七厂，即今天的中国兵器北方重工集团，为该厂第一任总工程师。为了纪念这位卓越的兵工专家，北方兵器城内设立了“永远的丰碑——吴运铎事迹展览馆”，展出了介绍吴运铎同志生前事迹的文字、图片记录和留下的珍贵实物。

同时，“吴运铎事迹展览馆”还布展了在吴运铎事迹感召下，北方重工集团涌现出的四个“全国劳动模范”和四个“全国五一劳动奖章”获得者的大幅照片和事迹，充分体现了北方重工集团传承兵工传统，弘扬爱国主义精神，并借助这些精神来激发广大干部员工强军报国、强企富民的激情。

吴运铎作为北方重工集团的第一任总工程师，几十年来深受企业员工家属爱戴，是进行爱国主义教育最生动鲜活的英雄人物。为了进一步弘扬吴运铎精神，2009年公司又投资50余万元兴建了吴运铎主题雕塑“旗帜”，意在突出军工战线的楷模，使“把一切献给党”的精神进一步发扬光大。

三、北方兵器城建设的重要意义

1. 传播军工文化，体现休闲娱乐

北方兵器城从所处包头市地区的经济、文化建设背景与环境需要出发，将特色军工文化与地区民族文化融为一体，形成文化链接，互动推进。同时，兵器城建设充分适应地区城市整体建设的布局与风格，与之相匹配，对建设地方经济和旅游业的发展起到了积极的促进作用。

长期以来，人们对兵器尤其是对大型火炮、坦克、导弹等大型现代化兵器充满神秘感，兵器实物常人更是无处参观了解。部分兵器实物、模型、图片交叉展出，给游客全新的视觉冲击和现场感受。游客不仅可以现场观看、了解兵器知识，而且可以手动操作、拍照，极具趣味性和互动性。

2. 教育基地作用凸显，城市建设内容丰富

兵器城的建设既增强了社会及游客对企业产品的认识程度，提高了企业知名度，又增加了包头市特色旅游项目，有力地推动了地方经济发展。目前，兵器城被评为内蒙古自治区爱国主义教育基地、国防科工委首家军工文化教育基地、国家4A级旅游景区、全国国防教育基地。不仅改变了周边环境，而且为包头市创建全国文明城市作出了贡献。

3. 提升了政治影响力，增强了社会效益

兵器城开业以来，已有200多万名中小学生和2万多名预备役军人在兵器城参观学习，共接待各地游客计800多万人次。兵器城以其特色主题引起了社会各界人士广泛关注。2005年以来，十几位现任和原国家领导人莅临兵器城参观指导工作，几十位省部级领导光临兵器城。另外还有来自全国20多个省、自治区的有关领导以及来自俄罗斯、韩国、蒙古、非洲国家等100多名外国友人前来参观考察。

3. 以“五个一”工程和“四级落地”为抓手，将企业文化落到实处

为了进一步推进企业文化建设，保证企业文化有人管、有人抓、见成效，在集团公司领导的提议和倡导下，北方方重工集团提出了企业文化建设的“五个一”工程，即从集团公司到各成员单位行政一把手，每年做一次企业文化的辅导报告；每年写一篇企业文化方面的论文；每年听一次企业文化的汇报；每年拨一些企业文化的费用；每年表彰一次企业文化的先进集体和个人。作为硬性指标提出，与各单位的评先工作，与领导班子绩效挂钩。在落实好“五个一”工程的基础上，对各级领导干部提出了“六个一”工程，即每人每年读一本好书；写一篇有价值的理论文章或工作体会；提一条有助于改进工作的合理化建议；做一件有助于提高单位知名度的亮点工作；创新一条本职工作方面的经验；干一件有助于提高企业形象的好事、实事。在推进企业文化落地方面，公司制定了企业文化在集团公司、分子公司、车间、班组落地的“四级落地”计划。通过企业文化建设“五个一”工程和“四级落地”，将企业文化建设的具体任务

落到了实处，成为促进企业管理进步，推动企业文化建设的有力抓手。

4. 以考核评价为手段，确保企业文化建设取得实效

北方重工集团先后制定并下发了《企业文化考核评价办法》《视觉识别系统管理考核实施细则》《企业文化建设通报制度》《企业文化建设奖惩办法》《企业文化领导小组办公室工作制度》《企业文化宣贯办法》《企业文化年度培训计划》《企业文化“十二五”规划》；使企业文化建设进一步制度化、规范化。公司上下做到了企业文化建设有目标、有步骤、有措施、有监督、有检查、有考核、有奖惩、有成效，确保了企业文化建设不断向前推进。

5. 以推进领导文化为重点，为科学发展提供领导力支持

2004 年，北方重工集团不仅将原来的“和”文化进一步完善为以“和”为基石的接力文化，而且提出了“协力、有为、自律、创造”的领导文化。经过几年的不断推进，以协力增强合力，以有为提升地位，以自律塑造形象，以创造推动发展的领导文化逐步深入人心，并得到上下一致的认可。实践证明，领导文化是导向把航的文化，是凝聚和谐的文化，是提升经营的文化，是促进发展的文化。协力才能和谐，有为才能有抱负，自律才能负责任，创造才能受尊重。“协力、有为、自律、创造”的领导文化与“建设有抱负、负责任、受尊重新北重，打造高科技国际化兵器工业主力军”的战略定位一脉相承，它体现了公司领导班子志存高远的形象；“协力、有为、自律、创造”的领导文化赋予了企业文化新的内涵，那就是新的一届领导团队要履行好“实现管理变革、实现择机上市、抓好党建工作、实现愿景目标”这四个光荣使命；领导人员要严格按照“协力、有为、自律、创造”的领导文化去工作；领导班子成员之间要践行“使命为重，信守重托；事业为重，信守缘分；沟通为重，信守坦荡；谅解为重，信守包容；团结为重，信守合力；自律为重，信守责任；敢赢为重，信守奉献”的八项要求。

6. 以培育“创新、奉献、务实、开放”文化为契机，不断丰富公司文化的内涵

按照兵器工业集团“创新、奉献、务实、开放”等核心价值理念的要求，北方重工加强了对兵器工业集团核心价值理念的学习宣贯培育，使企业文化既传承兵器基因，又体现企业特色。一是培育创新文化，营造创新氛围。培育创新文化，就要着力营造创新的氛围，培养创新的人才，制定鼓励创新的政策，推树创新的典型，形成崇尚创新、宽容失败，支持冒险，鼓励冒尖的创新文化环境。公司认真总结在规范法人治理结构、实现整体上市过程中体制机制创新的做法，为企业持续发展提供宝贵经验；认真总结在“360 工程”建设中体现出的产、学、研结合，走集成创新的经验，为公司技术创新提供科学依据；认真总结在转变发展思路、发展方式，加强分类考核，实行集中管理等方面的创新，为公司管理创新提供借鉴；认真总结在构建以“和”为基石的接力文化和领导文化中的创新，为公司文化创新提供支撑。二是培养奉献文化，弘扬奉献精神。奉献精神是北方重工人50多年来的一个传家宝。从老一辈建设者们为了建设工厂“献了青春献子孙”，到当今干部员工们以“常态化加班加点”、“白加黑”、“5+2”等工作方式应对激烈的市场竞争，奉献一直贯穿于北方重工建设改革发展的始终。新时期大力培育和倡导奉献文化，就是要吃苦在前、攻坚在前，不计个人得失、不计个人名利，一心为事业、一心为企业，把每个员工的智慧和力量用在干成干好事业推动企业发展上。三是培育务实文化，坚持务实做事。务实是干事创业的基础，也是北方重工集团企业核心价值观之一。从“六大板块产品”到“三大核心业务”，从“企业分立改制”到“整体股份制改造”，从“加快民品发展”到建设“高新工程”，从组织结构上的撤并、重组，到企业辅业剥离后“北方装备公司”的成立，从完成天安门广场护栏工程到“360工程”的横空出世，从打造百亿集团的实现到“5211工程”的确立，从推进以“和”为基石的接力文化到建设有抱负、负责任、受尊重新北重，企业发展的每一个阶段、每一个进程都体现了务实精神，坚持想问题、办事情一切从实际出发，实事求是，说实话、察实情、谋实招、出实力、用实功、求实效，按事情的本来面目做事，不断创造出经得起历史、群众和实践检验的实绩。四是培育开放文化，树立开放理念。开放是企业走向国际化的必由之路。开放首先要解放思想，树立开放式发展的理念，破除“大而全”、“小而全”的传统军工企业研发生产模式，充分利用国内国外两个市场、系统内外两个行业配置资源，谋划发展，实现上、中、下游产业链条，总装与配套，产、学、研等多方利益的共享共赢。

案例：“360工程”横空出世，北方重工集团创新文化结硕果

中国兵器北方重工集团过去一直用锻造镗孔工艺生产大口径无缝钢管，生产效率、原材料利用率低、能耗大、成本高，市场竞争力不强。如果采用热挤压工艺生产大口径厚壁无缝管，不仅材料利用率可提高30%，产品品质也将得到提升，市场竞争能力将极大增强。2004年底，北方重工追踪世界技术的发展方向，提出了建设“垂直挤压大口径厚壁无缝钢管项目”，即“360工程”。

“360工程”自始至终贯穿着“和”文化这条主线，体现着集团的力量和智慧，积聚了公司50多年来积累的人力和技术资源。抽调了企业技术、机械、设备、管理等各方面的优秀人才组成了“360工程”项目办公室。企业内部十几个单位3000余人积极参与了项目建设。

2006年3月3日，由兵器工业集团公司计划部主持，在北京清华大学召开了大口径厚壁无缝钢管垂直挤压工艺设备方案设计论证评审会。2006年6月，兵器工业集团公司同意项目立项。项目建设规模为：一期年产大口径厚壁无缝钢管5万吨；建设期两年，达产期两年。2006年，北方重工集团按照兵器工业集团确定的“三大三小”民品发展战略，把“360工程”建设列入“十一五”规划重点建设项目，项目主要内容为“自主研制世界上最大的36000吨垂直挤压机并建设大口径厚壁无缝钢管生产线”。

2007年3月7日，北方重工举行了“360工程”奠基仪式，拉开了基础工程建设的序幕。

“360工程”链接了北方重工、清华大学、中冶京城、中冶京唐、太原重工等“国”字号院校与企业集团，把甲方、乙方的关系变成了战略伙伴，把合同的标的和项目变成了双方共同的事业，形成了一个共同追求成功的庞大的和谐团队。

“360工程”，集合了清华大学、北方重工、上海同济大学、燕山大学、上海应用技术学院、中国锻压协会、北京机电研究所、北京钢铁设计院、中冶赛迪、太原重工、德国威普克公司、沈阳重锻、西重所、太重所、湖州九利、北京天力创、长城特钢、上海异型钢管厂等高校科研院所和企业的技术。

“360工程”，聚积了两院院士师昌绪，北方重工集团挤压和机械制造技术专家雷丙旺、白箴、陈建平、郭占江、王锦波、赵雪栋，清华大学吴任东、颜永年、李宛洲、张磊，金属挤压专家魏军，轧锻专家张一弓，力学专家邢永明，锻压设备专家郑建国，钢管挤压专家蒙日昌、方源栋，润滑剂专家段素洁，生产线设计专家张增全，设备安装专家万以明，油缸专家商丞禹、陈伟光等一大批老中青专家团队的智慧。

“360工程”自始至终得到了国家有关部委、中国兵器工业集团公司、内蒙古自治区政府、包头市政府、国家开发银行内蒙古分行等各方面的大力支持，实现了“举全国之力，创世界第一”。可以说，“360工程”项目是集体智慧的结晶，是集成创新的典范，是“和”文化的高度体现。

2009年7月13日，中国兵器北方重工“3.6万吨黑色金属垂直挤压机”成功问世，北方重工集团创新文化又一次喜结硕果。制造万吨级重型设备是一个国家制造能力的标志，涉及设计、制造、运输、安装等诸多技术难题，属于“极端制造”领域。在3.6万吨垂直挤压机项目中，北重人坚持“科学论证、示范先行、自主创新、扎实推进”的技术路线，坚持“发扬民主、依靠专家、产学研结合，自主研发、自主设计、自主制造、自主调试”的自主化方针，保证了这项重大技术创新沿着科学的轨道推进。

在具体工作中，北重人将3.6万吨垂直挤压机项目的技术创新分为六个主要步骤和环节，即：基础理论研究—工程设计—设备研究—实验验证—系统集成—工程实践。这六个步骤依次递进而又互为条件，相互联系又相互依托。这样大的一个项目，它要求树立系统论思想，强调各环节之间的协调配合，以求整个系统的最优。3.6万吨垂直挤压机带动的是制坯机和加热炉、除氧机、液压控制系统等60多台套辅机。其项目巨大、系统庞杂、科技含量高，仅液压管道总长度就达10.8公里。无论哪一个环节出了问题，都有可能使整个项目“半路夭折”，因此，“成于系统、败于细节”的工作理念，“决策零失误，管理近距离”的管理理念应运而生，“360工程”项目办要求每一位员工对待每一项工作、每个环节都要做到谨慎操作、反复论证、精益求精。

“360工程”项目突破了工模具设计制造、大吨位钢锭制坯、氧化皮去除、玻璃润滑、压余切除等一个又一个难关，迎接了超重整体机架安装、超大液压系统调试、大型铸锻件制造等一个又一个挑战，先后取得了钢丝缠绕技术、预应力坎合结构技术的重大突破，创造了大流量高压油泵直传、采用液压提升技术安装、大尺度原位缠绕预紧等多项世界第一。国内外一致认为需要5~7年才能完成的任务，北重集团只用了两年零四个月的时间。

3.6万吨垂直挤压机项目实现了国内无缝钢管制造工艺的跨越发展和挤压技术的重大突破。一是综合力学性能明显提高，特别是冲击功均很高，有较大的韧性储备。同时，横向力学性能与纵向力学性能基本接近。这是垂直挤压机的独特优势，这对产品质量的提高是一次质的飞跃，探伤合格率明显提高。二是材料利用率大幅提高，成本优势更加凸显。采用3.6万吨垂直挤压机生产大口径无缝钢管，材料利用率可提高到70%，产品成本显著降低，节能降耗效果明显，更符合国家节能减排、发展低碳经济的主流趋势。三是挤压机的挤压速度快，挤压过程仅需15~18秒，大大缩短了无缝钢管的生产周期，生产效率得到显著提高。

3.6万吨垂直挤压机的建成是国家综合实力的集中表现，是“十一五”期间国家十大科技项目16个重点项目中第一个完成的项目。此前，美国威曼·高登公司拥有的3.15万吨垂直挤压机组，德国的曼内斯曼公司、日本的住友公司等，几乎垄断了世界全部耐高温高压厚壁成型材料。由于制造设备落后，我国新材料的研发缺乏有力的实验平台，自主研发高端材料受到极大的制约，3.6万吨垂直挤压机无疑从硬件装备方面填补了该领域的空白，打响了该领域国产化的第一炮，被业界堪称是我国另一个崛起的“350公里的高速铁路”。

3.6万吨垂直挤压机项目的成功，是中国兵器工业和北重集团的光荣，更是国家和民族的自豪！北重集团将用“360工程”的先进技术进一步提升企业自主创新能力，用科学精神再塑“中国兵器北方重工”品牌和形象；用自主创新续写从“中国制造”到“中国创造”的美丽传奇。

作为国内的首台、首套工程，“360工程”项目可借鉴的现成经验极少，不论是在施工建设、设备制造、安装运输、调试、人员培训、工艺工装等都是全新的，许多不可预测的技术问题随时都有可能出现，这众多的第一次叠加起来，就变成了巨大的风险和无限的压力。

政治方面的压力。“360工程”，由一开始的企业项目变成兵器集团项目，又变成国家项目，足以说明“360工程”的重要性，“360”项目上去了我们功成名就，上不去我们就无言以对国家、无言以对地方政府、无言以对兵器工业集团、无言以对全公司父老兄弟，就会将国家的项目投资和优惠贷款付之东流。

资金方面的压力。随着物价上涨和银行利率的调整，以及配套工程的增加，项目总投资超过了原计划20%。对于北方重工集团这个积累比较少的老国企来说，压力可想而知。

技术方面的压力。项目技术风险总体在可控范围之内，但由于项目巨大、系统庞杂，又是首台首套，可借鉴的经验少，行业里能用到的新技术都用到360项目里了。所以，技术跨度大，风险才会大。同时，热调试中出现新的、不可预测的技术问题再所难免；再加上工艺工装、人员培训都是全新的。因此，这种技术上的压力无时不在。

经营方面的压力。厚壁管担心遭遇超高压钢管的命运（注：超高压钢管为聚乙烯反应釜的连接管。1999年江泽民总书记视察工厂时，给予充分肯定。但因外商实施价格策略，中国不能生产时每吨10万元人民币，北重能生产了，降到2万元人民币，致使超高压钢管夭折）。因此，在项目投产后，国家及相关部门应制定国内企业优先选择国产高强度大口径厚壁无缝钢管的约束和激励办法，以保障民族核心技术的成长与发展。

还有来自工程时间的极限压力。根据上级批复：两年要干五年的活。这一点外国人都承认，“360 工程”按照正常的进度要五年干出来，而我们要在两年内完成，所以说这是极限压力。3.6 万吨黑色金属垂直挤压机是目前世界上最重的单体设备，重达 3400 吨。仅单个牌坊就重达 1400 吨，该设备采用的大功率全液压系统工作压力达 500 公斤，在国内冶金行业设备安装中史无前例，其焊接技术、探伤处理、安装调试等各项技术将达到前所未有的高度。

美国人在技术上封锁我们，德国人在暗地里嘲笑我们。“360 工程”干成了，为国争光、为民族争气；干不成，真让外国人说着了。“外援”的拒绝，更激发了北重人“不服输”的骨气，任何力量都挡不住北重人前行的脚步。

在“360 工程”项目中，工程机械和建筑工人昼夜不停，四天完成了 6000 方的大体积混凝土基础底板和 16950 方压机基础及地下液压站混凝土浇筑，曾一度把包头市市面上的水泥、钢材和棉被用光。

到 2007 年底，顺利完成 36000 吨挤压机和 15000 吨级制坯压机的缠绕施工，实现了缠绕技术的重大创新。

2008 年 6 月 28 日，36000 吨挤压机机架终于在不怕艰险的北重人手里牢牢地立起，实为惊心动魄。

2008 年 10 月 31 日，“360 工程”项目在北京理工大学通过了国防项目审核中心的审核，并获得项目贴息，为工程最后的冲刺提供了资金保障。

2008 年年底，“360 工程”项目正式列入“2006～2020 年国家科技发展纲要”十六大科技重点专项，在关键基础设备排位第四，并被确定为新时期国家十大装备之一。

2009 年 6 月 26 日，首次对 15000 吨制坯挤压机热负荷试车，一次成功。

2009 年 7 月 13 日上午十时，第一根钢管顺利挤出，获得成功。

2009 年 9 月 15 日，国家科学技术部将“高压锅炉用厚壁无缝钢管”列入国家重点新产品计划。

到 2009 年底，“360 工程”实现小批量生产挤压钢管 206 支，超过 2000 吨。

2010 年“360 工程”挤压出钢管 1394 支，共计 11211 吨，创造出日产 19 支、月产 190 支钢管的好成绩。

“360 工程”建设以来，温家宝、贾庆林、习近平、刘云山、路甬祥等党和国家领导人先后视察“360 工程”。工信部副部长国防科工局局长陈求发在 2009 年工作报告中指出：中国兵器北重集团 3.6 万吨垂直挤压机的研制成功，标志着我国大口径无缝钢管制造技术获得重大突破，使中国第一次进入世界耐高温高压和异型材料的“极端制造”领域，使中国高压厚壁耐高温钢管一步跨入世界先进水平，打破了美、日、德的技术和市场垄断，迫使进口钢管价格降幅达50%以上，每年为国家节约外汇100多亿元人民币。

360工地有这样一副对联："高起点，为中华民族争光；大作为，展中国兵器雄风"。如今，新时代北重人在打造民族兵工、打造世纪兵工的进程中，50年使命如一，用信心、用智慧，打赢了"360工程"这场高科技的大会战，打出了北重人的士气，打出了中国人的骨气。"360工程"的成功，正是北重人班子接力、事业接力和文化接力的最好印证，彰显出北方重工集团创新文化建设的成效。

（五）北方重工集团企业文化建设取得的主要成效

北方重工集团在企业文化建设方面，思路不断拓宽、内涵不断丰富、形式适时创新、载体得以有效拓展，工作效力得以不断发挥。

1. 通过持续推进企业文化建设，实现了以文化人上水平。增强了全体员工对企业的认同感、归属感，全员企业文化认同度达到90%以上，形成了上下同欲、共谋发展的大好局面。

2. 通过持续推进企业文化建设，实现了思想认识上水平。公司全体干部员工心相通，力相合，在国庆60周年阅兵产品技术保障、整体股份制改造等重大问题上，表现出了高度的大局意识和责任意识。

3. 通过持续推进企业文化建设，实现了经营管理上水平。公司提高了对科学发展的认识，做大做强三大核心业务、提高精细化管理水平和经济效益、推进技术创新和人才队伍建设，科学治企的能力不断提高。

4. 通过持续推进企业文化建设，实现了科学发展上水平。公司的经济总量由1998年的不足3亿元，发展到2010年实现103亿元，在岗员工人均年收入在1998年的基础上翻了四番，企业利润翻了五番。

5. 通过持续推进企业文化建设，实现了成果荣誉上水平。公司先后荣获"全国五一劳动奖状"、"全国国有企业创建'四好'领导班子先进集体"。2006年被评为"内蒙古自治区企业文化建设先进单位"，被中国企业文化研究会评为"全国企业文化建设示范基地"。北方兵器城和北方重工集团分别被国防科工委评为全国首家"军工文化教育基地"和首批"军工文化建设示范单位"。2008年公司被中国企业联合会、中国企业家协会评为"全国企业文化优秀成果"奖，被中国企业文化研究会评为"改革开放30年全国企业文化优秀单位"。公司连续四年被中国企业文化研究会评为"全国企业文化建设先进单位"，2010年还荣获了“新中国60年企业精神60佳”荣誉称号。

(六) 北方重工集团企业文化建设的经验与启示

1. 注重接力文化统领下的企业领导文化建设

领导文化对企业文化建设起着关键的作用。北方重工集团领导班子注重接力文化统领下的企业领导文化建设，他们重点加强了以“协力、有为、自律、创造”为导向的领导文化建设。经过几年的不断推进，以协力增强合力，以有为提升地位，以自律塑造形象，以创造推动发展的领导文化逐步深入人心，并得到上下一致的认可。在发展规模不断扩大、经营业绩逐年攀升的情况下，基于接力文化统领下的领导文化的支撑，公司依靠自有人才实现了高管团队的顺利衔接和平稳过渡，使企业在竞争不断加剧的市场搏击中，始终能够凭借高素质、高质量的人才梯队建设保持竞争优势。

北方重工人深刻体会到，要使一个企业、一个部门、一个单位步入持续发展的轨道，不仅要靠每届领导班子的和谐合力，而且更要靠上下届领导班子之间的接力创新。合力是集一届班子成员的智慧和力量，接力创新则是集上下届班子成员的聪明和才智。因此，北方重工倡导以“和”为基石的接力文化，不仅强调了本届班子成员间的和谐合力，而且还强调上届班子、本届班子、下届班子成员之间的和谐合力。在届别与代际之间不搞“否前式”、“断后式”和“山头式”文化。现在，传好接力棒，接好接力棒，跑好属于自己的“100米”业已成为北方重工集团各级领导者的座右铭。

北方重工人认为，创新是业绩，保持公司发展的连续性同样是业绩。公司的效益要实现一年增长、一届发展也许并不难，难的是持续递增、永续发展。所以，北方重工以“和”为基石的接力文化，倡导必须搞好“接力棒”的交接。既要烧好“三把火”，也要踢好“后三脚”。根据北方重工的做法，“三把火”就是在肯定认可的前提下，继承上届优点，弥补不足；与前届工作接轨，保持工作的稳定性和连续性；在继承上创新，确定科学的工作思路和工作目标。接力文化更强调踢好“后三脚”的重要。倘若前届工作没干好，甚至有大的决策失误，就会给现任班子带来严重影响。每一届领导班子及其成员，都要自觉地把选拔培养接班人作为应尽的义务。在选用接班人时，尤其要防止以自己个人的好恶选人用人，而要以有利于企业可持续发展的胸怀、眼光和标准选人用人，这是“交好棒”的关键一环。

北方重工以“和”为基石的接力文化同时强调跑好属于自己的“100米”，

实现阶段目标。“跑好棒，竭尽全力，讲求科学，同心、同力、同向”，说明实现事业、领导、文化接力，做好任期工作非常重要。任期工作即中间工作，具有承上启下的作用。任期工作做不好，就会使前任好的开头付之东流，中间赛段跑不好，也会使“收好口”的目标难以落实，给下届造成不应有的困难和难题。因此，必须竭尽全力，心无旁骛，跑好属于自己的“100 米”，从长远着眼，从现实做起，始终保持昂扬向上的精神状态和干事成事的作风，敢于奉献、乐为人梯，推动公司持续和谐发展。

企业文化就是现阶段企业员工所普遍认同并自觉遵循的一系列理念和行为方式。由于企业文化具有共识性和内在性的特点，也就决定了新的企业文化的形成和建立是很难速成的。企业文化通常是在一定的生产经营环境中，为适应企业生存发展的需要，首先由少数人倡导和实践，经过较长时间的传播和规范管理而逐步形成的。那么如何才能达成共识性？企业领导层首先要形成并提出新的文化主张，形成领导层文化以后还需要向领导团队扩散。领导团队是以领导层为核心，吸收其他高级管理人员、中级管理者和一些企业内部非正式组织的领导者的领导联盟。领导团队达成共识后还需要进一步导入、深植领导团队文化，逐渐使广大员工对领导团队文化形成积极的态度，最终共享领导团队文化，从而形成为全员所普遍认同和共识的企业文化。可见企业领导者在企业文化建设中发挥着极其重要的作用。正如美国著名学者埃德加·H. 沙因在《企业文化与领导》一书中所指出：“领导者所要做的唯一重要的事情就是创造和管理文化，最重要的才能就是影响文化的能力。”在国有企业实行任期制，届别之间管理思想缺乏延续性的情况下，北方重工集团注重接力文化统领下的企业领导文化建设有益于解决国有企业文化管理的接力传承和适时创新的问题。

2. 注重创新文化建设

北方重工集团注重创新文化建设。他们着力营造创新的氛围，培养创新的人才，制定鼓励创新的政策，推树创新的典型，形成崇尚创新、宽容失败，支持冒险，鼓励冒尖的创新文化环境。公司认真总结在规范法人治理结构、实现整体上市过程中体制机制创新的做法，为企业持续发展提供宝贵经验；认真总结在“360 工程”建设中体现出的产学研结合，走集成创新的经验，为公司技术创新提供科学依据；认真总结在转变发展思路、发展方式，加强分类考核，实行集中管理等方面的创新，为公司管理创新提供借鉴。

现在企业都在谈论创新，创新成为一种时尚，甚至作为企业的口号，常常挂在企业领导人的嘴边。但真正的创新不是动员出来的，也不是号召出来的，它是从创新文化的土壤中培育出来的。

对企业来说，创新就是生成新思想、新观点、新思路、新策略、新方法、新技术、新工艺等，将其付诸实施并给企业带来效益的行为。创新不仅仅限于产品、技术层面，在流程、服务、管理等方面都有可能产生创新。创新文化贯穿于企业创新活动的始终，是企业创新的根基和创新活动的原动力。创新文化是能够激发和促进组织内创新思想、创新行为和创新活动产生的、能够适应复杂环境变化的组织文化，主要包括有利于创新的价值理念、行为准则、制度体系以及领导风格、组织氛围等内容。

创新是现代企业的灵魂，创新文化直接关系到企业的生机与活力，创新文化的建设和企业的科技创新、管理创新、营销创新、品牌创新、发展战略创新等一系列的创新活动休戚相关。

3. 注重企业文化建设的考核评价

北方重工集团注重以考核评价为手段，确保企业文化建设取得实效。公司先后制定并下发了《企业文化考核评价办法》、《视觉识别系统管理考核实施细则》、《企业文化建设奖惩办法》等文件，使企业文化建设有监督、有检查、有考核、有奖惩，确保了企业文化建设不断向前推进。

作为对事物发展过程和结果的有效控制和反馈，评价属于管理基本流程中不可缺少的关键一环。同样，企业文化建设评价工作也是贯穿于企业文化建设全过程的一项基本工作，对于整个企业文化建设工作有着重要的意义。企业文化建设是一个长期、复杂的过程，需要持续改进，而改进的前提和基础是对企业文化建设情况进行科学的分析、评估，找出差距和不足，企业文化建设评价工作直接关系到企业文化建设的目的能否顺利实现。企业文化建设工作本身也是一种管理行为，遵循着管理的基本规律。从企业文化诊断分析开始，到企业文化规划，文化体系的设计和建设，经过企业文化实施，最后通过企业文化建设的评价产生反馈和调整，形成持续改进的管理闭环，企业文化建设评价有利于系统提升企业文化建设工作的水平。

附：北方重工集团企业文化建设“十二五”规划（2011～2015年）

按照兵器工业集团“建设有抱负、负责任、受尊重兵器工业，打造国际一流防务集团，培育共同价值观，实现资本、技术、人才与文化底蕴同步积累”的要求，“十二五”期间，北方重工企业文化建设要紧紧围绕集团公司第三次党代会确定的“5211”目标，以兵器集团文化为基础，以领导文化为引领，深入推进以“和”为基石的接力文化，充分发挥企业文化在提高企业管理水平、增强企业核心竞争能力、促进企业又好又快发展中的积极作用，为建设有抱负、负责任、受尊重新北重提供思想动力和文化支撑。为此，结合集团公司实际，特制定《2011～2015 年企业文化建设规划》。

一、“十一五”时期企业文化建设的主要成效和不足

“十一五”以来，北方重工集团的企业文化建设取得了显著的成效。

一是建立了比较完整的企业文化体系。从 2000 年提出以“和”为基石构建北方重工文化，到 2004 年推进以“和”为基石的接力文化和领导文化，经过十年的不断探索，从理念识别、视觉识别、行为识别、制度建设四个方面搭建起了以“和”为基石的接力文化完整框架。同时，以领导文化为统领，完善了质量、安全、环保、廉政、型号等子系统文化，进一步丰富了公司的企业文化体系。

二是探索了许多企业文化推进办法。充分发挥报纸、广播、电视、杂志、网络等媒介功能，广泛传播以“和”为基石的接力文化。开辟了企业文化专栏；编印了企业文化系列丛书；召开了各种形式的企业文化建设总结会、推进会、现场经验交流会、座谈会；采取“走出去”、“请进来”等方法，对企业文化进行了培训；开展了企业文化建设“五个一”工程；建立了企业文化建设专家人才库；推进了企业文化的“四级落地”。

三是建立了相应的企业文化推进制度。根据集团公司企业文化领导小组的安排，分别制定了《北方重工集团企业文化三年推进规划（2005～2008 年)》、《北方重工集团企业文化建设实施方案（2008～2010 年)》；制定了企业文化建设奖惩办法、企业文化建设考核评分办法、企业文化建设领导小组办公室工作制度、企业形象视觉识别系统管理考核办法、企业文化通报制度、企业文化培训计划、企业文化宣贯办法等推进制度。

四是初步搭建起了企业文化建设的平台。营造了企业文化建设的氛围，推树了企业文化建设先进单位和个人，兴建了北方兵器城、“吴运铎事迹展览馆”、“北重展览馆”、职工培训中心，翻新了北方重工会议中心、文化宫、老年活动中心等设施，建立了“吴运铎主题雕塑”，开展了各种形式的文体活动，为企业文化建设搭建了载体和平台。

五是取得了比较明显的成效。以“和”为基石的接力文化在许多媒体上做了经验交流，在国内产生了一定的影响；集团公司分别荣获“全区企业文化建设先进单位”、“中国企业文化建设示范基地”、国防科工委首批“军工文化建设

示范单位”、首家“军工文化教育基地”;被中国企业联合会、中国企业家协会授予“全国企业文化优秀成果”奖;2006~2009年连续四年被中国企业文化研究会评为“全国企业文化建设先进单位”。

总体上看,尽管企业文化建设取得了一定的成绩,但是,与先进单位相比,与集团公司的要求相比,还存在明显的不足:一是企业文化的认同度不高,从上到下和从下到上的企业文化双向运动还没有完全实现;二是缺少强力推进的办法,企业文化推进力度还需要加强;三是制度与文化不相一致,还存在两张皮现象;四是视觉识别系统还没有完全统一,企业整体形象的统一需要进一步加大力度;五是行为识别系统不具体、不规范、不统一,在抓规范的执行和考核方面还需要进一步具体和细化;六是对企业文化的认识程度不够高,企业文化工作人员的能力建设亟待加强。

二、“十二五”期间企业面临的发展环境

当前,随着国资委《关于加强中央企业企业文化建设指导意见》的贯彻落实,中央企业更加注重企业文化建设,把企业文化建设作为提升企业核心竞争力的重要途径,采取了一系列措施,不断深化企业文化建设的理论研究和实践探索。总体上,中央企业更加注重企业文化价值理念体系的健全、企业文化建设体系框架的建立、企业文化与经营管理的融合以及企业文化建设效果的评价。中央企业的企业文化建设已经进入到了有统一组织领导、有明确目标导向、体现企业特色、与企业改革发展相适应相促进的整体深化阶段。

“十二五”时期,是兵器工业集团大发展、大调整的时期。在企业文化建设方面,兵器工业集团把“完善企业文化理念体系,统一规范企业和员工行为,有效整合品牌资源,不断提升兵器集团整体形象,让企业文化成为兵器集团核心竞争力的重要组成部分,有效引领和推动兵器集团改革发展,实现由制度管理向文化管理转变,使全体员工树立一个共同价值观”作为推进企业文化建设的重要战略举措。

近年来,北方重工集团的企业文化建设走在了兵器集团乃至全国的前列,但是,集团公司要实现“5211”的奋斗目标,实现择机上市,继续深化改革,转变发展方式,提升发展质量,建设有抱负、负责任、受尊重新北重,新的形势和任务,对企业文化建设又提出了更高的要求。其中,视觉识别的统一管理和企业环境的改造有利于创造并保持规范有序的生产和办公环境,对置身其中的工作人员产生积极影响,进而提升企业形象,实现企业管理效果和工作效率的提高。为此,我们要科学规划企业文化“十二五”软实力发展规划,积极推进北方重工集团的企业文化建设，实现企业既定的战略目标。

三、“十二五”企业文化建设的指导思想、原则、目标、任务

指导思想：以邓小平理论和“三个代表”重要思想为指导，深入贯彻落实科学发展观，认真贯彻落实兵器工业集团企业文化建设总体要求，以促进发展为目的、以理念创新为核心、以制度建设为保障、以行为规范为表征、以学习创新为动力，从物质文化、行为文化、制度文化和精神文化四个层面全力推进企业文化，为建设有抱负、负责任、受尊重新北重，打造高科技国际化兵器工业主力军提供强大的文化支撑。

基本原则：一是始终坚持企业文化建设与企业经营发展相协调；二是始终坚持企业文化建设与树立全新发展理念相契合；三是始终坚持企业文化建设与员工需求相适应；四是始终坚持企业文化建设与优秀传统文化相辉映。

总体目标：以领导文化为统领，不断丰富以“和”为基石的接力文化体系，创建覆盖全员的文化建设机制，营造持续创新的文化创建环境，凝聚一流的文化建设人才，打造高知名度的文化品牌，形成最具影响力的发展软实力。通过企业文化建设，内强素质，外塑形象，增强公司凝聚力，提高公司核心竞争力，实现公司企业文化与发展战略的和谐统一，公司文化理念与具体实践的和谐统一，公司发展与员工发展的和谐统一，文化优势与竞争优势的和谐统一，实现以文化管理企业，靠文化制胜市场，为建设有抱负、负责任、受尊重新北重，打造高科技国际化兵器工业主力军奠定坚实基础。

具体目标：

1. 全员企业文化认知度100%。
2. 视觉识别系统使用规范统一度100%。
3. 全员行为规范率95%以上。
4. 制度“废、改、立”全面完成。

重点任务：

1. 持续推进公司企业文化理念的入脑入心

根据新的形势和发展，以领导文化为统领，不断丰富集团公司以“和”为基石的接力文化体系，加大解读力度，不断扩充内涵与外延，提高全员对文化的认同感，使之始终具有生命力。

2. 继续加大企业文化的系统培训

健全和完善企业文化的培训制度。开展以领导干部为重点的国内外企业文化建设最新成果、发展趋势以及领导在企业文化建设中的地位、作用等培训；

开展以基层员工为重点的全员培训。

3. 建立公司统一的企业形象和行为识别系统

强力推进视觉识别系统的统一，全力推进行为识别系统的养成，严谨规范标识和行为，实现从员工行为到外在形象的规范和统一，塑造统一的公司形象。

4. 发挥典型引导作用，推动公司文化落地

挖掘在公司生产经营中忠实践行企业文化的模范人物及典型事迹，充分发挥先进典型的示范引导作用，建立激励约束机制，形成学赶先进、争先创优的良好风气，调动全员企业文化建设的积极性、主动性和创造性。

5. 以先进文化整合制度体系，实现先进文化的固化

结合体制机制的变革，推进制度创新。及时修订、完善各种规章制度，逐步建立起与公司文化相适应、相配套的制度体系，以制度规范企业和员工的行为，着力构建企业文化的养成机制和长效机制。

6. 打造“北方重工”品牌，不断增强市场竞争力

加强品牌管理，对“北方重工”品牌统一进行包装设计和策划宣传，利用一切有效途径和方式，加快品牌的个性塑造、形象树立和价值传递，最大化地赢得知名度、美誉度和忠诚度，使品牌价值转化为企业竞争力。

7. 加强文化阵地建设，构建企业文化传播平台

加强对报纸、杂志、广播、电视、网络及北重展览厅、北方兵器城、老年艺术团、文化宫等企业文化教育阵地的建设。完善厂区和员工生活区文化设施，围绕重大节日庆典，广泛开展各种形式的群众性文化体育活动，构建企业文化传播平台。

8. 加强软实力建设，实现资本、人才、技术、文化的同步积累。“十二五”期间，要加强人才底蕴积累，进一步完善各类人才的成长通道和事业平台，让人才潜心于专业发展。要提升各类人才特别是技术人才的地位和待遇，让各类人才在北重团队中最受尊重。要加强技术底蕴积累，全面实施ERP管理，进一步提升国家级企业技术中心的能力，重点加强设计数据、实验测试数据、技术工艺规范等数据库建设和知识管理，把技术积累能力作为重要内容，使技术积累体系成为科技创新体系的重要支撑。要加强文化底蕴积累，坚持可持续发展，既尊重制度、尊重程序，又与时俱进地完善制度、优化程序，在实践中不断创新、丰富和发展有抱负、负责任、受尊重的文化内涵。

四、阶段性工作

表4－4　北方重工文化建设阶段性工作安排

实施阶段	工作目标	主要任务
整合、完善体系阶段（2011～2012年）	梳理、整合文化资源，制定企业文化建设年度规划，修订完善公司企业文化理念、形象、行为规范体系，继续完善子系统文化体系	1. 创新和完善理念识别系统
		2. 完成视觉识别系统在全集团的统一规范
		3. 以员工手册为突破口，推进员工行为的规范统一
		4. 推进企业文化载体建设
		5. 建设企业文化通道
		6. 在全集团进一步推进制度化、规范化、看板化管理
全面实施，整体推进阶段（2013～2014年）	从高度、深度、广度上巩固提升企业文化建设水平，进一步增强公司的核心竞争能力	1. 进一步完善企业文化建设的领导体制和工作机制
		2. 以视觉识别系统的统一规范，提升北方重工对外形象
		3. 以行为识别系统的推进，提升全员对企业文化的认同度
		4. 提升企业文化管理人员队伍素质，系统开展企业文化培训
		5. 推进公司企业文化基地建设，推树企业文化典型
		6. 做好企业文化的宣传推介工作
		7. 完善并持续推进子系统文化建设
总结提高、深化完善阶段（2015年）	对企业文化建设成果进行总结、宣传，推动企业文化建设的创新发展，使企业文化与时俱进，为集团公司新时期的发展提供新的价值引导、精神动力与智力支持	1. 持续推进企业文化体系完善
		2. 继续推进公司企业文化基地建设和典型推树
		3. 对企业文化建设进行阶段性总结，总结成果，全面评价，表彰先进
		4. 实现企业管理向文化管理的转变，出版《北方重工文化管理之道》
		5. 继续开展企业文化建设理论研究，不断探索企业文化建设的新机制新方法
		6. 员工对企业文化的认同度达到100%，员工的归属感和荣誉感进一步增强
		7. 加强软实力建设，实现资本、人才、技术、文化的同步积累
		8. 打造有抱负、负责任、受尊重的新北重，公司的知名度、美誉度在国内处于一流水平

第五篇

中央企业企业价值观测评

一、中央企业企业价值观测评概述

（一）企业价值观测评原理

中央企业企业价值观测评系统（CCMS – V）以 Chatman 所研创的企业文化描述语句（OCP）和奎因的竞争价值模型为理论依据，在国内外研究成果的基础上，结合我国中央企业企业价值观体系的历史和现状，经深入研究和实践检验后正式推出。

中央企业企业价值观测评系统（CCMS – V）的量表由 30 个价值观构成，受测者采用“Q – sorts”方法将这些价值观按其重要性程度，分别对其感知到的企业实际价值观与心目中理想的企业价值观进行评比排序，依序归类至自己认为的重要性等级内。按照从最重要到最不重要的顺序，将 30 个价值观划分为 9 个重要性等级，依次分别包含 2 – 2 – 3 – 5 – 6 – 5 – 3 – 2 – 2 个价值观，并分别赋予 9 – 8 – 7 – 6 – 5 – 4 – 3 – 2 – 1 的分数。

目前，国内以 Q – sorts 方法进行企业价值观测评的尚未有先例，虽然这种方法受测者需花较长时间思考选择，不适合极短时间要完成的问卷调查，但这种方法能够避免问卷调查随便打勾的通病，能够避免传统问卷调查常出现的偏向中间值集中的情况，因此我们选用了 Q – sorts 方法。

用 CCMS – V 测评后，研究人员使用专门的数据分析方法，通过形象直观的企业价值观体系解剖图，了解企业目前实际和员工期望的企业价值观体系以及两者的差异，了解不同行业企业的价值诉求，从而为中央企业的价值观管理提供参考。

（二）调研价值观的选择

正式调研之前，研究人员通过互联网渠道，对 2010 年国资委所属的 121 家中央企业网站资料进行研读，在网上登录并搜索了其中 119 家企业网站，收集了有关企业文化方面的内容，研究人员对这些资料进行了整理，对于没有明确描述企业价值观的企业，则从其有关企业文化栏目内容中抽取企业使命、企业精神等重要元素的核心词汇，将这些整理后的资料汇总成一个3425字的文本，该文本由描述企业价值观的词汇组成，其中大多是两字词汇，如“创新”、“诚信”等，也有少部分四字词汇，如“以人为本”、“正德厚生”等。我们对内涵比较接近的词汇进行适当合并，用专门的软件对这些词汇频数进行统计，统计结果显示，出现频率超过十次的词汇有19个，它们依次是“创新”87次、“诚信”46次、“卓越”26次、“奉献”25次、“团结”20次、“以人为本”20次、“和谐”19次、“务实”18次、“追求”18次、“求实”17次、“发展”16次、“创造”15次、“服务”15次、“敬业”13次、“超越”11次、“高效”11次、“合作”10次、“进取”10次，“科学”10次，图5-1中是出现次数超过三次的词汇，总共有64个。

根据上述统计结果并结合专家意见，经课题组研究人员的多次筛选，最后确定30个价值观，构成2011年度中央企业企业价值观测评体系的量表，为这次调研所使用。

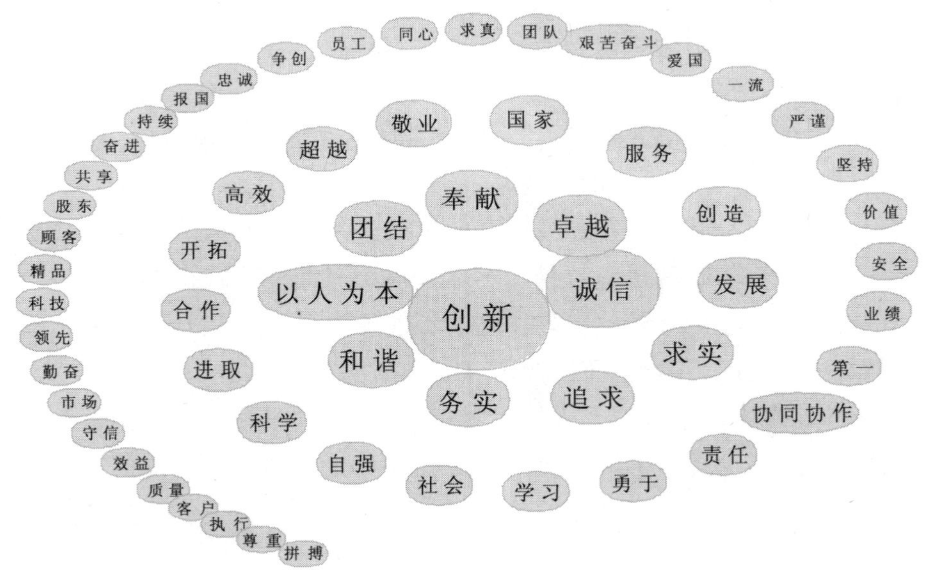

图5-1　中央企业企业价值观中出现较多的词汇

（三）企业价值观的确定和分类

2011年度中央企业企业价值观测评体系量表的30个价值观与竞争价值模型（CVF）有一定的对应关系，四种不同的企业文化导向（创新文化、目标文化、规则文化和人本文化）分别包含若干个价值观，此外还有一些价值观不能归类到上述四类当中，研究人员依据价值观研究的相关理论，将这些价值观再划分为伦理、个性两类价值观。这样 CCMS－V 的企业价值观体系中共有六类价值观，它们分别是：创新类、目标类、规则类、人本类、伦理类和个性类价值观。

2011 年度中央企业企业价值观测评体系量表的构成情况如下：30 个价值观分为六类，其中创新类价值观四项，包括学习、创新变革、敢为人先、追求卓越；目标类价值观五项，包括科学发展、服务、品牌、绩效导向、合作共赢；规则类价值观五项，包括安全、规范精细、执行力、质量、奖惩分明；人本类价值观六项，包括团队协作、沟通融洽、员工成长、快乐工作、和谐、以人为本；个性类价值观四项，包括开放融合、求真务实、专业、大局意识；伦理类价值观六项，包括诚信正直、尊重包容、敬业奉献、责任、廉洁、社会责任（如图 5－2）。

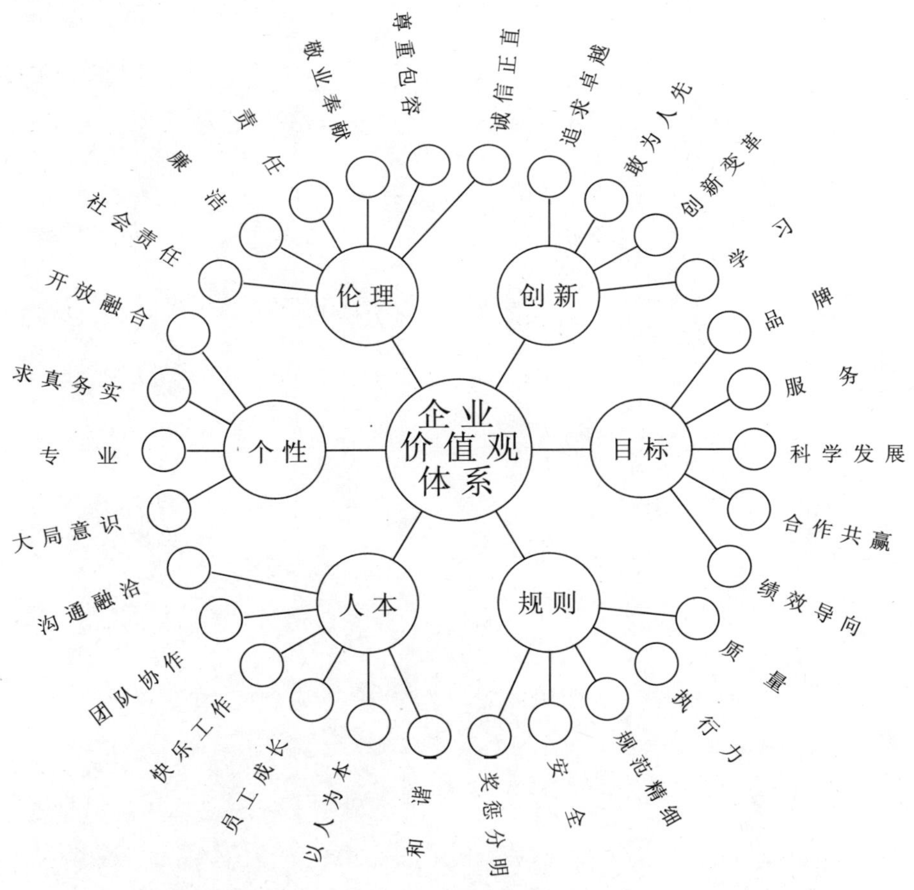

图 5－2　中央企业企业价值观体系构成

（四）本次价值观测评抽样简况

本次价值观测评以国家电网公司、中国移动通信集团公司、中国冶金科工集团有限公司、中国远洋运输（集团）总公司、中国铁路工程总公司、中国航天科工集团公司、内蒙古北方重工业集团有限公司、中国港湾工程有限责任公司等八家中央企业为调查对象，采用问卷调查的方式进行。这八家企业分属电力工业、通信业、建筑业、水上运输业和军工工业等五个不同的行业，测评对象有来自集团公司总部，也有来自下属二级或三级企业，受测者有的直接从事企业文化职能管理工作，有的从事其他业务管理工作，样本具有代表性。

二、中央企业企业价值观测评结果及分析

（一）企业价值观基本分析

用中央企业企业价值观测评系统（CCMS－V）测评时，受测员工从感受的企业实际情况以及心目中期望的理想状态两个角度，按最符合到最不符合或最期望到最不期望的尺度将30个价值观分成9类并分别打分，每一个价值观都会得到1～9分的不同等级分数，这样，我们就可以分别得到每一个价值观得1～9分的百分比，可以得到每一个价值观的平均得分，可以进行价值观平均得分的标准差分析。

1. 30个价值观得1～9分的比重

受测者通过特殊的填卷方式，将30个价值观按重要性分为9个重要等级，认为最重要的即赋予最高值9分，认为相对最不重要的即赋予最低值1分，这样，某个价值观的重要性就可以通过该价值观获得高分（9分、8分和7分）的比重来观察。

（1）员工期望的价值观得分比重

从员工期望看，本次调研的30个价值观获得高分（9分、8分和7分）比重前12位按比重高低依次是：科学发展、以人为本、创新变革、追求卓越、质量、诚信正直、快乐工作、员工成长、品牌、团队协作、求真务实、社会责任；得高分比重较低的价值观包括：敢为人先、奖惩分明、廉洁、专业、绩效导向、沟通融洽等；其余12项价值观得高分的比重居中（如图5－3）。

（2）员工实际感受的价值观得分比重

从受测者实际感受情况来看，本次调研的30个价值观获得高分（9分、8分和7分）比重前12位按比重高低依次是：科学发展、创新变革、追求卓越、合作共赢、品牌、以人为本、质量、社会责任、学习、大局意识、安全、责任；得高分比重较低的价值观包括：奖惩分明、敢为人先、沟通融洽、员工成长、廉洁、快乐工作等；其余12项价值观得高分的比重居中（如图5－4）。

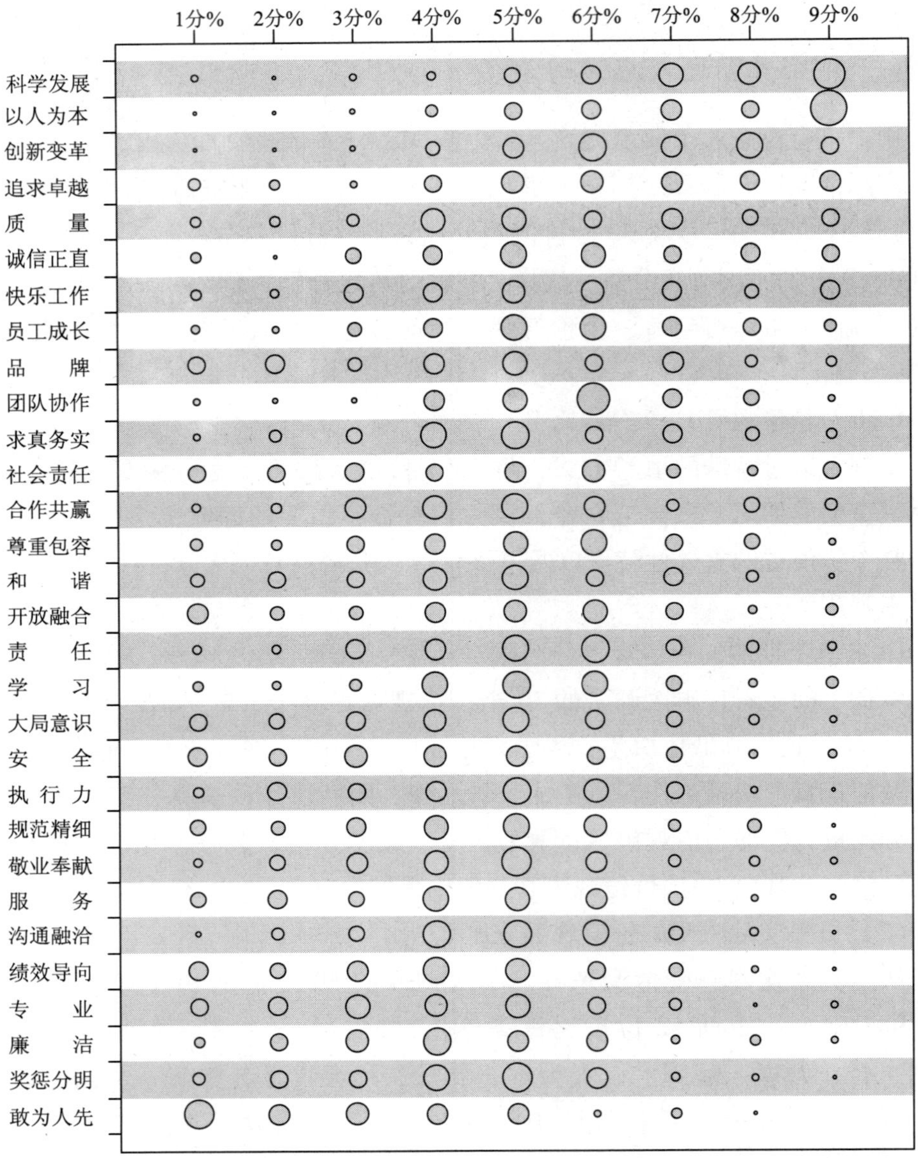

图 5-3　员工期望的 30 个价值观得分比重情况

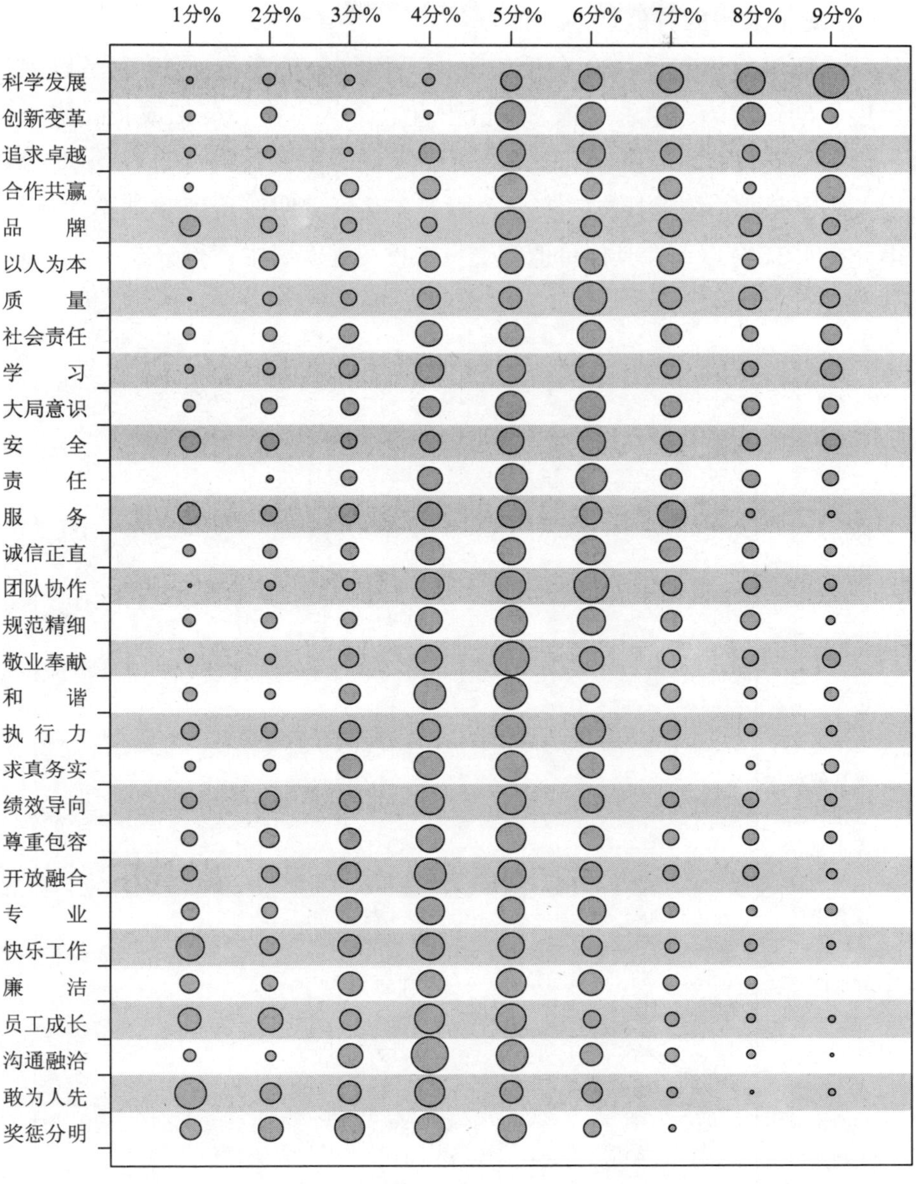

1分% 2分% 3分% 4分% 5分% 6分% 7分% 8分% 9分%

科学发展
创新变革
追求卓越
合作共赢
品　牌
以人为本
质　量
社会责任
学　习
大局意识
安　全
责　任
服　务
诚信正直
团队协作
规范精细
敬业奉献
和　谐
执行力
求真务实
绩效导向
尊重包容
开放融合
专　业
快乐工作
廉　洁
员工成长
沟通融洽
敢为人先
奖惩分明

图 5－4　员工实际感受的 30 个价值观得分比重

2. 30 个价值观的平均分

从员工感受的企业实际情况以及员工心目中期望的理想状态两个角度，对 30 个价值观分别计算平均分，这样每一个价值观都会得到一个平均分，平均分情况如下：

（1）员工期望的价值观平均得分

从员工期望的角度看，30 个价值观中平均得分较高的前 12 项是以人为本、科学发展、创新变革、追求卓越、诚信正直、团队协作、员工成长、快乐工作、质量、学习、责任、求真务实；这 12 项价值观的重要性得分都在 5.08 分以上；而敢为人先、专业、绩效导向、安全、服务、奖惩分明等价值观则不太受员工重视，得分在 4.31 分以下；其他价值观受员工重视程度居中，得分在 4.31 ~5.08 分之间（如图 5 －5）。

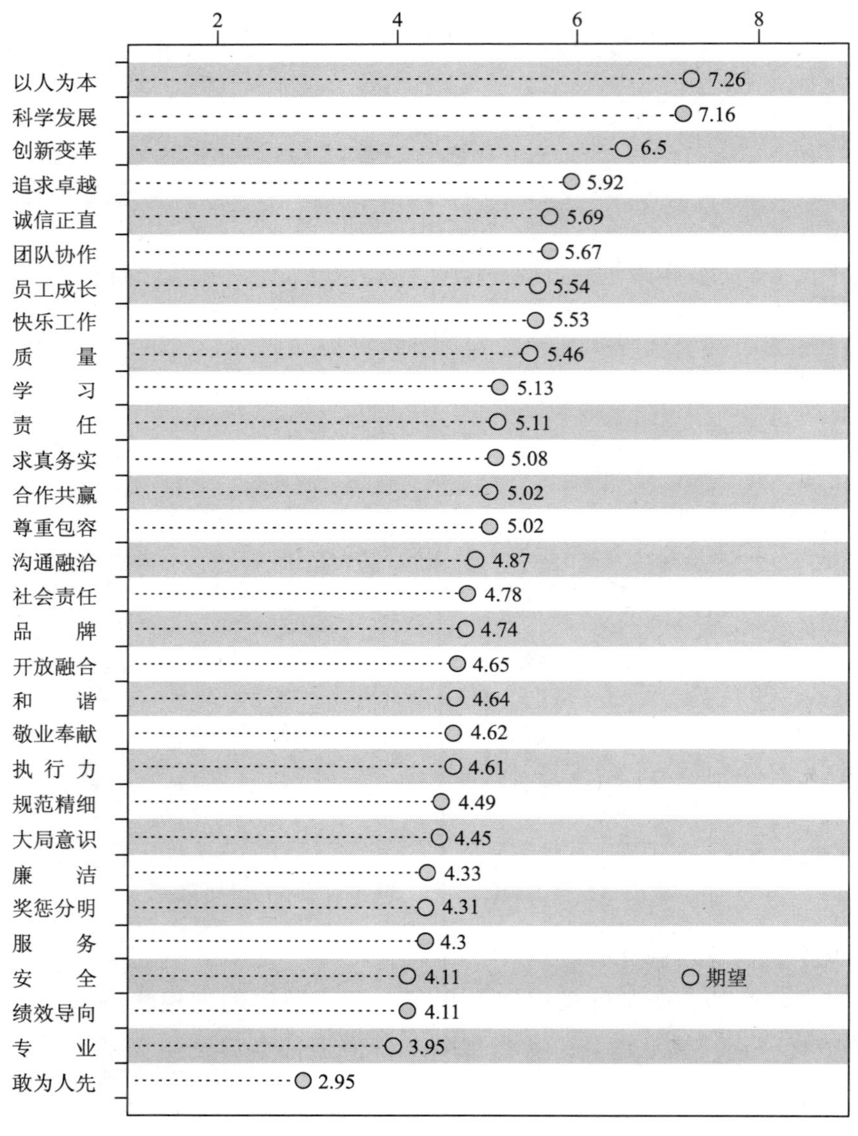

图 5 －5　员工期望的 30 个价值观得分平均分

（2）员工实际感受的价值观平均得分

从员工实际感受看，30 个价值观中平均得分较高的前 12 项是科学发展、追求卓越、创新变革、质量、合作共赢、责任、团队协作、学习、以人为本、社会责任、大局意识、品牌；这 12 项价值观的重要性得分都在 5. 28 分以上；而敢为人先、奖惩分明、员工成长、快乐工作、廉洁、沟通融洽等价值观则不太受员工重视，得分在 4. 45 分以下；其他价值观受员工重视程度居中，得分在 4. 45 ~ 5. 28 分之间（如图5 –6）。

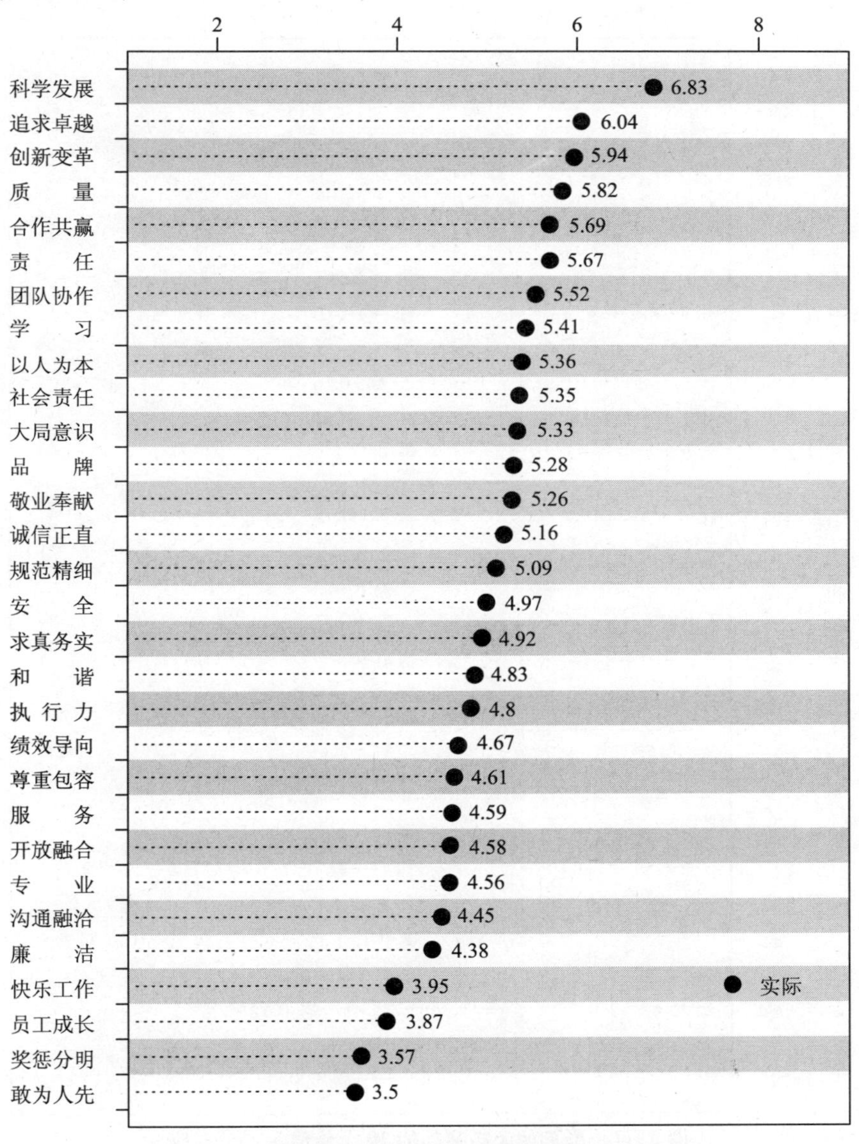

图 5 –6　员工实际感受的 30 个价值观得分平均分

(3) 员工期望与实际感受的价值观平均得分比较

将员工感受的企业实际情况以及员工心目中期望的理想状态对比来看，30个价值观中，期望平均得分高于实际平均得分的有以人为本、员工成长、快乐工作、奖惩分明、创新变革、诚信正直、沟通融洽、尊重包容、科学发展、求真务实、团队协作、开放融合12项；这12项价值观期望得分比实际感受得分高出8.51分，平均高出0.71分（14.5%），说明员工对这12项价值观的期望比实际感受高14.5%。

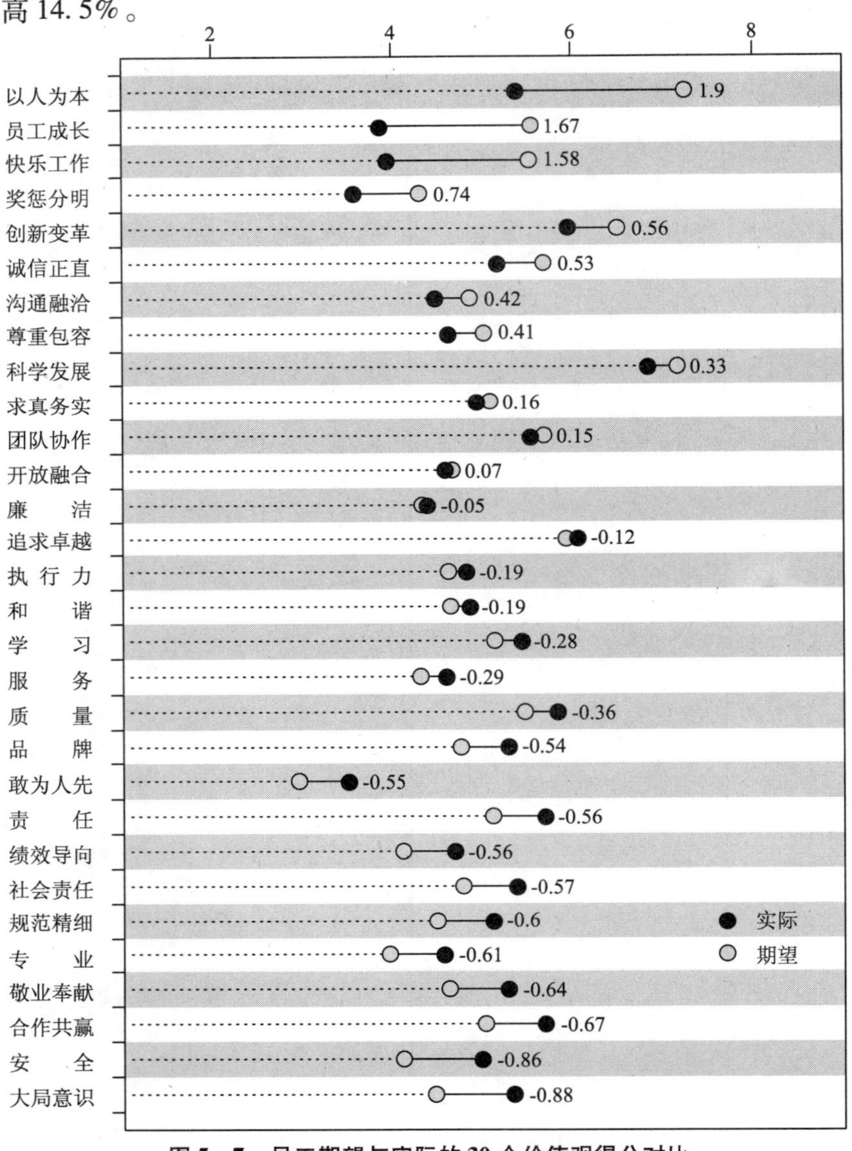

图5-7　员工期望与实际的30个价值观得分对比

实际平均分高于期望平均分的有大局意识、安全、合作共赢、敬业奉献、专业、规范精细、社会责任、绩效导向、责任、敢为人先、品牌、质量、服务、学习、和谐、执行力、追求卓越、廉洁18项；这18项价值观实际感受得分比期望得分高出8.51分，平均高出0.47分（10.3%），说明员工对这18项价值观的实际感受比期望高10.3%（如图5-7）。

3. 30个价值观得分的标准差

标准差是用来反映变量离散程度的指标，其逆指标即可以反映得分的一致程度，换句话说，测量尺度相同的情况下，标准差越大，说明受测者给分越不一致，反之，标准差越小，则说明受测者给分越趋于一致。这样，我们就可以用企业价值观得分标准差的大小来反映受测者对价值观重要性判断的一致程度，也可称为共识度。

（1）员工期望的价值观得分共识度

我们以标准差反映受测者给分的一致程度，从员工期望来看，30个价值观中员工给分共识度较高的有沟通融洽、团队协作、创新变革、奖惩分明、敬业奉献、学习、责任、执行力、敢为人先、廉洁，这十项价值观得分的标准差都在1.8以下；而对社会责任、开放融合、品牌、追求卓越、快乐工作、安全、质量、诚信正直、大局意识等价值观给分的共识度则相对较低，标准差都在2以上；其他价值观得分共识度居中，标准差在1.8~2之间（如图5-8）。

（2）员工实际感受的价值观得分共识度

从员工实际感受来看，30个价值观中员工给分共识度较高的有奖惩分明、沟通融洽、团队协作、责任、求真务实、廉洁、敬业奉献、和谐、规范精细，这9项价值观得分的标准差都在1.9以下；而对品牌、安全、以人为本、合作共赢、社会责任、追求卓越、快乐工作、服务等价值观给分的共识度则相对较低，标准差在2.1以上；其他价值观得分共识度居中，标准差在1.9~2.1之间（如图5-9）。

（3）员工期望与实际感受的价值观得分共识度比较

将员工感受的企业实际情况以及员工心目中期望的理想状态对比来看，30个价值观中，员工实际感受得分标准差高于员工期望的有以人为本、创新变革、学习、合作共赢、执行力、安全、服务、敢为人先、绩效导向、科学发展、品牌、敬业奉献、专业、员工成长、尊重包容、团队协作、廉洁、沟通融洽18项，员工实际感受得分标准差高于期望，说明员工对该价值观重要性期望的共识度高于实际感受共识度。这18项价值观实际感受标准差比期望标准差绝对数高出3.44，平均高0.19（9.4%），说明这18项价值观期望的共识度比实际感受共识度高9.4%。

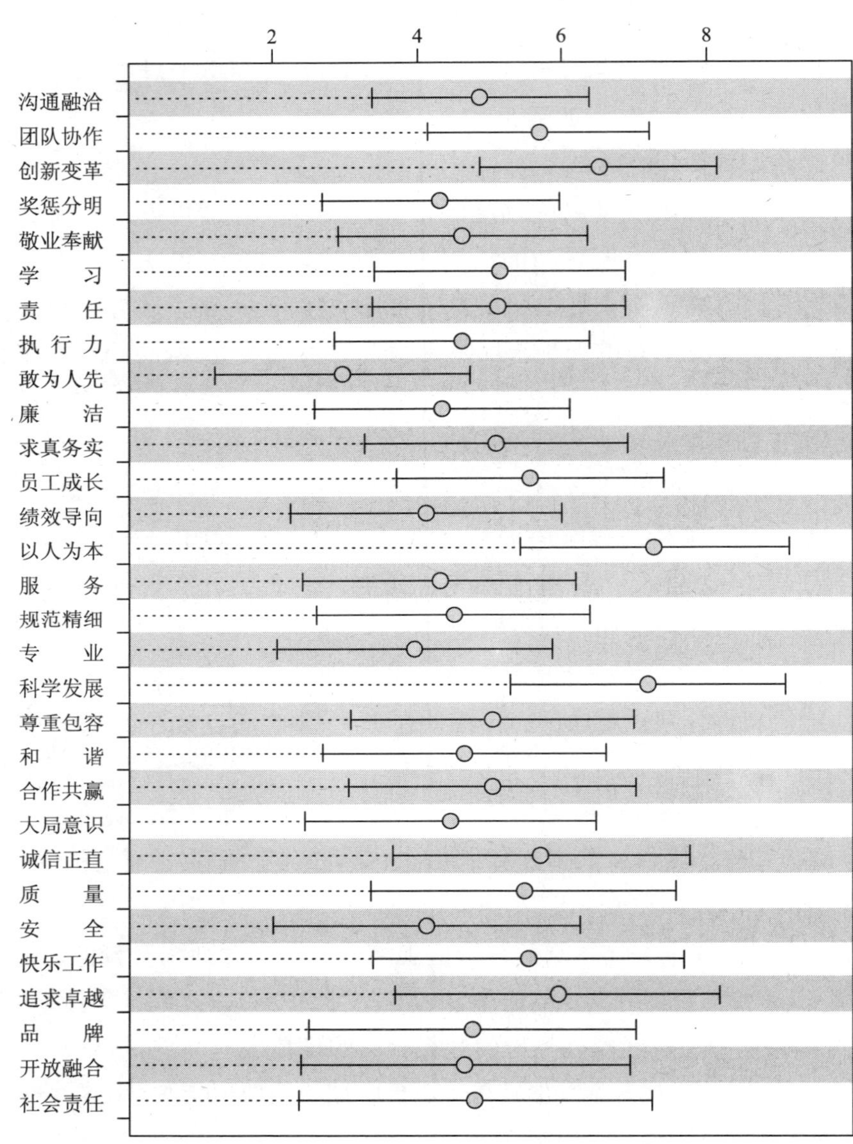

图 5-8　员工期望的 30 个价值观得分一致程度

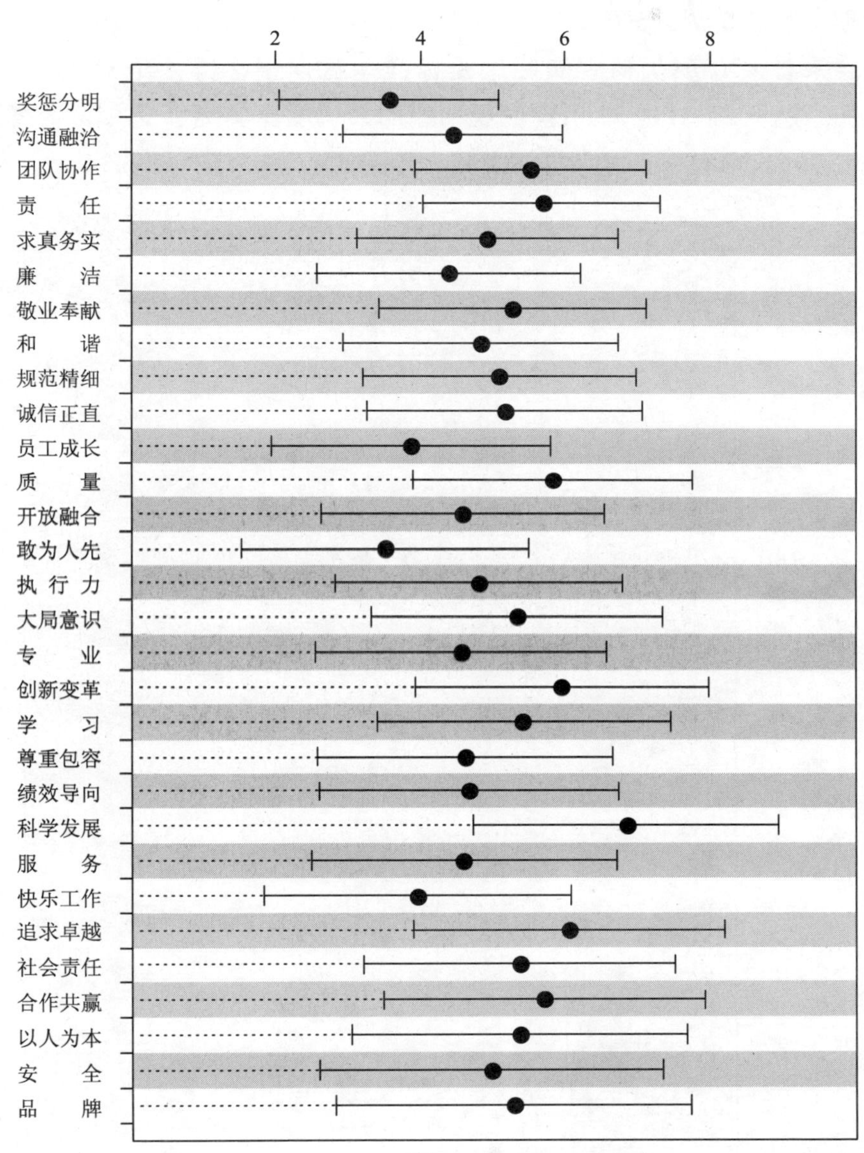

图 5-9　员工实际感受的 30 个价值观得分一致程度

员工期望得分标准差高于员工实际感受的有开放融合、社会责任、质量、诚信正直、奖惩分明、责任、追求卓越、和谐、快乐工作、求真务实、大局意识、规范精细 12 项，期望得分标准差高于实际感受，说明员工对该价值观重要性的实际感受共识度高于期望共识度。这 12 项价值观期望标准差比实际感受标准差绝对数高出 1. 36，平均高 0. 11（5. 6%），说明这 12 项价值观实际感受的共识度比期望共识度高 5. 6%。

综合来看，30 项价值观实际感受标准差比期望标准差绝对数高出 2. 07（3. 6%），说明员工对这 30 项价值观期望的共识度比实际感受共识度高 3. 6%（如图 5－10）。

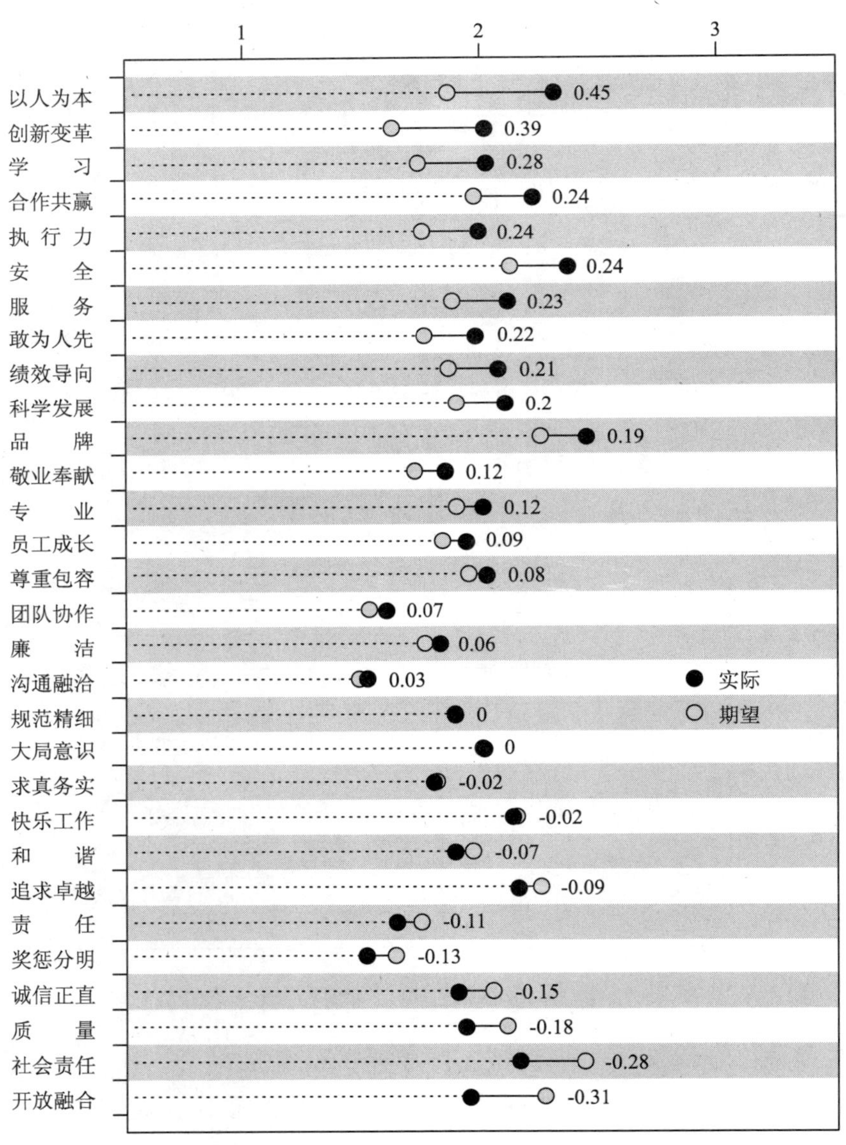

图 5－10　员工期望与实际的 30 个价值观得分标准差对比

（二）企业价值观体系分析

本次调研的30个价值观构成了中央企业企业价值观的体系，体系的内容确定了，但一个价值观体系的重要内涵是将这些构成价值体系的内容排序，从排序当中了解哪些价值观相对更重要，哪些价值观相对重要性程度不如前者。

1. 员工期望的价值观体系与实际感受的价值观体系

（1）员工期望的企业价值观体系

从员工期望看，员工认为30个价值观重要性排序依次为以人为本、科学发展、创新变革、追求卓越、诚信正直、团队协作、员工成长、快乐工作、质量、学习、责任、求真务实、尊重包容、合作共赢、沟通融洽、社会责任、品牌、开放融合、和谐、敬业奉献、执行力、规范精细、大局意识、廉洁、奖惩分明、服务、安全、绩效导向、专业、敢为人先（如图5－11右边）。

（2）员工实际感受的企业价值观体系

从员工实际感受的看，员工认为30个价值观重要性排序依次为科学发展、追求卓越、创新变革、质量、合作共赢、责任、团队协作、学习、以人为本、社会责任、大局意识、品牌、敬业奉献、诚信正直、规范精细、安全、求真务实、和谐、执行力、绩效导向、尊重包容、服务、开放融合、专业、沟通融洽、廉洁、快乐工作、员工成长、奖惩分明、敢为人先（如图5－11左边）。

（3）员工期望高于实际感受的企业价值观

对比员工心目中期望的价值观体系与员工感受到的企业实际价值观体系，其等级分差绝对值为0者表示员工期望的价值观与实际企业价值观非常一致；其等级分差数绝对值大于0，说明该价值观在员工心目中与企业实际情况有差距，这一差数的绝对值在1～8之间，差数绝对值越大，说明该价值观在员工心目中与企业实际情况差距越大。

从员工期望价值观与企业实际价值观重要性等级分的差数来看，员工期望大于实际感受的有：以人为本、诚信正直、员工成长、快乐工作、求真务实、尊重包容、沟通融洽、开放融合、奖惩分明等9个价值观，其中员工成长等级分差为5，快乐工作等级分差为4，以人为本等级分差为3，其余6项等级分差为2或1，说明员工对员工成长、快乐工作、以人为本等3项价值观重要性的期望值较高（如图5－12）。

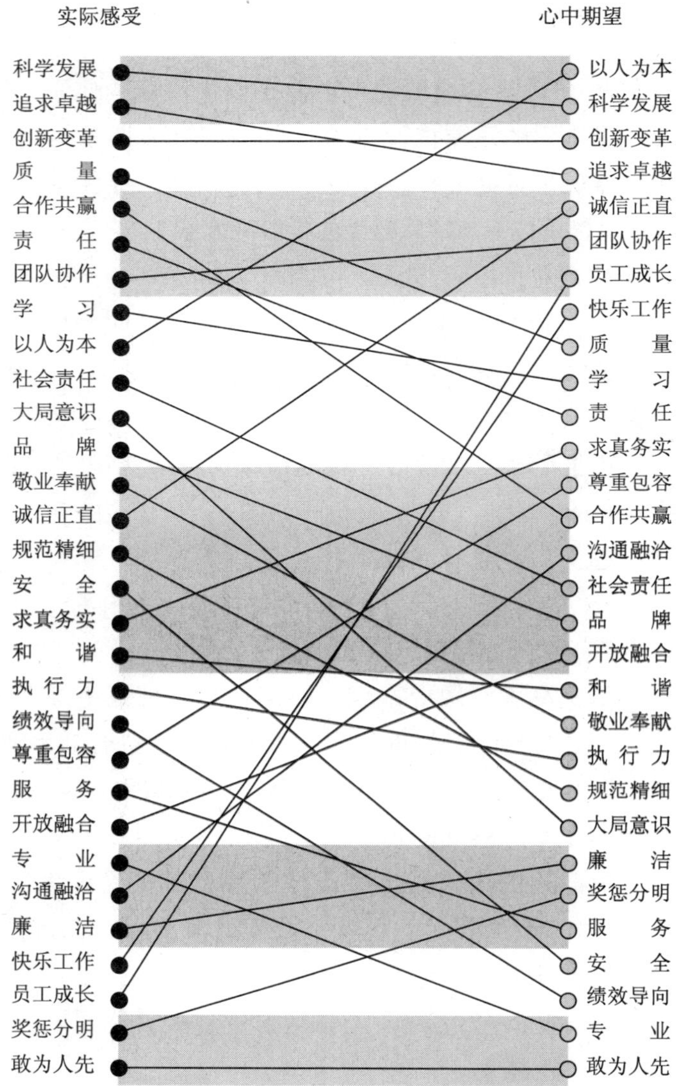

图 5－11　员工期望的与实际感受的企业价值观体系

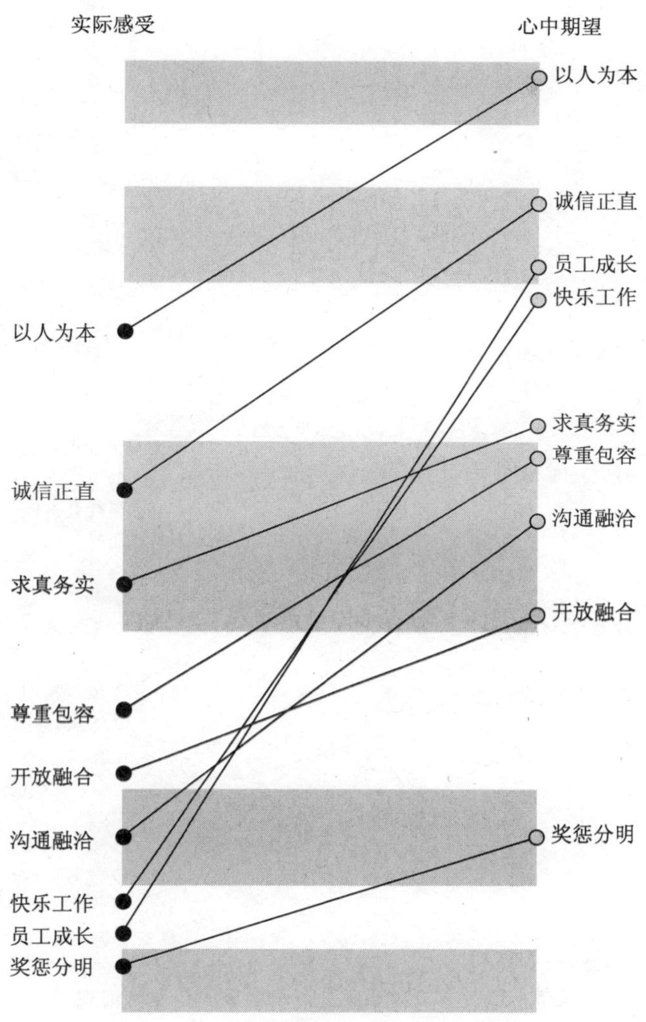

图 5-12 员工期望高于实际感受的企业价值观

（4）员工实际感受高于期望的企业价值观

从员工期望价值观与企业实际价值观重要性等级分的差数来看，员工实际感受大于期望的有：追求卓越、质量、合作共赢、责任、社会责任、大局意识、品牌、敬业奉献、规范精细、安全、和谐、绩效导向、服务、专业 14 个价值观，其中安全等级分差为 3，质量、合作共赢、大局意识、绩效导向、专业 5 个价值观等级分差为 2，其余 8 项等级分差为 1，说明员工对安全等价值观重要性的认识不足（如图 5-13）。

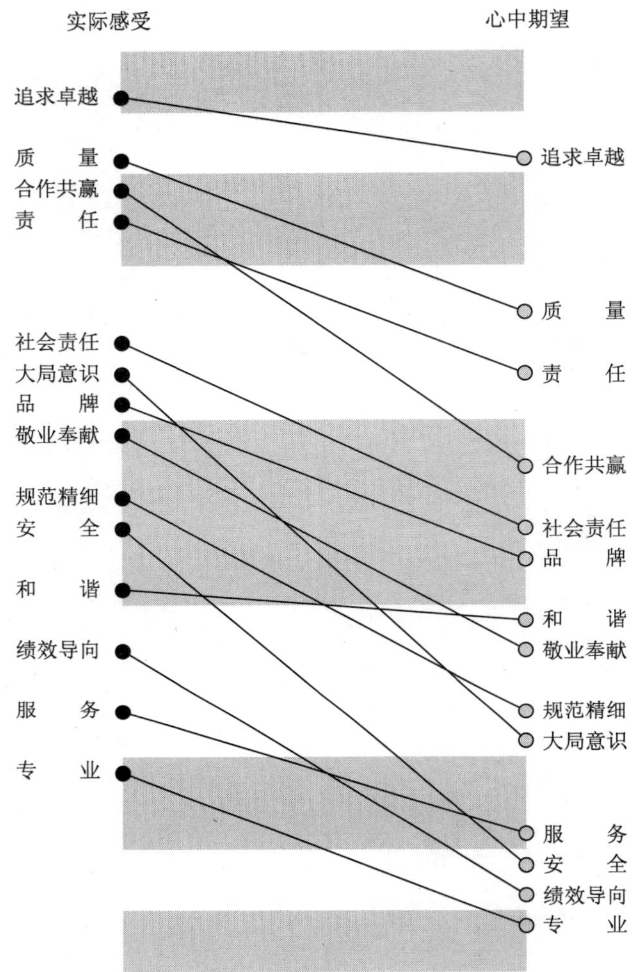

图 5－13　员工实际感受高于期望的企业价值观

(5) 员工期望与实际感受相同的企业价值观

从员工期望价值观与企业实际价值观重要性等级分的差数来看，员工期望与实际感受一致的有：科学发展、创新变革、团队协作、学习、执行力、廉洁、敢为人先7个价值观，其期望与实际等级分差为0，说明员工对这7个价值观目前在企业价值观体系中的排序位置比较认同（如图5－14）。

(6) 员工期望对实际感受企业价值观体系的认同度

员工期望价值观体系与企业实际价值观体系都由同样的30个价值观构成，每一个价值观在这两个价值观体系中按重要性排序的等级分有所差异，这个差异大小可以反映员工价值观体系与企业价值观体系的契合度，计算公式为：

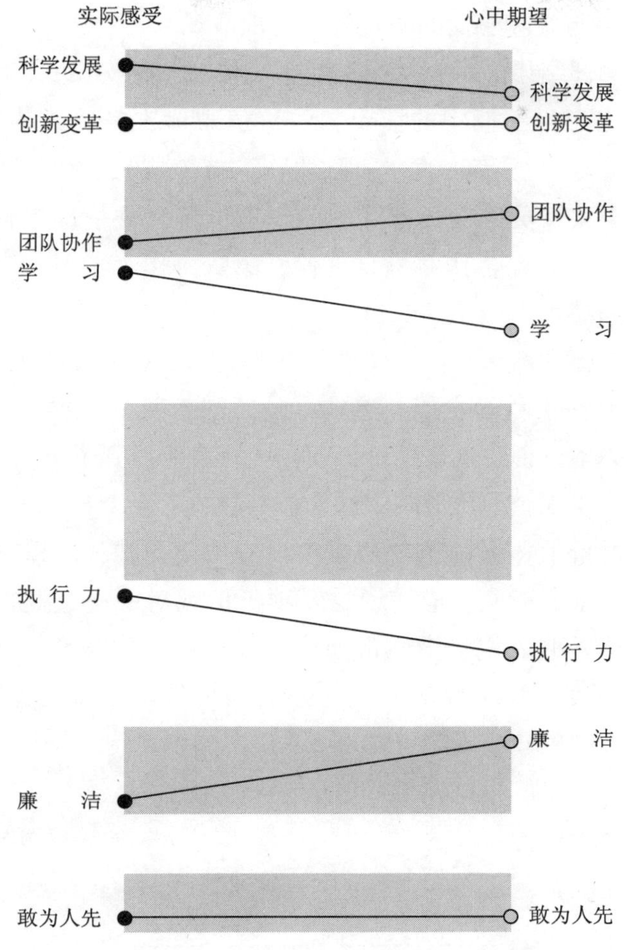

图 5－14　员工期望与实际感受一致的企业价值观

$$契合度=\left(1-\sum\frac{|期望价值观等级分-实际价值观等级分|}{该价值观体系最大可能的等级分差}\right)\times 100\%$$

据此公式计算，本次调研员工期望价值观体系与企业实际价值观体系的契合度（一致度）为59%，该指标表明了员工对目前企业价值观体系的认同度（如图 5－11）。

根据以往多次调研的经验，这一认同度（契合度）的数值通常在30%～80%之间，一般来说，如果契合度指标太低，说明员工对企业价值观现状缺乏认同，缺乏归属感；反之，如果这一指标太高，也并不一定是好事，虽然员工对企业价值观体系非常认同，但企业往往因此而缺乏创新的活力，缺少发展的动力。因此，我们认为，本次中央企业59%的价值观契合度结果还是比较不错的。

(7) 员工期望与实际感受的最重要企业价值观

本次调研的测评结果显示，从排在前十二位（等级分为9、8、7、6分）的价值观来看，员工心目中期望的前十二位价值观依次是以人为本、科学发展、创新变革、追求卓越、诚信正直、团队协作、员工成长、快乐工作、质量、学习、责任和求真务实；员工实际感受的前十二位价值观依次是科学发展、追求卓越、创新变革、质量、合作共赢、责任、团队协作、学习、以人为本、社会责任、大局意识和品牌。

员工心目中期望的前十二位价值观与企业实际的价值观体系的前十二位有8个相同，它们分别是：科学发展、追求卓越、创新变革、质量、责任、团队协作、学习、以人为本，说明这8项价值观在中央企业得到了员工的高度认同。

实际感受前十二项企业价值观中的合作共赢、社会责任、大局意识、品牌4项，在员工期望的价值体系前十二位当中没有出现，被代之以诚信正直、快乐工作、员工成长和求真务实。应该说这8项价值观对中央企业来说也都是非常重要的，企业应该采取一定的措施帮助员工提高对合作共赢、社会责任、大局意识、品牌的认同度，同时找出相应的办法满足员工对诚信正直、快乐工作、员工成长和求真务实的较高期望（如图5-15）。

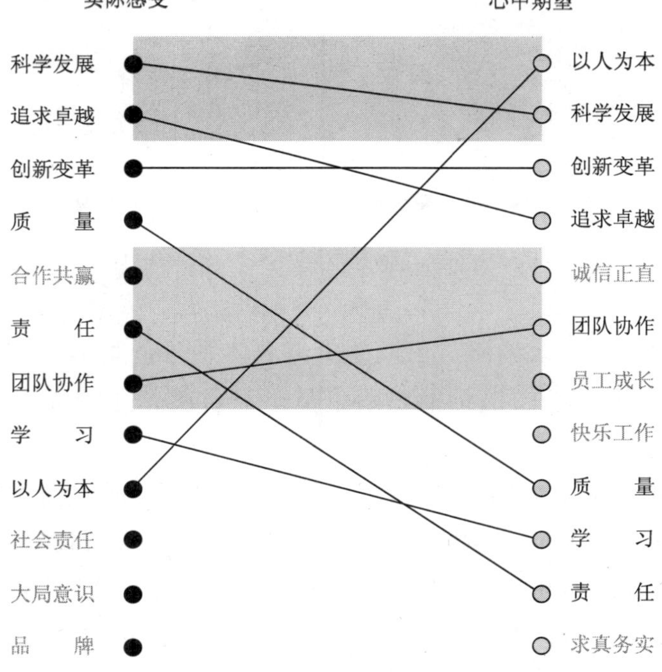

图5-15　中央企业最重要的企业价值观

2. 企业价值观体系中价值观分类分析

本次调研的企业价值观体系的30个价值观可以分为6类，那么每一类价值观在员工期望及实际感受两个体系中分别处于什么位置呢?

（1）员工期望与实际感受的6类企业价值观

从员工期望看（如图5－16右侧），将30个价值观分别归于6类，员工认为6类价值观的重要性依次为人本类、创新类、伦理类、目标类、个性类和规则类；从员工实际感受看（如图5－16左侧），员工认为6类价值观在企业中的重要性依次为创新类、目标类、伦理类、规则类、个性类和人本类。

从价值观重要性来看，员工期望高于实际感受的有：人本类价值观从实际感受的第6位提高到期望的第1位。员工期望与实际感受相同的是伦理类和个性类价值观，员工期望与实际感受的重要性分别都是第3位和第5位。员工期望低于实际感受的有：创新类价值观从实际感受的第1位下降到期望的第2位，规则类价值观从实际感受的第4位下降到期望的第6位，目标类价值观从实际感受的第2位下降到期望的第4位（如图5－16）。

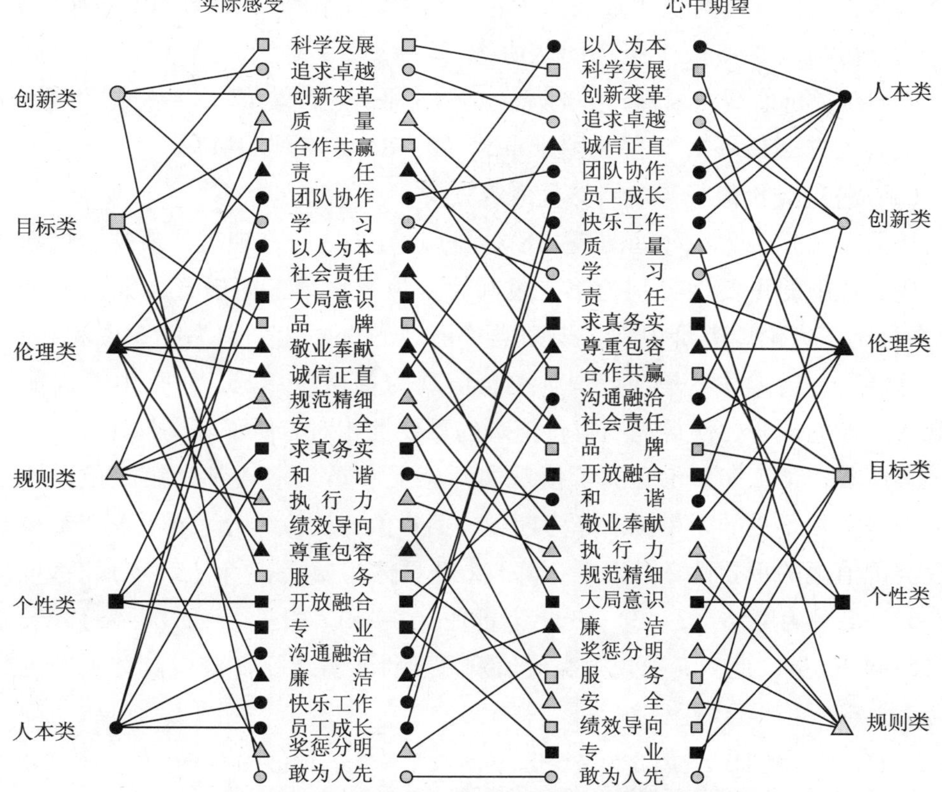

图5－16　企业实际价值观与员工期望价值观体系

具体从前12位的重要价值观来看，员工期望的前12位价值观中人本类4项，创新类3项，伦理类各2项，目标类、规则类、个性类各1项；员工实际感受的前12位价值观中创新类、目标类各3项，伦理类、人本类各2项，规则类、个性类各1项；前12项价值观中员工期望与实际感受相同的8个当中，创新类3项，伦理类2项，人本类、目标类、规则类各1项，没有个性类价值观（如图5－15和5－16）。

（2）人本类价值观与创新类价值观分析

从员工实际感受看（如图5－17左侧），员工认为创新类价值观、人本类价值观在企业中的重要性分别为第1位和第6位；从员工期望看（如图5－17右侧），员工认为创新类价值观、人本类价值观的重要性分别为第2位和第1位。可以看出，员工对人本类价值观非常看重，对创新类价值观也相当重视。

具体看，员工期望创新类价值观从实际感受的第1位下降到期望的第2位，人本类价值观从实际感受的第6位大幅提升为期望的第1位；从等级分来看，员工期望6项人本类价值观重要性4升1平1降，其中上升的幅度都较大，而下降的则不多，具体4升为员工成长（2→7）、快乐工作（2→6）、以人为本（6→9）、沟通融洽（3→5），1平为团队协作（7→7），1降为和谐（5→4）；员工期望4项创新类价值观重要性3平1降，具体3平为创新变革（8→8）、学习（6→6），敢为人先（1→1），1降为追求卓越（9→8）（如图5－17[①]）。

（3）伦理类价值观与规则类价值观分析

从员工实际感受看（如图5－18左侧），员工认为伦理类价值观、规则类价值观在企业中的重要性分别为第3位和第4位；从员工期望看（如图5－18右侧），员工认为伦理类价值观、规则类价值观的重要性分别为第3位和第6位。可以这样说，员工并不是期望规则类价值观的重要性降低，只是由于其他类价值观重要性的提升，使得规则类价值观的重要性相对有所下降。

具体看，员工期望伦理类价值观实际感受和员工期望都是第3位，规则类价值观从实际感受的第4位下降为期望的第6位；从等级分来看，员工期望6个伦理类价值观的重要性2升1平3降，2升具体为诚信正直（5→7）、尊重包容（4→5），1平为廉洁（3→3），3降为责任（7→6）、社会责任（6→5）、敬业奉献（5→4）；员工期望5项规则类价值观重要性1升1平3降，具体1升为奖惩

① 价值观后面括号里的数字为等级分，左为实际等级分，右为期望等级分，如果等级分为6、7、8、9时，表明该价值观排在前12位。后同。

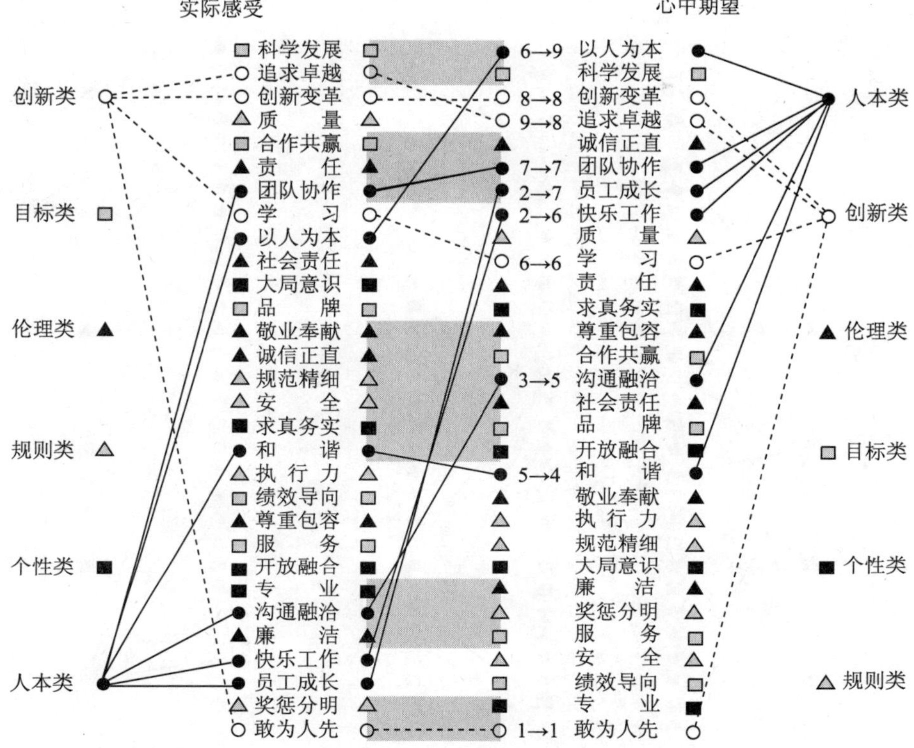

图 5－17　人本类价值观与创新类价值观分析

分明（1→3），1 平为执行力（4→4），3 降为质量（8→6）、规范精细（5→4）、安全（5→2）（如图 5－18）。

（4）目标类价值观与个性类价值观分析

从员工实际感受看（如图 5－19 左侧），员工认为目标类价值观、个性类价值观在企业中的重要性分别为第 2 位和第 5 位；从员工期望看（如图 5－19 右侧），员工认为目标类价值观、个性类价值观的重要性分别为第 4 位和第 5 位。

具体看，员工期望目标类价值观从实际感受的第 2 位下降到期望的第 4 位，个性类价值观实际感受和员工期望都是第 5 位；从等级分来看，员工期望 5 项目标类价值观重要性 4 降 1 平，具体 1 平为科学发展（9→9），4 降为合作共赢（7→5）、品牌（6→5）、绩效导向（4→2）、服务（4→3），员工期望 4 项个性类价值观重要性 2 升 2 降，具体 2 升为求真务实（5→6）、开放融合（4→5），2 降为大局意识（6→4）、专业（3→1）（如图 5－19）。

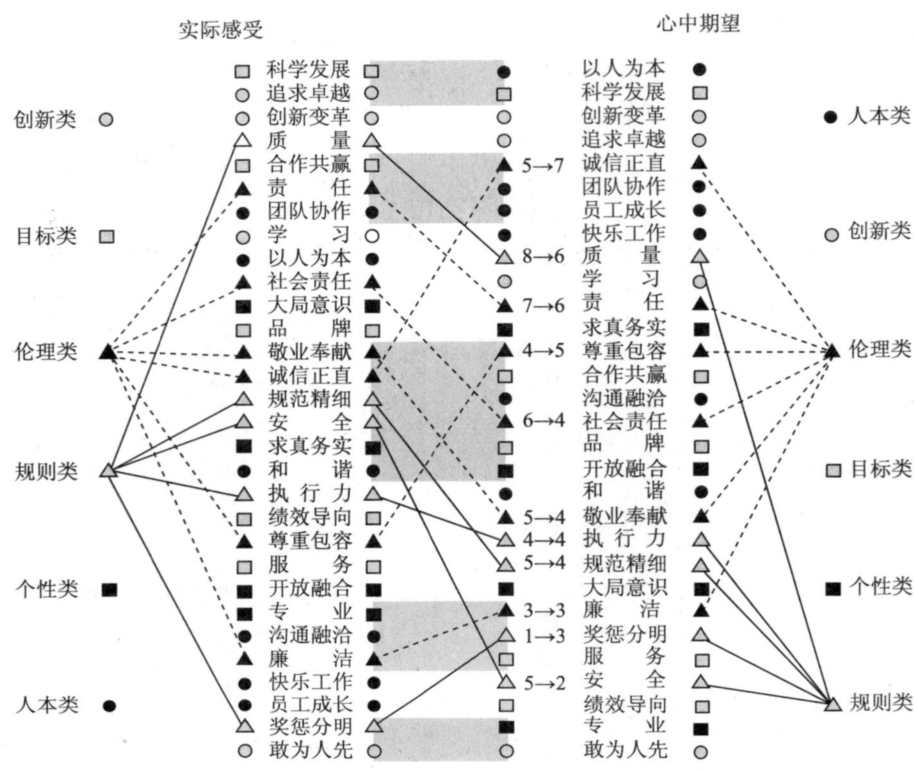

图 5－18　伦理类价值观与规则类价值观分析

3. 分行业的企业价值观体系比较分析

(1) 分行业企业价值观体系比较

①各行业员工期望价值观体系对实际感受价值观体系的认同度

图 5－20 矩阵的左上到右下对角线的 4 个图表，依次是军工工业、建筑业、水上运输业、通讯业企业受测者期望价值观体系与自身实际感受价值观的比较，左侧是员工实际感受的价值观体系，右侧是员工期望的价值观体系，左上角数字是该行业员工期望价值观体系对实际感受价值观体系的认同度。

对比结果显示，各行业员工对各自企业实际价值观体系的认同度从高到低依次为建筑业（68%）、军工工业（52%）、水上运输业（48%）、通讯业（47%）。

②各行业员工期望价值观体系比较

图 5－20 矩阵的右上方的 6 个图表反映不同行业员工期望的企业价值观体系

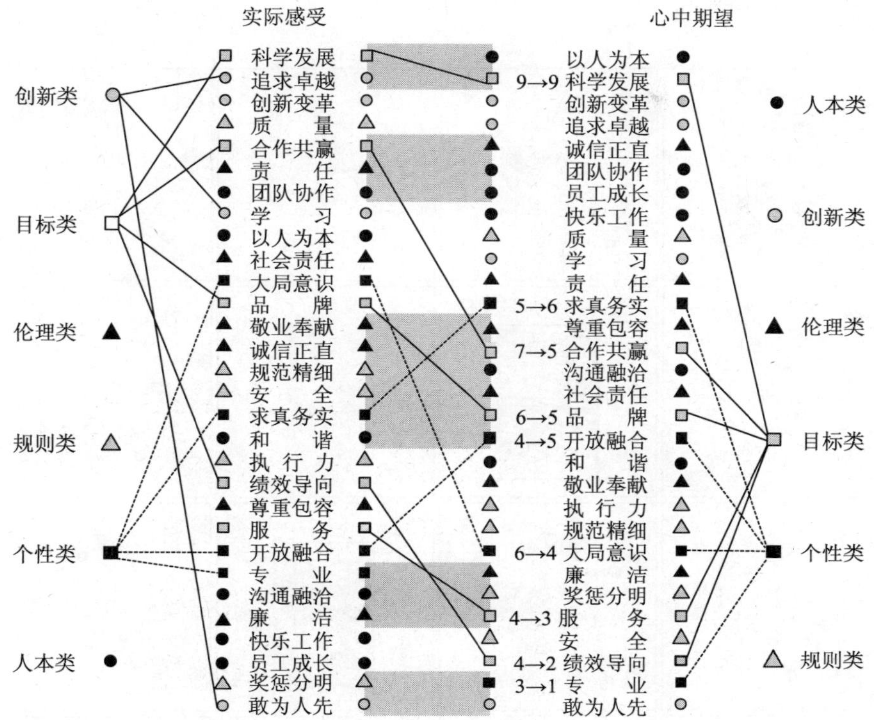

图 5－19　目标类价值观与个性类价值观分析

的比较，纵轴是该图左侧对角线上的行业员工期望的企业价值观体系，横轴是该图下方对角线上的行业员工期望的企业价值观体系，图中左上角的数字是两个行业期望价值观体系的相同度。

从各行业员工期望比较来看，建筑业与军工工业、建筑业与通讯业 2 组相互比较的价值观体系相同度相对比较接近，其价值观体系相同度分别为 76% 和 72%；其他 4 组相互比较的价值观体系相同度相对居中，在 60－67% 之间。

③各行业员工实际感受价值观体系比较

图 5－20 矩阵的左下方的 6 个图表反映不同行业员工实际感受的企业价值观体系的比较，横轴是该图上方对角线上的行业员工实际感受的企业价值观体系，纵轴是该图右侧对角线上的行业员工实际感受的企业价值观体系，图中左上角的数字是两个行业实际感受价值观体系的相同度。

从各行业员工实际感受看，军工工业与水上运输业、军工工业与建筑业、水上运输业与通讯业 3 组员工实际感受的企业价值观体系相同度在 60% 以上，分别为 68%、63% 和 60%；其他 3 组相互比较的价值观体系相同度在 45% －

54%之间（如图5－20）。

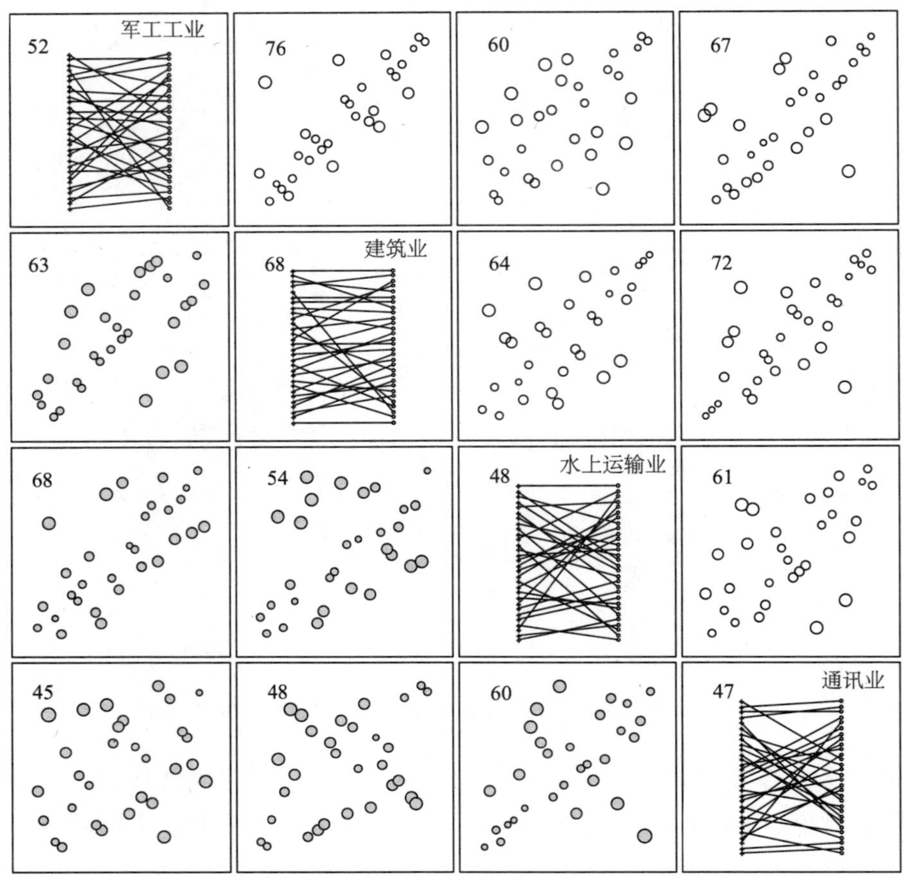

图5－20 分行业的企业价值观体系比较矩阵

（2）分行业员工期望的企业价值观体系比较

从同一价值观在不同行业企业价值观体系中重要性的排序位置，我们可以对不同行业企业价值观体系进行比较分析。举个例子看，图5－21中，质量这一价值观，总体重要性排序第9，其中，军工工业排第5，建筑行业排第6，水上运输排第20，通讯业排第25，行业间排序最大差距为20，由此可见四个行业员工对质量价值观重视程度的异同。

从员工期望看，军工工业企业员工相对比较看重质量、品牌，对员工成长、责任、社会责任的重视程度则相对不够。建筑业员工相对比较看重质量、社会责任、员工成长、沟通融洽，对大局意识、安全、快乐工作的重视程度则相对不够。水上运输业员工相对比较看重责任、和谐、安全、大局意识，对质量、尊重包容、品牌、员工成长、快乐工作、规范精细等的重视程度则相对不够。通讯业员工相对比较看重开放融合、尊重包容、服务，对质量、安全、和谐的重视程度则相对不够（如图 5－21①）。

总体	军工	建筑	水运	通讯	行业间最大差
16,社会责任	29	9	23	14	▲ 20
9,质量	5	6	20	25	△ 20
17,品牌	9	17	28	16	□ 19
19,和谐	19	21	6	24	● 18
27,安全	25	29	11	29	△ 18
18,开放融合	17	24	24	7	■ 17
26,服务	30	25	17	15	□ 15
13,尊重包容	11	16	22	8	▲ 14
7,员工成长	16	5	9	5	● 11
23,大局意识	24	26	16	17	■ 10
11,责任	15	12	5	13	▲ 10
8,快乐工作	4	11	12	6	● 8
22,规范精细	22	18	26	22	△ 8
14,合作共赢	10	14	18	12	□ 8
15,沟通融洽	14	13	19	21	● 8
10,学习	12	10	13	18	○ 8
29,专业	27	27	30	23	■ 7
4,追求卓越	8	4	7	2	○ 6
24,廉洁	23	22	21	27	▲ 6
20,敬业奉献	18	20	14	19	▲ 6
25,奖惩分明	21	23	27	26	△ 6
5,诚信正直	7	7	4	10	▲ 6
21,执行力	20	19	15	20	△ 5
12,求真务实	13	15	10	11	■ 5
6,团队协作	6	8	8	9	● 3
28,绩效导向	26	28	25	28	□ 3
2,科学发展	2	1	1	4	□ 3
30,敢为人先	28	30	29	30	○ 2
1,以人为本	1	2	2	1	● 1
3,创新变革	3	3	3	3	○ 0

图 5－21　分行业员工期望的企业价值观体系比较

从企业价值观体系中排在前列的价值观来看，无论从调研总体情况，还是各行业分别来看，以人为本、科学发展、创新变革、追求卓越、诚信正直、团

① 图中价值观前面的数字为该价值观在价值观体系中的排序。图 5－23 同此。

队协作、快乐工作、责任、求真务实9个价值观都是员工认为很重要的价值观，这也是各行业员工的共同期待（如图5－22）。

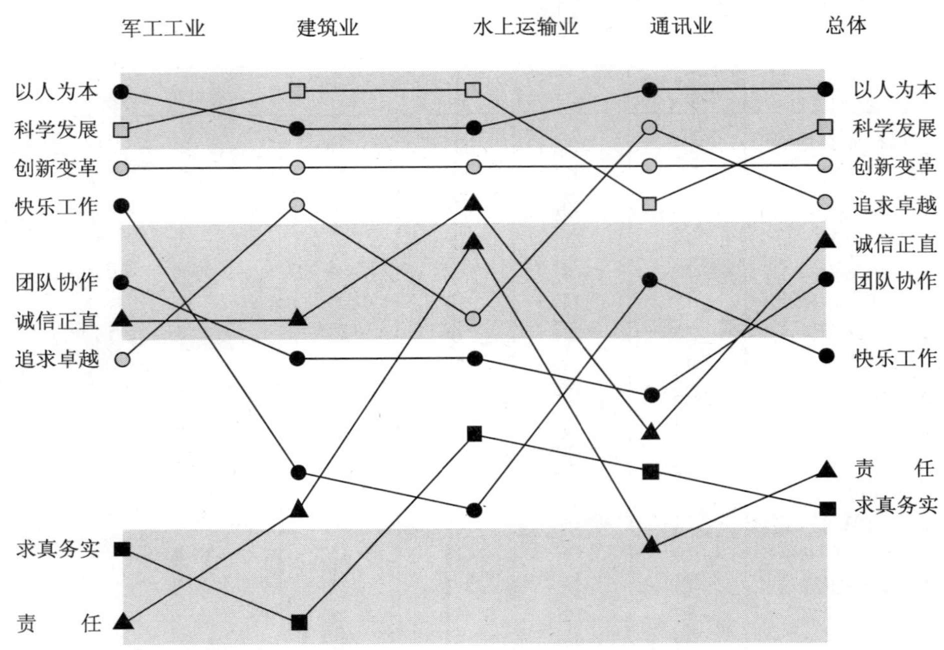

图5－22　分行业员工共同期望的重要价值观

（3）分行业员工实际感受的企业价值观体系比较

从员工实际感受看，军工工业企业相对比较重视团队协作、大局意识、质量、敬业奉献、执行力、安全，对开放融合、服务、品牌、尊重包容、诚信正直的重视程度则相对不够。建筑业企业相对比较重视诚信正直、尊重包容、合作共赢、学习，对品牌、安全、绩效导向、大局意识、执行力的重视程度则相对不够。水上运输业企业相对比较重视品牌、安全、服务、执行力、社会责任，对追求卓越、规范精细、学习的重视程度则相对不够。通讯业企业相对比较重视社会责任、规范精细、绩效导向、服务、开放融合，对质量、学习、合作共赢、团队协作、安全、团队协作的重视程度则相对不够（如图5－23）。

从企业价值观体系中排在前列的价值观来看，无论从调研总体情况，还是各行业分别来看，科学发展、创新变革、责任、团队协作、以人为本5个价值观都是员工在自己企业感受到很重要的价值观，这也是各行业员工的共同感受（如图5－24）。

总体	军工	建筑	水运	通讯	行业间最大差
16,安全	8	22	2	28	△ 26
22,服务	28	23	10	6	□ 22
20,绩效导向	22	25	21	5	□ 20
5,合作共赢	10	3	7	22	□ 19
19,执行力	11	27	9	14	△ 18
4,质量	1	6	11	18	△ 17
8,学习	12	4	18	21	○ 17
11,大局意识	5	21	6	9	■ 16
2,追求卓越	9	2	17	1	○ 16
10,社会责任	18	12	5	4	▲ 14
15,规范精细	16	14	22	8	△ 14
14,诚信正直	21	7	16	19	▲ 14
12,品牌	15	16	3	7	□ 13
21,尊重包容	24	11	23	23	▲ 13
7,团队协作	3	9	12	15	● 12
23,开放融合	25	17	19	13	■ 12
27,快乐工作	30	26	29	20	● 10
17,求真务实	14	15	14	24	■ 10
13,敬业奉献	6	13	13	16	▲ 10
18,和谐	17	18	20	11	● 9
25,沟通融洽	19	20	28	27	● 9
9,以人为本	13	8	15	12	● 7
24,专业	20	19	26	26	■ 7
26,廉洁	23	24	24	17	▲ 7
6,责任	4	10	4	10	▲ 6
3,创新变革	7	5	8	3	○ 5
28,员工成长	29	28	25	25	● 4
29,奖惩分明	26	29	30	30	△ 4
30,敢为人先	27	30	27	29	○ 3
1,科学发展	2	1	1	2	□ 1

图 5－23　分行业员工实际感受的企业价值观体系比较

（4）不同行业员工共同认同的价值观

将不同行业员工共同感受到最重要的 5 个价值观与员工共同期望最重要的 9 个价值观对比，可以看出：科学发展、创新变革、以人为本、责任、团队协作 5 个价值观为员工所公认，这 5 个价值观是员工高度认同的价值观，是不同行业中央企业员工的共同感受和共同期待，可以在相当程度上做为中央企业共同的核心价值观（如图 5－25）。

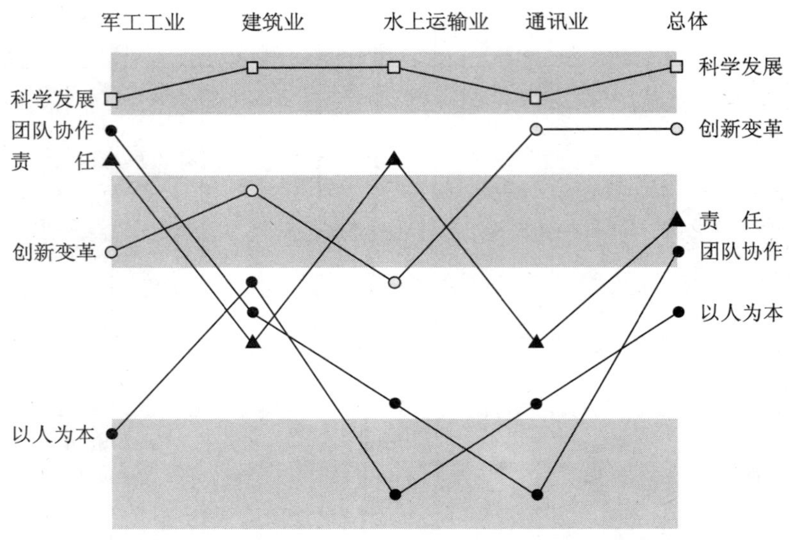

图5－24　分行业员工共同感受的重要价值观

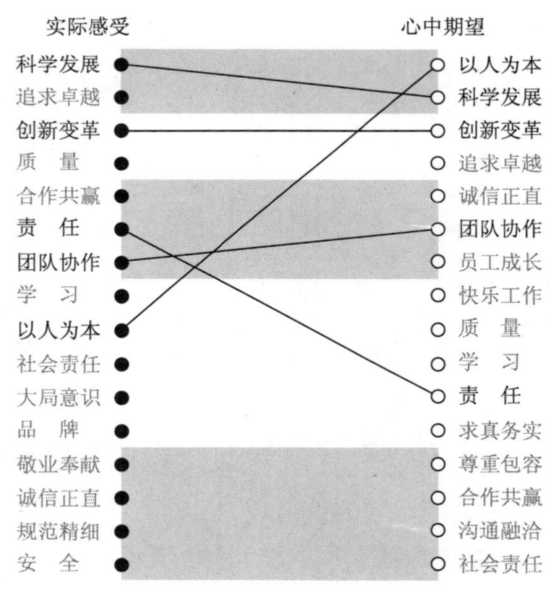

图5－25　不同行业员工共同认同的价值观

4. 30个价值观的重要性与共识度综合分析

价值观的得分表示其重要性，得分越高就越重要；价值观得分的标准差反映给分的共识度，标准差越大给分共识度越低。我们对 30 个价值观的重要性与共识度进行一个综合分析。

（1）30 个价值观重要性和共识度基本分析

我们以价值观共识度（得分标准差）排序值为横轴，越往右共识度越高，以价值观重要性（得分）排序值为纵轴，越往上越重要，建立坐标系，就产生四个象限：第一象限 A：重要且高共识；第二象限 B：重要但分歧较大；第三象限 C：不重要且分歧大；第四象限 D：不重要但高共识。我们再以箭头端为表示期望，起始端表示实际感受，这样，就可以从期望和实际两个角度，对 30 个价值观的重要性和共识度进行对比分析（如图 5－26）。

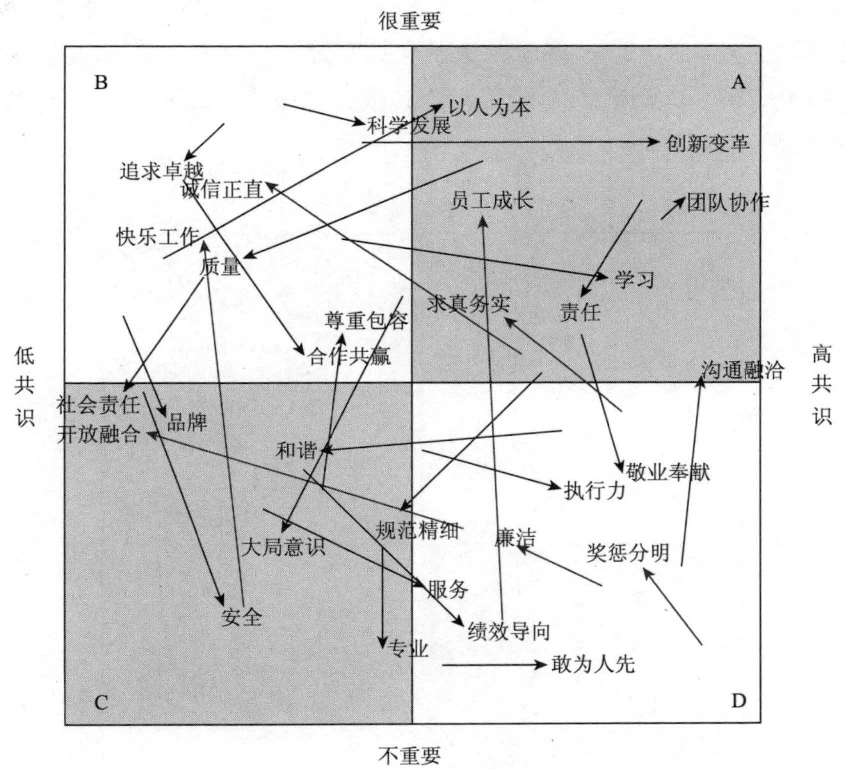

图 5－26　30 个价值观的重要性与共识度对比分析

①重要性和共识度都上升的价值观

在进行价值观重要性和共识度比较分析时，分析图中每一个价值观前后都添加了分析信息，如“B→A，以人为本，8，14”，其中，价值观前面的两个字母表示该价值观实际感受与期望所在象限的变化，价值观后面的两个数字是期望与实际感受相比较的数字，前面的表示价值观重要性的变化，正数为增加，负数为降低；后面的表示共识度的变化，正数为增加，负数为降低（后同）。

从员工期望和企业实际比较来看，根据所在象限变化情况，价值观重要性和共识度都上升的（包括持平的）可能有9种类型，即：A→A、B→A、B→B、C→A、C→B、C→C、C→D、D→A、D→D，本次调研中重要性和共识度都上升的6个价值观表现为其中5种类型，具体结果是："B→A，以人为本，8，14"，重要性从重要变为更重要（8），共识度从低变为高（14）；"B→A，创新变革，0，15"，重要性保持重要（0），共识度从低变为高（15）；"A→A，团队协作，1，1"，重要性从重要变为更重要（1），共识度从高变为更高（1）；"D→A，沟通融洽，10，1"，重要性从不重要变为重要（10），共识度从高变为更高（1）；"C→B，尊重包容，8，1"，重要性从不重要变为重要（8），共识度从低变为有所提高（1）；"D→D，敢为人先，0，5"，重要性保持不重要（0），共识度从高变为更高（5）（如图5－27）。

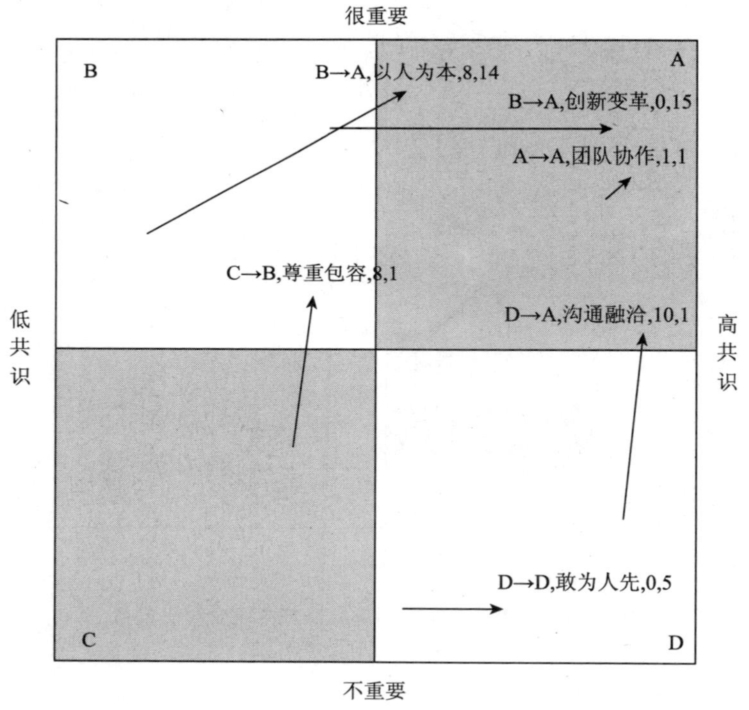

图5－27　重要性和共识度都上升的价值观

②重要性上升、共识度下降的价值观

从员工期望和企业实际比较来看，根据所在象限变化情况，价值观重要性上升、共识度下降的可能有9种类型，即：A→A、A→B、B→B、C→B、C→C、D→A、D→B、D→C、D→D，本次调研中重要性上升、共识度下降的7个价值观表现为其中5种类型，具体结果是："A→B，诚信正直，9，－13"，重要性从重要变为更重要（9），共识度从高变为低（－13）；"C→B，快乐工作，19，－2"，重要性从不重要变为重要（19），共识度从低变为更低（－2）；"D→A，员工成长，21，－1"，重要性从不重要变为重要（21），共识度从高变为有所降低（－1）；"D→A，求真务实，5，－6"，重要性从不重要变为重要（5），共识度从高变为有所降低（－6）；"D→C，开放融合，5，－16"，重要性从不重要有所提高（5），共识度从高变为低（－16）；"D→D，廉洁，2，－4，重要性从不重要有所提高（2），共识度从高有所降低（－4）；"D→D，奖惩分明，4，－3，重要性从不重要有所提高（4），共识度从高有所降低（－3）（如图5－28）。

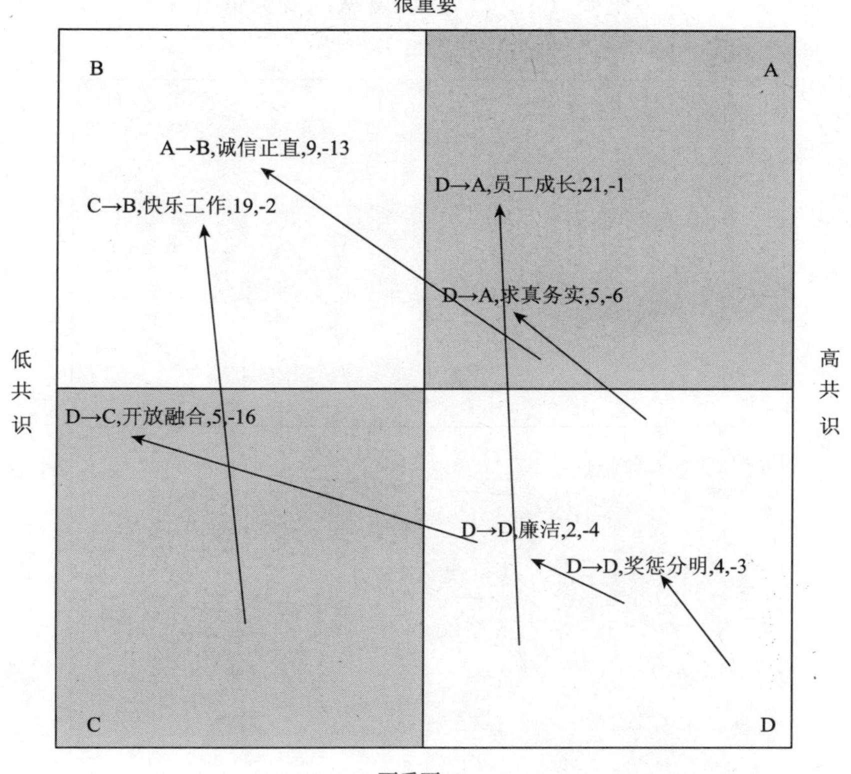

图5－28　重要性上升、共识度下降的价值观

③重要性和共识度都下降的价值观

从员工期望和企业实际比较来看，根据所在象限变化情况，价值观重要性和共识度都下降的可能有 9 种类型，即：A→A、A→B、A→C、A→D、B→B、B→C、C→C、D→C、D→D，本次调研中重要性和共识度都下降的 7 个价值观表现为其中 6 种类型，具体结果是："A→A，责任，-5，-3"，重要性从重要有所降低（-5），共识度从高有所降低（-3）；"A→B，质量，-5，-12"，重要性从重要有所降低（-5），共识度从高变为低（-12）；"B→B，追求卓越，-2，-2"，重要性从重要有所降低（-2），共识度从低有所降低（-2）；"B→C，社会责任，-6，-4"，重要性从重要变为不重要（-6），共识度从低有所降低（-4）；"B→C，大局意识，-12，-6"，重要性从重要变为不重要（-12），共识度从低有所降低（-6）；"D→C，和谐，-1，-12，重要性从不重要有所降低（2），共识度从高变为低（-12）；"A→C，规范精细，-7，-7，重要性从重要变为不重要（-7），共识度从高变为低（-7）（如图 5-29）。

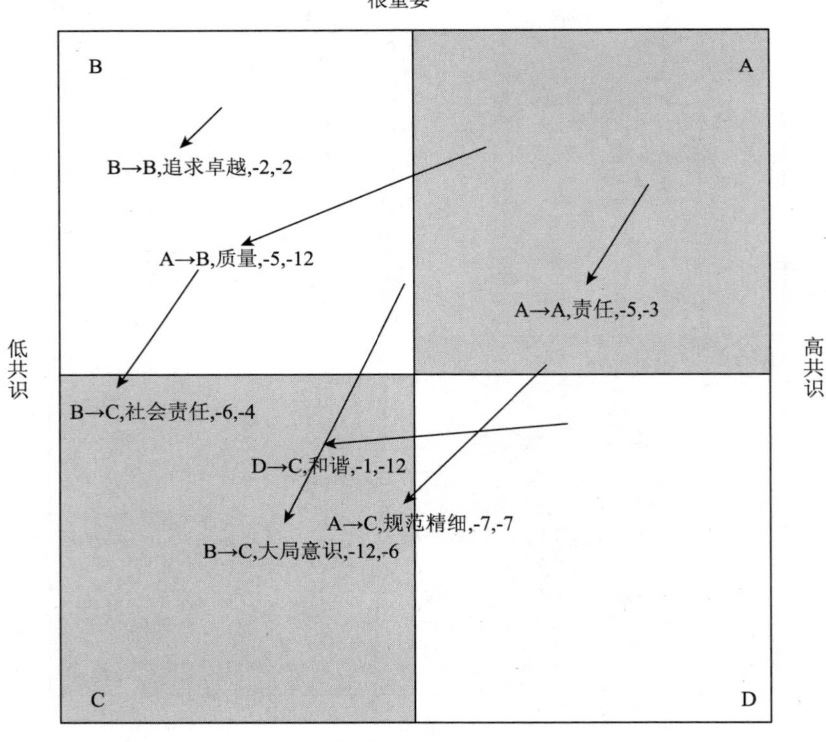

图 5-29　重要性和共识度都下降的价值观

④重要性下降、共识度上升的价值观

从员工期望和企业实际比较来看，根据所在象限变化情况，价值观重要性下降、共识度上升的可能有9种类型，即：A→A、A→D、B→B、B→A、B→C、B→D、C→C、C→D、D→D，本次调研中重要性下降、共识度上升的10个价值观表现为其中7种类型，具体结果是："A→D，敬业奉献，-7，2"，重要性从重要变为不重要（-7），共识度从高有所提高（2）；"B→A，学习，-2，13"，重要性从重要变为有所降低（-2），共识度从低变高（13）；"B→B，科学发展，-1，4"，重要性从重要变为有所降低（-1），共识度从低有所提高（4）；"B→B，合作共赢，-9，6"，重要性从重要变为有所降低（-9），共识度从低有所提高（6）；"B→C，品牌，-5，2"，重要性从重要变为不重要（-5），共识度从低有所提高（2）；"C→C，安全，-11，4，重要性从不重要有所降低（-11），共识度从低有所提高（4）；"C→C，专业，-5，0，重要性从不重要有所降低（-5），共识度保持低不变（0）；"C→D，服务，-4，8，重要性从不重要有所降低（-4），共识度从低变高（8）；"C→D，绩效导向，-8，8，重要性从不重要有所降低（-8），共识度从低变高（8）；"D→D，执行力，-2，7，重要性从不重要有所降低（-2），共识度从高变更高（7）（如图5-30）。

（2）不同行业30个价值观重要性和共识度的对比

从不同行业员工实际感受和期望两个角度看，30个价值观的重要性和共识度分别有不同的特点。

我们仍以价值观共识度排序值为横轴，越往右共识度越高，以价值观重要性排序值为纵轴，越往上越重要，画出坐标图进行比较分析，基本分析思路包括：期望与实际感受比较、重要性比较、重要性共识度比较、四个行业比较。

先对分析图中的信息做个说明，图中线段箭头端为期望，没有箭头一端为实际感受；行业后面括号中有两个数字，前面的是期望与实际感受相比价值观重要性的增减，后面的是重要性共识度的变化；价值观后面括号中有4个数字，分别是四个行业对该价值观期望重要性的一致度、实际感受重要性的一致度、期望重要性共识度的一致度、实际感受重要性共识度的一致度。

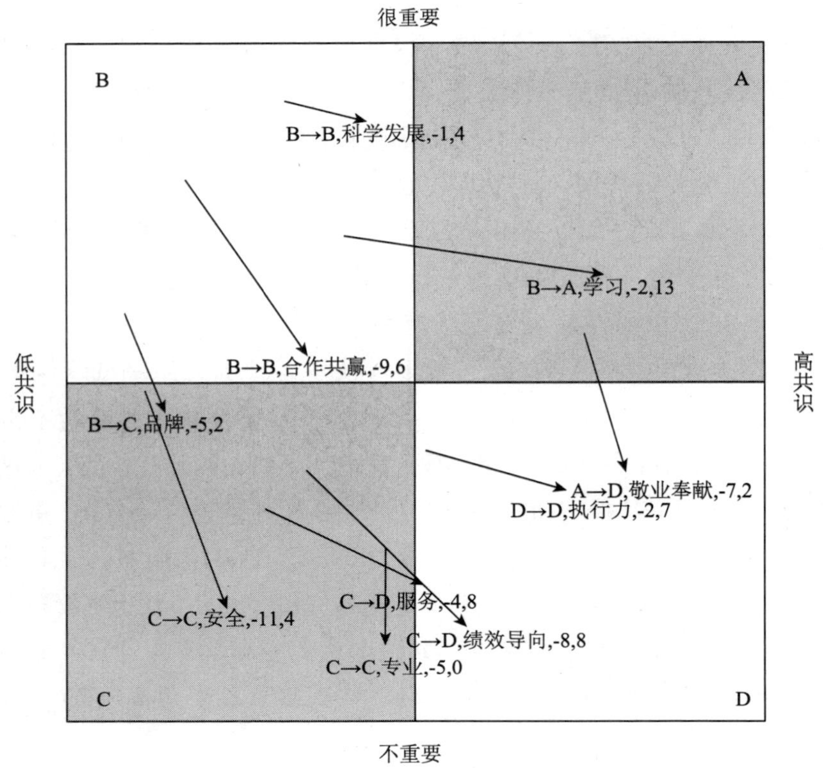

图 5－30　重要性下降、共识度上升的价值观

从一个具体价值观来看，比如科学发展，从图中我们可以看出：科学发展位于 A、B 象限，总的信息是，科学发展期望和实际感受都很重要，但共识度有些差异。具体比较看，重要性方面，建筑、水运、军工行业不变，通讯业降低 2；共识度方面，水运、建筑业分别增加 20 和 14，军工、通讯业分别降低 1 和 5；四个行业对科学发展重要性期望的一致度是 94%，实际感受的一致度是 98%，；对科学发展期望重要性共识度的一致度是 53%，实际感受重要性共识度的一致度是 89%。

其他 29 个价值观都可以像科学发展分析思路一样，分析出一段文字，限于报告篇幅，在此不逐一分析，感兴趣的读者可以在图表上停留一下，信息都在图表里（如图 5－31－1，图 5－31－2）。

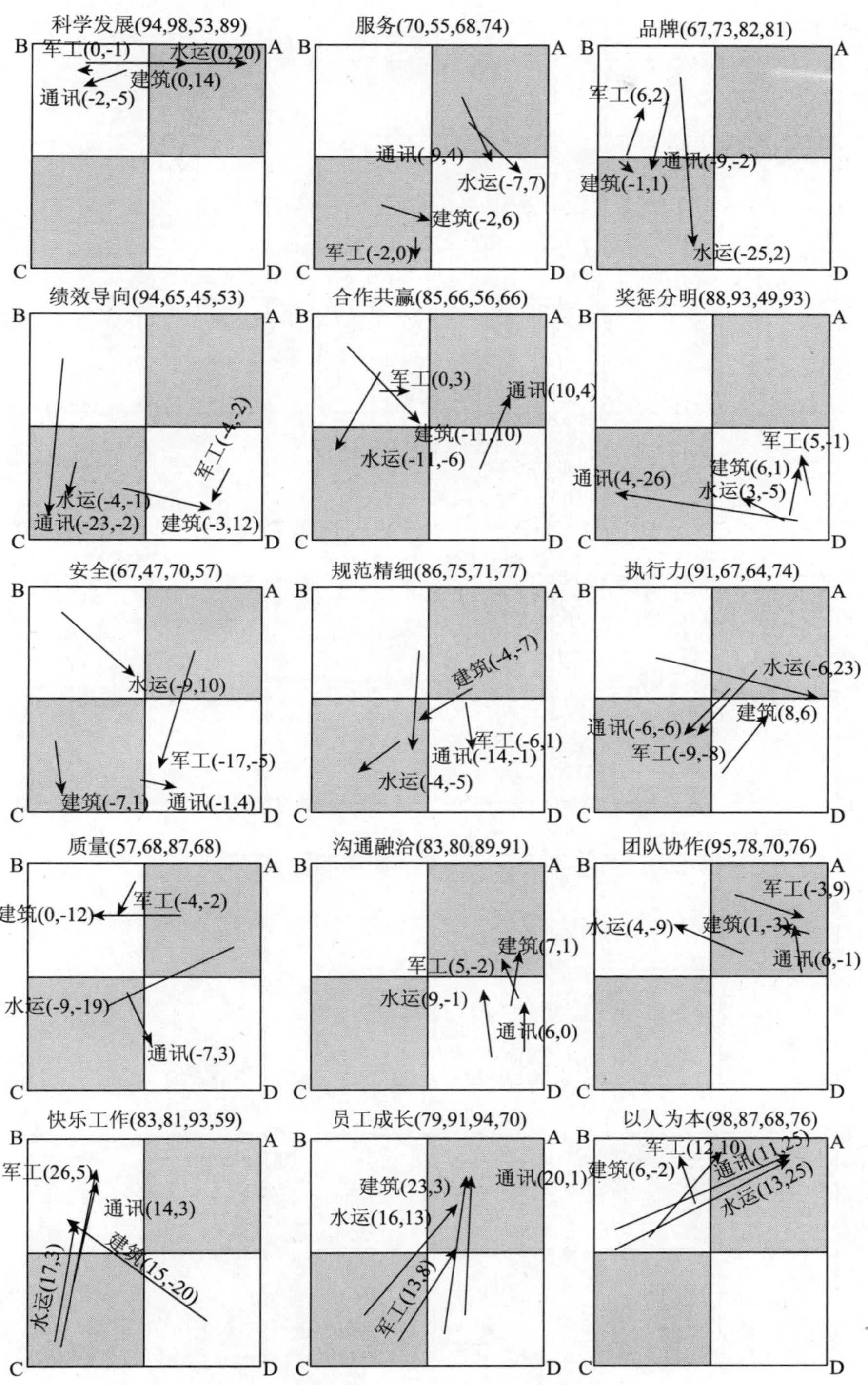

图 5-31-1　不同行业 30 个价值观重要性和共识度对比

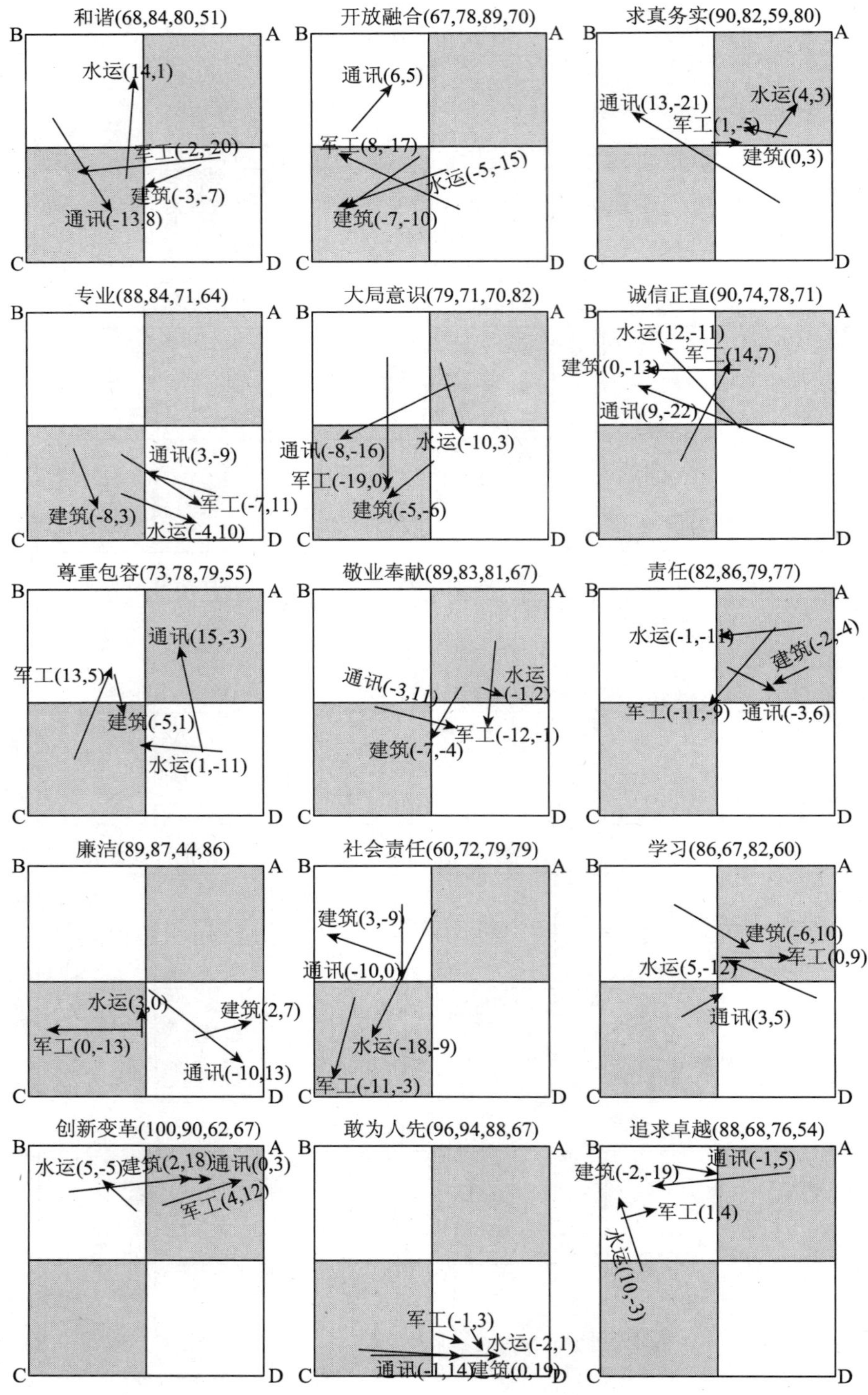

图 5-31-2　不同行业 30 个价值观重要性和共识度对比

（三）中央企业对利益相关者的价值排序

本次调研专门设计了有关中央企业对利益相关者价值排序的问题，怎样看待企业各利益相关者的关系，是一个专项的企业价值观问题，涉及到企业社会责任价值观的细化，涉及到各利益相关者对中央企业的持续信任，涉及到中央企业的可持续发展。在问卷填写者看来，员工是怎么看待中央企业与各利益相关者关系的呢？

本次调研涉及国家（政府）、用户（消费者）、股东（债权人）、经营管理者、员工、当地社区、供应商、分销商八个利益相关者，员工从对企业的实际感受的角度，判断上述利益相关者对中央企业的重要程度。按最重要、其次重要到再次重要的尺度对八个利益相关者分别打分，这样每一个利益相关者就会得到1~5分的不同等级分数，我们可以分别得到每一个利益相关者等级分得分的百分比，可以得到每一个利益相关者的平均得分。

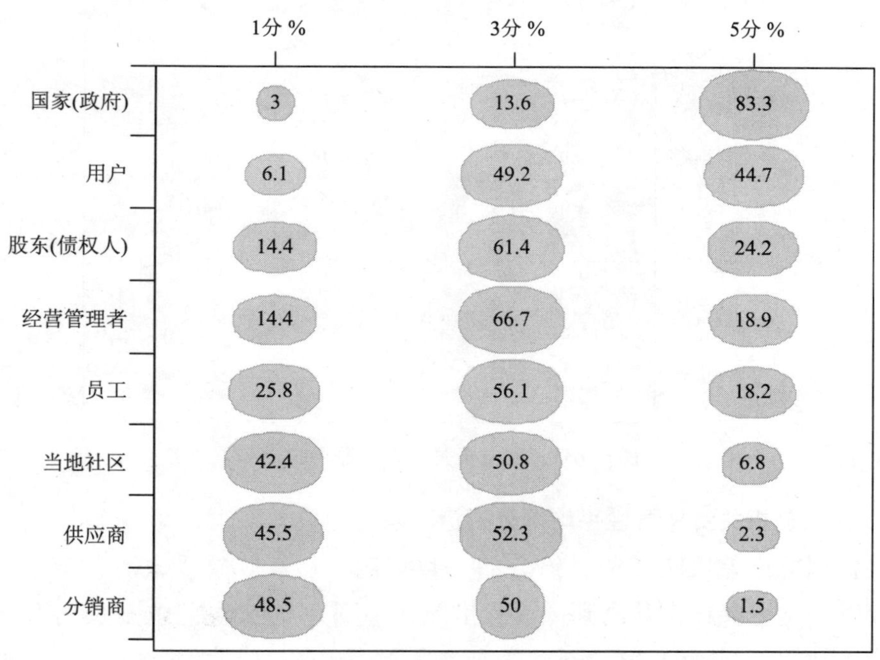

图5-32 利益相关者重要性等级分比重

1. 利益相关者重要性等级分比重

从员工实际感受看，员工认为中央企业利益相关者重要性等级得高分最多的是国家（政府），得5分的比重是83.3%，以下依次是用户（消费者）44.7%、股东（债权人）24.2%、经营管理者18.9%、员工18.2%、当地社区6.8%、供应商2.3%、分销商1.5%；重要性等级得低分最多的依次是分销商48.5%、供应商45.5%、当地社区42.4%、员工25.8%、经营管理者14.4%、股东（债权人）14.4%、用户（消费者）6.1%、国家（政府）3%（如图5－32）。

2. 各利益相关者重要性平均得分

从员工实际感受来看，8个利益相关者重要性平均得分从高到低依次是国家（政府）4.61分、用户（消费者）3.77分、股东（债权人）3.2分、经营管理者3.09分、员工2.85分、当地社区2.29分、供应商2.14分、分销商2.06分；这一排序与前述等级分得高分比重的排序是一致的（如图5－33）。

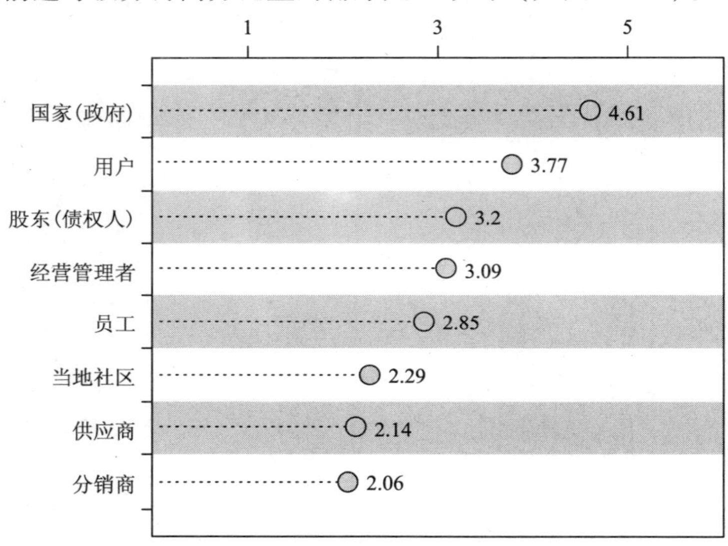

图5－33　利益相关者重要性平均得分

3. 各利益相关者重要性平均得分的标准差

我们以标准差反映受测者给分的一致程度，从实际感受来看，员工对8个利益相关者给分共识度从高到低（标准差从小到大）依次是国家（政府）0.94、分销商1.06、供应商1.08、经营管理者1.16、用户（消费者）1.2、当地社区1.21、股东（债权人）1.23、员工1.32，可以看出，问卷填写者对员工、股东（债权人）重要性看法的差异相对大一些（如图5－34）。

4. 8个利益相关者的重要性与共识度

利益相关者的得分表示其重要性，得分越高就越重要；标准差反映给分的共识度，标准差越大共识度越低。这样，我们将利益相关者重要性得分作为纵轴，将标准差的倒数作为横轴，作一坐标系，8个利益相关者就分别落在这一坐标系的不同位置，越往上边的利益相关者越重要；越往右面的利益相关者共识度越高。

从员工实际感受看，8个利益相关者中，员工认为重要且共识度较高的有国家（政府）、经营管理者2项；认为重要但共识度较低的有用户（消费者）、股东（债权人）2项；认为不重要且共识度较高的有供应商、分销商2项；认为不重要但共识度较低的有员工、当地社区2项（如图5－35）。

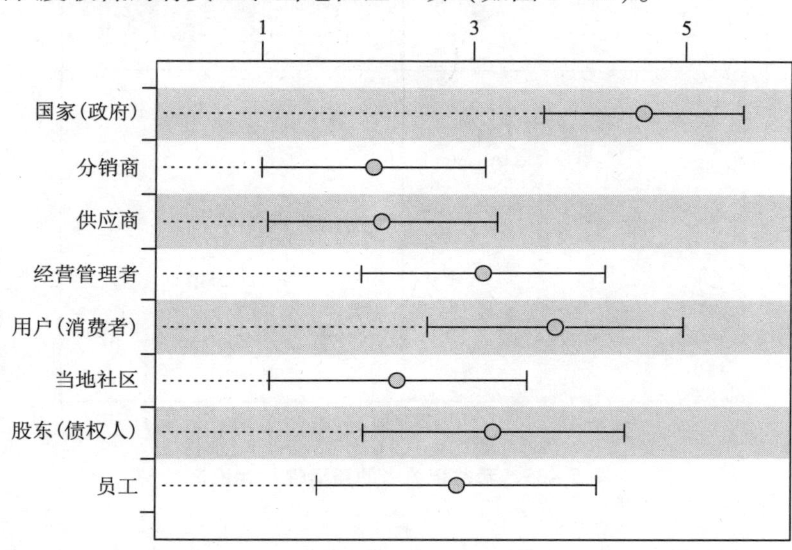

图5－34　利益相关者重要性平均得分的标准差

5. 不同行业对8个利益相关者重要性看法的比较

从行业比较来看，8个利益相关者中，各行业企业高度认同国家（政府）的重要性，都将国家（政府）排在第一位；水上运输业对用户（消费者）的重视不够，将其排在第四位，而其他三个行业均用户（消费者）排在第二位；水上运输业将股东（债权人）排在第二，而军工企业对此重视相对不够，建筑、通讯业则将股东（债权人）排在第三位；军工企业、水上运输业相对看重经营管理者，将其排在第三位，建筑、通讯业则将经营管理者排在第四位；军工企业相对看重员工，排在第四位，水上运输和通讯业将员工排在第六位；各行业企业对当地社区、供应商、分销商重要性的看法也有些差异，具体情况如图中所示（如图5－36）。

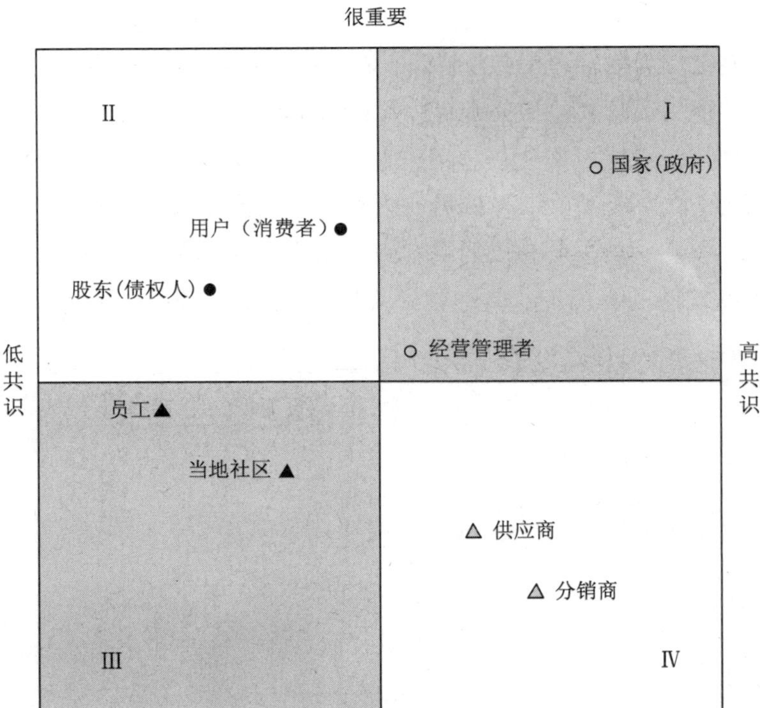

图 5-35　利益相关者的重要性与共识度

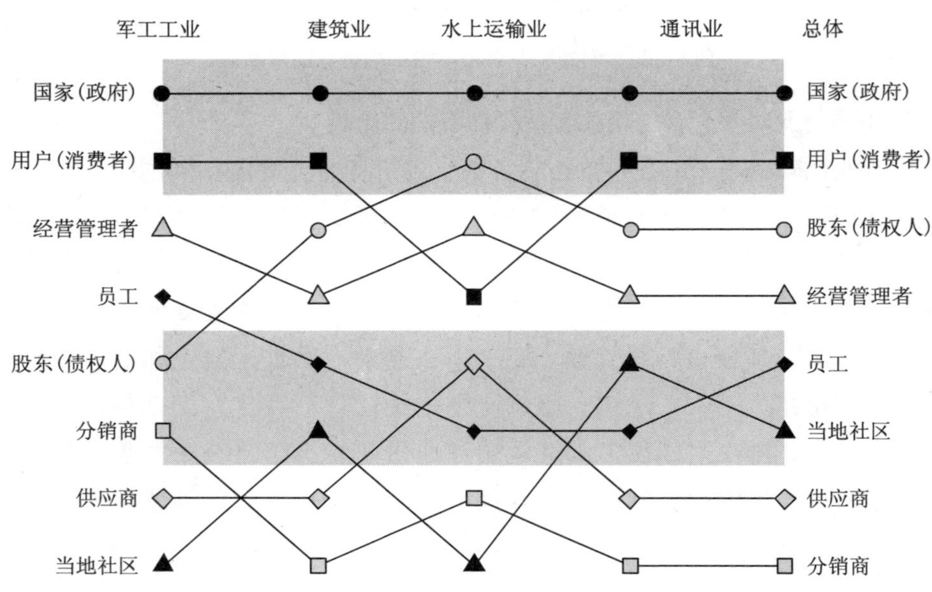

图 5-36　不同行业对利益相关者重要性看法的比较

三、企业价值观测评总体结论

通过上述的基本分析和综合分析，形成如下主要结论：

1. 2010 年度中央企业最流行的 12 个价值观

从员工实际感受看，2010 年度中央企业最流行的前 12 个价值观按重要性依次是科学发展、追求卓越、创新变革、质量、和谐共赢、责任、团队协作、学习、以人为本、社会责任、大局意识、品牌（如图 5－37 左侧）。

12 个价值观中，员工对团队协作、责任、质量 3 项有较高共识。

2. 2011 年度中央企业最期待的 12 个价值观

从员工期望的角度看，2011 年度央企员工最期待的前 12 个价值观按重要性依次是以人为本、科学发展、创新变革、追求卓越、诚信正直、团队协作、员工成长、快乐工作、质量、学习、责任、求真务实（如图 5－37 右侧）。

12 个价值观中，员工对团队协作、创新变革、学习、责任、求真务实、员工成长、以人为本 7 项有较高共识。

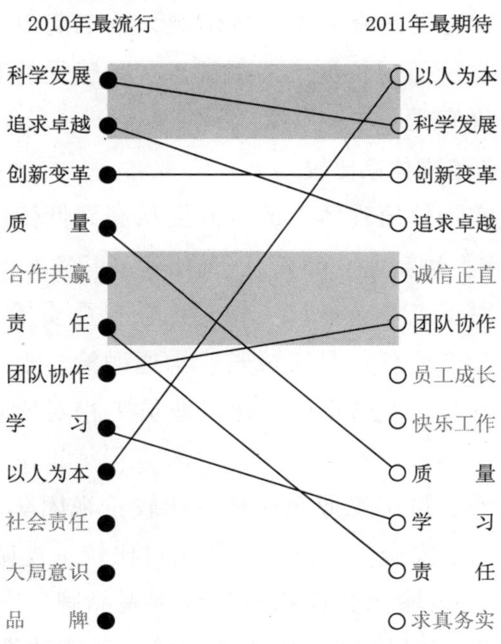

图 5－37　中央企业最流行最期待的企业价值观

3. 2010 年度中央企业最认同的 8 个价值观

员工期望与实际感受重要性都在前 12 位的价值观有 8 个，它们是：以人为本、科学发展、创新变革、追求卓越、团队协作、质量、学习、责任，这 8 个价值观得到员工的高度认同，是中央企业核心价值观的重要选项（如图 5－37）。

4. 员工期望价值观与实际感受价值观的异同

将员工期望与实际感受对比来看，员工期望明显高于实际感受的价值观有：员工成长、快乐工作、以人为本，员工对这 3 项价值观重要性的期望值较高。

员工期望明显低于实际的主要是安全，说明员工对安全价值观重要性的认识不足。

员工期望与实际一致有：科学发展、创新变革、团队协作、学习、执行力、廉洁、敢为人先，说明员工对这 7 个价值观目前在企业价值观体系中的排序定位比较认同。

5. 员工对目前企业价值观体系的认同度

本次调研员工期望价值观体系与企业实际价值观体系的契合度为 59%，该指标表明了员工对目前企业价值观体系的认同度，这一结果是比较不错的。

6. 企业价值观分类分析

员工期望高于实际感受的有人本类价值观，员工期望与实际感受相同的是伦理类价值观和个性类价值观，员工期望低于实际感受的有创新类价值观、目标类价值观和规则类价值观。

7. 分行业的企业价值观体系比较

员工对各自企业实际价值观体系的认同度从高到低依次为建筑业（68%）、军工工业（52%）、水上运输业（48%）、通信业（47%）。

从员工期望看，军工工业企业员工相对比较看重质量、品牌，建筑业员工相对比较看重质量、社会责任、员工成长、沟通融洽，水上运输业员工相对比较看重责任、和谐、安全、大局意识，通讯业员工相对比较看重开放融合、尊重包容、服务。

从员工实际感受看，军工工业企业相对比较重视团队协作、大局意识、质量、敬业奉献、执行力、安全，建筑业企业相对比较重视诚信正直、尊重包容、合作共赢、学习，水上运输业企业相对比较重视品牌、安全、服务、执行力、社会责任，通讯业企业相对比较重视社会责任、规范精细、绩效导向、服务、开放融合。

8. 中央企业对利益相关者的价值排序

调研结果显示，8 个利益相关者重要性平均得分从高到低依次是国家（政府）、用户（消费者）、股东（债权人）、经营管理者、员工、当地社区、供应商、分销商。

从员工实际感受看，8 个利益相关者中，员工认为重要且共识度较高的有国家（政府）、经营管理者 2 项；认为重要但共识度较低的有用户（消费者）、股东（债权人）2 项；认为不重要且共识度较高的有供应商、分销商 2 项；认为不重要但共识度较低的有员工、当地社区 2 项。

第六篇

中央企业企业文化建设总体分析与展望

一、中央企业企业文化建设现状总体分析

中央企业的企业文化建设工作整体逐步深入推进，许多中央企业的企业文化已经形成自身特色。但当前中央企业企业文化建设工作发展还不平衡，一部分企业对企业文化建设的理论研究和实践推进相对滞后。中央企业在企业文化建设工作推进中面临一些难题。

（一）中央企业企业文化建设工作整体逐步深入推进

1. 集团文化建设

集团文化是指覆盖企业集团所属成员单位企业文化基础上的共性文化，对各成员单位企业文化建设具有统领、主导和规范的作用。加强集团文化建设是提升集团管理水平和提高集团内部控制力的迫切需要，也是塑造集团整体形象的战略举措。

纵观中央企业现阶段集团文化建设的状况，大体可以划分为三种主要类型：

（1）一主统领型。即形成统一的集团文化，集团所属各成员单位严格执行。如国家电网公司作为关系国家安全和国民经济命脉的特大型国有重点骨干企业，拥有 51 个全资、控股公司及单位，管理员工 153.7 万人，经营区域覆盖 26 个省、自治区、直辖市。公司规模大，管理链条长。现阶段公司为建设真正意义上的一体化企业集团，正抓紧建立与之相适应的统一的企业文化。近年来，国家电网公司从公司改革发展全局着眼，大力建设以“四统一”（统一的核心价值观、统一的发展目标、统一的品牌战略、统一的管理标准）为基础的优秀企业文化，为加快实现“两个转变”（转变公司发展方式、转变电网发展方式），促进以集团化运作为核心的“四化”（集团化运作、集约化发展、精益化管理、标准化建设）工作，推进公司科学发展提供了坚强的思想保证、精神动力和文化支撑。

（2）一主多元型。即在坚持建立共同的集团文化、保持内部主体文化一致性的前提下，集团所属各成员单位可以保留独特的理念、习惯和规范，发展自身丰富多彩的亚文化。如中国核工业集团公司将共性指导与个性发展相结合，

坚持中核集团企业文化建设总体指导，同时提倡成员单位建设独具个性的特色文化，以形成共性一致、个性鲜明、丰富多彩、各具特色的核工业企业文化。中国大唐集团公司在母、子文化建设的过程中，出台了《关于规范集团公司母、子文化建设的若干意见》，要求集团所属各成员单位在核心文化上必须与集团公司保持高度统一，在此基础上，各成员单位可以根据本单位的特点和需求，培育形成自身的特色文化。

(3) 无主多元型。我国企业集团形成的方式主要有两种：一是通过行政划拨形成，母公司往往在子公司之后成立。二是通过兼并、收购等市场行为重组形成。一部分中央企业迄今尚未建立覆盖各成员单位的集团文化。

2. 专项文化建设

企业文化建设与企业经营管理实践紧密结合的有效方式是大力开展专项文化建设。中央企业在近年来企业文化建设工作中十分注重专项文化建设，如中国航天科技集团公司专项文化建设不断推进，促进了企业文化与科研生产经营管理的深度融合。公司有重点分阶段地推进了以质量文化和成本文化为代表的专项文化建设，直接作用于重点任务、重点项目的全过程。公司 2003 年全面启动质量文化建设，下发了《质量文化建设纲要》，提炼形成了“质量是政治，质量是生命，质量是效益”的质量理念，以及质量价值观、质量行为准则等内容，明确了实施措施并印发宣传手册。公司同时积极推进成本文化建设，制定了《成本文化建设纲要》和《成本文化读本》，明确了成本观、成本目标、成本方针，初步建立了成本文化体系，从而有效提升了集团公司的成本管理水平。

中央企业的专项文化建设既丰富了企业文化建设的内容，又使企业文化建设进一步融入到各项中心工作之中，从而促进文化力转变为现实的生产力。

3. 基层文化建设

中央企业大多为大型企业集团，下面往往拥有许多二级单位、三级单位，还有众多的基层单位，这些单位常常分散在全国甚至全球范围。只有推进基层文化的建设，才能使中央企业的集团文化得以有效落实。近年来中央企业在企业文化建设中十分注重基层文化的建设，如中国移动通信集团公司特别重视班组文化的建设，着力推动企业文化从市公司进一步渗透到基层，贯彻到企业竞争最基本的单元。按照集团公司党组关于班组建设的总体要求，根据集团班组建设的统一部署，他们系统规划了班组文化的建设的目标、步骤和阶段任务。2010 年公司在基层班组积极推广“制定一份发展计划，打造一张班组名片，营造一个温馨小家，开办一个班组博客，开展一系列团队活动”五个一活动，帮助班组长掌握心理疏导的基本工作方法，为企业文化在班组的不断深入奠定基础。

中国交通建设集团有限公司一航局第一工程有限公司着力于全面推进项目文化建设，探索建立项目文化建设的监督考核机制。他们一是通过组织相关人员参加国家企业文化师的培训考试提升专业素质、与基层单位上下互动不断研讨等方式提升企业文化建设能力；二是党政齐抓共管，强调项目经理是项目文化的第一责任人，明确核心理念要充分体现项目部主要领导的管理思想，将“项目经理建设、示范为主，支部书记宣传、融化为主”的文化建设责任落到实处；三是出台《公司基层党群工作考核办法》，将项目文化建设等十个方面内容纳入支部考核范围。公司还将项目文化建设列为每月月度讲评的重要内容，对各单位项目文化建设情况及时进行过程掌控与督促。

4. 重组并购企业间的文化融合

近年来中央企业在重组并购中积极进行文化融合的探索与实践，如武汉钢铁集团在实施联合重组过程中，非常重视重组企业间的文化融合。在实施联合重组过程中，将文化融合纳入重组企业发展战略同步实施。一是建立调研分析机制，明确文化融合思路。在实施文化融合过程中注重调查研究，深入重组企业了解实际情况，分析文化差异，明确文化融合思路，制定文化融合指导意见，积极稳妥推进重组企业文化融合。二是建立沟通协调机制，营造文化融合氛围。以建立重组企业文化沟通平台、积极开展文体活动和管理活动交流为突破口，扩大交流范围，加强信息沟通，在尊重文化差异中促进相互了解和信任，在平等交流中逐步达成双方共识，积极营造文化融合的氛围，奠定了文化融合的良好基础。三是建立工作参与机制，寻求文化融合突破。以逐步建立重要工作参与机制为切入口，积极推进与重组企业的工作部署融合。武汉钢铁集团通过重组企业文化融合，提升了集团和重组企业的协同管理能力，促进了武钢中西南发展战略的顺利实施。

5. 制度文化建设

企业制度与企业理念有着相互影响、相互促进的作用。合理的制度必然会促进正确的企业经营管理理念和员工价值观念的形成；而正确的经营管理理念和价值观念又会促进制度的正确贯彻，使员工形成良好的行为习惯。中央企业在近年来企业文化建设工作中注重从表层活动的氛围营造深入到制度文化建设。

如国家电网公司针对电网建设标准、管理标准和业务标准不统一，难以实施有效管控的情况，公司坚持把标准化建设作为集团化运作的重要基础，从电网建设入手，不断深化各项业务的标准化建设。一是建立了较为完善的电网建设标准体系，统一了变电站和线路建设标准、设备材料选型和技术规范，提高了电网建设管理水平，各电压等级变电站节投资2%～4.8%，输电线路投资节省约5%。二是全面推进管理标准化建设。建立健全重大决策和基建、生产、经营、服务、队伍建设等一系列管理制度和标准。标准化建设的深入开展，最大限度地节约了管理成本和费用，促进了企业管理水平的提升。三是建立健全了制度体系。针对公司成立之初制度不适应和制度缺失并存、执行力层层衰减等具体情况，公司分专业按照废止、修订和新制定三个类别，开展了制度分析和清理工作，逐步形成覆盖安全生产、经营管理、内控机制等各方面的制度体系，明确了各层面管理权限，加强了对制度执行情况的监督检查，做到了凡事有章可循、凡事有据可查、凡事有人监督、凡事有人负责。

6. 企业文化建设的评价

企业文化建设评价工作是贯穿于企业文化建设全过程的一项基本工作，对于整个企业文化建设工作有着重要的意义。近年来中央企业在企业文化建设中十分注重评价工作，如在文化建设工作的开展中，中国移动积极引入前沿理论，努力提升评估工作的准确性和有效性，强化闭环管理。从2006年开始，中国移动在“知、信、行”理论模型的基础上，从过程性和结果性两个层面对测评工作进行研究和探索。过程性评估侧重对企业文化应用推广具体工作的评价，强调整体行动的一致性；而结果性评估侧重对企业文化理念情况贯彻落实的测量，确保理念整合的方向性。在结果测评中，中国移动还引入了国际先进的CTT（企业文化价值转换）等先进工具，采取了聚类分析等方式，客观真实地反映了各级干部员工对企业核心价值观的认知认同情况，为文化管理的落实提供了科学依据。

中国南方电网有限责任公司在企业文化建设中注重由项目组合的工作方式进入常态的管理工作方式，即从重宣传、重教培、重活动的宣教模式向可描述、可评估、可考核的管理模式转换和提升。他们建立了南方电网、分子公司、基层单位三位一体的评价激励机制，并定期开展企业文化建设评优表彰活动。

内蒙古北方重工业集团有限公司以考核评价为手段，确保企业文化建设取得实效。他们先后制定并下发了《企业文化考核评价办法》《视觉识别系统管理考核实施细则》《企业文化建设奖惩办法》等相关制度，使企业文化建设进一步制度化、规范化。公司上下做到了企业文化建设有目标、有步骤、有措施、有监督、有检查、有考核、有奖惩、有成效，确保了企业文化建设不断向前推进。

2010年国资委宣传工作局组织开展了一次中央企业企业文化建设评价工作，此次评价工作主要采取企业自查自评的方式进行。根据《中央企业企业文化建设评价体系》及有关要求，各企业的企业文化主管部门负责自查自评工作的组织开展评价工作，逐项对指标进行评价打分，撰写自查自评报告。

（二）中央企业在企业文化建设工作推进中面临的一些难题

中央企业的企业文化建设工作取得了显著成效。但是，我们也应该清醒地看到，当前中央企业的企业文化建设工作发展尚不平衡，一部分企业进展相对缓慢，对企业文化建设的理论研究和实践推进相对滞后。

根据中央企业企业文化建设评价工作的自评自查报告反映的情况，一些中央企业在企业文化建设工作推进中面临如下一些难题：

1. 企业文化体系建设有待丰富和发展，集团理念文化体系还有待健全。由于缺乏对企业文化理论层面的深入思考，迫切需要根据企业的新形势、新任务、新情况对企业文化建设进行相关课题研究。

2. 集团文化在全集团实现普遍认同和自觉遵循仍存在较大差距。集团文化宣贯的深度、广度、力度有待加强，年轻员工对集团业已形成的历史优秀文化的理解、继承与发扬还需要继续推进。价值观并未成为经营管理的“内核”，还未在员工中广泛形成“自觉”。

3. 集团文化与所属成员单位文化之间的关系、母子文化融合机制建设等问题迫切需要加以研究探索。

4. 集团所属各成员单位企业文化建设发展程度不平衡。有的集团公司所属单位主业各不相同，成立时间长短不一，领导认识程度不一，重视程度有高有低，造成工作开展不平衡，工作成效差别大；一些集团公司成员单位在集团文化共性之下挖掘本单位个性文化不够，对如何通过针对自身特点开展企业文化建设缺少分析研究，工作针对性不强，载体建设缺位，企业文化如何融入生产经营实践问题没有很好解决，工作流于表面和形式。

5. 理念文化与制度文化的融合不够。企业文化建设在实际操作中尚未与人力资源管理紧密结合，未从人力资源管理的角度对文化的激励和约束机制进行落实。

6. 企业文化专职人员队伍建设仍需加强。一些单位的文化建设没有具体的部门和人员，“专家”型人才稀缺，文化建设力量薄弱。基层文化建设专业人才更为匮乏，不可避免的造成一些企业企业文化建设“止步不前”的被动局面。

7. 企业文化建设的体制、机制、组织保证措施还需进一步完善。有些集团公司虽然已经成立了企业文化部门，但各成员单位企业的企业文化建设工作分设在宣传部，专职性不强，人员日常性工作以宣传为主，兼顾企业文化建设，工作力度不够。

8. 多元文化融合与跨文化管理问题日益突出。基于中央企业重组并购后的文化建设，文化整合的方式方法有待进一步提高。实施“走出去”战略后的企业与海外公司的文化融合尚缺乏足够的经验。

9. 一些集团公司对于企业文化建设专题调研的广度、深度不够，对于企业文化典型经验的挖掘力度不够。

10. 许多集团公司针对企业文化建设工作始终未建立起较为完善、系统的考核体系与相应激励机制，削弱了企业文化建设工作的执行力。企业文化建设的考核评价与激励机制有待尽快建立。

二、中央企业企业文化建设发展趋势

纵观近年来中央企业企业文化建设工作的发展动态，未来中央企业企业文化建设将注重以下方面的工作：

1. 紧密结合企业“十二五”发展战略规划推进集团文化建设

2011~2015年是国家“十二五”发展规划期，国资委已将“十二五”时期中央企业的改革发展目标定位为“做强做优中央企业，培育具有国际竞争力的世界一流企业”。中央企业将转变经济发展方式、调整结构、创新技术作为企业战略转型的着力点，重新审视和调整自身的发展思路与战略，也纷纷制定出各自的“十二五”发展战略规划，以推进实施建设具有国际竞争力的世界一流企业的战略目标。为支撑企业的战略转型，未来中央企业的企业文化建设将与企业“十二五”发展战略规划紧密结合，深入推进集团文化建设。

集团文化是指在整合企业集团所属成员单位个性企业文化的基础上的共性文化，对各成员单位企业文化建设具有统领、主导和规范的作用。集团文化建设有利于促进集团发展战略的实施，有利于保持集团的整体性，增强母公司对成员单位的控制力，有利于塑造集团整体形象和统一品牌。

未来几年中央企业将以企业“十二五”发展战略规划为依据，梳理或修订集团文化体系。首先是基于企业“十二五”发展战略规划构建集团理念文化体系，包括界定集团使命、构想集团愿景、确立集团核心价值观等，以形成共同的思想基础。中央企业将以本企业“十二五”发展战略规划为参照，对既有文化进行梳理，并提出未来发展所需要的新文化要素。对既有文化进行梳理，是对本企业的历史和现状，特别是对企业经营管理实践中直接产生的观念和意识进行系统深入的回顾、调查、分析和研究。对于已经被员工普遍认同的文化要素，要以企业“十二五”发展战略规划为基准，将符合企业“十二五”发展战略规划要求的文化要素保留下来，并发扬光大；将不再符合企业“十二五”发展战略规划要求的文化要素通过文化变革抛弃掉。企业通常还需要根据“十二五”发展战略规划的新要求提出某些新的文化要素，作为新文化的种子，经过精心培育，使其逐步成为集团新文化的一部分。其次，中央企业将根据新的集团理念文化，梳理或修订形成集团新的制度、行为和物质层面的文化体系。

2. 在集团文化统领下大力推进各层面亚文化建设

中央企业均为大型的企业集团，集团内部客观存在着不同层级的亚文化。

亚文化是相对于主文化而言的。公司主文化，就是公司一定时期内所形成的占主导地位的公司文化，它构成了公司文化主流。从文化体层次角度看，公司亚文化是公司总体主文化的次级文化，因而可能是部门文化、子系统文化、车间班组文化等。

各类具体的公司亚文化，它们都是在特定的文化背景下和适宜文化气候下形成的。在公司文化发展过程中，公司亚文化通常是公司主文化的从属、补充、体现和完善，公司亚文化一方面渗透着、体现着公司主文化的核心思想，而另一方面，各具特色的公司亚文化可能因其本身所代表的新文化潮流，作为某种潜在的、超前的公司文化的代表，在一定条件下可能成长为公司主文化。在企业文化建设中，主文化和亚文化如何协调？这实际上是一致性与灵活性、主旋律与变奏曲的关系问题。一个企业应该建立共同的文化，树立共同的形象。因此，保持内部主体文化的一致性是完全必要的。但是，企业还应尊重各个下属单位文化的差异性。企业可要求各个单位在企业使命、企业愿景、企业核心价值观、企业标识等方面保持一致，这样企业才能形成统一的主体价值理念，塑造统一的对外形象。在此前提下，各个下属单位可以保留独特的观念、习惯和规范，在核心文化一致性的基础上，发展自身丰富多彩的亚文化。

对于中央企业而言，集团文化属于主文化，而集团所属各级成员单位的文化、职能部门文化等则属于不同层级的亚文化。未来中央企业一方面需要坚持集团文化的统一要求，以统一全体员工的思想和行为，增强集团的凝聚力、向心力和执行力，维护集团的品牌，树立集团的整体形象；另一方面，中央企业在坚持统一性的基础上，还要给所属成员单位发挥个性留出空间，积极推进各层面亚文化建设。各下属子公司、分公司可以在与集团母公司核心文化一致性的基础上构建具有自身特点的子公司、分公司文化体系，并进行宣传导入。未来中央企业还需要大力推进基层文化建设与班组文化建设。

3. 扎根企业经营管理实践开展重要的专项文化建设

专项文化是指企业在不同的经营管理领域或特定层面问题上所倡导并遵从的用以指导此类经营管理实践的价值理念与行为方式。未来中央企业可以分阶段推进若干重要的专项文化体系建设，如创新文化建设、人本文化建设、品牌文化建设等。

（1）创新文化建设

转变经济发展方式的关键在于创新，企业创新文化对于企业持续创新起着十分重要的支撑作用。中央企业作为国家创新活动的主体，是建设创新型国家的重要载体。为此，中央企业未来将抓住机遇，积极培育创新文化，大力推进企业技术创新、体制创新、机制创新和管理创新，从而促进企业转变发展方式，不断提升自身的核心竞争力。

对企业来说，创新就是生成新思想、新观点、新思路、新策略、新方法、新技术、新工艺等，并将其付诸实施给企业带来效益的行为。创新不仅仅限于产品、技术层面，在流程、服务、管理等方面都有可能产生创新。创新文化贯穿于企业创新活动的始终，是企业创新的根基和创新活动的原动力。创新文化是能够激发和促进组织内创新思想、创新行为和创新活动产生的、能够适应复杂环境变化的组织文化，主要包括有利于创新的价值理念、行为准则、制度体系以及领导风格、组织氛围等内容。未来中央企业在创新文化建设中可着力抓好以下方面的工作：

第一，领导者形成创新的积极态度。创新文化首先表现为企业领导者强烈的忧患意识和执著的变革与创新精神。比尔．盖茨反复向员工强调“微软离破产永远只有18个月”，意在使微软保持创新的紧迫感；英特尔的葛洛夫有一句名言：“唯有忧患意识，才能永远长存”。领导者这种强烈的忧患意识和危机感赋予企业一种创新的紧迫感和敏锐性，使企业保持持续创新，并逐渐使变革与创新成为企业员工共同的价值观。

第二，营造鼓励创新的环境氛围。创新文化还往往表现为能够激发创新精神的环境氛围。创新的主体是人，创新有赖于人的主动性和创造性的发挥。因此，创新文化必然是以人为本的文化。在3M公司，任何员工都可以随时以任何方式向各级管理人员反映问题，提出自己的想法甚至批评意见，管理人员总是给予积极的回应。正是这种对人性的尊重，极大地调动起员工参与创新的热情和积极性。对待创新失败者的态度更能体现出一个企业的创新环境。硅谷的成功很大程度得益于其创新文化。在硅谷流行这样一个信条：“除了失败本身，再没有对失败的其他惩罚。”硅谷人懂得，没有冒险，就不可能有新的发展机会。正因为如此，硅谷人对失败极为宽容，“失败是成功之母”等理念已然成为硅谷人的共识。创新还依赖于不同思想、意见的相互交流和碰撞。许多企业推行的开放式管理实质上就成为企业激发创新思维、培养创新精神的重要途径。如惠普实行“走动式管理”，IBM实行“门户开放政策”等。

第三，形成激励创新的机制。创新文化倡导成功提出创意、完成创新的员工或团队必须得到企业的承认和奖赏，合理有效、多元化的奖励机制是确保创新良性循环的关键。3M公司形成了个性鲜明而又多样化的创新激励机制。首先是技术和资金的支持。3M 公司任何一项技术平台都可以在全公司范围内共享，每年将销售收入的 7% 左右投入相关技术和产品的研发。这就使得几乎每一项合理的创意和尝试都能得到公司的资金支持。其次是精神激励。3M 公司设立许多荣誉称号用于奖励创新的员工和项目。员工的创新发明一旦成功，公司都会给予热情款待，并举行隆重的表彰仪式。第三是时间激励。3M 公司有一个独特的“15% 时间”法则，每个员工都有 15% 的工作时间可以用在自己感兴趣的项目或计划上。第四是职位激励。在 3M 公司，创新成功的员工，其职务将得到相应的提升。

第四，激发员工对于创新的参与热情。人们长期以来一直认为，创新是科学家、天才的事，自己是一个平凡的人，不可能有什么创新。其实，人的创造潜能远远超过我们的想象，创新常常可能诞生于从日常工作中寻找到的新的改进方法。海尔的价值观中有一条是“人人是人才”，但有的员工就是认为自己没有学历，没有技术，不在人才之列。有一名员工搞了一项革新，本身并不复杂，但效益很大，海尔就把这项革新用这个工人的名字命名，这极大地激发起海尔员工参与创新的热情。创新是一个过程，既需要个人的创造，也需要团队的协作。创新文化在鼓励个人创新的同时，也注重培育团队合作的理念和方式。

第五，创建学习型组织。学习是创新的基础，因此创新文化还突出表现在学习型组织的营造上。为了使员工与企业一起成长，微软开发出一套独特的员工培训体系，他们通过“职业模式 + 能力/技能差距 + 业务需要”的模式来决定培训的内容、时间、对象。遵从“明确需要学习的知识技能到执行学习计划，再到构想达到下一个目标需要的新的知识技能模式，循环往复，以逐步实现学习的目标。

在创建学习型组织中，中央企业还可以大力推行标杆学习方法，积极组织外出参观访问和学习交流。另外，行动学习也已经悄然在一些企业中得以运用，它们结合企业实际情况，从找问题、找差距入手，在行动中学习，在学习中行动，很好地促进了个人和企业的共同发展。

（2）人本文化建设

人本管理摒弃传统以物为中心的管理思路，提出企业管理要以人为中心，把人视作管理的主要对象和企业最重要的资源，尊重个人价值，全面开发人力资源，通过企业文化建设，培育员工共同价值观，运用多种激励手段，充分调动和发挥人的积极性和创造性，引导全体员工去实现企业的目标，依靠全体员工的共同努力促进企业的不断发展。

实施“人才强企”战略是我国实现“人才强国”战略的重要途径。未来中央企业将从战略高度，充分认识人力资源在提升企业竞争力、实现可持续发展中的基础性和决定性作用，坚持“以人为本”的理念，进一步加强人本管理。以人为本的企业文化的特征是指企业在以人为本的价值观的指导下，在其生产经营活动中，企业的组织结构、管理制度和行为方式所体现出来的特点。未来中央企业在人本文化建设中可着力抓好以下方面的工作：

第一，管理制度体现人的主导地位。首先，管理必须以实现人的全面发展为目标，既有助于人性的实现，又有助于人的理性发展。其次，管理必须致力于开发人的潜能，致力于提高员工的知识水平和工作技能，使企业成为员工实现自我价值的舞台。

第二，企业目标与个人目标的统一。企业目标是企业价值观的明确化和具体化，是企业在其战略管理中所要达到的绩效目标和市场地位，具体体现为总体规模、竞争力、技术能力、市场份额、总收入、投资回报率等。个人目标则是每个人在自身价值观的指导下，根据所处环境，对自身未来做出的规划。企业目标和个人目标是两个不同层面的概念，但两者是紧密联系的。企业需要依靠员工个人的共同努力才能实现目标，而企业目标的实现是员工个人目标实现的前提。员工的努力越多，企业目标实现的程度越大，如何促使员工更好地完成目标，这一直是管理者所研究的课题。以人为本的企业文化通过树立以人为本的企业价值观来追求企业目标和个人目标的统一，这是调动员工主动性的最佳方式。只有将这两者完美地契合在一起，才能实现人的全面发展，才能使企业目标得到最大程度的实现。现代企业往往通过各种方式来实现这种契合，如员工持股、合理化建议、目标管理、质量管理等，目的就是鼓励员工参与企业的管理。

第三，因人而异的有效激励。人的全面发展是在人的需要被满足的前提下实现的，而每个人的需要存在着差异。因此，以人为本一定要强调人与人的差别，不能够将企业员工当作平均人和整体人来看待，也不能笼统地将尊重人和关心人理解为整体员工的利益。以人为本要关注企业中每一位员工的个性化需要，针对个人采取相应的方式和手段进行因人而异的有效激励，这样虽然增加了管理成本，但产出效益却很好，其原因有两点：因人而异激励的出发点是满足不同员工的不同需要，而不是节省企业成本，是真正意义上的以人为本；二是因人而异的激励必须建立在对每个员工需要充分了解的基础上，每个人需要的差异决定了激励方式和手段的差异，这就对管理者的能力和素质提出了更高的要求。因人而异的激励不仅要求管理者探索各种不同的激励方式，而且要求他们探索各种激励方式与每个员工需要的契合。

第四，充分的信任。企业建立充分的信任机制，是以人为本企业文化的关键之一。信任机制包括管理者之间的相互信任，管理者与员工之间的相互信任，员工之间的相互信任，而这些信任必须要落实到企业的生产经营当中。组织行为学的相关研究表明，信任包括五个维度，按照其重要性排列依次为：正直、能力、忠实、一贯、开放。从企业的角度，应当建立公平、公正、公开的管理制度，保持政策的相对稳定性和连续性，平等对待所有员工，言必行，行必果，以营造相互信任的组织氛围。

第五，高效的沟通。高效的沟通机制不仅对于企业绩效的提高有着至关重要的作用，而且也是激励员工的重要方法之一。知识经济时代，员工的知识水平不断提高，对情感的需要也日益增加，作为企业，对员工情感上的理解和关爱将是与员工建立良好关系的重要因素。沟通机制的完善是满足这种需要的根本所在。通过良好的沟通机制，员工可以表达出自己的各种情感需求，也可以通过高效的沟通提高工作效率。从企业的角度来说，建立高效的沟通机制，一是要建立健全有效的沟通渠道，二是要根据情况运用多种沟通方式，加强与员工间的沟通。沟通的实质是传递、理解和共享，而非争论和说服。管理者要善于倾听员工的心声，了解员工的需要，只有这样，企业才能真正实现以人为本。

(3) 品牌文化建设

品牌文化是企业构建的并已得到目标消费人群认可的一系列品牌理念文化、行为文化和物质文化的总和。品牌文化赋予品牌以精神文化内涵，品牌的精神价值是消费者心理满足的重要源泉。中央企业未来在企业文化建设中将开始注重品牌文化的塑造，通过集团品牌文化的定位与传播，从而有效提升集团的整体品牌形象。

品牌文化是同时以目标消费者和企业自身为基本对象的。品牌文化是品牌与消费者价值共融的结果。在品牌文化的塑造中，企业的品牌价值观居于主要地位。企业首先将价值理念通过产品、营销和服务传递给消费者，并接纳消费者的反馈意见，加以不断的修正和强化，最终与消费者达成一致。与企业文化定义主要以企业内部为对象不同，品牌文化必须同时兼顾企业内部和外部对象。但是以目标消费者为基本对象之一，并非完全盲目地迎合消费者，因为企业本身有各方面的限制，同时每个企业都有各自的文化特征。企业文化与品牌文化有着密切的关系，所以品牌文化只是把外部目标消费人群作为基本对象，并不因此排除企业内部的因素。因此品牌文化理念依据的是对消费者的深入了解，基于调查和研究分析的结果而由企业提出来的。

品牌文化的主要构成要素是一系列的品牌理念。与企业文化类似，该要素是品牌文化的核心组成部分，主要包括品牌愿景、品牌使命和品牌价值观三个部分。品牌理念指导企业的品牌行为，同时引导消费者的品牌行为。

品牌行为包括两部分，即企业品牌行为和消费者品牌行为。企业相对应的品牌行为是指符合品牌理念的行为方式。消费者品牌行为是有关消费者接触品牌时发生的行为。品牌行为对品牌理念起着支撑作用，目的是更好地体现和描述抽象的品牌理念，从而支撑企业期望塑造的品牌形象。品牌所倡导的理念体系必须很好地与品牌行为相符合，不能够出现行为违背理念的现象。最终品牌期望塑造的形象也会有赖于品牌理念和品牌行为，只有做到表里一致、言行一致，才有利于持久保持良好的品牌形象。

4. 积极培育企业制度文化

当领导者认为某种文化需要倡导时，他可能通过培养典型人物的方式，也可能通过开展活动的形式来进行。但要把倡导的新文化渗透到管理过程，变成人们的自觉行动，制度与机制则是最好的载体之一。人们普遍认同一种新文化可能需要经过较长的时间，而把文化“装进”制度与机制，则会加速这种认同过程。当企业中的先进文化或领导者倡导的新文化已经超越当前制度文化的水准，则这种文化又将催生新的制度与机制的形成。中央企业未来在企业文化建设中将积极培育企业的制度文化。

下面以人本管理为例。以人为本的企业文化在企业生产经营实践当中通常表现为多种形态。针对员工情感投入和人文关怀、尊重和信任、完善的沟通渠道、学习和发展的机会等需求，相应可形成对应的四个层次的管理制度，即情感管理制度、民主管理制度、自主管理制度和人才管理制度。

以情感管理制度为例。情感管理是指管理者通过与管理对象的情感交流以实现有效的管理，其核心是消除员工的消极情绪，调动员工的积极性。因为企业各层次的员工都有情感需求，所以情感管理是人本管理的基本层次。

西方很多企业非常重视情感管理制度。自20世纪80年代以来，西方开始推行“走动式管理”制度，即企业管理者走出办公室，经常性地深入生产一线，与企业内各个层次、各个类型的员工进行沟通和接触，建立起上下级之间的融洽情感关系，从而更好地征求意见，了解问题，贯彻实施企业的战略和政策。

这种管理制度以情感交流为主要特征，可以减少管理者与被管理者之间的矛盾，深受西方企业管理者的青睐。员工帮助计划 EAP（Employee Assistance Program）是一项非常典型的、被许多企业所采用的情感管理制度，包括企业为员工及其家属（配偶及 18 岁以下子女）购买保密的、专业的心理健康服务，帮助企业员工及其家人改善和解决生活或工作中的困扰，提升其生活品质，提高工作效率。20 世纪 80 年代以来，随着社会进步、企业壮大、管理思想的革新，EAP 在英国、加拿大、澳大利亚等发达国家都有长足发展和广泛应用。目前世界 500 强中，有 95% 以上建立了 EAP，美国有将近 1/4 企业的员工享受到 EAP 服务。

惠普公司在情感管理方面的做法值得借鉴。惠普一直在营造一种家的感觉，鼓励员工友好相处，公司的工会组织很活跃，主要工作是关心员工生活，丰富大家的业余时间。当公司规模不大时，公司就给每个结婚的员工买一件礼物，给每个生孩子的员工送一条婴儿毛毯，还每年为全体员工及家属举行一次盛大的野餐。其目的就是通过这些方式，把大家凝聚在一起，这比整天口头上提倡团队精神来得自然。此外，惠普公司的每一个人，包括最高主管，都是在没有隔墙、没有门户的敞开式办公室里工作，各部门之间只有矮屏分隔，除会议室、会客室外，任何人都不设单独办公室，也不称呼职位，即使是董事长也直呼其名。虽然这种方式有一定的弊端，但在惠普公司，其带来的好处远远超过其不利之处。微软有一个专门的后勤部门为员工服务，他们可以为忙于工作的员工接送小孩、交电话费，或提供其他相关的服务。这种关心已经大大超越了企业与员工的劳资雇佣关系，使员工体会到人本文化的真切和深入。一些日本企业将员工的家庭情况、特殊纪念日等资料进行保存，每逢员工的特殊纪念日，公司通过赠送礼物等形式表达祝福，使员工感到企业大家庭的温暖，从而有效增强了企业的凝聚力。

借鉴中外优秀公司经验，中央企业可以建立和推广一些具体有效的情感管理制度，如适度敞开办公空间，相互称呼时弱化职务差别，充分尊重和信任员工，建立各种沟通渠道和鼓励员工间相互沟通的机制，增进内部沟通；充分发挥工会组织的作用，通过多种形式关爱员工、凝聚员工、鼓舞员工；取消企业员工的身份差别，根据工作需要订立合同期限，所有员工平等参与绩效考核，以岗定薪，多劳多得，并享受企业的各种福利待遇等，这些管理制度都能够较好地满足企业员工的情感需求。

5. 重视并着手实施企业价值观管理

管理者和员工拥有共享价值观，已经成为企业获取竞争优势的重要源泉，价值观管理（Managing by Values）正日益成为企业建立可持续、有竞争力和更人性化文化的新趋势。价值观管理认为，领导力的真正本质是关注人的价值观。领导者的工作就是在企业的发展过程中，使组织的战略方向与核心价值观协调一致。具体来说，就是创建一种共享价值观的文化，明确或隐含地指导各层次或各部门员工的日常工作。中央企业未来在企业文化建设中将逐步重视并着手实施企业价值观管理。

当中央企业建立了富有意义的使命、鼓舞人心的愿景和一套蕴含良好经营管理理念的价值观时，就可以认真思考长期、中期和短期的目标，并明确相应的行动原则，以将价值观转化为行动目标。举例见表6－1。

表6－1　价值观转化

价值观	标杆和标准	现状	理想状况和目标	
			最低	最高
灵活性	开发一种新产品的周期	1年	6个月	3个月
客户导向	每季度的客户投诉率	5%	3%	1%

中央企业还可以基于价值观设计或调整人力资源政策。如基于价值观进行招聘和选拔。评估应聘者的个人价值观与公司价值观是否匹配；基于价值观的培训和开发。思考为了维护和开发公司的每一项价值观，必须学习哪些新理念和忘记哪些旧理念？必须开发哪些知识和技能，才会产生与公司价值观一致的行为？尤其重要的是基于价值观进行绩效评价和绩效奖励。如为强化团队合作的文化实行个人奖励和团队奖励相结合，以认同团队与个人所作出的贡献。团队成员可以接受个人奖励，但应当由团队的其他成员来给予。此外，还要有针对杰出团队工作的奖励机制，奖励对象是团队所有成员。

中央企业还可以审计组织对价值观的承诺。文化审计的目的是：通过与愿景、使命和价值观陈述中的理想标准对比，客观地衡量某些特定关键领域中的实际行为和当前的实践。

6. 着力促进企业并购重组后的文化整合

企业并购重组在全球范围内呈现风起云涌的势头，但纵观历史上的企业并购重组，往往以失败居多。究其原因，双方企业文化不能很好整合是其中一个很重要的因素。中央企业多为大企业集团，既面临国有资产结构战略调整，又面临通过资本运作提升国际竞争力的任务，因而近年来中央企业的并购重组活动十分活跃。而地区文化不同、行业文化的差异，使并购重组企业之间的联合面临种种文化的困扰，因此未来中央企业企业文化建设的重要工作内容之一是促进企业并购重组后文化的整合。

并购重组企业的文化整合不可能一蹴而就，应该站在企业发展战略的高度，有组织有计划地精心推进。文化整合在策略上可以注意以下几点：

(1) 厘清双方的企业文化脉络，制定好文化整合方案。在并购重组之前，可组织专门人员对双方的企业文化进行调查研究，了解双方企业文化的共同点、差异和特性。文化整合方案要围绕重组后的企业发展战略和目标，确定企业文化整合在不同阶段的工作目标、任务及措施。

(2) 选择合适的企业文化整合方式。当并购方的文化非常强大且表现优秀、能赢得被并购企业员工的一致认可，同时被并购企业原有文化又很弱的情况，可采用吸纳式文化整合模式，即被并购方完全放弃原有的价值理念和行为方式，全盘接受并购方的企业文化，使并购方获得完全的企业控制权；当并购双方的企业文化强度相似，且彼此都欣赏对方的企业文化，愿意调整原有文化中一些弊端的情况下，可采用渗透式文化整合模式，即并购双方在文化上互相渗透，都进行不同程度的调整的文化整合模式；当并购双方均具有较强的优质企业文化，企业员工不愿文化有所改变，同时，并购后双方接触机会不多，不会因文化不一致而产生大的矛盾冲突时，可采用分离式文化整合模式，这种模式中被并购方保留其原有文化要素和实践，在文化上保持独立，由此获得较大的企业控制权。在文化整合的难度和代价较大的情况下，如果能保持彼此的文化独立，避免文化冲突，一定时间反而更有利于企业的发展。

(3) 强化企业目标的凝聚功能。两个或两个以上的企业实行并购重组，是由于共同的目标而走到一起来的。因此，企业文化的整合，首先是企业目标的整合，并据此设计出完整的新的目标文化模式。

(4) 突出以人为本的管理思想。人是企业最重要的资源，是企业管理的中心，如何体现尊重人、关心人、满足人、激励人是企业并购中尤其重要的问题。在并购的具体操作上，一是要做到公平公正、一视同仁，如果在处理问题时不慎重，往往容易给原来属于不同企业的员工在心理上造成不平等的印象，导致他们内心的不满，这是并购企业的大忌。二是要注意工作岗位的合理统筹，因为在企业组织进行调整的时候，容易发生岗位变动不当而使一些员工觉得自己失去晋升的机会、在企业没有前途。因此，企业并购一定要体现以人为中心的思想，必须在人力资源管理和开发方面进行认真的研究，不可盲目草率。

(5) 发挥企业制度的保证作用。作为企业文化中间层次的企业制度文化，是企业使命、企业愿景、企业核心价值观等理念文化要素的根本保证和基础。

在企业并购的过程中，企业文化的最终真正融合，其前提是企业制度的整合。如果没有企业制度的整合，实行两套以上的管理制度、责任制度以及特殊制度，不但可能造成各自为政、各行其是，而且很难使员工在思想观念上达成一致。

7. 跨国经营企业探索有效的跨文化管理

我国加入 WTO 后，伴随与世界经济交往的增多，中央企业的海外投资日趋活跃，而由此产生的公司跨文化管理将带来许多亟待解决的文化建设新课题。许多不同国籍、不同民族的成员聚集于同一家企业共同工作，文化的冲突无疑会导致企业文化管理的错综复杂。

文化具有移动性、传递性和变迁性，文化移动导致文化交遇。当两种或更多的文化交遇时，相交文化间即会呈现一种独特的文化现象和状态，这种现象和状态即为跨文化（Cross Culture）。一般而言，跨文化是指不同国家的文化交遇时的状态和现象，是跨国界的文化。所谓跨文化整合，就是在两个文化背景完全不同的企业之间进行文化整合，除了企业的个性特色，跨文化整合往往要触动不同文化在地区层面、国别层面和民族层面上的东西，这些往往是企业核心价值观的根基，因此跨文化整合要面对价值观的巨大差异是不可避免的。跨文化整合的重点在于通过文化整合过程，建立双方相互信任、相互尊重的关系，拓展并购双方经理人能接受不同思维方式，能和不同文化背景下的人共事的跨文化能力，使双方能在未来企业的价值观、管理模式、制度等方面达成共识，以帮助并购企业更好地实现其他方面的整合。

未来中央企业在跨文化整合过程中可考虑以下主要模式：

（1）移植模式。移植模式是将并购企业文化体系的主体移植到被并购的企业中去，而较少考虑被并购企业所在地的本土文化和原有的组织文化，也称文化替代模式。这种策略适用于双方社会文化背景差异较小的跨国并购，如果并购企业文化是强势文化，而被并购企业的地域文化或原有组织文化是弱势文化，并购企业就可以通过适当的方式和手段，将本企业的理念文化、制度文化等导入目标企业，使被并购企业的弱文化受到优势文化的冲击而被替代。

（2）融合模式。企业跨国并购组成新企业后，平等地进行交流，选择各自精华的部分紧密融合；成员企业有目的地吸纳对方企业的优良文化成果或文化经验，达成文化共识，在此基础上构造新企业的文化体系。

（3）引进模式。在跨国并购中，被并购企业虽然在经营权和所有权上的争夺中处于下风，但其文化可能已处于高阶段的水平。在这种情况下，并购企业就应当从整个企业的大局着眼，对被并购企业的优势资源予以充分的肯定与尊重，要予以足够的重视，力争把握其文化的精髓。此外，还要将这些从被并购企业文化中抽象出来的精华部分进行一番雕琢使之系统化、理论化，然后再将其纳入自己的文化体系之中。

（4）创新模式。创新模式是一种新型的文化管理模式，是指在企业团体共同利益基础上，在并购双方共同经营管理过程中，经过双方相互了解、协调而达成的并购双方共识的管理文化模式。并购双方在对企业文化差异的相互了解和理解的基础上重建一个对企业团体的生存、发展有利的崭新文化。它超越了个别成员的文化模式，产生于并购双方为达到共同目标而联合努力的过程中。当并购双方都比较优秀，又属于同一个行业，这种模式有助于新企业真正整合双方最好的方面而形成新文化。

（5）隔离模式。当双方文化背景和企业文化风格迥然不同，甚至相互排斥或对立，在文化整合上的难度和代价较大的情况下，如果能在开始一段时间保持彼此的文化独立，避免冲突，反而更有利于企业发展。或者当并购方和被并购方不是在同一行业，并购只是母公司多元化战略的行为，这样的并购，初期阶段适合采用隔离模式。

8. 全面履行企业社会责任

近年来企业社会责任问题越来越受到国际国内社会的广泛关注。联合国于2000年正式启动了“全球契约”计划，国际标准化组织于2004年启动了社会责任国际标准ISO26000的制定工作。一些跨国公司纷纷制定社会责任生产守则，发布社会责任报告或可持续发展报告，呈现出优秀企业积极履行社会责任的全球性新趋势。在我国迈向工业化的过程中，企业一方面为社会创造了丰富的物质财富，但另一方面，一些企业中存在的假冒伪劣问题、食品安全问题、诚信缺失问题、安全生产问题等也给社会带来了诸多负面的影响。未来中央企业将更加积极全面地履行企业社会责任，以促进企业自身和社会的可持续发展。

中央企业履行社会责任，既要与国际接轨，又要结合我国国情和企业实际。企业社会责任通常指某一特定时期社会对企业所寄托的经济、法律、伦理和慈善的期望。

（1）经济责任。中央企业要大力推动企业科技进步与自主创新，加大研究开发投入，有重点有步骤地构筑知识产权优势。要通过不断提高产品和服务质量，努力为社会提供优质安全健康的产品和服务。要不断提高持续盈利能力，为投资者带来长期的合理回报。

（2）法律责任。中央企业要依法经营，诚实守信，严格遵守国家法律法规和有关方针政策，维护市场经济秩序。中央企业要努力创建和谐社会，建设和谐的劳动关系，切实维护职工合法权益。

（3）伦理责任。中央企业要加强环境保护和资源节约，坚持走新型工业化道路，发展循环经济，形成低投入、低消耗、低排放和高效率的节约型发展方式。中央企业要高度重视安全生产工作，严防重、特大安全事故发生，切实保障职工群众的生命安全和职业健康。

（4）慈善责任。中央企业有责任热心参与社会救助和慈善事业。在发生重大自然灾害和突发事件的情况下，要以大局为重，积极提供财力、物力和人力等方面的支持和援助，致力于促进社会和谐。

9. 构建并实施企业文化建设考核评估体系

作为对事物发展过程和结果的有效控制和反馈，评价属于管理基本流程中不可缺少的关键一环。为了持续深入推进企业文化建设工作，充分发挥企业文化作为企业核心竞争力的重要组成部分的作用，未来中央企业将越来越注重建立企业文化建设的长效考核机制，对企业文化建设工作进行考核评估，构建并实施企业文化建设考核评估体系。

构建并实施企业文化建设考核评估体系具有十分重要的意义。科学的企业文化建设评价工作有助于解决企业文化建设中遇到的难点问题。企业文化建设评价的缺失，一方面容易导致部分管理者对企业文化价值、企业文化建设的重要性的理解和认识不到位；另一方面，也将直接造成企业文化建设过程难以监控、效果不理想的后果；企业文化建设评价工作直接关系到企业文化建设的目的能否顺利实现。企业文化建设是一个长期、复杂的过程，需要持续改进，而改进的前提和基础是对企业文化建设情况进行科学的分析、评估，找出差距和不足。没有分析、评价和反馈，也就无从谈起改进和调整，最终也就无法实现企业文化建设的预期目的；企业文化建设评价有利于系统提升企业文化建设工作的水平。企业文化建设工作本身也是一种管理行为，遵循着管理的基本规律。从企业文化诊断分析开始，到企业文化规划、文化体系的设计和建设，经过企业文化实施，最后通过企业文化建设的评价产生反馈和调整，形成持续改进的管理闭环。缺少评价，既谈不上文化管理，也提升不了文化建设的工作水平。

未来中央企业企业文化建设评价的内容可考虑以下三个方面：

（1）对企业文化建设工作进行评价。从企业文化与企业发展的角度而言，企业文化建设工作评价，实质是对企业文化管理过程、手段、方法的评价，其属性属于过程评价，是企业文化建设评价的重要组成部分。

（2）对企业文化建设主体内容的评价。一般而言，企业文化可以简要划分为四个层次，包括企业理念文化体系、制度文化体系、行为文化体系和物质文化体系。一方面，中央企业需要对企业文化整体结构的完善程度、系统性和一致性等进行全面评价，另一方面也需要对各个层次进行分项评价。

（3）对企业文化建设的成效进行评价。对企业文化建设的成效进行评价主要应包括：第一，对企业新文化宣贯的效果进行评价；第二，对企业文化支撑和影响的企业经营管理水平提升和业绩提升的评价。

10. 加强企业文化建设工作者队伍建设

企业文化建设具有较强的理论性和专业性，因此，在进行企业文化建设过程中，必须从上到下建立一支观念新、素质高、能力强的专兼职结合的企业文化建设工作者队伍，以适应企业文化建设深入推进的需要。为此中央企业未来将组织开展多种形式的企业文化专业培训，努力为集团层面和集团所属成员企业建设高水平的企业文化建设工作者队伍搭建平台。

附录一

关于开展企业文化建设评价工作的通知

宣传函［2010］9号

各中央企业：

为总结中央企业贯彻国资委《关于加强中央企业企业文化建设的指导意见》（以下简称《指导意见》）、推进企业文化建设的情况，进一步推动企业文化建设，经研究并报委领导同意，决定开展企业文化建设评价工作。现将有关事项通知如下。

一、评价工作的目的

评价目的在于总结企业文化建设的成绩与经验，查找差距与不足，为进一步研究部署企业文化建设工作、推动企业文化建设深入发展提供重要依据。此次评价不是评优，其结果也不作为今后评优的根据。

二、评价工作的范围与依据

（一）评价工作在中央企业集团公司（总公司）一级进行。各中央企业是否对所属企业进行评价，由企业自行决定。

（二）评价工作的依据是《中央企业企业文化建设评价体系》。《中央企业企业文化建设评价体系及操作要求》附后。

三、评价工作的方式与时间安排

（一）评价工作主要采取企业自查自评的方式进行。

各企业的企业文化主管部门负责自查自评工作的组织实施，根据《中央企业企业文化建设评价体系》及有关要求，开展评价工作，逐项对指标进行评价打分，撰写自查自评报告，报送有关材料。

国资委宣传局将在各企业自查自评的基础上，对中央企业企业文化建设的总体情况进行分析评估。

（二）请各企业于6月底前完成自查自评工作。

四、有关材料的报送

请各企业于7月10日前，将以下材料的纸质版和电子版同时报国资委宣传局企业文化处。

（一）自查自评工作总结报告。报告的主要内容包括：自查自评工作基本情况；企业文化建设的成绩、经验与存在的突出问题；下一步工作思路和举措以及对国资委的建议等。

（二）评价体系各部分各指标评价得分表。将企业文化建设评价体系三个部分每项指标的评价得分一栏填写清楚后即可。

（三）有关情况的说明材料。

五、有关要求

（一）高度重视，加强组织领导。此次评价工作是贯彻国资委《指导意见》、推进企业文化建设的重要举措，重在企业自我检查、自我评价。请各企业加强领导，精心组织，抓好落实。国资委宣传局将加强与企业联系，及时了解工作进展情况，研究解决工作中遇到的问题，协助做好有关工作。

（二）严格要求，做好评价工作。要认真按照此次评价工作的要求，本着实事求是的原则开展评价工作，做到信息资料真实可靠、评价客观公正。妥善安排，把握进度，在规定的时间内，保质保量地做好评价工作。

（三）以评促改，务求实效。要把评价与加强改进工作结合起来，在总结成绩和经验的同时，着力查找和分析存在的问题与不足，明确努力方向，提出改进措施，确保取得好的效果。

各企业在自查自评工作中有何问题，请及时与国资委宣传局企业文化处联系。

附件：中央企业企业文化建设评价体系及操作要求

国务院国有资产监督管理委员会宣传工作局
二〇一〇年四月七日

附件：

中央企业企业文化建设评价体系及操作要求

一、企业文化建设评价指标体系由企业文化建设工作评价、企业文化建设状况评价和企业文化建设效果评价三部分构成（见附件1、2、3）。每部分均包括评价指标、分值、计分方法和评价方法等内容。

二、企业文化建设评价依据企业文化建设评价体系，实行定量评价与定性评价相结合，对指标进行评价打分。

（一）企业文化建设评价总分为1000分，其中：企业文化建设工作评价部分300分、企业文化建设状况评价部分300分、企业文化建设效果评价部分400分。

（二）对可以直接量化打分的指标，通过查阅资料和实地考察的方法，直接进行评判打分。

（三）对不能直接量化打分的指标，通过问卷调查的方法，进行定性评价，再将定性评价结果转化为量化分值。评价结果分为四个等级如“好、较好、一般、差”，与之对应的是四个等级分值。问卷调查中评价“好”占90%及以上的记一等级分值，80%～89%的记二等级分值，60%～79%的记三等级分值，60%以下的记四等级分值。

三、问卷调查的要求。

（一）合理确定调查样本数量。员工问卷调查，1万人以下的企业调查样本不少于员工总数2%，其他企业按员工总数1%确定，调查样本的选取由企业根据员工构成比例合理确定。客户问卷调查样本数量由企业根据实际情况确定。调查采用无记名方式。

（二）问卷调查按照统一设计的调查问卷（见附件4、5）进行。各企业也可在确保获得相关指标评价信息的前提下，根据自身实际进行适当调整。

（三）如企业近年内开展了相关问题的调查，为减少工作量，有关调查结果可作为本次评价的依据。

四、企业文化建设评价最终得分为企业文化建设工作评价、企业文化建设状况评价、企业文化建设效果评价三部分实际得分之和。

五、各企业可根据本企业实际需要，适当增加评价指标，一并调查，分开统计。

附件：1. 企业文化建设工作评价体系

2. 企业文化建设状况评价体系

3. 企业文化建设效果评价体系

4. 员工调查问卷

5. 客户调查问卷

附件 1

企业文化建设工作评价体系（总分 300 分）

一级指标	二级指标	分值	计分方法	评价方法	评价得分	备注
组织保障（100 分）	1. 明确企业文化建设领导体制	20	有 =20 分 无 =0 分	查阅资料		
	2. 企业领导定期听取工作汇报、研究解决有关重大问题	20	定期听取工作汇报记 10 分，及时研究解决重大问题记 10 分	查阅资料		
	3. 明确企业文化主管部门与人员	20	有 =20 分 无 =0 分	查阅资料		
	4. 相关部门企业文化建设职责分工明确	20	有 =20 分 无 =0 分	查阅资料		
	5. 对本系统企业文化工作人员进行业务培训	10	脱产培训人数占总人数每增加 10% 记 1 分	查阅资料		
	6. 广泛发动员工参与企业文化建设	10	有 =10 分 无 =0 分	查阅资料		
工作指导与载体支撑（150 分）	7. 企业文化建设纳入企业发展战略	20	有 =20 分 无 =0 分	查阅资料		
	8. 制定企业文化建设规划（纲要）	15	有 =15 分 无 =0 分	查阅资料		
	9. 年度工作有计划、有落实、有检查	15	有计划 =5 分 有落实 =5 分 有检查 =5 分	查阅资料		
	10. 组织开展课题研究和专题研讨	10	有课题研究 =5 分 有专题研讨 =5 分	查阅资料		
	11. 开展企业文化主题活动	15	每开展一项记 5 分，总分不超过 15 分			
	12. 开展员工企业文化培训、专题教育	20	集中培训教育员工人数占员工总数每增加 10% 记 2 分	查阅资料		
	13. 充分利用企业媒体（包括报刊、电视、网络）传播企业文化	15	一等级 15 分 二等级 10 分 三等级 5 分 四等级 0 分	员工问卷调查（第 11 题）		
	14. 完善企业文化设施（如传统教育基地、企业文化展室、职工文体活动场所等）	10	一等级 10 分 二等级 6 分 三等级 3 分 四等级 0 分	员工问卷调查（第 12 题）		

续表

一级指标	二级指标	分值	计分方法	评价方法	评价得分	备注
	15. 开展子文化建设(如：廉洁文化、服务文化、质量文化、安全文化等)	20	每开展一项记5分，总分不超过20分。	查阅资料		
	16. 经费有保障并纳入预算管理	10	有保障记5分，纳入预算管理记5分。	查阅资料		
考核评价与激励措施(50分)	17. 对企业文化建设工作有考核	15	有=15分 无=0分	查阅资料		
	18. 总结推广企业文化典型经验	15	有=15分 无=0分	查阅资料		
	19. 开展企业文化建设评优表彰活动	20	有=20分 无=0分	查阅资料		
本部分评价得分合计						

附件 2

企业文化建设状况评价体系（总分 300 分）

一级指标	二级指标	分值	计分方法	评价方法	评价得分	备注
精神文化（100 分）	1. 确立企业使命（或企业宗旨）	25	有 =25 分 无 =0 分	查阅资料		
	2. 确立企业愿景（或企业战略目标）	25	有 =25 分 无 =0 分	查阅资料		
	3. 确立企业价值观（或核心价值观、经营理念）	25	有 =25 分 无 =0 分	查阅资料		
	4. 确立企业精神	25	有 =25 分 无 =0 分	查阅资料		
制度文化（100 分）	5. 企业规章制度健全	20	一等级 20 分，二等级 15 分，三等级 10 分，四等级 0 分。	员工问卷调查（第 3 题）		
	6. 企业文化理念融入企业规章制度	20	一等级 20 分二等级 15 分三等级 10 分四等级 0 分	员工问卷调查（第 4 题）		
	7. 建立员工岗位责任制	20	有 =20 分 无 =0 分	查阅资料		
	8. 印发员工手册（或企业文化手册）	20	有 =20 分 无 =0 分	查阅资料		
	9. 制定新闻危机处理应急预案	10	有 =10 分 无 =0 分	查阅资料		
	10. 建立新闻发布制度	10	有 =10 分 无 =0 分	查阅资料		
物质文化（100 分）	11. 建立视觉识别系统（企业标识、标准色、标准字、司旗和司歌）	20	有一项记 4 分，总分不超过 20 分。	查阅资料		
	12. 制定视觉识别系统的使用规定	15	有 =15 分 无 =0 分	查阅资料		
	13. 全系统企业标识使用规范	20	有 =20 分 无 =0 分	实地考察		
	14. 制定员工行为规范	15	有 =15 分 无 =0 分	查阅资料		
	15. 在本系统开展文明单位创建活动	20	有 =20 分 无 =0 分	查阅资料		
	16. 发布企业社会责任报告	10	有 =10 分 无 =0 分	查阅资料		
本部分评价得分合计						

附件 3

企业文化建设效果评价体系(总分 400)

一级指标	二级指标	分值	计分方法	评价方法	评价得分	备注
企业凝聚力(110分)	1. 员工对企业价值理念的认同度	20	一等级 20 分,二等级 15 分,三等级 10 分,四等级 0 分	员工问卷调查(第 1 题)		
	2. 员工对企业发展战略的认知度	20	一等级 20 分,二等级 15 分,三等级 10 分,四等级 0 分	员工问卷调查(第 2 题)		
	3. 员工对与本职工作相关的企业规章制度的认可度	20	一等级 20 分,二等级 15 分,三等级 10 分,四等级 0 分	员工问卷调查(第 5 题)		
	4. 企业维护员工合法权益情况	15	一等级 15 分,二等级 10 分,三等级 5 分,四等级 0 分	员工问卷调查(第 6 题)		
	5. 员工对在企业中实现自身价值的满意度	15	一等级 15 分,二等级 10 分,三等级 5 分,四等级 0 分	员工问卷调查(第 7 题)		
	6. 近三年企业职工到上级机关上访等群体性事件情况	20	未发生的得 20 分。发生 5~49 人的群体性事件一次扣 5 分;发生 50~99 人的群体性事件并造成较大影响一次扣 10 分;发生 100~499 人的群体性事件并造成重大社会影响一次扣 15 分;发生 500 人以上的群体性事件并造成特别重大社会影响一次扣 20 分,扣分累计不超过 20 分	查阅资料		
	7. 员工遵守企业规章制度情况	20	一等级 20 分,二等级 15 分,三等级 10 分,四等级 0 分	员工问卷调查(第 8 题)		
	8. 员工在工作中形成良好行为习惯	20	一等级 20 分,二等级 15 分,三等级 10 分,四等级 0 分	员工问卷调查(第 9 题)		

续表

一级指标	二级指标	分值	计分方法	评价方法	评价得分	备注
	9. 员工爱岗敬业的精神状态	20	一等级 20 分，二等级 15 分，三等级 10 分，四等级 0 分	员工问卷调查（第 10 题）		
	10. 近三年企业领导班子成员中违规违纪情况	30	未发生违规违纪的得 30 分。受党内或行政严重警告处分的每人次扣 5 分；受撤销党内职务或行政职务处分的每人次扣 10 分；受开除党籍或公职处分的每人次扣 15 分；受刑事处分的每人次扣 20 分，扣分累计不超过 30 分	查阅资料		
企业形象（95 分）	11. 客户对企业产品或服务的满意度	30	一等级 30 分，二等级 20 分，三等级 10 分，四等级 0 分	客户问卷调查		
	12. 近三年企业在“四好班子”建设、党的建设、思想政治工作、企业文化和精神文明建设方面获得党政机关授予的全国或省部级荣誉称号	35	国家级荣誉一项记 10 分、省部级荣誉一项记 5 分，同一类荣誉不重复计算，累计不超过 35 分	查阅资料		
	13. 近三年企业先进典型情况（包括集体和个人先进典型）	30	全国先进典型每个记 15 分，省部级先进典型每个记 10 分，企业选树典型每个 5 分。同一典型不重复计算，累计不超过 30 分	查阅资料		
生产经营（105 分）	14. 近三年企业守法、诚信经营情况	30	经营未发生违法、失信事件记 30 分。发生违法、失信事件每次扣 10 分，扣分累计不超过 30 分	查阅资料		
	15. 近三年企业经营业绩情况	75	国资委对企业经营业绩年度考核等级： A 级 =25 分， B 级 =20 分， C 级 =15 分， D 级 =0 分。 该项得分为三个年度实际得分之和	查阅资料		
本部分评价得分合计						

附件 4

员工调查问卷

本调查的目的，是了解员工对企业文化建设相关问题的看法，以便查找差距，发现问题，进一步加强和改进企业文化建设工作。调查采用无记名方式进行。下列问题分别给出了四种回答，请您进行选择，并将选项的序号填写在括号内。

1. 企业价值理念主要包括企业使命（企业宗旨）、企业愿景、企业精神、企业核心价值观（企业价值观或经营理念）。您对集团公司的价值理念是否认同？（　　）

（1）认同　（2）基本认同
（3）部分认同　（4）不认同

2. 您是否了解集团公司（总公司）的发展战略？（　　）

（1）了解　（2）比较了解
（3）部分了解　（4）不了解

3. 您认为企业的规章制度是否健全？（　　）

（1）健全　（2）较健全
（3）一般　（4）不健全

4. 您认为企业文化理念是否在企业规章制度中得到了较好体现？（　　）

（1）好　（2）较好
（3）一般　（4）差

5. 您是否认可与您本职工作相关的企业规章制度？（　　）

（1）认可　（2）基本认可
（3）一般　（4）不认可

6. 您认为企业在维护员工合法权益方面做得怎样？（　　）

（1）好　（2）较好
（3）一般　（4）差

7. 您对在本企业实现自身价值是否满意？（　　）

（1）满意　（2）比较满意
（3）一般　（4）不满意

8. 您认为员工在自觉遵守企业规章制度方面做得怎样？（　　）

（1）好　　（2）较好

（3）一般　　（4）差

9. 您认为员工在工作中形成行为习惯与其岗位责任要求的适应度？（　　）

（1）好　　（2）较好

（3）一般　　（4）差

10. 您认为本企业员工爱岗敬业的精神状态如何？（　　）

（1）好　　（2）较好

（3）一般　　（4）差

11. 您认为企业在充分利用企业媒体（包括报刊、电视、网络等）宣传企业文化方面做得怎样？（　　）

（1）好　　（2）较好

（3）一般　　（4）差

12. 您认为企业在加强文化设施建设（如：传统教育基地、企业文化展室、职工文体活动场所等）方面做得怎样？（　　）

（1）好　　（2）较好

（3）一般　　（4）差

附件 5

客户调查问卷

尊敬的客户：为更好地查找问题，改进工作，我们开展本次调查。调查采用无记名方式。下列问题分别给出了四种回答，请您进行选择，并将选项的序号填写在括号内。感谢您的支持！

1. 您是否了解我们企业的产品或服务？（　　）

（1）了解　　（2）比较了解

（3）一般　　（4）不了解

2. 对我们企业的产品是否满意？（　　）

（1）满意　　（2）比较满意

（3）一般　　（4）不满意

3. 您对我们企业的服务是否满意？（　　）

（1）满意　　（2）比较满意

（3）一般　　（4）不满意

附录二

本年度中央企业价值观测评结果

下面发布本年度中央企业最流行的12个价值观、最期待的12个价值观和最认同的8个价值观。

1. 本年度中央企业最流行的12个价值观

本年度中央企业最流行的前12个价值观按重要性依次是：

科学发展、追求卓越、创新变革、质量、和谐共赢、责任、团队协作、学习、以人为本、社会责任、大局意识、品牌。

表1　本年度中央企业最流行的12个价值观

1	科学发展
2	追求卓越
3	创新变革
4	质量
5	和谐共赢
6	责任
7	团队协作
8	学习
9	以人为本
10	社会责任
11	大局意识
12	品牌

2. 本年度中央企业最期待的12个价值观

本年度中央企业最期待的前12个价值观按重要性依次是：

以人为本、科学发展、创新变革、追求卓越、诚信正直、团队协作、员工成长、快乐工作、质量、学习、责任、求真务实。

表 2　本年度中央企业最期待的 12 个价值观

1	以人为本
2	科学发展
3	创新变革
4	追求卓越
5	诚信正直
6	团队协作
7	员工成长
8	快乐工作
9	质量
10	学习
11	责任
12	求真务实

3. 本年度中央企业最认同的 8 个价值观

本年度中央企业最认同的 8 个价值观是：

以人为本、科学发展、创新变革、追求卓越、团队协作、质量、学习、责任。

表 3　本年度中央企业最认同的 8 个价值观

1	以人为本
2	科学发展
3	创新变革
4	追求卓越
5	团队协作
6	质量
7	学习
8	责任

参考文献

［1］国务院国资委网站，www. sasac. gov. cn

［2］阳礼泉，滕方迁．企业文化的力量．中国经济出版社，2008

［3］黎群，李卫东．中央企业企业文化建设报告（2010）．中国经济出版社，2010

［4］国资委宣传工作局汇编．中央企业文化融合工作交流会材料，2010

［5］黄丹华．在中央企业企业文化融合工作交流会的讲话，2010

［6］黎群．企业文化．清华大学出版社、北京交通大学出版社，2008

［7］李鸿波，黄兴李．论企业并购的文化整合动因与模式选择．经济前沿，2002（1）

［8］朱乾宇．文化整合——企业并购成功的关键．当代经济，2002（8）

［9］郑宁，胡琳瑜．企业并购中的文化冲突与文化整合．企业经济，2004（5）

［10］胡亭亭．企业并购中的文化整合模式选择．技术经济，2004（6）

［11］黄景上．并购中的文化整合．管理科学文摘，2004（7）

［12］刘嘉伟．企业并购中的文化整合问题．江苏商论，2004（6）

［13］中国航天科工集团网站，www. casic. com. cn

［14］70 家中央企业企业文化建设评价自查自评工作总结报告，2010

［15］李卫东．应用多元统计分析．北京大学出版社，2008

［16］C. K. Prahalad，Richard A. Bettis. The Dominant Logic：A New Linkage between Diversity and Performance. Strategic Management Journal，Vol. 7，No. 6，1986

［17］希尔，琼斯，周长辉著，孙忠译．国际化视野和本地化关注——战略管理．中国市场出版社，2007

［18］胡河宁．组织传播．科学出版社，2006

［19］爱德加·H. 沙因著，郝继涛译．企业文化生存指南．机械工业出版社，2004

[20] 格里·约翰逊，凯万·斯科尔斯著，王军等译．战略管理．人民邮电出版社，2004

[21] 顾孝华．组织传播论．上海交通大学出版社，2007

[22] 马远琼．让文化融入企业发展——关于通信企业文化建设的几点思考．中国电信业，2010（7）

[23] 王建宙．做世界一流企业，从优秀迈向卓越．人民邮电报，2007 年 1 月 8 日

[24] 王建宙．中国移动锻造国际竞争力的实践与思考．求是，2007 年 4 月 16 日

[25] David Rance. 电信企业应专注于客户服务来减少更多的客户流失．数码世界，2005（11）

[26] 汪庆春．企业员工人本管理观特征及相关对策研究．重庆大学硕士学位论文，2006

[27] 张西超．员工帮助计划：中国 EAP 的理论与实践．中国社会科学出版社，2006

[28] 李洪涛．标杆管理与企业文化的互动．管理观察，2009（3）

[29] 邓正红．国企如何重塑企业文化．化工管理，2004（4）

[30] 周瑾．学习型组织中的企业文化因素分析．吉林省经济管理干部学院学报，2007（10）

[31] 中国移动通信集团网站，http：//10086. cn

[32] 王英，李晶，吴东方．学习型组织的企业文化特点．冶金企业文化，2006（3）

[33] 常子胜，相融并进．企业文化与学习型组织建设．政工研究动态，2008（1）

[34] 常子胜．企业文化建设与创建学习型组织．理论学习与探索，2007（6）

[35] 中远集团公司网站，www. cosco. com

[36] 中远集团．中远集团可持续发展报告，2009

[37] 中远集团．中远集团可持续发展报告，2008

[38] 陆俊山．航运旗舰．企业管理出版社，2004

[39] 中远集团．中国远洋航务，2011（3）

[40] 中国兵器工业集团公司网站，www. cngc. com. cn

［41］内蒙古北方重工业集团有限公司网站，www. bfzg. com

［42］中国军工文化网站 http：//202. 119. 81. 71

［43］杜渊泉．中央企业价值理念集粹．光明日报出版社，2010

［44］黎群．企业文化建设 100 问．经济科学出版社，2004

［45］王瑞祥主编．中国企业文化建设纵横．企业管理出版社，2010

［46］中国企业文化研究会．中国企业文化建设“十二五”规划建议．2010

［47］西蒙．L. 多伦，萨尔瓦多．加西亚，李超平译．价值观管理．中国人民大学出版社，2009

［48］黎群．创新离不开创新文化的土壤．中国邮政，2011（3）

［49］戴航．企业培育人本文化的管理制度研究．北京交通大学研究生学位论文，2010

［50］中国企业文化研究会编著．2010 年度企业文化优秀成果文集，2010

［51］中国企业文化研究会主编．中国企业文化年鉴（2009 – 2010），2010